普通高等教育"十一五"国家级规划教材

高等学校"十二五"规划教材·经济管理系列

# 市场调查与预测

## （第 2 版修订本）

辛　玲　龚曙明　编著

清 华 大 学 出 版 社

北京交通大学出版社

·北京·

## 内 容 简 介

本书系统地阐述了市场调查和市场预测的基本理论、基本知识和基本方法。全书共 10 章，包括市场调查基本原理、市场调查课题、市场调查策划、市场调查方式、市场调查方法、市场调查资料整理、市场调查资料分析、市场预测基本原理、市场定性预测法、市场定量预测法。本书系统性强、结构严谨、布局合理、理论与实践紧密结合，具有较强的综合性、系统性和可读性。

本书每章均有思考题、各种类型的案例分析题、综合性模拟训练案例、问题研讨与调研设计题等，借以指导读者掌握市场调查和市场预测的基本原理和方法，培养读者综合分析问题和解决问题的能力，特别适应于案例教学、模拟实践教学的需要。可作为高等院校经济类专业、工商管理类专业、信息管理与信息系统专业、统计学专业等相关专业的市场调查与预测课程的教材或教学参考书，也可作为从事市场调查、市场预测、信息管理、市场研究等广大实际工作者的参考书籍或培训用书。

**图书在版编目（CIP）数据**

市场调查与预测／辛玲，龚曙明编著. —2 版 . —北京：北京交通大学出版社：清华大学出版社，2014.10（2020.7 修订）

（高等学校"十二五"规划教材·经济管理系列）

ISBN 978-7-5121-2136-2

Ⅰ. ① 市…　Ⅱ. ① 辛…　② 龚…　Ⅲ. ① 市场调查-高等学校-教材　② 市场预测-高等学校-教材　Ⅳ. ① F713.5

中国版本图书馆 CIP 数据核字（2014）第 249872 号

责任编辑：解　坤

出版发行：清 华 大 学 出 版 社　　邮编：100084　　电话：010-62776969
　　　　　北京交通大学出版社　　邮编：100044　　电话：010-51686414
印 刷 者：北京时代华都印刷有限公司
经　　销：全国新华书店
开　　本：185×260　　印张：22　　字数：550 千字
版　　次：2014 年 10 月第 2 版　　2020 年 7 月第 1 次修订　　2020 年 7 月第 4 次印刷
书　　号：ISBN 978-7-5121-2136-2/F·1440
印　　数：6 501 ～ 7 500 册　　定价：55.00 元

# 代　　序

经济与社会的不断发展为理论工作者的研究提供了肥沃的土壤，他们一方面从中吸取有益成分，另一方面进一步推动理论的完善和发展。

近年来，我国高等教育的各个领域和学科都发生着日新月异的变化，在教育思想和观念、教育方法和手段等方面都有了较大的进步，取得了丰硕成果。课程教学改革的推进、大学教育国际化进程的加快，双语教学的展开，案例教学的引用，教学方法、方式的灵活多样，对教材内容也提出了更新更高的要求。

北京交通大学出版社长期以来致力于高等教育所需教材的建设和出版，特别是在经济管理学科领域，优秀品种数量多、销量大，在业界具有良好的声誉。此次出版社根据当前高等教育的实际需求，结合社会发展的需要，对已有产品进一步优化、整合、完善、再版，形成一套紧跟国际发展步伐又适合我国国情的"高等学校'十二五'规划教材·经济管理系列"教材。

该系列教材涉及市场营销、财会、人力资源等专业，具体包括约 20 种。参编者都是多年来一直从事一线教学的专职教师，具有丰富的教学经验和写作经验。

该系列教材具有以下特点。

1. 在内容选取上，进一步优化阅读材料，精选案例分析，合理安排课后练习，从而使其更加充实和完善。该系列教材多数是以往深受广大一线教师所喜欢的长销书的再版，单本书最高销量已经超过 8 万册。

2. 在编写风格上，突出基础性和先进性，反映时代特征，强调核心知识，结合实际应用，理论与实践相结合。

3. 在内容阐述上，强调基本概念、原理及应用，层次分明，突出重点，注重学生知识运用能力和创新意识的培养。

4. 配套教学资源丰富，出版社为编者、读者、发行者提供了一个及时、方便的交流平台。

该系列教材的出版不仅进一步适应了高等学校经济与管理类专业的本科教学需要，也为广大从事经济、贸易、财会等工作的人员提供了更新更好的参考读物，相信一定会得到广大读者的认同。

中国工程院院士  
技术经济专家  
北京交通大学教授　　　　2013.4.2

# 前　言

　　市场调查与市场预测，是获取、处理、分析和应用市场信息，进行市场营销策划和加强生产经营管理的重要手段。随着我国市场经济的发展，面对市场的不确定性，许多经济部门和工商企业越来越重视市场调查与市场预测，以增强市场营销策划和管理决策的科学性，提高企业的市场适应能力和竞争能力。同时，市场调查与市场预测作为一门市场研究的综合性的应用科学也日益受到教育部门的重视，许多高等学校的经济类、管理类、统计类等相关专业已将市场调查与预测作为必修课或选修课之一。本书正是适应这一需要而编著的。

## 本书特点

　　本书是按照理论联系实际、适应教学和实践应用的宗旨编写的。在体系安排上，按市场调查与预测的实际运作过程展开全书的布局，力求系统性强、结构严谨、布局合理。在内容组合上，力求既继承传统，又吸收国内外的最新成果，力求有所突破，既注重阐述市场调查与预测的基本理论、基本知识和基本方法，又注重用实例阐述和印证市场调查与预测的方法，尽量避免数学推导，力求简明易懂，使读者易学易用。每章均设有思考题、各种类型的案例分析题、综合性模拟训练案例、问题研讨与调研设计题、市场调查数据综合分析案例、市场预测综合分析案例等，借以指导读者掌握市场调查与预测的基本原理和方法，培养读者综合分析问题和解决问题的能力，特别适应于案例教学、模拟实践教学的需要。总之，本书具有较强的系统性、综合性、新颖性、应用性和可读性。

## 本书概要

　　第1章：市场调查基本原理。主要阐述市场调查的基本问题、特征、功能和类型，以及市场调查的基本原则和运作程序，重点是市场调查的基本理论和基本知识。

　　第2章：市场调查课题。主要阐述市场调查的意义与类型，调查课题确定的原则与作业程序，并分别介绍市场识别研究、市场策略研究和市场可行性研究中主要调查研究的课题、内容与研究思路，为市场调查策划和实施提供基础知识平台。

　　第3章：市场调查策划。主要阐述市场调查的组织策划、市场调查总体方案设计、抽样技术方案设计、调查问卷设计、市场调查质量控制等基本理论与基本知识。

　　第4章：市场调查方式。主要介绍全面市场调查、典型市场调查、重点市场调查、抽样市场调查等市场调查方式的基本理论、基本方法及应用。

　　第5章：市场调查方法。主要介绍市场调查资料搜集的各种方法，包括文案调查法、访问调查法、观察法、实验调查法、网络调查法，并阐明各种调查方法的特点及其具体运用。

　　第6章：市场调查资料整理。主要阐述市场调查资料加工整理与开发的基本知识和基本方法，重点阐述了原始数据和历史数据加工开发的思路。

第7章：市场调查资料分析。主要阐述市场调查资料分析的基本知识、基本方法和市场调查报告的编写，其目的在于阐述如何从数据导向结论，从结论导向对策。

第8章：市场预测基本原理。主要阐述市场预测的意义与分类、基本原理、基本步骤、预测内容、预测方法等基本理论和基本知识，为市场预测提供理论性的基础知识。

第9章：市场定性预测法。主要介绍市场预测中一些常用的定性判断预测方法，主要包括意见综合预测法、经济寿命周期预测法、市场景气预测法、因素分析预测法、直接推算预测法等。

第10章：市场定量预测法。主要介绍市场预测中一些常用的定量预测方法，主要包括时间序列预测法、回归分析预测法、自回归预测法、经济计量模型预测法等。

附录A主要列举了几种常用的统计数表。

本书在编写过程中，湖南商学院统计学系欧阳资生、李新富、李灿、李梦觉、蔡宏宇、张芳、肖萍、刘莹等教师参加了本书编写工作的研讨，对教材体系、内容组合等方面提出了许多修改意见，并为例题选取和案例设计提供了大量的资料，在此表示衷心的感谢。

本书以服务教学和广大读者为宗旨，力求将多年从事市场调查与预测的教学、科研和实践的成果及心得体会写入书中，与读者共享。但由于作者水平有限，书中难免有不足之处，恳请广大读者批评指正，以便本书再版时修正与完善。

作者
**2014 年 7 月·长沙**

# 目　录

## 第1章

# 市场调查基本原理

本章主要阐述市场调查的基本概念、特征、功能和类型，以及市场调查的基本原则和运作程序，重点是阐述市场调查的基本理论和基本知识。

## 1.1 市场调查的特征与功能

### 1.1.1 市场调查的概念

市场调查的概念，国内外有不同的解释，一般有狭义与广义两种理解。

狭义的市场调查是从市场营销的角度定义市场调查，认为市场调查是以科学的方法和手段收集消费者对产品购买及其使用的数据、意见、动机等有关资料，通过分析研究，以识别、定义市场机会和可能出现的问题，以满足制订市场营销策略的信息需求的过程。狭义的市场调查将市场调查看作是市场营销领域中的一个重要元素，它把消费者、客户、公众和营销者通过信息联系起来，为市场营销决策提供信息支持。

广义的市场调查是从整个市场的角度来定义市场调查，认为市场调查是运用科学的方法和手段收集产品从生产者转移到消费者手中的一切与市场活动有关的数据和资料，并进行分析研究，以满足管理决策的信息需求的过程。广义的市场调查将调查范围从消费和流通领域扩展到生产领域，包括产前调查、产中调查、产后或售后调查；不仅包括消费者调查，还包括市场分析、销售分析、广告研究、营销环境研究等多方面的调查研究。

市场组织的复杂性、市场活动的频繁性、市场变化的不确定性、管理决策信息需求的多样性，决定了市场调查活动的领域具有广泛性。无论是微观市场调查，还是宏观市场调查，都需要研究市场环境、调查课题的主体内容和相关因素三大方面的情况。因此，本书内容是以广义市场调查为范畴，即对市场调查概念作如下界定：市场调查是运用科学的调查方式与方法，对特定时空范围内的市场调查对象的各种信息进行系统地搜集、整理和分析的过程。

### 1.1.2 市场调查的特征

#### 1. 市场调查具有目的性

市场调查总是在一定目的的前提下，来研究特定的市场问题，具有明显的目的性或针对性。利用市场调查的部门可以是企业、公司、团体及任何企业事业单位的管理决策层，市场调查的目的是为管理部门制定长远性的战略规划和阶段性的具体政策或策略，为经营管理决策提供信息支持和参考依据。

### 2. 市场调查具有全程性

市场调查不能只停留在生产或营销活动前的市场研究，而是要对生产经营活动的市场状况进行整体的全程性的市场研究，在事前、事中和事后阶段都需要进行市场调查研究。市场调查也不是单纯的市场信息资料搜集过程，而是一个包括调查设计、搜集资料、整理资料、分析资料和发布与运用资料在内的完整的过程。

### 3. 市场调查具有社会性

市场调查的对象主要是消费者和用户，市场调查的内容和应用范围涉及社会经济生活的各个领域，市场调查活动本身是面向社会的一种社会实践活动，因此，市场调查具有社会性。市场调查就是要了解社会、认识社会、掌握市场环境的变化，使企业的生产经营活动或营销活动不断适应外部环境的变化。

### 4. 市场调查内容具有广泛性

市场调查的内容涉及企业生产经营活动的各个方面和各种要素，可以用于测量较为简单的调查项目，如被调查者的性别、年龄、职业、文化程度等基本情况，也可用于测量较为复杂的问题，如被调查者的收入、支出、态度、爱好、动机等。由于调查内容具有广泛性和复杂程度不同，有些问题被调查者可能回答，有些问题可能不会回答，可能是不知道这个问题该如何回答，或者是问题太敏感而不愿回答。因此，调查内容的界定应考虑被调查者回答的可能性。

### 5. 市场调查方法具有多样性

市场调查的组织方式是多样的，搜集资料的具体方法也是多样的。同样的调查课题，有多种调查方式方法可供选择，因而调查研究的方案设计也是多样的。例如，收集消费者对某电视广告收视效果的数据资料，可以采用面访、电话访问或邮寄问卷，调查的地点可以在被访者家中、工作单位、购物场所，娱乐场所等地方，被访者可能只需花几分钟，也可能花上一个小时。

### 6. 市场调查具有约束性

市场调查通常要受调查经费、调查时间、空间范围、信息项目等因素的约束。市场调查只能按客户的要求和约束条件"量体裁衣"，应使调查方案设计尽可能满足客户的信息要求和经费预算。一个调查课题可以只花几千元，也可花几十万、几百万元；可以只提供小范围的数据，也可以提供覆盖大范围的信息，收集数据的多少和复杂程度是有伸缩性的。总之，市场调查方案策划，应考虑各种条件的约束，应与客户的需要和财力相适应。

### 7. 市场调查方法具有科学性

市场调查搜集、整理和分析资料的方法，都是在一定的科学原理指导下形成的，并被实践证明是行之有效的，具有科学性和可行性。市场调查通过对调查对象的大量观察（样本）和精心的设计与安排，可以消除偶然因素的影响，而揭示出研究现象的必然性和本质特征，因而市场调查的结果是有效的。

### 8. 市场调查结果具有局限性

市场调查通常可以得到比投入费用高几倍价值的信息，但由于影响市场变化的因素是众多的，并具有不确定性，加之市场调查受时空范围和调查经费的约束，致使获取的信息是不完全的，与其他工作一样，市场调查也不可避免地会有误差和疏忽。因此，市场调查是有局限性的，这种局限性只要对调查信息的价值没有严重的损害，应当是容许的。必要时，可以在解释调查结果时作些修正。此外，市场调查的结果是决策的重要参考依据，但不等于准确地给出了决策的答案。

### 1.1.3 市场调查的功能

市场调查的功能是指市场调查本身具有的基本作用，归纳起来，市场调查具有两个主要功能：认识功能和信息功能。

**1. 认识功能**

市场调查是对市场环境、市场供求和企业营销活动进行信息搜集、记录、整理与分析的一种调查研究活动，或者说是对市场经济现象的一种认识活动。因而，市场调查具有认识市场的功能。这种认识功能表现在通过市场调查能够掌握市场环境、供求情况，以及企业市场营销状态、特征及其变化的原因，能够消除人们对市场认识的未知度、不定度和模糊度。

**2. 信息功能**

市场调查的目的在于准确、及时、全面、系统地搜集各种市场信息，如生产信息、供应信息、需求信息、消费信息、价格信息、市场营销环境信息等，为宏观市场调控和企业市场预测决策提供依据。可见，市场调查具有信息功能。这种信息功能表现为市场调查所获得的市场信息是市场预测决策的先决条件和基础。

### 1.1.4 市场调查的作用

市场调查的作用是市场调查功能的具体体现，根据市场调查的认识功能和信息功能，市场调查的作用是多方面的，主要有以下几个方面。

**1. 可以沟通信息传递者和接受者之间的信息传递**

工商企业通常需要推销他们的产品和服务，如电台、电视台、报纸和杂志需要影响和争取听众、观众和读者，政府机构需要推行他们的政策，社会服务机构需要推销他们的服务宗旨和服务项目，等等。但是，无论何种情况，推销只是一种从"传送者"向"接受者"传递某种信号的单向传递。然而，广大接受者的反应如何，信号是否有效，有无受到阻碍，对信号的理解度怎样，是否是接受者需要的信息，等等，市场调查通过信息的获取和处理，就能够向信息传递者进行信息反馈。因此，市场调查具有沟通信息传递者和接受者之间的双向传递和交流的作用。

**2. 可以认识和把握市场发展变化的规律**

市场变化具有许多客观的内在的必然联系，即市场规律，如供求规律、价值规律、趋势性规律、同期波动规律、淡旺季变化规律、产品的经济寿命周期规律、竞争规律，等等。掌握这些规律，有利于提高预测决策的科学性，有利于使生产经营活动按客观规律运行。然而，这些规律的认识和把握，在很大程度上取决于市场调查信息的获取、处理和分析利用。例如，通过市场调查掌握了某种产品的供应与需求的状况，就能识别该产品是处于供大于求、供小于求、供求均衡的哪种状况，就能够根据供求变化的规律作出生产经营方向和结构调整及价格策略调整的决策。

**3. 可以为经营管理决策提供市场信息**

工商企业的经营管理决策正确与否，直接关系到企业的成功与失败。因此，研究市场，获取市场信息，认识市场发展变化的规律，使企业生产经营的产品与服务适应和满足消费者与用户的需要是企业经营管理决策必须首先要解决的问题。工商企业面对的市场是由购买者+购买力+购买欲望三要素构成的，这三个要素是相互联系和统一的整体。只有通过市场调查，了解市场中的购买者是谁、购买能力如何、购买欲望怎样，才能根据这些信息作出决策，制订相应的产品策略、价格策略、广告策略、销售渠道策略、促销策略，以满足消费者和用户的现实需求及潜在需求。

**4. 可以帮助企业开拓市场，开发新产品**

工商企业进行市场开拓与老产品的改进、新产品的开发，通常需要了解现有市场、潜在市场和未来市场的情况，现有顾客群和新顾客群的情况；需要掌握产品和服务的目标群体是什么，向谁提供，提供什么，何时何地提供，怎样设计，怎样生产，如何定价，如何营销等。通过市场调查可以获得决策这些问题的信息依据，从而使市场开拓、新产品开发更具效率。虽然市场调查不能直接给出解决市场开拓和新产品开发的直接答案，但可以为经营管理决策层提供信息支持和参考性方案。

**5. 可以帮助企业提高市场竞争力**

企业是市场的主体，必须主动适应、面对、参与市场竞争，为此必须通过市场调查来掌握竞争对手的数量与分布，他们的经营策略、产品优势、市场营销策略、未来的发展意图及企业自身的市场份额，以求在市场竞争中求得生存和发展。此外，通过市场调查可以对企业的综合竞争力进行评估和研究，挖掘企业最具竞争优势和发展潜力的生产经营项目，培育和创造新的市场，从而将企业的核心竞争力转化为市场竞争优势。

**6. 可以充实和完善企业营销信息系统**

企业营销信息系统是企业管理信息系统（IMS 或 ERP）的一个重要的组成部分。一般是由内部报告系统、营销信息系统、调研系统、营销分析系统构成的。企业营销信息系统包括外部环境、市场供求、企业产销存或购销存、财务、产品、价格、竞争、销售渠道及营销活动等诸多方面的信息。其信息来源主要是内部报告和市场调查，信息输出主要是为市场预测和营销决策等提供信息支持。因此，市场调查不仅可以充实和完善企业营销信息系统，而且可以为预测决策提供系统的、动态的信息服务。

**7. 可以促使企业改善经营管理，提高经济效益**

企业利用市场调查获得的各种信息，可以研究企业的生产经营结构是否符合市场需求的变化，以调整企业的生产经营结构；可以研究项目投资的市场可行性；可以研究市场竞争的状态，以制定科学的竞争策略；可以研究潜在的市场和未来的市场，以开拓新的市场和新的产品；可以研究影响市场营销的各种因素，以制定相应的市场营销策略；可以从市场环境的变化中寻找商机，扩大企业的经营等。这些研究都有助于改善企业的经营管理，提高企业的经济效益。

## 1.2 市场调查的基本问题与方法

### 1.2.1 市场调查的基本问题

市场调查的目的在于搜索、整理和分析市场信息，为认识市场、掌握规律、预测决策提供信息支持。因此，信息是市场调查的核心问题，一切市场调查活动都是围绕信息而展开的。市场调查活动过程的实质是市场信息获取、加工、传递、分析和利用的过程。围绕市场信息而展开的市场调查活动必须回答和解决以下基本问题。

**1. 为何调查**

回答为何进行市场调查（调查目的），即向谁提供市场信息服务的问题。为何调查是由管理者的信息需求决定的，如市场营销策略的制定、市场竞争策略的制定、重大投资项目的决策、企业生产经营结构调整的决策、新产品开发的决策等，往往需要市场调查提供大量的信息支持，市场调查的目的是为管理决策提供信息支持。市场调查的任务是获取客观的、准确的、及时的、系统的市场信息，以满足市场预测与决策的信息需求。

**2. 调查什么**

回答市场调查的内容。市场调查的内容可以是涉及民众的基本情况、收入、支出、需求意向、意见、观念、习惯、行为和态度等任何问题。可以是具体的习惯或行为，如人们接触媒介的习惯、对商品品牌的爱好、购物的习惯和行为等；也可以是抽象的概念，如人们的理想、信念、价值观、人生观、心理因素等。可以是商业性的问题，或其他实用性问题；也可以是纯学术性的问题。

**3. 由谁调查**

回答由谁负责市场调查的问题（调查主体）。由谁调查的问题，实质上是市场调查主体如何界定，怎样建立相应的市场调查组织体系的问题，并明确调查主体的权利、活动范围、分工协作关系等。一般来说，应本着谁需要市场信息、谁进行市场调查的原则来界定市场调查的主体和构建市场调查组织体系。市场调查主体应具备两个基本条件，一是必须具有相对独立的行使市场调查的权利；二是具有一定的市场调查能力，包括调查组织体系、技术装配、人员素质、信息处理手段、人财物资源配置、业务能力等。企业市场调查主体，可以是内部的市场调查部门或者营销部门、统计部门、信息管理中心；但对于一些综合性的涵盖范围较大的调查课题，亦可选择合适的调查公司或统计部门来承担调查的任务。

**4. 向谁调查**

回答市场调查对象的问题（调查客体）。市场调查客体是市场调查的研究对象，是市场信息的承担者和信源地。市场调查对象是人群和用户，可以是广泛的民众，也可以是具有某些特征的民众群体，可以是购买或使用本企业产品的工商企业，也可以是事业单位和社会团体。调查对象的界定必须考虑市场调查的目的和管理的信息需求。

**5. 如何调查**

回答怎样调查的问题（调查的方式方法）。如何调查的问题，涉及市场调查主体采用什么样的调查方式方法、技术手段、分类标准、信息处理手段等，是从调查客体那里获取市场信息的技术性问题。为此，在市场调查中，要重视市场调查组织体系的建设，重视市场调查方式和方法的应用研究，规范市场信息加工、处理、传输和分析利用的标准与程序，重视多种调查方法、处理与分析方法的综合应用，以提高市场调查的效率和市场信息的质量及其利用率。

**6. 何时何地调查**

何时调查包括获取调查对象何时接受调查的信息和调查工作的起止时间两个方面的含义。前者是信息度量的时间范围，时点数据应界定调查的标准时点，时期数据应界定数据的时间距离；后者是调查工作从策划准备到调查结束的工作长度及其进度安排。何地调查包括获取信息的空间范围和调查的具体地点选择。

任何市场调查，都必须对上述市场调查如何运行的基本问题及其相互关系作出回答，必须正确处理它们之间的相互关系。

## 1.2.2  市场研究的基本方法

市场调研的过程是获取市场信息进行市场分析研究的过程。市场研究的方法很多，其中最基本的研究方法有以下几类。

### 1. 大量观察法

大量观察法是抽取总体中足够多的单位进行调查研究的方法。由于在研究总体中，个体单位受各种因素的影响往往具有差异性，个体单位不能反映总体的一般特征和规律性。为此，要求在市场调查中从总体中抽取足够多的个体单位进行调查研究，以消除偶然因素的影响，反映出总体的必然性、数量特征和规律性。在市场调研中，全面的市场调查很少，大都采用非全面的市场调查，如抽样市场调查、非概率抽样市场调查、重点市场调查、典型市场调查等，这就要求调查的样本容量应包含足够多的个体单位，以保证市场调查能够消除偶然性，揭示市场发展变化的必然性。

### 2. 分类观察法

分类观察法在市场调查研究中有着特别重要的意义，因为分类观察法按照一定的分类标准或标志，能够把研究的市场现象的总体划分为不同的组别或构面，从而可以有效地观察市场现象的各种不同类型，揭示总体的内部结构及其分布特征，研究市场现象之间的相互联系，达到认识市场现象的本质特征和规律性的目的。分类观察法的实质是对信息进行分类获取、分类处理和分析，通过分类观察和研究，达到认识市场现象总体特征的目的。因此，市场调查问卷设计、数据处理和分析中应大量运用分类观察法。

### 3. 定性与定量结合研究法

定性研究主要是判别事物发展变化的性质、方向、好坏、趋向等，大多采用判断思维的方法；定量研究主要是运用数据来认识事物发展变化的规模、水平、结构、速度和数量特征与规律，大多采用统计思维的方法。在市场调查研究中，定量研究通常表现为数据的获取、处理、分析和应用；定性研究通常用来定义问题，定义调查项目，制定假设或确定研究中应包括的变量，解释由定量分析所得的结果，获取和处理非量化的信息，帮助调研者理解潜在的活动和动机，等等。因此，在市场调查研究中，定性与定量研究应结合应用，在进行一项新的调研项目中，定性研究应为定量研究开路，定量研究应发挥市场主体信息的作用，定性研究也应解释定量研究所得的结果。

### 4. 归纳推断法

归纳法是从个别到一般的综合推理方法。在市场调查研究中，应通过对个体的观察过渡到对总体特征和规律的认识，要通过对调查数据的分类处理、汇总与分析，得出总量指标、相对指标、平均指标等综合指标，以概括反映总体的一般数量特征和规律。推断法是利用样本数据来推断总体的数量特征，进行参数估计和假设检验。在市场调查研究中，推断法的应用也是大量的，但应注意样本的代表性及样本统计量的无偏性、一致性和有效性。

## 1.3  市场调查的分类

市场调查按照不同的分类标准可划分为多种类型，而不同类型的市场调查则具有不同的特点和要求。研究市场调查的分类，有利于根据不同类型的市场调查的特点，明确调查的具体内容，制定相应的市场调查方案。

## 1.3.1　按市场调查的目的分类

### 1. 探测性调查

探测性调查是指当市场情况不十分明了时，为了发现问题，找出问题的症结，明确进一步深入调查的具体内容和重点而进行的非正式的调查。例如，某企业拟投资开设一家新的综合商店，首先可作探测性调查。从需求大小、顾客流量、交通运输条件、投资效益等方面初步论证其可行性。如果可行，则可作进一步的深入细致的正式调查。

探测性调查一般不如正式调查严密、详细，一般不制订详细的调查方案，尽量节省时间以求迅速发现问题。它主要利用现成的历史资料、业务资料和核算资料，或政府公布的统计数据和长远规划、学术机构的研究报告等现有的第二手资料进行研究，或邀请熟悉业务活动的专家、学者、专业人员对市场有关问题作初步的研究。

探测性调查的目的在于发现想法和洞察问题，常常用于调查方案设计的事前阶段。采用小样本观察，不一定强调样本的代表性，数据的分析主要是定性的，调查结果一般只是试探性的、暂时的，以帮助调查者认识和理解所面对的问题，为进一步的正式调查研究开路。

### 2. 描述性调查

描述性调查是指对需要调查的客观现象的有关方面进行的正式调查。它要解决的问题是说明“是什么”，而不是“为什么”。它主要描述调查现象的各种数量表现和有关情况，为市场研究提供基本资料。例如，消费者需求描述调查，主要是搜集有关消费者收入、支出、商品需求量、需求倾向等方面的基本情况。

描述性调查与探测性调查相比，要求要有详细的调查方案，要进行实地调查；掌握第一手原始资料和二手资料，尽量将问题的来龙去脉、相关因素描述清楚；要求系统地搜集、记录、整理有关数据和有关情况，为进一步的市场研究提供市场信息。

描述性调查具有六个要素（六个 W），即为何调查；向谁调查；从调查对象中获取什么信息；获取调查对象何时的信息；在何地获取调查对象的信息；以什么方式、方法获取信息。

描述性调查的目的在于描述总体的特征和问题，有事先制定好的结构性的问卷或调查表，既要搜集原始资料，又要搜集次级资料；定量研究与定性研究相结合，以定量研究为主。调查结果是结论性的、正式的。

### 3. 因果性调查

因果性调查又称相关性调查，是指为了探测有关现象或市场变量之间的因果关系而进行的市场调查。它所回答的问题是“为什么”，其目的在于找出事物变化的原因和现象间的相互关系，找出影响事物变化的关键因素。如在价格与销售量、广告与销售量的关系中，哪个因素起主导作用，就需要采用因果性调查。

因果性调查可从一定的因果式问题出发，探求其影响因素和原因，也可先摸清影响事物变化的各种原因，然后综合、推断事物变化的结果。通常把表示原因的变量称为自变量，把表示结果的变量称为因变量。在自变量中，有的是企业可以控制的内生变量，如企业的人财物等；有的是企业不可控制的外生变量，如反映市场环境的各种变量。

因果性调查为了找出市场变量之间的因果关系，既可运用描述性调查资料进行因果关系分析，也可搜集各种变量的现成资料，并运用一定的方法进行综合分析、推理判断，在诸多的联系中揭示市场现象之间的因果关系。

**4. 预测性调查**

预测性调查是指为了预测市场供求变化趋势或企业生产经营前景而进行的具有推断性的调查。它所回答的问题是"未来市场前景如何"，其目的在于掌握未来市场的发展趋势，为经营管理决策和市场营销决策提供依据。例如，消费者购买意向调查、宏观市场运行态势调查、农村秋后旺季市场走势调查、服装需求趋势调查等，都是带有预测性的市场调查。

预测性调查可以充分利用描述性调查和因果性调查的现成资料，但预测性调查要求搜集的信息要符合预测市场发展趋势的要求，既要有市场的现实信息，更要有市场未来发展变化的信息，如新情况、新问题、新动态、新原因等方面的信息。

上述四种类型的调研设计并不是绝对互相独立进行的。有些调研项目需要涉及一种以上研究类型的方案设计。如何将不同类型的方案相结合完全取决于调研问题的性质。市场调查类型的选择和设计的一般原则有以下几点。

（1）如果对调研问题的情况几乎一无所知，那么调查研究就要从探测性研究开始。例如，要对调研问题作更准确的定义、要确定备选的行动路线、要制定调查问答或理论假设、要将关键的变量分类成自变量或因变量等，均应采用探测性研究。

（2）在整个研究方案设计的框架中，探测性研究是最初的步骤。在大多数情况下，还应继续进行描述性研究或因果关系研究。例如，通过探测性研究得到的假设应当利用描述性研究或因果关系研究的方法进行统计检验。

（3）并不是每一个方案设计都要从探测性研究开始。是否要用探测性研究取决于调研问题定义的准确程度，以及调研者对处理问题途径的把握程度。例如，每年都要做的消费者满意度调查就不再需要由探测性研究开始。

（4）一般探测性研究都是作为起始步骤的，但有时这类研究也需要跟随在描述性研究或因果关系研究之后进行。例如，当描述性研究或因果关系的研究结果让管理决策者很难理解时，利用探测性研究可以提供更深入的认识，从而可以帮助理解调研的结果。

（5）预测性研究是以描述性研究和因果性研究为基础的，是描述性研究或因果性研究的进一步深化和拓展。

## 1.3.2 按市场调查的对象分类

**1. 对法人的调查**

法人是指依法成立并能以自己的名义行使权利和负担义务的组织，如企业、公司、社团等。对法人的调查主要是对工商企业和其他法人进行有关项目的市场调查，如零售商业经营状况调查，工业企业产品生产能力调查，工商企业产品质量抽查，生产资料需求调查，社会集团购买力调查，各类企事业单位规模、构成与分布调查，全国电视机生产厂家数量与地区分布调查，某省旅游单位数量与地区分布调查，企业形象调查，等等。

**2. 对自然人的调查**

自然人是"法人"的对称，它是人在法律上的称谓。市场调查中对自然人的调查，也就是对消费者进行调查，如人口规模与构成调查、居民家庭收支调查、生活消费品需求调查、人才市场调查、劳动力市场调查、大学生择业倾向调查，等等。

### 1.3.3　按调查时间的连续性分类

#### 1. 一次性调查

一次性调查又称临时性调查，是指为了研究某一特殊问题而进行的一次性的市场调查。例如，某企业拟建立新的零售商场、开拓新市场、经营新商品，一般都需要作一次性的市场调查，以了解市场范围、市场需求、市场竞争等方面的情况。

#### 2. 定期性调查

定期性调查是指对市场情况或业务经营情况每隔一定时期所进行的调查，如月末调查、季末调查、年末调查等。定期调查一般是周期性的，调查的方式一般有定期报表调查、定期抽样调查等。

#### 3. 连续性调查

连续性调查是指在选定调查的课题和内容之后，组织长时间的不间断的调查，以搜集具有时间序列化特征的信息资料，如企业内部经营情况的连续性统计、企业经常性的同行业价格调查、经常性的市场行情调查等。

### 1.3.4　按市场调查项目分类

#### 1. 单项目市场调查

单项目市场调查是为了解决某一方面的问题而进行的专项市场调查，通常只涉及一个目标、一种产品、一个项目的市场研究。例如，从商品需求数量、价格、耐用品拥有量、购买力水平、消费结构、消费倾向等项目中，选择其中一个项目进行调查，就属于单项目市场需求调查。

#### 2. 多项目市场调查

多项目市场调查是指为了系统地了解市场供求或企业经营中的各种情况和问题而进行的综合性调查，包括多目标、多商品、多项目调查。例如，对商品需求数量、价格、耐用品拥有量、购买力水平、消费结构、消费倾向等项目全部进行调查，就是多项目市场需求调查。

### 1.3.5　按市场调查的范围分类

#### 1. 宏观市场调查

宏观市场调查是以一定地区范围内的市场为对象，对市场总体情况进行的调查。例如，对市场商品总供给与总需求、总体消费、总体储蓄、物价总水平、零售市场总趋势等进行调查，就是宏观市场调查。这种市场调查通常是由政府综合经济管理部门，如发改委、统计局、物价局等部门进行。调查的目的是为宏观市场管理和调控提供信息，对企业经营决策来说，也是不可或缺的市场环境信息之一。

#### 2. 微观市场调查

微观市场调查是指从企业生产经营的角度出发对市场进行的调查，又称市场营销调查。如营销环境调查、消费者调查、产品调查、市场竞争调查等。其目的是为企业经营管理决策提供信息支持。

总之，市场调查可按不同的标准进行分类。除上述分类外，还可按其他标准划分不同的市场调查。例如，按市场调查的地域范围不同可分为国际市场调查和国内市场调查，或城市市场调查和农村市场调查，或商品产地市场调查和销地市场调查。又如，按市场性质可分为消费品市场调查、生产资料市场调查、金融市场调查、服务市场调查、证券市场调查、技术市场调查、房地产市场调查、旅游市场调查，等等。本书主要研究商品市场调查。

# 1.4 市场调查的原则与过程

## 1.4.1 市场调查的原则

市场调查的目的是为经营管理决策提供信息支持，为了提高市场调查的效率和信息的质量，市场调查应遵循以下原则。

**1. 客观性原则**

市场调查必须实事求是，尊重客观事实。调查人员和调查机构应自始至终保持客观的态度去寻求反映事实真实状态的准确信息，去正视事实，接受调查的结果。不允许带有任何个人主观的意愿或偏见，也不应受任何人或管理部门的影响和压力去从事市场调研活动。市场调研人员的座右铭应该是"寻求事物的本来状态，说出事物的本来面目"。市场调查的最终结果，不能主观臆断，不能直接指示或决定最终答案。调查人员和调查机构应遵守职业道德。

**2. 准确性原则**

市场调查必须获取真实的、准确的信息，才能有效地为管理决策提供信息服务。准确性原则要求必须真实地、准确地描述客观现象的数量表现和属性特征，调查误差应尽可能小，没有系统性偏差，没有人为的干扰。调查数据涉及的主体单位、时间、地点都要准确无误；数据的计量范围、计量单位科学，有可靠的计量依据。调查资料所描述的与本课题有关的背景资料、主体资料和相关资料都必须真实可靠，不能虚构。调查结果的描述必须明晰、准确，不能含糊不清、模棱两可。

**3. 时效性原则**

时效性原则是指搜集、发送、接收、加工、传递和利用市场调查资料的时间间隔要短，效率要高。只有这样，才能提高市场调查资料的价值，才能使生产经营决策及时进行，抓住时机，取得工作的主动权。为此要求市场调查要及时进行，要注意市场活动的先兆性；要求调查资料的传递渠道畅通、层次少、手段先进；要求对调查资料的加工效率高，尽量缩短从搜集到进入使用的时间。

**4. 全面性原则**

全面性原则又称系统性原则，是指市场调查必须全面系统地搜集有关市场经济信息资料。只有这样，才能充分认识调查对象的系统性特征，从大量的系统的市场经济信息中认识事物发展的内在规律和发展趋势。全面性原则要求从多方面描述和反映调查对象本身的变化和特征；从多方面反映影响调查对象发展变化的各种内外因素，特别要抓住本质的关键的因素。要求调查项目力求齐全，总括性数据与结构性数据齐全，内部信息与外部信息齐全，主体信息与相关信息齐全，横向信息与纵向信息相结合，等等。要求市场调查活动应具有连续性，以便不断积累信息，进行系统的、动态的分析和利用。

**5. 经济性原则**

经济性原则又称节约性原则，是指市场调查应按照调查的目的要求，选择恰当的调查方法，争取用较少的费用获取更多的调查资料。为此，市场调查要进行调查项目的成本效益分析，即在调查内容不变的情况下，比较不同的调查方式的费用大小，从中选择出调查费用省又能满足调查目的和要求的调查方式方法，并制定出相应的调查方案。

**6. 科学性原则**

市场调查应在时间和经费允许的情况下，尽可能获取更多更准确的市场信息，为此，必须对市场调查的全过程作出科学的安排。应当采用科学的方法去定义调查问题、界定调查内容与项目、设计调查方案、采集数据、处理数据和分析数据。市场调查的结果必须是经过科学方法处理分析后的基础性数据和资料，可以用调研报告和数据表的形式向社会或委托人公布，调查中发现的问题、受到的启示和有关建议均应在报告中提示，以帮助管理决策部门利用这些信息作出正确的决策。

## 1.4.2　市场调查的过程

市场调查的过程是指从调查策划到调查结束的全过程及其作业程序。由于市场调查的课题不同，其具体的调查过程和作业程序不可能完全一致，但一般包括以下几个阶段（如图 1-1 所示）。

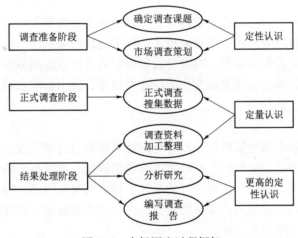

图 1-1　市场调查过程框架

**1. 确定调查课题**

确定调查课题即明确市场调查应调查研究什么问题、达到什么目的。市场调查的课题一般来自于生产经营决策的信息需求，为此，应注意了解生产经营活动中出现的新情况、新问题，了解企业管理决策层最需要什么样的信息以满足决策的需要。调查课题的确定既要考虑管理的信息需求，又要考虑获取信息的可行性及信息的价值，以保证所确定的调查课题具有针对性、可行性和价值性。

**2. 市场调查策划**

调查策划是市场调查的准备阶段，策划是否充分周密，对今后的市场调查的开展和调查质量影响很大。这一阶段主要运用定性研究和系统规划的方法，对调查的目的和任务、调查对象和调查单位、调查内容与项目、调查表或问卷、调查时间与期限、调查的方式方法、调查质量的控制、数据处理和分析研究、调查进度安排、调查经费预算、调查的组织安排等作出具体的规定和设计，在此基础上制定市场调查方案或市场调查计划书。

**3. 正式调查、搜集数据**

市场调查方案得到企业决策层批准之后，则可按照市场调查方案设计的要求，组织调查人员深入调查单位搜集数据和有关资料，包括现成资料和原始资料。其中现成资料的来源包括内部资料和外部资料，原始资料是通过实地调查向调查单位搜集的第一手资料。在整个市场调研过程中，调查资料的收集是由定性认识过渡到定量认识的起点，是信息获取的阶段，关系到市场调查的质量和成败，为此，必须科学地、细致地组织正式调查，严格控制调查过程，使数据的收集做到准确、及时、全面、系统，确保调查的质量。

**4. 调查资料、加工整理**

市场调查收集的各项数据和有关资料，大多是分散的、零星的、不系统的，为了反映研究现象的总体的数量特征，必须对调查资料进行整理，包括审校与校订、分组与汇总、制表，等等。小型市场调查一般可采用手工汇总处理；大型市场调查一般采用计算机汇总处理，包括编程、编码、数据录入、逻辑检查、自动汇总、制表打印等工作环节。调查资料的整理是对调查信息的初加工和开发。为此，应按照综合化、系统化、层次化的要求，对调查获得的信息资源进行加工整理和开发。

**5. 分析研究**

对市场调查资料进行分析研究是市场调查得出成果的重要环节。它要求运用统计分析方法，如综合指标法、时序分析法、指数分析法、相关与回归分析法、方差分析法、聚类分析法、判别分析法、主成分分析法等，对大量数据和资料进行系统的分析与综合，借以揭示调查对象的情况与问题，掌握事物发展变化的特征与规律，找出影响市场变化的各种因素，提出切实可行的解决问题的对策。

**6. 编写调查报告**

市场调查报告是根据调查资料和分析研究的结果而编写的书面报告。它是市场调查的最终成果，其目的在于为市场预测和生产经营决策提供依据。调查报告的基本内容有：交代市场调查的基本情况，调查结论和主要内容的阐述，调查情况与问题，调查结果与原因，调查启示与建议等。具体内容应视调查课题的性质、内容和要求而定。调查报告一般由标题、开头、正文、结尾及附件等要素组成。

# 1.5　市场调查与市场预测

## 1.5.1　市场调查和市场预测的关系

市场调查和市场预测是市场研究的两个重要部分，并形成一门新兴的学科。但市场调查和市场预测是两个既有联系又有区别的概念。

**1. 市场调查和市场预测的联系**

（1）市场调查可以为市场预测提供研究方向。企业在经营管理活动中，需要研究和解决的问题很多，通过市场调查可以发现问题的症结所在，从而能为问题的解决和决策提供信息支持；同时亦可发现需要作进一步预测研究或可行性研究的课题，即为市场预测提供课题和研究方向，帮助市场研究者、经营管理者确定市场预测的目标。

（2）市场调查可以为市场预测提供信息。企业进行市场预测时，必须对市场信息进行科学分析，从中找出规律性的东西，才能得出较为准确的预测结论。而市场调查获得的大量信息资料正是市场预测的资料来源，这些资料为市场预测模型的建立与求解提供了大量历史数据和现实数据，也可为定性预测提供大量的基础性的预测分析依据，从而有助于取得较准确的预测结果。

（3）市场调查方法可以丰富和充实预测技术。市场调查方法主要应用于信息的获取和处理，有的还可直接应用于市场预测分析，即预测性调查研究。市场预测的一些方法也是在市场调查方法的基础上充实、提高而形成的。如预测中的"专家意见法"就是吸收了市场调查的方法，经过反复实践而形成的，既简便适用，又避免了结果的不确定性和离散性。有些简单的市场调查方法，如问卷填表法、访问座谈法等，若在内容中加进预测项目，同样可以得到准确的预测结果。

（4）市场预测的结论可用市场调查来验证和修订。市场预测不是凭空臆想的，而是建立在认识和把握客观规律的基础之上的一种预见和推断，是在科学理论指导下作出的有一定科学根据的推断。市场预测的结论正确与否，最终要由市场发展的实践来检验。因此，市场调查不仅能够检验事前所作出的预测结果，还能够分析、论证预测成功或失误的原因，总结经验教训，不断提高市场预测的水平。另外，在作出预测以后，也可以通过市场调查获得新的信息，对预测结果进行修正。

**2. 市场调查与市场预测的区别**

（1）研究的侧重点不同。市场调查和市场预测虽然都可研究市场上的供求关系及其影响因素，但市场调查侧重于市场现状和历史的研究，是一种描述性研究，目的是了解市场客观实际的情况，弄清事实真相，获取市场信息；市场预测侧重于市场未来的研究，是一种预测性研究，着重探讨市场供求关系的发展趋势及各种影响因素，目的是对未来的市场作出推断和估计。

（2）研究的结果不同。市场调查与市场预测的最终目的都是通过对市场的研究，为各种决策提供依据。但市场调查所获得的结果是反映市场的各种数据和资料，涉及的内容比市场预测要广泛得多，因而既可作为市场预测的依据和资料，也可直接为管理部门决策提供依据。而市场预测所获得的结果是关于未来市场发展的预测报告，是一种有一定科学根据的假定，主要为制定未来的发展计划或规划提供预测性的决策依据。

（3）研究的过程和方法不同。市场调查是获取、处理和分析市场信息的过程；市场预测是利用市场信息进行信息的深加工和作出预测结论的推断过程。从研究方法看，市场调查的方法多属于了解情况、认识市场、获取信息的研究；而市场预测的方法则多是建立在定性分析基础上的定量测算，许多方面需要运用数学方法和建立预测模型进行预测分析和推断。

总之，市场调查与市场预测是市场研究的两个重要环节，市场调查与市场预测既有区别又有联系，市场调查比市场预测的范围和作用更为广泛，市场调查是市场预测的基础，市场预测是市场调查的拓展和延伸。

## 1.5.2　市场调查与预测的学科特点

市场调查与预测之所以能构成一门学科，是市场经济发展到现阶段的产物，是市场调查和市场预测实践经验的概括和提炼。其产生的原因主要有六个：一是买方市场的形成，促使企业去研究买方市场的运行特点、规律及其企业的市场营销策略；二是市场竞争日益激烈，迫使企业去研究市场竞争的规律和竞争对手的情况，以制定企业的竞争策略；三是市场地理边界的扩展，国内市场和国际市场一体化，企业为了扩大市场范围，需要进行更大范围的市场研究；四是消费者需求的多样化和多变性，促使企业不断获取市场信息，以决定为谁生产，生产什么，生产多少，何时何地生产，如何进行市场营销等；五是管理决策的科学化、民主化，要求通过市场调查和市场预测提供更多的市场信息和市场预测分析依据；六是市场调查和市场预测实践活动客观上要求进行理论概括和提炼，以便为市场调查和市场预测提供理论指导。

市场调查与预测是一门研究市场信息获取处理、分析和运用的实践性与综合性很强的学科。具有以下特点。

**1. 以市场信息为研究对象**

对市场信息的研究包括市场信息的获取、处理、分析与运用等要素和环节。市场调查和预测并不是研究市场本身，而是研究市场现象的信息方面，通过信息去认识市场、把握市场运行的规律，为管理决策提供信息支持服务。

**2. 以市场经济学、市场营销学、管理学为理论基础**

市场调查与预测必须熟悉市场经济理论。市场经济是通过市场机制的作用来配置社会资源的经济形式，供求、价格、利益、竞争等是构成市场机制的基本要素。市场供求关系的变化会引起市场价格的变动，价格变动会导致利益格局的改变，利益格局的改变会引起生产要素的流动，进而导致市场竞争，市场竞争反过来又影响供求和价格。供求、价格、利益、竞争是相互联系和影响的动态的关系，因此，市场调查与预测应善于用市场经济理论来观察、分析和解释市场变动，必须以市场经济学、市场营销学、管理学为理论基础。

**3. 以统计学为方法论基础**

市场调查的各种方式方法大多源于统计学中的统计调查方式方法，市场调查数据的处理和分析，往往需要运用统计整理和统计分析的多种方法，市场预测模型的建立和运用，也需要运用统计预测的知识和方法，等等。因此市场调查与预测的方法论基础应该是统计学阐明的基本理论和基本方法。

**4. 是一门实践性、综合性很强的学科**

市场调查与预测既要阐明市场研究的方法论，又要阐明市场研究方法的具体应用，其理论基础和方法论基础涉及多门学科，市场调查与预测的技术手段涉及调查技术、预测技术、计算机技术等。因此，市场调查与预测是一门实践性、综合性很强的学科。

思 考 题

1. 怎样理解市场调查的概念和特征？

2. 市场调查的功能和作用有哪些？

3. 市场调查必须回答和解决哪些基本问题？

4. 市场研究的基本方法有哪些？

5. 简述市场调查的目的、任务、对象、内容的一般界定。

6. 市场调查有哪些原则？在实际调查中应如何坚持？

7. 市场调查有哪些分类？最重要的分类是什么？

8. 简述探测性调查、描述性调查、因果性调查、预测性调查的特点和结合应用。

9. 简述市场调查的阶段和每一阶段的作业程序。

10. 怎样理解市场调查和市场预测的联系与区别？

## 案例分析

### 案例1-1  美国礼维公司的分类市场调查

美国礼维公司是以生产牛仔裤而闻名世界的。20世纪40年代末期的销售额仅为800万美元，但到20世纪80年代销售额达到20亿美元，40年间增长了250倍。这主要得益于他们的分类市场调查。该公司设有专门负责市场调查的机构，调查时应用统计学、行为学、心理学、市场学等知识和手段，按不同国别分析、研究消费者的心理差异和需求差别，以及经济情况的变化、环境的影响、市场竞争和时尚趋势等，并据此制订公司的服装生产和销售计划。例如，1974年公司对联邦德国市场的调查表明，大多数顾客认为服装合身是首选条件，为此，礼维公司随即派人在该国各大学和工厂进行服装合身测验。一种颜色的裤子就定出了45种尺码，因而扩大了销售。礼维公司根据美国市场调查，了解到美国青年喜欢合身、耐穿、价廉、时髦，为此将这四个要素作为产品的主要目标，因而该公司的产品在美国青年市场中长期占有较大的份额。近几年，礼维公司通过进行市场调查，了解到许多美国女青年喜欢穿男裤，为此，公司经过精心设计，推出了适合妇女需要的牛仔裤和便装裤，使该公司的妇女服装的销售额不断增长。虽然美国及国际服装市场竞争激烈，但是礼维公司靠分类市场调查提供的信息，确保了经营决策的正确性，使公司在市场竞争中处于不败之地。

（分析：礼维公司的分类市场调查对你有何启示？）

### 案例1-2  常德卷烟厂的成功之路

常德卷烟厂始建于1951年，从一个手工作坊式的小企业发展成为目前的大型一级企业。然而到20世纪90年代中期，该厂的产品品牌还是没有特色和优势，严重制约了发展。当时，国内烟草行业品牌竞争风起云涌，知名的产品品牌较多，为此，公司准备实施名牌战略。首先委托专业性的市场调查机构对常德卷烟厂的品牌知晓度、卷烟的香型与口感、产品包装、广告宣传、质量、成本、价格，以及购买者的类型、行为、嗜好等诸多要素进行了广泛的市场调查研究。根据市场调查的结果，找准了市场定位和消费者的需求空间，把目标市场锁定在高档卷烟市场上，回避中低档产品的激烈竞争。从而作出了实施名牌经营战略的决策，并制定了长期规划，在品牌产品的研制、生产及营销中实施优势资源的整合，先后从英国、德国、美国请来烟草专家和配方大师进行沟通交流，为提升产品质量集中了国内外优选方案，长期选购津巴布韦、巴西、加拿大等国家优质烟叶，使用国际名牌配料和辅料，形成和突出品牌特有的口味设计；并引进国外先进设备，与本企业集团自行开发的设备配套，组建了制丝、卷接包等工艺的封闭车间，保证了产品的独特质量要求；加大产品广告宣传的力度，创新企业的营销体系，重视客户关系管理等。到20世纪90年代后期，该厂先后推出了

"芙蓉王"、"精品芙蓉"、"芙蓉后"、"金芙蓉"等系列产品，并不断进行改进。其中"芙蓉王"以较强的科技底气和王者风范，深得广大消费者的青睐，在大浪淘沙的品牌竞争中站稳了名牌精品的地位，诞生成长的短短几年时间，创造了名牌营销成功奇迹。

进入21世纪以后，常德卷烟厂按照做优品牌、做实管理、做大规模的目标，及时调整发展战略、管理模式，确定了加强技术储备与研发，推进人才队伍建设，完善产品品牌结构，推动企业联合重组，全力打造企业核心竞争力的发展思路，连续3年增速达到20%以上，主要经营指标三年跨了三大步，卷烟生产规模为全国第二。2004年产销规模突破131万大箱，销售收入达到128亿元，实现税利77.5亿元，出口创汇742万美元，企业总资产过80亿元，主要效益指标再创历史新高，企业经济实力不断增强，并已跻身中国纳税十强，纳税贡献位居湖南省第一，芙蓉王品牌的省际交易量位居中国高档卷烟第一，经济效益增长幅度列全国前三名，是中国烟草品牌定位理论有效实践的先行者、中式卷烟品牌风格重要的开创者，芙蓉王品牌被业界领袖及精英人士誉为中式卷烟的典范代表，芙蓉王、东方红、芙蓉等品牌进入中国卷烟百牌号目录。常烟产品畅销全国（含港澳地区），并远销美洲、大洋洲和东南亚等地区。

（分析：常德卷烟厂名牌营销战略的成功对你有何启示？）

## 案例1-3　新可乐上市案

20世纪70年代中期，可口可乐一直是美国饮料市场上无可争议的领导者，但1976—1979年市场增长速度从每年递增13%猛跌至2%。而竞争对手百事可乐紧紧盯住饮料市场最大的消费群体——年轻人；推出了"百事新一代"系列广告，并且对顾客口感进行了品尝试验，请他们品尝各种没品牌标志的饮料，然后说出哪种口感最好，试验全过程现场直播，市场测试获得了成功，在美国饮料市场所占份额从6%狂升至14%。可口可乐独霸饮料市场的格局转变为可口可乐与百事可乐分庭抗礼的新格局。

对此，可口可乐公司感到困惑，广告费每年超出百事可乐1亿美元，自动售货机数量是百事可乐的两倍，销售网点比百事可乐多，价格比百事可乐有竞争力，可为什么可口可乐的市场占有率就一直下滑呢？于是公司决定从产品本身寻找原因。种种迹象表明，口味变化是造成可口可乐市场份额下降的最重要原因。为此，1982年可口可乐公司实施了称为"堪萨斯计划"的市场调查，出动了2 000名调查员，在10个主要城市调查顾客是否愿意接受一种全新的可口可乐。调查员向顾客出示包含有一系列问题的调查问卷，请顾客现场作答。根据调查结果分析，大多数顾客愿意尝试新口味的可口可乐，公司技术部门决定开发出一种全新口感的、更惬意的可口可乐。于1984年9月，推出了比原可口可乐更甜、气泡更少，口感柔和且略带胶黏感的新饮料，并组织了顾客品尝测试，即在不告知品尝者饮料品牌的情况下，请他们说出哪一种饮料更令人满意。测试结果顾客对新可口可乐的满意度超过了百事可乐。调查员认为，这种新配方可口可乐至少可以将公司在饮料市场所占份额提高一个百分点，可增加2亿美元的销售额。为了万无一失，又倾资400万美元进行了一次规模更大的口味测试，13个大城市的19.1万名顾客参加了这次测试，在众多未标明品牌的可乐饮料中，品尝者们仍对新可口可乐青睐有加，55%的品尝者认为新可口可乐的口味胜过传统配方的可口可乐，而且在这次测试中新可口可乐又一次击败了百事可乐。

根据调查结果，可口可乐公司决定推出新可乐取代传统可乐，停止传统可乐的生产和销售。1985 年 4 月，可口可乐公司发布了"新可乐"的消息，81% 的美国人都知道此新闻。"新可乐"上市初期，市场反应非常好。1.5 亿人在"新可乐"问世的当天品尝了它，历史上没有任何一种新产品会在面世当天拥有这么多买主。发给各地瓶装商的可乐原浆数量也达到 5 年来的最高点。然而，在"新可乐"上市 4 小时之内，公司接到了 650 个抗议电话，到 5 月中旬，公司每天接到的批评电话多达 5 000 个，而且更有雪片般飞来的抗议信件。有的顾客称可口可乐是美国的象征、是美国人的老朋友，可如今却突然被抛弃了。还有的顾客威胁说将改喝茶水，永不再买可口可乐公司的产品。许多人开始寻找已停产的传统可口可乐，这些"老可乐"的价格一涨再涨。到 6 月中旬，"新可乐"的销售量远低于公司的预期值，不少瓶装商强烈要求改回销售传统可口可乐。调查部门再次对市场进行了紧急调查。结果发现，在 5 月 30 日前还有 53% 的顾客声称喜欢"新可乐"，可到了 6 月，一半以上的人说他们不喜欢"新可乐"。到 7 月，只剩下 30% 的人说"新可乐"的好话了。于是，公司决定恢复传统配方的生产，其商标定名为"经典可口可乐"，同时继续保留和生产"新可乐"。7 月 11 日，公司高层管理者站在可口可乐标志下向公众道歉，并宣布立即恢复传统配方可口可乐的生产。消息传来，美国上下一片沸腾。所有传媒都以头条新闻报道了"老可乐"归来的喜讯。"老可乐"的归来使公司的股价攀升到 12 年来的最高点。（资料来源：http：//wenwen. soso. com/z/q165207746. htm）

（分析：请问可口可乐的"堪萨斯计划"实施的背景是什么？为什么市场调查的结果和实际情况不相符？是调查本身的问题，还是调查结果运用于决策不当的问题？）

# 市场调查课题

本章主要阐述市场调查课题的意义与类型，调查课题确定的原则与作业程序，并分别介绍市场识别研究，市场策略研究和市场可行性研究中的主要调查研究的课题、内容与研究思路，为市场调查策划与实施提供基础知识平台。

## 2.1　市场调查课题概述

### 2.1.1　市场调查课题的意义

市场调查课题又称市场调查题目或市场研究项目，是指市场调查研究解决什么样的管理决策的信息需求问题，即搜集什么样的主题信息、研究什么问题、达到什么目的。调查课题的确定具有以下 3 项意义。

（1）关系到市场调查是否具有针对性。目的是否明确，能否满足管理决策的信息需求。

（2）关系到市场调查是否具有可行性。调查课题的难易度如何，关系到市场调查能否取得预期的效果，如果难度太大，超出了调查组织者的能力和客观条件，则会导致人力、物力、财力和时间的浪费。

（3）关系到市场调查实施的有效性。调查课题的确定决定着调查内容的确定，调查方式方法的选择，人力、物力和财力的安排。调查课题选择不当，则难以保证实施的有效性。

### 2.1.2　市场调查课题的类型

#### 1. 按市场调查涉及的生产经营活动的阶段分类

（1）事前调查。是指企业对未来的生产经营活动进行预测性的调查研究、可行性研究、市场环境研究等，其目的在于为生产经营决策提供预测性的研究成果及其信息。

（2）事中调查。是指企业对正在进行的生产经营活动进行跟踪性的调查研究，其目的在于及时掌握生产经营活动过程中的情况与问题，以便进行控制和调节。

（3）事后调查。是指企业对已结束的生产经营活动进行总结性的调查研究，其目的在于总结经验和教训，以便更有效地指导今后的工作。如产品售后调查，可根据消费者的信息反馈，改进产品设计、生产和市场营销策略。

**2. 按市场调查课题的深广度分类**

（1）专题性调查。是指对某一专门问题进行具体的、深入的调查研究，特点是题目单一、内容集中、具体深入、针对性强。

（2）综合性调查。是指对某项市场经济活动的各个方面进行全面系统的调查研究，特点是内容全面、范围广泛、综合性强。例如，对工业企业的产供销进行调查研究，就是综合性调查，而对其中的市场销售进行调查，就是专题性调查。

**3. 按市场调查的侧重点分类**

（1）市场识别研究。市场识别研究又称市场状态研究，是指对市场经济活动发展变化的过程、特点、趋势和规律进行调查研究，其目的在于认识市场，掌握市场发展变化的特征和规律。如市场环境研究、市场需求研究、市场供给研究、销售潜力研究、消费者研究、顾客满意度研究、生活形态研究、国际市场研究等，大都属于市场识别研究。

（2）市场策略研究。市场策略研究又称市场对策研究，是指对工商企业的生产经营或市场营销策略或对策进行调查研究，其目的在于寻求解决问题的对策方案。如生产者市场研究、市场细分研究、产品研究、品牌研究、价格研究、促销研究、销售渠道研究、广告研究、企业销售研究，等等。

（3）市场可行性研究。市场可行性研究又称市场预测性研究。是指对工商企业的生产经营前景或市场未来的发展变化进行预测性的调查研究，其目的在于把握市场未来的发展变化，以便进行正确的决策，如商圈研究、投资可行性研究等。

## 2.1.3　市场调查课题的确定原则

**1. 针对性原则**

市场调查课题的确定首先应明确为什么要做调查研究（目的），才能正确界定做什么样的调查研究（课题）。调查课题的确定必须满足管理决策的信息需求，才能具有针对性。

**2. 价值性原则**

市场调查课题的确定应评估此项调查研究是否值得做，包括评估是否能搜集到有用的信息，市场调研的成本花费是否高于得到的信息价值。

**3. 可行性原则**

市场调查课题的确定应研究信息获取的可能性，调查组织能力的可行性及人力、物力和财力等约束条件的可行性，评估委托的调查公司的能力、职业道德和信誉。

## 2.1.4　市场调查课题的确定程序

**1. 了解和阐明管理的信息需求**

管理的决策问题是回答决策者需要做什么，关心的是决策者有可能采取的行动；而调查研究的问题是回答需要什么信息和怎样最好地得到信息去满足决策的信息要求。因此，市场调查课题的确定首先应了解和阐明管理的信息需求。

**2. 定义需要调查研究的问题**

管理决策问题是以行动为中心（行动定位），调查研究问题是以信息为中心（信息定位），因此，应把决策问题作为调查问题来重新定义。例如，某企业产品的市场占有率连续两年下降的问题，决策者的决策问题是如何提高市场占有率和竞争地位，备选的行动方案包括改进现有的产品、引进新产品、优化市场营销体系中的有关要素等。通过探测性研究，决策者和调研者均认为市场占有率下降是由于市场营销体系中的市场细分不当，目标市场不明确引起的，并希望通过调查研究获取多方面的信息，那么调查问题就变成市场细分问题研究。定义调查问题应遵循的法则是：

① 能让调研者得到与管理问题有关的全部信息；

② 使调研者能着手并继续进行调查问题的研究。

定义调查问题容易犯以下两类错误。

第一类错误是调研问题定义得太宽。太宽的定义无法为调研项目设计提供明确的指引路线，如研究品牌的市场营销战略、改善公司的竞争位置、提高企业的经济效益等，由于这些问题不够具体，因而难以进行调查内容和项目的后续设计。

第二类错误是调研问题定义得太窄。太窄的定义可能使信息获取不完全，甚至忽略了管理决策信息需求的重要部分。例如，在一项关于某公司耐用品销售问题的调研中，管理决策的问题是如何应对市场占有率持续下滑的态势，而调研者定义的调研问题是价格竞争和广告效果调查。由于调查问题定义得太窄，可能导致诸如市场细分、销售渠道、售后服务等影响市场占有率的重要信息被忽略，而不能有效地满足管理决策的信息需求。

**3. 明确调查课题的约束**

调查课题确定之后，为了保证调查课题的有效实施，应明确规定调查课题的约束。一是明确规定调查目的，即明确调查的具体任务。例如，上述某公司耐用品销售问题的调查目的可界定为："通过市场调查，充分获取影响市场占有率下降的内部信息和外部信息，包括市场细分、营销渠道、广告效果、定价策略、产品品牌、售后服务、需求变化等方面的调查研究，以寻找问题的症结，为提高市场占有率的决策提供可选择的行动方案。"二是明确规定时间，即获取合适的信息。三是明确规定空间，即调查对象的范围和地理边界约束。四是明确规定调查内容，即明确调查的主要内容，规定需要获取的信息项目，或列出主要的调查问题和有关的理论假设。

**4. 调查课题最后的评审**

调查课题、调查目的和约束条件明确之后，还应对调查课题作最后的评审，以决定是否值得做本项调查研究。评审的内容主要包括，调查课题的必要性如何，调查目的是否明确，调查课题的约束是否明确，该项调查的信息价值如何，是否能有效支持管理决策的信息需求，调查结果可能带来的经济效益或社会效益如何，等等。

## 2.2  市场识别研究

市场识别研究是指对市场的规模、类型、结构、特征、趋势与问题进行描述性研究和因果性研究，其目的在于认识市场和识别市场，探寻市场发展变化的特征和原因，为管理决策提供研究的结果，因而又称结论性研究。市场识别研究可以是横向的，也可以是纵向的。市场识别研究的主要课题有以下几个方面。

### 2.2.1  市场环境研究

市场环境是指对企业生产经营活动发生影响的外部因素的总和，包括政治、法律、经济、文化、教育、民族、科技等方面。企业生产经营活动与外界环境相适应，就能促进企业各项事业的发展；反之，企业在市场上就不能立足，甚至会被市场淘汰。市场营销环境调查研究的内容主要有以下三个层次。

**1. 总体环境**

总体环境是指所有企业和个人共同面临的社会经济环境与自然环境，又称大环境。企业只能适应总体环境，而不能影响和改变总体环境。总体环境调研的主要内容如下。

（1）政治环境。政治环境主要包括国家的政治制度、方针政策、重大决议、重要改革举措、对外政策、国家或地区间的政治关系、国有化和私有化政策、政治与社会是否稳定，等等。

（2）法律环境。法律环境主要是指国家权力机关及其有关部门和地方权力机关所颁布的法令、法规、条例等。市场调查应重点了解和掌握经济合同法、商标法、专利法、广告法、环境保护法、税法等。

（3）人口环境。人口环境主要包括一定时期的总人口、人口的各种构成、人口的地理分布、人口流动、人口的增减变化，等等。

（4）经济环境。经济环境主要是指一定时期社会生产的规模和动态，生产、流通、分配、消费的总体状况，宏观经济运行态势，产业结构及其调整，市场总需求与总供给，货币流通，物价总水平，固定资产总投资，交通运输情况，等等。

（5）社会文化环境。社会文化环境主要包括社会阶层、家庭组成、民族习俗、风土人情、宗教信仰、伦理、道德、价值观、审美观、教育程度、文化水平等方面的情况。

（6）科学技术环境。科学技术环境主要指国内外科学技术的发展动态，新技术、新材料、新产品、新能源的发展状况，国家或地区间科技成果交流、扩散和转让情况，产品技术标准，等等。

（7）自然环境。自然环境主要是指与市场营销活动有关的自然地理、人文地理、自然景观、气候条件、季节因素、自然资源等方面的情况。

（8）国际环境。国际环境主要是指与企业对外经济合作、对外投资、对外贸易有关的国家或地区的政治、法律、经济、文化、教育、科技、民族、宗教、风土人情、消费习惯、道德观念等方面的情况。

**2. 产业环境**

产业环境是指企业所处的行业的生产经营景气状况。产业按层次不同分为第一产业（农业）、第二产业（工业和建筑业）和第三产业。产业按主要产品同质性原则对基层单位进行部门分类，可划分为不同的行业，如我国新的行业分类共分为 20 个门类、96 个大类、432 个中类、1 094 个小类。企业进行产业环境调查，应重点考察所处行业或想进入的行业的生产经营规模、产业状况、竞争状况、生产状况、产业布局、市场供求情况、产业政策、行业壁垒和进入障碍、行业发展前景，等等。

**3. 竞争环境**

竞争环境是指企业在特定的区域市场和特定的产品范围内所面临的同行动向。竞争环境与产业环境的不同点在于：产业环境是从全行业的整体出发思考问题，而竞争环境则是从个别企业出发思考问题，观察各家同行与特定企业的竞争状况，或者观察同行在原材料取得、产品市场占有上与其他企业的竞争情况。

市场环境研究的目的在于找出环境中的机会与威胁，依据企业本身的优势与劣势，确定企业的发展方向和策略。环境分析可依据以下四种组合作出选择（参见图 2-1）。

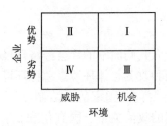

图 2-1 环境的 SWOT 分析模型

第 I 种情形是环境中出现了机会，而企业本身恰好具有优势，因而，企业可在这种可能的领域下功夫，制定发展策略，建立自己的王国。

第 II 种情形是环境中出现了威胁，而企业在这方面具有优势，因而，企业将面对不少竞争对手的压力，策略规划的重点在于排除障碍、应对危机。

第 III 种情形是环境中出现了机会，而企业在这方面不具有优势，为此，企业必须建立一些优势或寻求联合，否则，只能让机会散失。

第 IV 种情形是环境中出现了威胁，而企业在这方面也不具有优势，为此企业不必在这种领域去寻求发展，应力求回避或撤退。

## 2.2.2 市场需求研究

市场需求是指一定时期的一定市场范围内有货币支付能力的购买商品（或服务）的总量，又称市场潜力。市场需求调查研究是市场分析的重要任务之一。因为市场需求的大小决定着市场规模的大小，对企业投资决策、资源配置和战略研发具有直接的重要影响。市场需求调查研究的内容包括市场需求总量、市场需求结构、消费者购买动机与行为、市场需求变动因素等研究（参见图 2-2）。

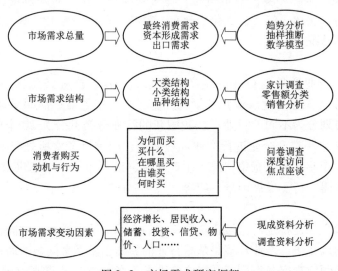

图 2-2 市场需求研究框架

### 1. 市场需求总量测定

市场需求总量的测定可以就市场全部商品、某类商品或某种商品分别进行测定。

市场总需求通常是指一定时期内一个国家或地区的全社会对货物和服务的需求总量，是由国内最终消费需求、资本形成需求、出口需求三大部分构成的价值量或实物量。其中国内最终消费需求可分为居民消费需求和政府消费需求；资本形成需求又称总投资需求，是由固定资本形成和存货增加两部分构成的。国内最终消费需求和资本形成需求是社会总需求的主体，可合称为国内总需求。市场总需求形成的基本关系式为

$$市场总需求 = 居民消费需求 + 政府消费需求 + 资本形成需求 + 出口需求 =$$

$$国内最终消费需求 + 资本形成需求 + 出口需求 =$$

$$国内总需求 + 出口需求$$

市场全部商品需求总额的测定由于涉及的范围大、要素多、难度大，一般不予测定。就某类消费品或某种消费品而言，其市场需求量的测定亦可考虑人口数量（或用户数量）、人均（户均）购买量、其他需求量三个要素，市场需求量的决定模型如下

$$市场需求量 = 人口数量（用户数量） \times 人均（户均）购买量 + 其他需求量$$

（1）人口（用户）数量及其变动是计算需求量的基础变量，一般来说人口或用户数量多，市场规模就大，对商品需求也必然增大。在分析时，既要考虑现有人口的多少，还要考虑人口的自然增长率；既要考虑人口总量，也要考虑人口的类型和结构，因为某些商品可能只涉及部分人群的需要，如香烟、妇女用品、儿童用品等。对于某些生产设备而言，市场需求量的测定应重点考虑用户数量的多少及其变动。

（2）人均（户均）购买量是计算需求量的重要参数。市场需求量的大小除了受人口数量或用户数量多少的影响外，还受到货币支付能力的影响。在人口数量或用户数量一定的条件下，市场需求量与购买力成正比。分析消费者的购买力主要考虑消费者的货币收入水平与变化、需求支出水平与方向、储蓄状况等。消费者的购买力通常可通过人均或户均购买量来度量，即利用历史统计数据或抽样调查资料进行测定。测定时，应考虑人均（户均）购买量的发展变化趋势和规律。

（3）其他需求量主要包括企业、事业、机关团体和政府的投资需求与公共消费需求，流动人口需求等。

**2. 市场需求结构研究**

市场需求结构是指消费者将其可支配收入用于不同类别商品（服务）支出的比重，它决定着消费者的需求投向或消费投向。需求结构研究通常可利用居民家庭购买商品支出的分类数据，分析研究食品类、衣着类、日用品类、文化娱乐用品类、文化教育类、医药及医疗用品类、交通通信类、住居类、燃料类支出所占的比重，分布特征及发展变化的趋势。在某一类中，也可根据研究的目的，进一步研究小类的需求结构和品种需求结构。

**3. 消费者购买动机与行为研究**

消费者的购买动机是为了满足一定的需要而引起人们购买行为的愿望、意向、目的和预期。购买行为则是指消费者买什么、在哪里买、由谁买、何时买等。消费者的购买动机与行为调查研究是市场需求研究的深化，是有效营销的奠基石。调查研究的内容包括消费者为何而买、买什么、在哪里买、由谁买，何时买等要素。

**4. 市场需求变动因素研究**

市场需求是一个动态的概念，不论是需求总量还是需求结构总是发展变化的。了解影响市场需求变化的因素，有利于把握市场需求变化的趋势和规律，正确测度市场需求量的需求

结构。影响市场需求变化的因素很多，通常有经济总量及其增长率、宏观政治经济环境变化、居民货币收入与储蓄的变化、物价总水平的变动、固定资产投资的拉动、货币流通与货币政策、产业政策等。

## 2.2.3 市场供给研究

市场供给是指一定时期和一定市场范围内可投放市场出售的商品总量，又称市场可供量或市场供给潜力或商品资源。市场供给调查研究也是市场分析的重要任务，因为市场供给的大小，能够反映市场供应能力的大小，能否满足市场需求是决定市场供求状态的重要变量。其调查研究的主要内容包括市场供应总量、市场供应结构、市场供应状况、市场供应变动因素、市场供求变动关系等方面（参见图 2-3）。

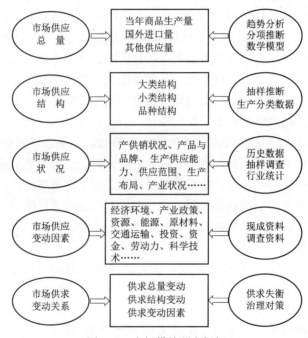

图 2-3 市场供给研究框架

### 1. 市场供应总量的测定

市场供应总量可从全部商品、某类商品、某种商品三种途径进行测定。市场供应总量通常是指一定时期内一个国家或地区的全社会可供消费和资本积累的货物与服务的总和，是由货物与服务的国内总供给量、国外进口量两部分构成的价值量或实物量。其中国内总供给量是市场供应总量形成的主体，其价值量表现为国内生产总值（GDP），实物量表现为各种产品的国内生产量。市场供应总量形成的基本关系式为

市场供应总量=国内生产总量+国外进口量+其他供应量

由于市场全部商品供应量的测定涉及的范围广、产品多、要素多，一般情形不进行测定，通常只测定某类商品和某种商品的市场供应量，其测定模型为

市场供应量=当年生产量×商品率+国外进口量+其他供应量

（1）当年生产量是决定市场供应量的关键变量，它取决于生产厂家的多少和生产能力的大小，通常可根据历史数据由趋势分析进行推断。就农产品而言，当年的生产量主要取决于播种面积和单位面积产量，而生产量中通常包括商品量与自用量两部分，因此，测算农产品市场供应量应考虑商品率的高低。

（2）国外进口量是指从国外进口的商品量，可依据进出口统计数据作趋势推断。

（3）其他供应量包括商品储存量的增减、国家储备的增减；测算局部市场的供应量还应包括外地购入量。

**2. 市场供应结构研究**

为了研究市场供应与市场需求的结构是否相适应，二者之间是否存在结构失衡，应在调查和测算各种主要商品和各类商品供应量的基础上，研究市场供应结构及其变化。市场供应结构也可分为大类结构、小类结构和品种结构三个层次，可依据行业生产分类统计数据进行分析研究；也可根据企业抽样调查资料进行分析研究。

**3. 市场供应状况研究**

为了研究市场供应的具体情况，市场供应研究还应研究主要商品的产供销情况；主要产品的产量、质量、品种、规格、包装、成本和价格变动；生产者的生产、供应能力和供应范围、生产布局与调整、新产品开发等。

**4. 市场供应变动因素研究**

了解把握影响市场供应变动的因素，有利于较为准确地测定市场供应量和供应结构，掌握市场供应发展变化的趋势和规律。影响市场供应变动的因素主要有：政治经济环境、产业政策与产业布局、资源的稀缺程度、能源与原材料的供应、交通运输条件、固定资产投资、资金供给、劳动力供给、科学技术发展等。

**5. 市场供求变动关系研究**

市场供求关系是指市场商品供应与市场商品需求之间的对比关系。市场供求关系有供不应求、供大于求和供求均衡三种状态。市场供求变动关系研究的主要内容如下。

（1）市场供求总量研究。用以判断市场供应总量与市场需求总量之间的平衡状态，是否存在总量失衡，总量失衡是属于供不应求，还是属于供大于求。

（2）市场供求结构研究。即研究市场供应结构与市场需求结构之间的适应状态，是否存在结构性失衡，哪些商品供大于求（买方市场），哪些商品供小于求（卖方市场）。

（3）市场供求变动因素研究。即从市场供应与市场需求两个方面分析研究影响市场供求总量失衡或者结构失衡的主要因素有哪些，它们作用的程度、方向怎样。

（4）市场供求失衡对策研究。即研究治理供求总量失衡或结构失衡的经济政策，货币政策、投资政策、信贷政策、产业政策等，为宏观经济调控提供决策参考依据。工商企业则应研究怎样调整生产经营结构和投资方向，如何加强市场营销，怎样开发新的市场和新的产品，如何调整企业的发展战略，等等，以应对市场供求失衡带来的不利影响。

## 2.2.4　市场销售潜力研究

市场销售潜力是指企业的某个产品品牌或某类商品在一定时间范围内能够获得的最大销售额，它意味着企业的产品都得到了充分的分销，做了大量的促销工作并吸引所有可能购买该产品的顾客条件下，该产品的可能销售额。市场销售潜力是市场需求潜力的一部分，在市

场需求潜力既定的条件下，企业的市场销售潜力取决于市场占有率的高低，即

$$市场销售潜力=市场需求潜力×市场占有率$$

市场销售潜力不是实际销售额（量），而是一种可能的预期销售额（量）。企业对市场销售潜力的测定与研究，有利于企业的经营管理决策和资源的合理分配，帮助确定产品目标和经营战略，在新产品评价及有效处理一系列营销决策问题上有着重要的作用。市场销售潜力研究框架如图 2-4 所示。

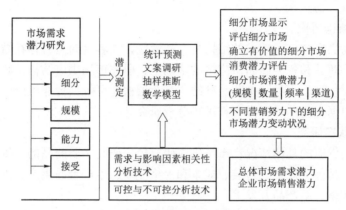

图 2-4　市场销售潜力研究框架

### 1. 市场需求潜力测定

市场需求潜力又称市场需求量，是指在某一特定时期或特定条件下某个产品服务类或产品服务系列的市场需求总量，测定的基本思路和方法前面已作了介绍。但企业在测定本企业生产经营产品的市场需求潜力时，亦根据产品的性质、使用或购买对象，产品行销的区域范围选择合适的测定方法。研究的思路可以由细分市场到总体市场，也可由总体市场到细分市场来进行，测定的方法主要有统计预测分析、文案调研、抽样推断和数学模型等。

### 2. 市场占有率的确定

市场占有率是企业生产经营的产品在整个市场占有的份额。通常有产量市场占有率和销售市场占有率两种口径，大多采用后一种口径。市场占有率的高低和品牌的知晓度与满意度，产品的质量与重购率，企业的生产经营规模与行销范围，广告宣传与营销努力等因素相关。对于现有产品而言，市场占有率的确定可根据历史数据进行趋势分析和预测，也可采用抽样调查进行定量研究。对于新产品而言，市场占有率的确定可根据新产品的性质、质量、功能，新产品的生产规模和行销范围的规划，市场竞争程度，市场营销努力等因素采用定性研究、专家判断、主观概率等方法进行合理的界定。

### 3. 市场销售潜力的确定与评估

市场销售潜力的确定与评估即根据测定的市场需求潜力和本企业产品的市场占有率推算出本企业产品的市场销售潜力。亦可考虑市场占有率的误差或波动的幅度，给出市场销售潜力的可能的取值区间。市场销售潜力测定之后，应进行必要的评估。评估的内容包括市场需求潜力的大小及其增长率，现有的市场供给能力怎样，是否还有较大的发展空间，本企业的市场销售潜力的大小及其增长度，本企业的生产供应能力和营销能力是否匹配。对于新产品开发而言，还应评估新产品的市场前景如何，是否有较大的市场潜力，销售潜力及其发展空间。

#### 4. 市场营销策略研究

市场需求潜力和销售潜力的测定是为市场营销策略的制定开路的，因此，市场营销策略的制定应以市场需求潜力和销售潜力为导向，以正确制定营销目标和营销策略。参考图 2-5，可以清晰地了解到这一点。

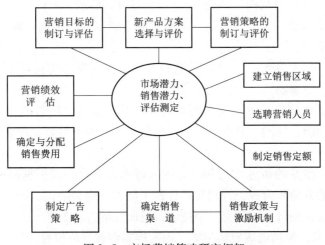

图 2-5  市场营销策略研究框架

## 2.2.5  消费者市场研究

消费者和用户代表着市场需求，决定着市场容量的大小，满足消费者需求是企业生产经营活动的出发点和归宿。因此，消费者市场调查研究具有十分重要的意义。

消费者市场研究是指在对市场环境、人口特征、生活方式、经济水平等基本特征进行研究的基础上，运用各种市场调研技术和方法，对消费群体的认知、态度、动机、选择、决策、购买、使用等阶段实现自身愿望和需要进行深入的系统的研究，为企业测定市场潜力、界定市场目标、制订产品研发与生产策略、制订营销策略提供完整的消费者市场研究成果。调查研究的主要内容如下，并参考图 2-6。

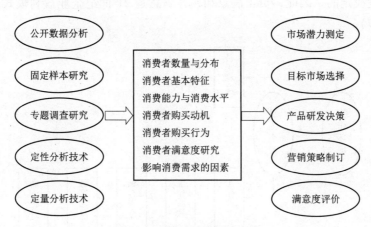

图 2-6  消费者市场研究框架

（1）消费者数量与分布研究。包括现有消费者和潜在消费者的数量、构成与区域分布状况。

（2）消费者基本特征研究。主要按年龄、性别、职业、民族、文化程度、城乡等标准或标志研究不同消费群体的特点及其需求差异。

（3）消费能力与消费水平研究。主要研究消费者的人均收入、人均生活费支出、购买力水平、购买力投向（消费结构）、购买商品的数量及其要求。

（4）消费者购买动机研究。主要研究消费者的消费目的与用途、购买习惯、消费倾向、消费嗜好、消费预期等。

（5）消费者购买行为研究。主要研究消费者的消费决策、购买什么、购买多少、何时购买、在何处购买、由谁购买、如何购买等。

（6）消费者满意度研究。主要研究消费者对产品、服务、广告的认知程度；研究消费者对产品的质量、功能、性能、外观、包装、价格、售后服务等要素的满意度；研究消费者对企业形象的评价等。

消费者市场研究涉及的研究方向和研究内容较多，因此，应根据研究的具体目的和要求，认真界定研究的方向和内容，特别要抓住购买能力、购买动机、购买行为、认知度和满意度等关键项目和要素进行调查研究。消费者市场研究的方法如下。

① 市场调研技术：包括现成资料搜集、固定样本调查、阶段性专门调查等。

② 定性分析技术：包括焦点座谈会、小组讨论、观察法、实验法、投影技法等。

③ 定量分析技术：包括聚类分析、回归分析、因子分析、相关分析、方差分析、对应分析、判别分析、时间序列分析等。

## 2.2.6 顾客满意度研究

顾客满意度是指消费者或用户通过对一种产品或服务的可感知的效果与他的期望值相比较后，所形成的愉悦或失望的感觉状态。满意度是可感知效果和期望值之间的差异函数。大量研究表明，顾客满意度越高，顾客对企业越忠诚、产品或服务的重购率越高；当用户重购率达到一定水平后，利润的增长会随重购率的增长而迅速增长，即"顾客满意、利润之源"。而顾客满意度的提高，是由企业内部员工的素质、工作效率、工作质量所决定的，即由员工的满意度决定的。因此，员工满意和顾客满意是 21 世纪企业盈利模式的两个重要变量（参考图 2-7）。

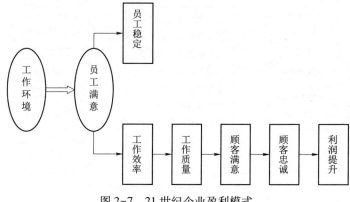

图 2-7　21 世纪企业盈利模式

　　顾客满意度研究是指通过构造顾客满意度评价指标体系与调查研究，获取顾客对本企业产品或服务的有关评价信息，在此基础上，对顾客的满意度进行综合性评定，分析认知度、满意度、忠诚度或重购率水平的高低，剖析顾客缺憾，揭示提升顾客满意度的关键因素，为企业制定提高顾客满意度的策略，减少顾客抱怨和顾客流失，增加重购率，创造良好的口碑，提升企业形象，确保稳定、持续的利润增长提供信息支持。研究的主要内容如下（参考图2-8）。

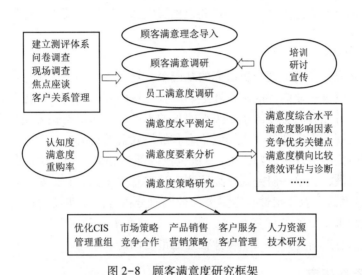

图2-8　顾客满意度研究框架

### 1. 顾客满意理念导入

　　顾客满意理念导入即通过培训、研讨等形式，将顾客满意理念的起源和发展、顾客满意与顾客忠诚的价值关系、顾客满意与员工满意的关系，以顾客为中心的价值观、顾客满意与企业利润链等思想与理念引入企业内部，从而帮助企业树立顾客满意理念和行为意识。

### 2. 顾客满意调研

　　顾客满意调研应建立系统、完备而有效的顾客满意度评价指标体系，其内容可包括品牌认知、品牌购买、品牌使用、品牌美誉、产品质量、产品功能、产品外观、产品式样、产品包装、价格定位、产品安全性、产品可靠性、产品设计、企业信誉、服务质量、服务环境、服务态度、服务规范、用户投诉、售后服务等诸多要素。在此基础上，设计顾客满意度调查问卷，通过顾客访问、销售或服务现场调查等获取信息。

### 3. 员工满意度调研

　　员工满意度调研应建立系统、完备而有效的企业内部员工满意度评价指标体系，其内容包括工作生活环境、用人机制、物质激励、精神激励、人际关系、劳资关系、发展期望、内部管理、成就感、安全感、愉快感、信任感等要素，通过问卷调查、员工座谈等方法获取各种信息。

### 4. 满意度水平测定

　　满意度水平测定是在顾客满意度和员工满意度调研的基础上，分别对顾客满意度和员工满意度的水平进行测定，包括各项目的满意度和综合满意度水平的测定。其中顾客满意度测评，可通过计算认知度、满意度、重购率等指标进行反映；员工满意度测评，可通过计算员工满意度、忠诚度（员工安心率、外流率）等指标进行反映。

**5. 满意度要素分析**

满意度要素分析是在满意度水平测定的基础上作进一步的归纳分析和相关分析，包括将各要素的满意度归纳为高、中、低三种类型，借以揭示影响顾客和员工满意度、忠诚度、流失率的关键驱动因素，确定与企业资源和战略目标相吻合的顾客群体。针对企业的综合绩效，从内部和外部两方面对企业的产品与服务质量及其症因进行诊断，揭示企业目标与现实绩效的差异，明确企业的优劣环节，寻找和识别影响这些问题的要素，为制订相应的策略提供必要的信息。

**6. 满意度策略研究**

满意度策略研究是在满意度分析研究的基础上，针对顾客和员工满意度较低的要素与绩效薄弱环节，提出改善企业内部的工作环节、流程、权限和方式的高效配置有限资源的对策方案，以求逐步提升顾客满意度体系中关键因素的水平，从而提高顾客满意度和忠诚度，达到提升企业市场表现、市场地位、市场竞争力和经济效益的目的。

顾客满意度研究的流程可以归结为："从企业内部到外部，从企业自身到竞争对手，从顾客满意到顾客忠诚，从单一研究到连续监测，从满意水平到要素诊断，从要素诊断到改进对策。"顾客满意度研究涉及定性与定量等各种调研分析方法，涉及满意度指标体系的确立与测量，涉及关键满意要素的优劣判定，涉及针对满意水平的资源配置与产品服务策略制订，因此，顾客满意度研究是一项综合性很强的市场调研。

## 2.2.7　生活形态研究

生活形态研究是对特定的目标群体的生活形态进行连续性的追踪调查研究。例如，对于消费群体的价值观的区隔研究、不同区域消费结构形态研究、青少年时尚消费观念研究、不同收入阶层生活消费特征研究、不同经济发展阶段的生活形态变迁研究、高收入阶层投资行为研究、社会群体婚姻观念变动研究等，都属于生活形态研究（参见图2-9）。

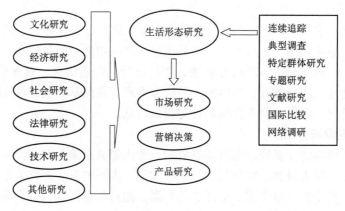

图 2-9　生活形态研究框架

生活形态研究是市场研究中的一项基础性研究，因为此项研究可以分析与预测在当前与未来的文化、经济、技术、法律等社会环境下，消费群体的消费观念、消费能力、消费结构、消费模式、消费心理与行为的状况与发展趋势，从而为其他类型的市场研究提供基础性资料，可以帮助企业更深刻地理解市场消费行为，挖掘潜在需求，为制订长远发展规划和生产经营决策提供依据。

生活形态研究通常要求对市场中消费者的日常生活进行连续的、周期性的跟踪调研，大多采用固定样本追踪研究、特定群体研究、专题研究、文献研究、典型案例研究、国际比较研究等多种方法。生活形态研究与一般性的消费市场研究有很大的不同，具有周期长、难度大、方法多、成本高等多种特征，同时，研究的结果需要市场研究人员、营销人员及其他人文学科、社会学科、经济学科的专家参与，才能合理有效地解释、分析和预测生活形态的特征及其变迁，揭示生活形态变化的长期趋势和潜在效果。

## 2.2.8　国际市场研究

国际市场研究是相对国内市场研究而言的，是指在调查研究国际市场特点的基础上，展开出口需求与国际竞争研究及国际市场营销策略研究。国际市场研究是国内企业进入和拓展国际市场，发展对外贸易和对外经济合作，应对国际市场竞争，保持和巩固自身的优势，提升国际市场地位和竞争力的一项十分重要的工作。由于国际市场的社会、经济、文化、消费、法律环境、生活形态与国内市场差异极大，对于全球化、国际化经营的企业来说，进行国际市场研究是十分必要的，研究的主要内容如下（参见图 2-10）。

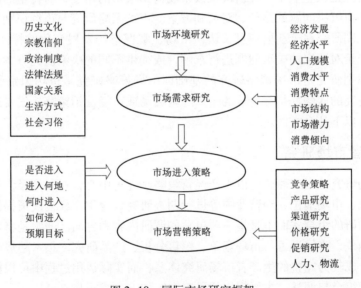

图 2-10　国际市场研究框架

**1. 国际市场环境研究**

主要包括别国的历史文化、宗教信仰、政治制度、法律法规、国家关系、生活方式、社会习俗等。

**2. 国际市场需求研究**

主要包括别国的经济规模与经济水平、区域经济发展、人口规模与变动、消费水平与消费特点、市场结构、市场潜力、消费倾向与嗜好等市场需求要素的调查研究。

**3. 国际市场进入策略研究**

主要包括是否进入国际市场，进入何地国际市场，何时进入国际市场，如何进入国际市场，采用何种营销策略，如何确立预期目标等问题的研究。

**4. 国际市场营销策略研究**

主要包括国际市场竞争策略研究、产品研究、渠道研究、价格研究、促销研究、广告研究、人力因素研究、物流研究等。

国际市场信息的获取，主要来自产品进出口商、经销商、合资企业资方、各国政府公布的统计年鉴和相关资料，驻外机构的调研资料，出国考察调研资料等。对于全球化、国际化经营的企业来说，可以利用自己的国际信息资源网络和技术为企业提供国际市场的信息采集和分析服务，为企业研究是否进入国际市场、进入方式及后续营销决策提供直接性的研究支持，亦可利用自己的国际信息资源系统的建设经验来帮助企业建立相应的国际市场营销信息系统。

国际市场研究除了采用通常的市场研究技术方法之外，还需要运用政策分析、经济分析、人文研究、文化比较、行业专家资源等多种方法，这些方法的运用需要研究者具备相当的研究能力和知识背景。

## 2.3 市场策略研究

市场策略研究是从企业生产经营决策或市场营销决策的角度，对特定的决策问题进行调查研究，以求获得解决问题的路径、对策和方案。市场策略研究与市场识别研究既有区别又有联系，市场识别研究在于获取信息、认识市场、掌握市场发展变化的特征、趋势和规律，市场策略研究在于对特定的决策问题进行求解，或提供不同的决策研究方案，以供决策者作出选择。市场识别研究是市场策略研究的基础，市场策略研究是市场识别研究的深化和拓展。市场策略研究的课题都是与企业的生产经营活动或市场营销策略构成要素直接相关的重大项目，主要有以下几个方面。

### 2.3.1 生产者市场研究

生产者市场研究是指工商企业以生产经营策略研究为中心，对生产经营范围内的产品或服务的市场表现、市场地位、经营业绩等进行调查研究，为生产经营决策提供参考依据。它是一系列市场调研的组合，而不是指一项单独的调研内容和方向。通常是将市场研究中的市场表现、市场地位、市场潜力、市场竞争、销售分析、产品研究、技术趋势分析、经营状况等多项内容组合成较为完整的生产者市场研究体系，而实际运用过程中可根据不同的需要来进行研究模块的组合与调整。主要模块的研究内容如下（参见图2-11）。

**1. 市场表现研究**

市场表现研究是通过分析产值、增加值、产品产量、销售额（量）、利润额、产品销售率的变化，以及与同行企业比较的差异来衡量本企业的市场表现。

**2. 市场地位研究**

市场地位研究是通过分析本企业产品的市场占有率的变化以及在同行企业中的位次、市场覆盖率的变化、产品成本比较差异，来衡量本企业的市场地位。

**3. 市场潜力研究**

市场潜力研究是分析本企业生产经营商品的市场需求量的大小、现有需求和潜在需求、现有市场和未来市场的情况，分析市场需求变化的特点和趋势。

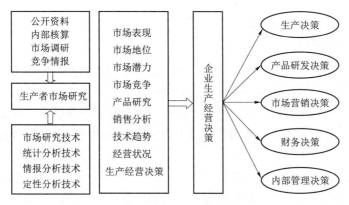

图2-11 生产者市场研究框架

### 4. 市场竞争研究

市场竞争研究是分析本行业内市场竞争的情况，包括竞争参与者的数量和竞争策略；本企业与竞争对手相比，在产品品牌、成本、质量、价格、服务、新产品开发、市场覆盖等方面具有哪些竞争优势和劣势，本企业的市场竞争策略是否切实可行。

### 5. 产品研究

产品研究是分析研究本企业的产品的定位、特点、功能、效用、质量、品种组合、包装、价格等方面与同类企业相关产品相比，有何特色和优势，存在哪些缺陷，应如何改进。同时，还应研究产品处于经济寿命周期的哪个阶段，属于成长期产品，还是属于成熟期或衰退期产品，如何调整生产经营规模、结构和经营策略。

### 6. 销售分析

销售分析，即分析本企业产品销售的规模、结构、效益的变化。包括销售区域分布的特点，销售额（量）的发展变化趋势和数量变化规律，产品的产销率、市场占有率和市场覆盖率的变化，客户关系管理中存在的问题，顾客满意度的高低等。

### 7. 技术趋势研究

技术趋势研究，即分析研究新工艺、新材料、新产品代替旧工艺、旧材料、旧产品的发展趋势，新产品开发和进入市场的表现，本企业产品的科技含量等。

### 8. 经营状况研究

经营状况研究是分析本企业的资产、负债、权益、损益等方面的财务状况，评价企业经营效率、偿债能力、盈利能力的高低，评价企业资产配置是否合理等。

### 9. 生产经营决策研究

生产经营决策研究是在调查研究的基础上，找准影响本企业生产经营的关键项目和要素、存在的主要问题和薄弱环节，然后有针对性地展开生产经营决策或策略研究，提出解决问题的对策方案。一般来说，应围绕为谁生产、生产什么、生产多少、怎样生产、何地生产、何时生产、如何营销、如何管理等问题展开策略研究。

生产者市场研究是一项综合性的市场组合调研，要求掌握大量的数据和资料，其信息来源主要有政府公开资料、内部业务、会计、统计核算资料、市场调研资料、竞争情报采集等，分析研究的技术方法主要有市场研究技术、统计分析技术、情报分析技术、定性分析技术等。

## 2.3.2 产品市场研究

产品市场研究简称产品研究，通常包括新产品市场研究和产品定位研究，以及产品的市场管理、地位及竞争力的评估。产品市场研究是指围绕企业的产品或服务的概念、特点、功能、效用等进行产品市场定位，分析消费者需求的满足程度和价值接受程度，从而确定企业产品的市场前景，预测市场潜力和销售潜力，为企业开发新的产品和制订有效的营销策略提供依据。

产品市场研究通常包括产品概念形成、产品定位、市场模拟测试、市场营销策略规划、产品诊断5个阶段的研究，每一阶段研究的目的和任务都是不同的（参见图2-12）。

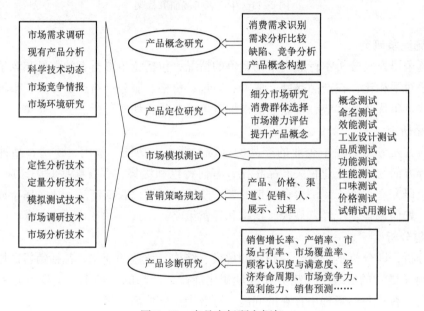

图 2-12　产品市场研究框架

**1. 产品概念研究**

主要是以产品概念形成为基础，以市场需求为导向，以产品效能为目标，以传统的定性和定量研究方法为手段，对拟开发的新产品进行概念设计、评价和分析。研究的主要内容包括消费需求识别、需求分析比较、市场环境（技术、经济、社会、文化、法律等）评估、类似竞争产品比较等，在此基础上设计、修订和完善产品概念，最终形成具有实际市场价值和经济效益意义的新产品概念。

**2. 产品定位研究**

产品定位研究是在产品概念构想研究的基础上，进一步对产品的市场定位进行研究。即以销售为目的，以市场为对象，以市场分析方法为手段，对拟开发的新产品的细分市场、消费群体的确立进行研究，对拟开发的新产品能否填补现有产品的市场空白和市场缺陷及产品的市场竞争进行评价，借以提升产品的概念，为设计和试验产品提供产品定位研究的依据。

**3. 市场模拟测试**

市场模拟测试是对设计和试验出的新产品进行产品属性、消费使用等方面的测试，通过市场评价与测定对产品的各种要素进行修订，以确定最终的产品。即以产品定型为目的，以购买为标准，以满意为主导，以试验为手段，对产品各种要素进行测试和评价。主要包括概念测试、命名测试、效能测试、工业设计测试（包装、外形等）、品质测试、功能测试、性能测试、口味测试、价格测试、试销试用测试等。

**4. 市场营销策略规划**

通过市场模拟测试，产品得到修正完善。当最终产品确定之后，则可对产品的市场营销策略进行规划，即分别制订出产品的市场定位策略、价格策略、渠道策略、促销策略、广告策略、竞争策略等。切实解决营销什么、为何营销、怎样营销、由谁营销、何时营销、何地营销等基本问题，并制订出市场营销战略和营销计划。通过营销策略的实施，实现产品的市场投放。

**5. 产品诊断研究**

当产品投放市场进行销售，经历一段时期后，应对产品的市场表现进行测量和评价，为产品的完善、调整决策提供依据。诊断的内容包括产品销售增长率、产销率、市场占有率、市场覆盖率、产品成本比较、顾客的认识度和满意度、产品的市场竞争态势、产品经济寿命周期所处的阶段、市场需求潜力的大小，产品的盈利能力等。通过产品的诊断性研究，检验产品的市场发展前景，以决定行动的取舍。

产品市场研究对于技术发展和产品更新换代较快的行业、服务种类较多的行业，如家电、食品饮料、服装、保险、房地产、电信、IT 等行业尤为重要。

产品市场研究的信息主要来自于市场需求调查，现有产品的市场分析、科学技术的发展动态、同类产品的市场竞争情报等。研究的主要方法有各类定性分析技术、定量分析技术、模拟测试技术、市场调研技术、市场分析技术等。

## 2.3.3　产品品牌研究

产品品牌研究是指对品牌的强度和品牌的价值进行评估、分析。品牌强度评估是从消费者的角度评价产品品牌在消费者心目中处于何种地位，品牌价值评估是从公司财务的角度评价赋予品牌的价值量。因此，品牌研究包括市场分析和财务分析两个方面。其目的在于确定评估品牌较之同行业其他品牌的相对地位，衡量品牌在其未来收益变为现实收益过程中的风险，为品牌的塑造提供依据。

**1. 品牌强度分析**

品牌强度分析是通过市场调研和分析，评价消费者对品牌的认知程度、满意度、忠诚度、品质感知度等，衡量品牌的市场地位和竞争力。评价的主要内容如下。

（1）品牌的市场性质。一般而言，处于成熟、稳定和具有较高市场壁垒的品牌，其品牌强度的得分较高。如食品、饮料等领域的品牌通常比高技术和时装领域的品牌得分要高，因为消费者在选择后一类产品时，会更多地受技术和时尚变化等因素的影响。

（2）品牌的稳定性。较早进入市场的品牌往往比新近进入市场的品牌拥有更多的忠诚消费者，其品牌强度得分较高。品牌知晓度、满意度、忠诚度、品质感知度越高的产品，品牌强度分值越高。

（3）品牌的市场地位。一般来说，本企业品牌产品的销售量、生产量在同行业中所占的份额越大（市场占有率越高），对市场越具有更大的影响力和竞争力，品牌强度得分值越高。

（4）产品行销范围。品牌的产品行销范围越广，市场覆盖率越高，则抵御竞争者和扩张市场的能力越强，品牌强度分值越高。

（5）品牌趋势。产品品牌越具有时代感，并与消费者需求趋势一致，则产品品牌的生命力越强，就越有价值。

（6）品牌的支持。获得持续投资的、重点支持（科研投入、广告投入、营销投入）的产品品牌更具有价值。

（7）品牌保护。获得注册、享有商标专用权从而受到商标法保护的品牌较未注册的品牌或注册地位受到挑战的品牌价值更高。此外，受到特殊法律保护的品牌较受一般法律保护的品牌具有更大的市场价值。

品牌强度评估的信息获取主要有市场消费者的品牌测试、全行业的现成资料、本企业有关产品品牌的文献资料等，评价的方法主要采用英国伦敦 Interbrand 公司倡导的综合评分法。上述 7 个方面的理想分值如表 2-1 所示。

**表 2-1　品牌强度评估理想分值**

| 评价项目 | 最高分值 |
|---|---|
| 市场性质 | 10 |
| 稳定性 | 15 |
| 市场地位 | 25 |
| 行销范围 | 25 |
| 品牌趋势 | 10 |
| 品牌支持 | 10 |
| 品牌保护 | 5 |
| 合计 | 100 |

### 2. 品牌价值评估

品牌价值评估又称品牌资产评估，它是建立在品牌强度分析基础之上的财务分析。在公司购并、商标使用许可与特许、合资经营、税收缴纳、商标诉讼索赔等许多场合都涉及或要求对品牌作价。品牌价值评估通常以未来的收益为基础评估品牌资产价值，而品牌未来收益是基于对品牌的近期和过去业绩及未来市场的可能变动而作出的估计，品牌的强度越大，未来的收益越大。品牌价值评估就是计算在未来若干年内的品牌总收益，计算公式为

品牌总价值 = $n$ 年内品牌创造的价值 + $n$ 年后品牌的残值 =

$$\sum_{i=0}^{n}\left\{\left[\left(\begin{matrix}净销\\售额\end{matrix}\times\begin{matrix}营运收\\益率\end{matrix}-\begin{matrix}有形资产\\提成收益\end{matrix}\right)\times\begin{matrix}品牌收\\益率\end{matrix}\times税率\right]\div 贴现因子\right\}+\begin{matrix}n\,年后品牌\\的残值\end{matrix}$$

运用此公式测算品牌价值应注意以下要点，并参见表 2-2。

（1）净销售额不包括无品牌产品和非评估产品的销售额，应根据实际销售资料，在本年（定为基年 0）的基础上，对未来几年内的各年净销售额作出预测，并按第 0 年的不变价格计算。

（2）营运收益率可根据已往的营运收益额占净销售额的平均比率确定。未来各年净销售额乘以营运收益率即为各年的营运收益。

（3）有形资产包括固定资产和流动资产，有形资产提成收益是营运收益中有形资产所

创造的收益，可参照同类企业中品牌强度小的企业的有形资产的收益率作出估计。营运收益减去有形资产提成收益后为无形资产收益。

（4）品牌收益率是指无形资产收益中品牌收益所占的比率，无形资产收益乘以品牌收益率即为品牌收益，再乘以税率即为税后品牌收益。

（5）贴现因子是对未来各年税后品牌收益进行贴现的因子，第 0 年的贴现因子为 1.0，第一年为（1+贴现率），第二年为（1+贴现率）$^2$，第 $n$ 年为（1+贴现率）$^n$。贴现率通常根据品牌的强度确定，强度大的品牌应采用较低的贴现率；反之，应采用较高的贴现率。

表 2-2　简单实例：Interbrand 品牌评价法　　　　　　　　　　万元

| 项目 | 第 0 年 | 第 1 年 | 第 2 年 | 第 3 年 | 第 4 年 | 第 5 年 |
|---|---|---|---|---|---|---|
| 净销售额 | 1 000 | 1 100 | 1 210 | 1 331 | 1 464 | 1 611 |
| 营运收益 | 150 | 165 | 182 | 200 | 220 | 242 |
| 有形资产收益 | 25 | 27 | 29 | 32 | 35 | 39 |
| 无形资产收益 | 125 | 138 | 153 | 168 | 185 | 203 |
| 品牌收益 | 94 | 104 | 115 | 126 | 139 | 152 |
| 税率/% | 33 | 33 | 33 | 33 | 33 | 33 |
| 税后品牌收益 | 63 | 70 | 77 | 84 | 93 | 102 |
| 贴现因子 | 1.0 | 1.15 | 1.32 | 1.52 | 1.75 | 2.01 |
| 现值现金流量 | 63 | 61 | 58 | 55 | 53 | 51 |

5 年内品牌收益 341 万元，5 年后品牌残值 354 万元，品牌总价值 695 万元

## 2.3.4　市场细分与定位研究

市场细分与定位研究是将顾客及潜在的顾客按照地理特征、人口特征、心理特征、行为特征、收入特征、消费特征等中的一个或某几个营销组合变量的敏感度进行分组，每一组的顾客具有较高程度的同质性，不同组别的顾客具有不同的差异性。然后选择其中的一个或几个组别作为目标市场，并通过特定的目标营销策略与战术实现市场的进入和市场的定位。其理论基础是：相同的顾客群体会选择和购买适合他们自己的产品和服务。

由于市场环境的复杂性、产品服务的变动性、消费者需求的多样性，在市场细分研究的基础上，判定目标市场的特征，判别目标消费者的需求，判断自身产品与服务的定位，对于指导新产品的研发、产品的升级换代、市场营销策略的制定具有至关重要的作用。研究的步骤与内容如下，并参见图 2-13。

**1. 选定范围、定义方向**

市场细分是建立在一定空间范围内的市场分类研究。为此，应明确市场细分的空间范围，并依据产品的性质定义研究的方向是消费者，还是生产者。

**2. 确定市场细分的变量**

市场细分的变量即市场细分的标准，通常有人口的性别、年龄、民族、职业、文化程度、心理特征、行为特征、地域特征、收入、消费支出等。可选择其中一个或多个变量作为市场细分的变量。

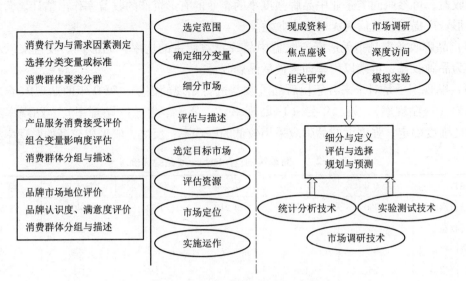

图 2-13　市场细分与定位研究框架

### 3. 依据变量细分市场

依据选择的变量，采用统计分组法、特征聚类分析和特征因素描述进行市场分类，借以揭示不同细分市场的特点和需求差异，使抽象的市场细分变成现实的消费群体的集合。

### 4. 评估细分，描述特征

在市场细分的基础上，评估分类的有效性，即同一组内的消费群体的集合是否具有同质性，不同组别是否具有差异性，并描述各组别的规模性、稳定性、行动性、反应性等。

### 5. 选择目标市场

在市场细分和评估的基础上，通过分析不同组别的细分市场的价值水平、市场容量、需求潜力、进入成本、成功概率和收益水平，以及企业自身的可控资源来选择一个或多个细分市场作为目标市场。

### 6. 确定目标、评估资源

目标市场选择之后，还应对企业或产品应达到的生产经营目标作出界定，即在评估市场需求潜力的基础上，确定产品产量、产品销售应达到的总规模、市场占有率、市场覆盖率及其盈利水平。生产经营目标确定之后，应评估企业自身的人力、物力、财力资源是否与确定的经营目标相适应，以便作出调整。

### 7. 市场定位，制订策略

市场定位，制订策略，即对企业为谁生产、生产什么、生产多少、怎样生产、怎样营销等问题作出具体的界定；并制定目标市场进入时所需的市场策略，最终依靠可实际操作的市场策略获得目标市场中消费群体的认识、购买、满意和忠诚，从而实现企业的利益期望。

### 8. 实施运作、评估效果

对市场定位和市场策略实施运作效果进行评估，以衡量市场细分（MS）是否有效、目标市场（TM）选择是否恰当、市场定位（MP）是否准确、是否需要作出修正和调整。

市场细分与定位研究是一项多种研究解决方案的综合体，需要运用大量的信息，以及消费者需求、市场潜力、产品创新、品牌价值、销售分析与预测等多项研究成果。研究的技术方法涉及聚类分析、对应分析、方差分析、判别分析等统计分析技术，以及市场调研技术、实验测试技术等。市场细分与定位研究适应于产品处于任何一个成长阶段。

## 2.3.5　产品价格研究

产品价格研究是对产品或服务的价格构成、变动范围和幅度、变动趋势与影响、价格变动引起的连锁反应等进行分析研究，为制订定价策略和价格定位提供可靠的依据。例如，消费者可接受的价位、最有竞争力的价位、最大收益价位及最佳组合价位怎样确定，新产品上市的最佳价位是什么，已上市产品的价格调整将会引起什么样的市场变动等，都是价格研究的内容。

价格对产品的市场表现往往起着关键的作用，对大多数产品和服务而言，价格是消费者反应最敏感的营销变量，价格直接决定着商家的市场占有率和收益，因此，价格研究具有重要的作用。

价格研究是一项复杂的综合性研究，既可以单独进行，以帮助企业确定最佳的价格水平及相应的市场变化状况；也可以与产品研究、竞争研究同时进行，探讨价格变化带来的市场变化、品牌地位变化、竞争格局变化，以帮助企业制定出相应的价格策略。研究的主要内容如下，并参见图 2-14。

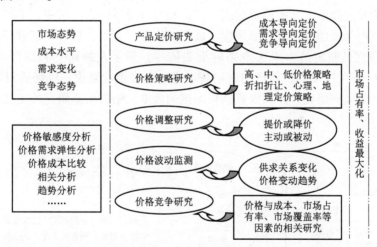

图 2-14　产品价格研究框架

**1. 产品定价研究**

主要对新产品价格水平的确定进行研究，即在测算成本、测定需求、分析竞争的基础上，采用成本导向定价法、需求导向定价法、竞争导向定价法等多种方法对产品给出多角度的可供选择的多个产品价位，然后考虑市场态势、企业的市场战略，寻找收益与市场占有率最佳结合点的价格定位。

**2. 价格策略研究**

价格策略研究就是在一定营销组合条件下，确定如何把产品价格定得既为消费者所接受，又能为企业带来比较多的收益。定价策略通常有高价策略、中间价格策略、低价策略三种新产品价格策略，以及折扣与让价策略、心理定价策略、地理定价策略等。一般来说，价格策略的制定应同时考虑这几个方面的策略，即寻求最佳组合定价。

### 3. 价格调整研究

由于市场形势和企业产品成本的变化，产品价格执行一段时间后就需要作出调整。价格调整研究就是根据市场环境的变化，测定产品价格调整对收益和市场占有率的影响，以决定价格应调整到何种水平较为恰当。同时，还应研究价格调整应采取提价策略还是降价策略，是采取主动性调价策略，还是采取紧跟竞争者的被动性调价策略。

### 4. 价格波动监测研究

价格波动监测研究是连续地、系统地搜集某类产品或者某个区域价格波动的监测数据，分析价格波动与供求变动的关系，揭示价格变动的趋势，为企业的价格调整和价格策略的制订提供依据。

### 5. 价格竞争研究

价格竞争研究是连续地、系统地搜集市场竞争者的同类产品不同品牌的价格水平、成本水平、市场占有率、市场覆盖率等相关资料，分析价格水平与其他相关因素的相互关系，评价产品或品牌的竞争力，寻找最具竞争力的价位。

## 2.3.6 销售渠道研究

销售渠道研究又称销售通路研究，是指对产品销售渠道、经销商及产品经销状态进行的研究，包括评价和选择最适合的渠道形式，评价和选择最适合的经销商，了解已采用的销售渠道和经销商及产品经销的情况，如规模、成本、库存、竞争、管理、信誉等。

销售渠道研究是制定销售渠道策略的重要依据，新企业的建立和新产品上市均需要对销售渠道进行研究和规划，对已拥有销售渠道的众多企业来说，也需要对销售渠道进行跟踪性与连续性的监测研究，借以衡量销售渠道的效率。销售渠道研究的主要内容如下，并参见图2-15。

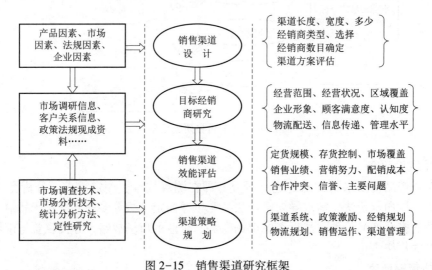

图2-15 销售渠道研究框架

### 1. 销售渠道设计研究

销售渠道是产品从生产者向消费者转移所经过的路线和环节的统称。其参与者主要有生产者、批发商（商业批发商和居间经纪商）、零售商和消费者。销售渠道设计研究，就是要在调查研究产品因素、市场因素、企业自身因素、法律法规因素的基础上，对分销渠道的长度、宽度和多少作出安排，包括经销商类型的选择，经销商数目的确定，经销商条件与责任的界定、激励与评估，并对主要渠道方案进行经济性、可控性和适应性评估，衡量分销渠道的建立能否达到总体营销规定的服务产出水平。

**2. 目标经销商研究**

根据经销商（中间商）的选择条件，通过实地调查，对拟选择的经销商（批发商、零售商）的经营范围、区域覆盖能力、区域社会经济水平、企业形象、顾客满意度、经营状况、物流配送水平、社会资源关系、信息传递效率、信誉度、管理水平等进行分析和评价，以决定经销商的取舍、匹配和营销渠道体系的构建，使销售渠道设计变为现实。

**3. 销售渠道效能评估**

企业的销售渠道系统建立起来之后，应对销售渠道进行监测性的效能评估，包括评估各类分销渠道，各类经销商的经销表现，如渠道规模、配销成本、库存控制水平、市场覆盖能力、区域消费水平、竞争环境、订货规模与水平、销售力量投入、合作冲突情况、信誉与坏账比例、管理水平等。这种评估需要借助于市场调研和大量的统计信息，评估的目的在于调整销售渠道，完善营销渠道策略。

**4. 渠道策略规划**

即在销售渠道设计的指导下，以目标经销商和现用销售渠道效能评估成果为依据，制定成本与风险最低、物流与销售效率最高、成功与收益概率最大的渠道策略，包括渠道建设、政策激励、渠道管理、经销规划等，从而保证企业在渠道的构建、进入、运作、监控等方面实现预定的市场营销目标要求。

销售渠道研究是一项综合性的研究，需要运用大量的市场调研信息、客户关系信息、政策法规和相关的现成资料。研究的技术方法主要涉及市场调查技术、市场分析技术、统计分析方法、定性研究方法等，既可进行一次性的研究，又可进行跟踪性与连续性的监测研究，其目的在于为企业进行销售渠道策略与营销规划、市场销售运作提供支持。

## 2.3.7 广告研究

广告研究是针对广告制作及媒体投资等一系列行为所做的调查研究活动，其目的在于系统地调查广告的作用、方法和效果，揭示市场营销、品牌策略、广告创意、媒体组合等与广告受众的关系和规律，为广告策划提供支持。广告研究往往与广告本身的设计和媒体投放结合在一起，为了提高广告的效果，还需要考虑品牌研究、消费者研究、市场细分研究、促销研究等的相互影响与渗透。广告研究的主要内容如下，并参见图2-16。

**1. 广告信息研究**

研究广告对特定的受众目标传达什么样的信息，期望产生什么样的影响力。广告信息应根据产品特性、目标消费群体的特点、法规政策约束等进行合理界定。

**2. 广告定位研究**

广告定位研究包括确定广告的目标（如提高知名度、建立需求偏好、强化消费者的认知和记忆等）、广告定位策略的制定、广告宣传策略的制定等。在广告设计过程中，保证特定的广告定位陈述被目标市场完全接受，确保广告者希望传达的信息被如实、准确地表述，是非常重要的。

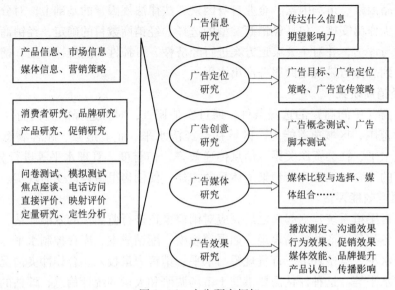

图 2-16　广告研究框架

**3. 广告创意研究**

广告创意研究是以广告定位研究为前提，以广告信息为基础，对提出的几种概念或创意（信息表达方式或怎么说）进行评价，选择最能满意地表达广告目标、传达广告信息的概念或创意。同时，可将广告创意呈现给特定的受众（市场测验），测定其反应、信息传达与影响力，借以提炼广告创意，改进广告设计。

**4. 广告媒体研究**

广告媒体研究主要是客观地分析和比较报纸、期刊、广播、电视、路牌、车船、招贴、橱窗、产品宣传单（手册）等不同媒体的产品或服务的推介能力，包括传播范围、消费者接触媒体的习惯、媒体的频率、影响力等，并考虑广告媒体的成本和广告预算，选择合适的广告媒体及其组合。

**5. 广告效果研究**

通常包括实际播放测定与广告效果连续追踪研究，评价广告活动对销售促进、品牌提升的产品认识、传播影响、沟通效果、行为效果、销售效果、媒体效能等方面的作用程度，综合考虑广告活动效果。而经常使用的评价指标有广告的认知度、到达率、回忆度、理解度、说服力、接受度、喜好度、美誉度、购买意向度，产品与品牌的认知度、美誉度、偏好度、忠诚度、市场占有率、市场覆盖率等。

## 2.3.8　企业商品销售研究

企业商品销售研究是指通过企业实际销售数据的采集、处理和分析，借以描述各产品、各区域和分类市场的销售状态、特征、趋势，揭示存在的问题与原因，寻找扩大销售的机会和努力方向，评估市场营销的业绩，为企业制定生产、资金、人力和销售计划等决策提供依据。企业商品销售研究的主要思路如下，并参见图 2-17。

**1. 采集实际销售数据**

要求利用企业的商品销售单据通过核算、分类和整序，提供分类别、分产品、分客户、

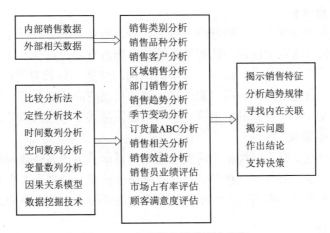

图 2-17　企业商品销售研究框架

分地区、分部门、分年度、分季度、分订货量等的序列化的实际销售数据，以及与商品销售有关的销售费用、销售利润、流动资金等方面的统计、会计数据。

**2. 获取外部相关数据**

要求通过市场调查获取与本企业商品销售相关的外部数据和资料，主要包括企业所属行业的销售统计数据、竞争对手的销售业绩、代理商和经销商的销售业绩、用户分布与用户评价、顾客满意度测评数据等。

**3. 对比研究、分析数据**

要求采用比较分析法、时间数列分析法、空间数列分析法、变量数列分析法、因果关系模型、数据挖掘技术、定性分析技术等对企业的实际销售数据和外部相关数据进行对比研究，揭示商品销售发展变化的内在特征、趋势与规律、问题与原因，分析销售业绩与相关因素的有利用价值的内在关联，为企业商品销售决策提供信息。

**4. 商品销售对策研究**

根据商品销售对比研究得出的结论或提供的有价值的启示和信息，分析研究企业内外资源合理运用的最佳方案，制订加强客户关系管理和提高顾客满意度的具体对策，制订、评审和调整市场营销方案。

## 2.3.9　市场竞争研究

市场竞争研究是通过市场情报采集与分析技术，对竞争环境、竞争对手、竞争态势、竞争目标和竞争策略进行综合信息分析与研究，主要为企业提供市场竞争对手和参与者的概况、能力、优劣势与策略等方面的信息，为企业制定竞争策略提供支持。市场竞争研究的主要内容如下。

**1. 市场竞争情报采集**

主要是搜集和挖掘竞争者的基本情况、产品服务构成、生产能力、技术研究能力、投资行为与举措、经营情况、财务优良状况、商业信用、市场份额、市场覆盖、营销策略、组织与管理、人力资源与社会资源、发展战略与目标等。为了能够对竞争对手进行追踪、分析和预测，亦可建立包括这些内容在内的竞争者档案库。

**2. 市场竞争状态分析**

主要是在市场竞争情报采集与整理的基础上，对市场竞争状态进行分析。分析的主要内容包括：评估企业的市场竞争位置与优劣势；评估市场占有率在竞争者之间的分布状况及其特点；分析竞争者的产品、技术、投资、资本的动向与优势，寻找对手的薄弱环节与缺陷；分析影响本行业内导致竞争的各种动力和因素；评价从供应商到生产者、中间商与购买者的产业链上的竞争状况等，为企业制定市场竞争策略提供深加工的信息服务。

**3. 市场竞争策略研究**

市场竞争策略研究主要是围绕企业的发展战略与目标、生产与经营规模的扩大、产品质量提升、品牌塑造、新产品开发、技术研究、完善服务体系、提高顾客满意度、企业形象塑造、资本运作、管理重组、市场营销策略完善等方面展开提升企业竞争力的对策研究。

## 2.3.10 商圈研究

商圈研究是运用特定的市场调研方法，通过调查分析商业网点商圈的构成情况、范围、特点以及引起商圈规模变化的因素，为商业项目可行性研究、商业网点选址或制定营销策略提供科学依据。商圈研究是现代销售店投资项目评估和经营管理的重要手段，因而受到商家的普遍重视。它可以帮助商家确定商业投资的可行性、选址和商圈范围，可以帮助商家进行商圈环境分析、评估商圈的竞争格局、市场机会和发展潜力，可以了解商圈消费群体的购买行为和市场潜力，为市场营销策略的制定提供依据。

商圈是指到商家选购商品的顾客的居住范围，即门店能够吸引顾客到门店购物的有效距离。商圈按照来店顾客地理分布的特征可分为主要商圈、次要商圈和外层商圈。主要商圈是指占门店总顾客量 60%～65% 的顾客所在的区域，又称核心商圈；次要商圈是指占门店总顾客量 20%～30% 的顾客所在的区域；外层商圈又称边缘商圈，属于极少光临的顾客区域范围，仅占顾客量的 10%～15%，商圈研究的主要内容如下，并参见图 2-18。

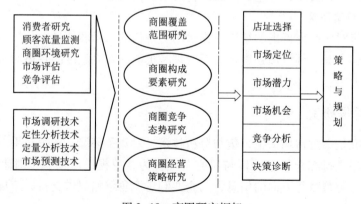

图 2-18　商圈研究框架

**1. 商圈覆盖范围研究**

商圈的覆盖范围是指商圈的大小，一般与门店的营业面积、人口数量、经营业态等因素密切相关，一般门店面积在 $100 \text{ m}^2$ 左右的便利店的商圈是骑自行车 $10 \text{ min}$ 车程的范围；门店面积在 3 万～5 万 $\text{m}^2$ 的大型仓储式超市的商圈在 $20～30 \text{ km}$ 的范围之内。商圈覆盖范围的测定，包括事前测定和事后测定两种情形。事后测定是指对现有门店的商圈进行测定，主要采用人工或仪器等手段对不同季节、不同时日、不同时段的客流量（包括徒步客流量和乘车客流量）进行抽样测定，借以识别顾客的来源、顾客流量的时间分布和地理分布、顾客抵达与离开店铺的交通工具等。事前测定是指对拟新建门店的地理位置、地势、交通条件、门店面积、经营范围及周边的人口密度等要素进行推测，为店址选择和营销决策提供信息支持。

**2. 商圈构成要素研究**

商圈的构成要素包括商圈人口规模和密度、商圈人群特征（年龄、文化、职业分布）、客流量的时间分布和地理分布、商圈的地理环境和交通状况、商圈的经济环境（居民的经济状况和消费特点）、商圈内的零售店的种类和经营状况及竞争饱和程度等。为此，必须首先对这些要素进行调查，广泛搜集各种相关的数据和资料，然后对商圈购买力、商圈竞争程度、商圈预期发展、商圈稳定度和成熟度等进行分析与评估，为店址选择或门店改进、经营策略调整提供深度加工的信息。

**3. 商圈竞争态势研究**

主要通过市场调查确认商圈内的主要竞争者，搜集竞争者的商圈大小、顾客流量、经营范围、销售额、经营策略等情报，了解商圈内顾客对主要竞争者的满意程度，分析商圈内的市场潜力和市场机会，评价商圈内的竞争程度、商家进入的可行性或经营策略调整的必要性。

**4. 商圈经营策略研究**

以商圈调查、分析与评估成果为依据，对企业的产品、价格、销售渠道、销售促进、有形展示、服务等经营策略进行研究，制定成本与风险最低、具有竞争力的商圈经营策略和营销规划，保证企业在进入运作、影响和控制方面实现预定的市场目标。

商圈研究涉及消费者研究、人流监测、环境研究、竞争研究等多个方面，需要搜集和运用大量的文献资料和市场调查信息，需要采用多种定性、定量分析技术和预测技术，才能保证研究结果的全面性和准确性。

1. 简述市场调查课题的意义和分类。
2. 市场调查课题确定的原则和作业程序怎样？
3. 市场环境研究课题有哪三个层次？各有哪些调研的内容？
4. 市场需求研究有何意义？研究的内容包括哪些方面？如何测定市场需求？
5. 市场供给研究有哪些内容？如何测定市场供给量？
6. 企业市场销售潜力如何测定？
7. 消费者市场研究的内容包括哪些方面？如何进行调查研究？
8. 顾客满意度研究有何意义？如何进行调查研究？
9. 国际市场研究的主要内容是什么？
10. 生产者市场调查研究包括哪些主要模块？
11. 产品研究包括哪些阶段？

12. 如何评估产品品牌强度和品牌价值？

13. 市场细分与定位研究有何意义？研究的程序和内容怎样？

14. 产品价格研究包括哪些主要方面？

15. 销售渠道研究的主要内容如何？如何评估渠道效能？

16. 广告研究包括哪些方面？如何评价广告效果？

17. 促销效果评估的关键性指标有哪些？

18. 商品销售分析研究的主要内容有哪些？如何进行分析研究？

19. 商圈研究有何重要性？研究内容包括哪些方面？

## 案例 2-1　日本卡西欧公司的市场调查

日本卡西欧公司，自公司成立起便一直以产品的新、优取胜而闻名世界，其新、优主要得力于市场调查。卡西欧公司的市场调查主要是销售调查卡，其卡只有明信片一般大小，但考虑周密，设计细致，调查栏目中各类内容应有尽有。第一栏是对购买者的调查，其中包括性别、年龄、职业等，分类十分细致。第二栏是对使用者的调查，使用者是购买者本人、家庭成员，还是其他人。每一类人员中，又分年龄、性别。第三栏是购买方法的调查，是个人购买、团体购买，还是赠送。第四栏是调查如何知道该产品的，是看见商店橱窗布置、报纸杂志广告、电视台广告，还是朋友告知、看见他人使用等。第五栏是调查为什么选中了该产品，所拟答案有：操作方便、音色优美、功能齐全、价格便宜、商店的介绍、朋友的推荐、孩子的要求等。第六栏是调查使用后的感受，是非常满意、一般满意、普通，还是不满意。另外几栏还分别对机器的性能、购买者所拥有的乐器、学习乐器的方法和时间、所喜爱的音乐、希望有哪些功能等方面作了详尽的设计。为企业提高产品质量、改进经营策略、开拓新的市场提供了可靠依据。

（分析：日本卡西欧公司市场调查的课题是什么？调查内容的界定有何特点？）

## 案例 2-2　荷兰食品工业公司的新产品测试调研

荷兰食品工业公司以生产色拉调料在世界食品工业独树一帜。公司每推出一个新产品，均受到消费者的普遍欢迎，产品供不应求，其成功主要得益于不同寻常的产品征求意见的市场调查。以"色拉米斯"为例，在推出该产品之前，公司选择了 700 名消费者作为调查对象，询问消费者是喜欢公司的原有产品"色拉色斯"，还是喜欢新的色拉调料，被征询消费者对新产品提出了各种期望，公司综合消费者的希望，几个月后一种新的色拉调料便研制出来了。当向被调查者征求新产品的名字时，有人提出一个短语"混合色拉调料"。公司则拿出预先选好的名字"色拉米斯"和"斯匹克杰色斯"供大家挑选。80% 的人认为"色拉米斯"是个很好的名字。这样，"色拉米斯"便被选定为这个新产品的名字。不久公司又解决了"色拉米斯"的变色问题。在产品销售前又进行最后一次消费试验。公司将白色和粉色两种颜色的产品提供给被调查者，根据消费者的反应，以确定产品颜色，同时还调查消费者愿花多少钱来购买它，以此确定产品的销售价格。经过反复的征求意见，并根据消费者意见作了改进，使"色拉米斯"一举成功。

（分析：荷兰食品工业公司新产品开发的市场调查有何特点？涉及产品市场测试的哪些问题？）

### 案例 2-3　××品牌洗发水的产品策略研究

A 公司是国际知名的日用化工品公司，其所生产的××品牌洗发水曾经深受国内用户喜爱。但是，一方面，该产品的配方已经陈旧，市场表现显示也很难进一步扩大市场份额的可能；另一方面，竞争对手的产品对 A 公司的市场威胁越来越大。公司决策层认为，必须采取果断措施，推出新产品，取代旧产品，以改变这种不利局面。但是，令决策层犹豫不决的是，毕竟旧产品还有一定的市场，而新产品能否为消费者接受还很难断定，如果淘汰旧产品，而新产品又不能让消费者满意，就等于拱手把既有的消费者送给了竞争对手。还有一层更令高层担心的是：新产品较竞争对手的产品而言是否具有竞争优势？

为给这些问题提供一个明确的答案，A 公司要求市场调查部进行产品测试。研究目的为：新产品是否能为旧产品的消费者认同，从而选用新产品？新产品较竞争对手的产品而言，是否具有竞争优势？优势在哪里？

市场调查部将这一项目分解为两个部分，分别抽取两个样本进行测试。① 新产品是否能够留住原有消费者？这部分测试主要在××产品的原有消费者中进行。② 在一般消费者中，新产品较竞争产品是否具有竞争力，能否吸引他们使用该产品？这部分测试在目标市场中进行。在对市场进行初步了解的基础上，经过与 A 公司决策层的充分沟通，确定了三个竞争产品进入第二部分的测试。

由于测试涉及多个产品，不同的测试顺序会对结果产生较大影响，为了避免这种影响，必须保证测试顺序的随机性。但是又鉴于洗发水产品的特殊性，只能采取留置测试，这又使访问员的控制力度变弱。为此，市场调查部采用动态平衡技术与特殊的留置容器，保证了测试顺序的随机性，消除了测试顺序性误差。最终，公司市场调查部门提出了保留旧产品、力推新产品的市场策略，受到了 A 公司决策层的认可，其后 A 公司产品的市场表现证明了市场调查部门研究的科学性。

（分析：A 公司产品测试的目的、测试内容、测试手段、测试过程、测试结果分别是什么？）

### 案例 2-4　北京市超市业态度顾客满意度研究

超市是都市百姓经常要打交道的流通渠道，对超市是否满意将会影响到每一个居民的生活幸福感。有鉴于此，迪纳市场研究院在 2014 年初针对北京市城六区的大中型超市进行了一次满意度调查，以了解整个北京市居民对超市这一零售业态的满意程度。本次调查在北京市共采集有效样本 615 个，调查通过电话访谈完成。分析框架采用迪纳市场研究院专门开发的超市满意度测量结构方程模型，并采用 PLS 算法计算得到满意度、忠诚度和影响满意度的各要素的用户评价分值，以及这些要素对满意度影响的大小。调查涉及的超市主要有家乐福、美廉美、京客隆、物美、超市发、华普、北京华联等。本次调查分析的主要结论包括：大中型超市整体顾客满意度得分与中国用户满意指数（CCSI）生活服务类中其他服务的平均得分相比较高；对大中型超市满意度影响最大的是经营的商品；顾客满意度对顾客忠诚度影响很大，顾客满意度提高 1 分，顾客忠诚度将提高 0.930 分。为了改善顾客满意度，从结构变量层次看，超市首先要关注促销，其次需要关注超市形象和超市政策；从操作层面看，在影响超市消费者满意度的 37 个具体要素中，需要重点提升的满意度驱动要素包括重视资源回收与环保、灵活调整收银台、积分卡、优惠卡等。报告还对不同细分人群、主要超市的顾客满意度状况进行了分析。本次调查为超市如何改进服务质量、提高顾客满意度提供了数据支持和理论依据。

（分析：调查的目的、内容、对象、范围、方法、手段、结论分别是什么？）

# 第3章

# 市场调查策划

本章主要阐述市场调查的组织策划、市场调查方案设计、抽样技术方案设计、调查问卷设计、市场调查质量控制等基本理论和基本知识，为市场调查策划提供基础知识。

## 3.1 市场调查组织策划

市场调查组织是实施市场调查研究活动的机构，即市场调查的主体。工商企业的市场调查的组织者，可以是企业内部的市场调查部门，也可以是企业外部的专业性的市场调查机构。

### 3.1.1 企业内部的市场调查部

在市场经济条件下，由于市场组织的复杂性、市场活动的频繁性、市场变化的不确定性和市场竞争的激烈性，从而决定了企业管理决策的信息需求具有多样性和经常性。因而，企业有必要设立专门的市场调查部门，配备专业人员从事市场调查活动。

企业市场调查部的设置，应根据企业规模和性质而决定。一般来说，规模较大的企业内部自设市场调查部的较多，如美国目前有77%的公司设有市场调查部门，专门负责市场调查工作。从企业性质来看，消费品制造业比采掘业、生产资料制造业设置市场调查部门的要多，尤其是与消费者生活密切相关的食品、服装、家电等行业更为重视市场调查部门的设置。如美国，在消费品制造业中，大部分大中型企业设置市场调查部，而生产资料制造业中，仅有10%的企业设置市场调查部。

企业内部市场调查部门的设置，应做好以下策划工作。

**1. 市场调查部设置的必要性和可行性论证**

一般应从企业生产经营的规模、生产经营的性质和范围、市场覆盖面的大小、市场竞争的激烈程度和管理的信息需求等方面论证市场调查部设置的必要性。从市场调查业务量、调查经费安排、人员配置、资源配置等方面论证设置市场调查部的可行性。

**2. 市场调查部的规模界定**

市场调查部的规模大小不一，大的可拥有员工几十人、小的仅有员工两三人，应根据市场调查业务量的大小、调查业务范围、企业规模、管理信息需求等要素进行界定。

### 3. 市场调查部的归口管理

市场调查部属于企业的组织管理系统，可以是独立的市场调查部或市场情报部，也可以是与企业信息中心、统计部门合为一体的独立部门。应根据市场调查工作量的大小和管理的要求而决定机构是否独立，同时应明确市场调查部的归口管理，应实行经理或副总经理负责制。

### 4. 合理界定市场调查部与其他部门的关系

市场调查部在业务上需要与其他部门保持联系，但调查业务、调查权限应不受其他部门的限制。为此，需要正确界定市场调查部门与其他部门的关系，包括业务关系、资料提供、信息沟通等，应赋予市场调查部独立行使市场调查的权力，排除各种人为的干扰。

### 5. 合理规定市场调查部的任务和职责

市场调查部的工作范围、任务和职责必须明确规定，以保证市场调查部能有效地开展市场调查工作。特别要制订岗位职责、工作流程、信息传递、情报保密、信息发布等方面的规章制度。

### 6. 市场调查部的资源配置

为了保证市场调查部能有效地开展工作，应从人员配置、技术装配、信息处理手段、信息传递手段、调查经费、办公场所等方面解决各种所需资源的配置问题。

## 3.1.2 企业外部的市场调查机构

### 1. 企业外部市场调查组织的类型

1）市场调查专业公司

市场调查专业公司是以市场调查为业务的营利性的经营机构，具有较强的市场调研能力，服务意识强，调研策划能力强，有专门的调查队伍或调查网络体系，市场调查的专业化程度高，能够承担企业委托的专题性和综合性的各类市场调研项目，调查项目的质量能得到有效的控制。这类市场调查公司越来越受到企业的欢迎，从而已成为社会的新兴行业。美国从事市场调查业的企业多达 8 000 余家，日本的市场调查公司也很多，如中央调查服务公司、日本市场调查研究所在世界上极为有名。在我国，一批国际知名的调查机构如尼尔森、盖洛普、华南国际等通过独资、合资的方式开展市场调查经营业务，同时，国内本土市场调查机构也不断涌现，如零点、大正、央视、环亚、北广、新泰、大视野等调查机构均具有一定的知名度。

2）广告公司的市场调查部门

在规模较大的广告公司中基本上都设有市场调查部（内设调查组、资料组、分析组、广告创意组等），服务对象主要是广告主。主要任务是为广告制作提供市场信息和广告创意、广告测试、广告效果调查和一般性的市场调查业务。

3）管理咨询公司

一般由资历较深的专家、学者和有丰富实践经验的人员组成，主要为委托人（工商企业、企事业单位）提供管理咨询服务，充当企业顾问和参谋的角色，服务的内容包括企业诊断性调查、专项调查研究、项目的可行性分析、经营策略研究等。

4）政府设立的调查部门

主要包括各级政府设立的统计部门（统计局、城调队、农调队、企调队）和有关政府职能部门设立的调查机构或信息中心。具有调查组织体系完备、信息网络较健全、信息资源稳定、收费相对较低、二手资料全面丰富、能够发挥国家相关部门的资源优势等特征，能够承担重大社会、经济问题的调查任务，也能承担企业委托的调查任务。

**2. 市场调查公司选择的基本原则**

由于不同的市场调查公司的性质及服务的行业对象有所不同，企业为了提高市场调查的有效性，满足企业管理决策的信息需求，应选择优良的市场调查公司。一般来说，应主要考虑以下几个方面。

1）调查机构的信誉

包括组织的稳定性、社会声誉、客户的评价、职业道德及服务态度等。调查公司一般应遵守如下职业道德。

（1）保持受委托的关系，永远寻求并保护委托人的最佳利益。

（2）视所有调查信息，包括处理过程和结果，为委托人独有的财产。

（3）在发布、出版或使用任何调查信息或数据之前，要获取委托人的允诺和批准。

（4）拒绝与那些寻求调查发生偏差以得到某些确定结果的委托人发生任何联系，拒绝接受他们的调查项目。

（5）固守调查研究的科学标准，并且不隐瞒任何事实真相。

（6）保护被调查者的隐私和匿名权，应事先承诺不暴露他们的身份。

（7）决不允许委托人去识别调查者的身份以报复那些作反向回答的人。

（8）除非被调查者知道在参加之前要先与他们接触，否则不要去请求他们说出自己的身份。

（9）认识到拒绝调查者或他们识别委托人的身份在适当时候是合法的。

（10）在完成调查项目之后，要将所有的数据、报告或其他委托人交付的资料退还给委托人。

2）调查机构的业务能力

主要包括专业人员的业务素质、人员结构、调查策划能力、组织能力、信息获取能力、数据分析研究能力、社会资源等，能否按时按质完成调查项目。调查公司的研究人员、技术人员、设计策划人员等应是专职人员；访问员、编码员、行业专家等一般是兼职人员，企业应重点考察调查公司人员结构是否合理。

3）调查机构的调查经验

主要考察市场调查公司成立的时间长短、发展经历、先后取得的调研成果、成功的典型案例等；考察公司主要从业人员的从业经验、服务年限，有什么样的调查经验，有多少这样的经验，能否与客户很好地进行对话或交流，是否具有灵活性或可变性等。一般来说，资历较长、知名度较高、拥有从业经验较丰富的调查人员的调查公司，是选择调查公司的重要条件。

4）调查机构的资源配置

主要包括调查公司的人力资源配置是否合理，供市场调查专用的计算机设备、配套的软件包、专用电话设备、录音录像设备、通信工具、交通工具、焦点小组座谈专用房等，以及调查公司拥有的社会资源等。

5）调查公司的经费报价

调查公司的调查经费报价是选择市场调查机构的焦点，是决定合作与否、合作关系是否破裂的关键变量。为此，企业应了解调查经费的预算项目和定价标准。一般来说，最便宜的报价不一定是最好的，企业在招标时，既要比较报价，也要比较质量，才能得到有竞争力的投标。选择和决定市场调查机构，如同企业管理决策问题一样，要以可靠的有关市场调查公司的信息为依据。

**3. 企业借助外部市场调查机构的运作程序**

企业借助外部市场调查机构的运作程序如下，并参见图 3-1。

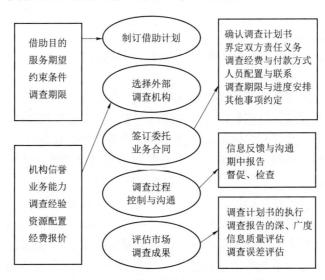

图 3-1　企业借助外部调查机构的运作

1）制订借助外部市场调查机构的计划

主要包括借助外部机构的目的、期望提供服务的深度和广度、调查公司选择约束条件、调查经费预算、调查周期界定等。

2）选择外部调查机构

选择外部调查机构即根据市场调查机构选择的基本原则，在搜集有关市场调查公司的有关信息的基础上，择优选择合适的市场调查公司，或通过投标的方式选择调查公司。

3）签订委托业务合同

当企业确定了具有一定实力的、能够满足调查要求的市场调查机构，就可以签订委托业务合同，以便委托调查机构及时开展工作。由于市场调查机构是营利性组织，因此，这种委托关系也就是商业性的买卖关系，只不过买卖的标的不是商品而是服务。为了使双方的利益能得到有效的保障，需要签订委托代理合同，明确双方应承担的责任、义务和付款方式等。一般应包括以下主要项目。

（1）确认市场调查计划书。市场调查计划书是委托人与承担人之间签订的合同或协议的关键部分。由于市场调查计划书将调研课题、调研目的、调研内容、调研范围、调研对象、调研方式与方法、经费预算、调研的组织、抽样方案设计、问卷设计、数据处理等进行明确界定，能使双方取得一致的看法，有利于避免或减小后期出现误解的可能性。

（2）明确双方应承担的责任和义务。一般来说委托方应向代理方提供以下支持：提供充分的有关背景材料；解释调查的目的；解释需要什么样的信息或数据；解释调查结果可能要做的决策、选择或行为；估计所获信息的价值，说明项目完成的时间要求；提供经费的一般水平，与代理方保持密切的联系等。

代理方（受托方）应向委托方提供市场调查计划书、抽样方案设计、问卷设计等技术性文本，以求双方认可；探讨调查所要解决的焦点问题及性质；了解委托方的信息需求，说明调查研究起到的作用及其局限性；说明需要委托人所做的合作或参与的事项；征求委托方对调查时间的要求，承诺对委托方所负的道德责任和应遵循的职业道德；与委托方保持密切的工作联系等。

（3）调查经费与付款方式。通过调查经费预算确定的调查中需花费的人力、物力等消费开支数目，在双方认可的情况下应写入合同之中，同时，应明确付款方式。一般情况下，企业应先向调查公司支付 50% 的费用，待调查工作完成后，再将余款付清。如果双方的合作关系一直较好，彼此的信任较高，也可以采取事先一次性付款或事后一次性付款的方式。国际市场调查委托项目，不仅在合同中要写明调查经费和付款方式，还应写明以何种货币支付的问题。

（4）人员配备与联系。为保证调查的质量，企业和调查公司均应将调查项目的人员配备、名单、职责、联系方式等在合同中做出明确的规定，以便明确责任，便于双方联系和沟通。特别是调查公司应明确规定调查项目总负责人、技术人员、研究人员，以及拟聘请的调查员的数量及素质要求。

（5）调查期限与进度安排。调查期限是调查工作从开始到完成所需要的时间。调查工作应在合同规定的期限内完成，以保证调查结果的时效性。超过期限后，应做何处理、费用应如何计算，也应在合同中加以规定。同时，在调查期限内，应明确进度安排，即界定总体方案设计论证、抽样方案设计、问卷设计与测试修订、问卷印制、调查员挑选培训、调查实施、数据汇总、统计分析、调查报告撰写、调查成果鉴定等的具体时间。

（6）其他事项的规定。主要包括调查公司应提供的期中调查进度报告和最终成果报告的形式及要求、调查实施过程中有关问题的协商解决、合同中未尽事宜的协商解决等内容。

4）调查过程的控制与沟通

委托业务合同签订之后，调查公司即可按照企业的规定认真组织实施各个阶段的调查工作，并主动向企业反馈调查进程和调查工作的有关信息，以争取企业的理解和支持。企业作为委托方虽不直接参与调查的过程，但也应与调查公司保持必要的联系，间接地督促或检查各阶段的工作，确保调查工作按时按质完成。

5）评估市场调查成果

市场调查完成之后，企业应对市场调查机构提交的成果进行评估，包括评估市场调查计划书的执行情况；调查报告的深度和广度，能否完全解释所定义的问题；信息收集的系统性、客观性、时效性；调查误差的大小是否在允许的范围内，及其对调查结果的影响等。

## 3.1.3　市场调查人员的选择与培训

无论是企业内部设置的市场调查组织，还是专门的市场调查机构，都必须选择和培训市场调查人员，组建合格的调查队伍，为完成调查任务提供基本保障。

### 1. 调查人员的选拔

按照市场调查的客观要求，作为一名调查人员应具有如下基本素质。

1）具有较高的职业道德修养

市场调查工作涉及的范围较广，在调查中经常会涉及一些敏感的问题，涉及不少单位和个人的切身利益，也会遇到影响调查工作正常进行的各种干预和阻挠。为此，要求调查人员应具有较高的职业道德修养，具有强烈的责任感和事业心，能做到实事求是，客观公正，不虚报、瞒报、假报调查结果。

2）掌握多学科的知识

市场调查是一门学科，也是一门艺术，它涉及各方面知识的综合运用，如市场营销学、社会学、统计学、心理学等方面的知识，以及产品方面的技术知识等。因此，市场调查人员（特别是市场调查策划人员、技术人员、分析研究人员）应掌握多学科的知识。研究国际市场情况的调查人员还应具备国际贸易、各国风俗习惯等知识和一定的外语水平。总之，高层次的市场调查人员应该是复合型人才。

3）具有调查资料搜集的能力

市场调查的过程是资料搜集的过程，包括文案调查得到的第二手资料和实地调查取得的第一手资料。因此，市场调查人员必须具有较强的调查资料搜集能力，掌握调查资料搜集的要求、渠道、方法和技巧，能及时、准确、全面、系统地搜集一切与调查项目有关的数据和情况。

4）具有较强的分析研究能力

作为一名优秀的调查人员，应善于从众多的复杂的资料中经过去伪存真、由表及里的定性定量分析，得出调查结论，提出解决问题的对策建议。因此，市场调查人员应具有一定的分析研究能力。特别是市场调查研究人员，更应掌握现代统计分析、数据挖掘、预测决策等分析方法和技术。

5）具有良好的身体素质和心理素质

市场调查人员应具有吃苦耐劳的精神，应具有承受各种压力和挫折的良好心理，有健康的体魄和旺盛的精力。

总之，市场调查人员应勤奋好学，有思想、有知识、有见解，善于倾听，善于思考，善于提出问题、分析问题和解决问题。对于高层次的市场调查专业人员的选拔，应坚持德才兼备，力求复合型人才。对于一般调查员的选择，应重点考察具有的必备知识、调查能力、观察能力、身体素质、心理素质等基本条件。

**2. 调查人员培训**

调查人员除了具备上述条件外，最好还应具备丰富的实践经验。但是这样的调查人员比较少，为此，应对所选择的调查人员进行必要的培训。

1）培训的基本内容

通常根据市场调查的目的和受训人员的基本情况而有所不同。一般包括以下几个方面内容。

（1）思想道德教育。即组织调查人员学习市场经济的一般理论，充分认识市场调查的意义；学习调查人员应具备的职业道德标准和工作规范，增强其事业心和责任感，端正其工作态度和工作作风，激发他们对调查工作的积极性。

（2）性格修养教育。即在言谈举止、平易近人、热情坦率、谦虚礼貌、诚信务实、心理健康等方面对调查人员进行教育和训练。

（3）市场调查知识培训。即对调查人员特别是高层次的市场调查专业人员讲授市场经济学、市场营销学、统计学、市场调查与预测学、信息资源管理等方面的知识；讲授市场调查方案设计、问卷设计、数据处理、数据分析技术、调查报告写作技巧等技术性知识，使调查人员具备必需的市场调查知识。

（4）调查业务培训。即针对某个具体的调查项目进行专门的培训，包括说明此项调查的目的，解释调查项目的含义，说明调查方案和问卷设计，说明调查的工作程序和要求，训练入门艺术、接近艺术、访谈艺术、记录技术、质量控制等。

（5）规章制度教育。即对调查人员必须遵守的各种规章、规定、制度、职业操守等进行必要的教育。

2）培训的方法

（1）举办短期培训班。主要采用集中讲授的方式进行培训。例如，请市场调查专家讲授市场调查的基本理论与方法；请市场调查策划人员讲授市场调查方案、调查项目、问卷设计等方面的业务知识；请经验丰富的调查员面授调查技巧和经验，等等。这样的培训应注意突出重点，具有针对性，讲求实效。

（2）模拟训练法。主要采用情景模拟、问卷试填、案例分析对调查人员进行培训。情景模拟是由受训人员和有经验的调查人员分别担当不同角色，模拟各种问题的处理；问卷试填是要求受训人员对调查问卷进行小范围的试验性调查与填写，以便掌握问卷调查与填写的技巧和要求；案例分析是结合某个具体的市场调查实例进行分析，以训练调查人员处理各种问题的能力。

（3）分层培训法。即对市场调查人员的不同层次和不同需求进行不同程度和不同内容的培训。市场调查策划人员、组织人员、监督人员是较高层次的调查人员，他们要进行市场调查的策划和组织实施，要召集和训练访问员，检查和指导访问员的工作，控制调查进度，他们必须熟悉调查的每一个环节。因此，对他们必须进行严格的全面训练。访问员是搜集资料、获取信息的调查人员，对他们应进行必要的调查业务训练和访谈技术训练。

# 3.2　市场调查总体方案设计

市场调查总体方案又称市场调查计划，是指在正式调查之前，根据市场调查的目的和要求，对调查的各个方面和各个阶段所作的通盘考虑和安排。市场调查是一项十分具体、细致的工作，需要花费较多的人力、物力、财力和时间，为了在整个调查过程中统一认识、统一内容、统一方法、统一步调，按时按量按质完成调查任务，有必要事先制订出一个科学、严密、可行的市场调查总体方案。市场调查总体方案是对调查对象由定性认识到定量认识的连接点，是市场调查资料收集、整理和分析研究的前提。市场调查总体方案是否科学、可行，关系到整个市场调查工作的成败。市场调查整体方案设计程序如图 3-2 所示。

## 3.2.1　确定调查的目的和任务

调查目的是指特定的调查课题所要解决的问题，即为何要调查、要了解和解决什么问题，调查结果有什么用处。调查任务是指调查目的既定的条件下，市场调查应获取什么样的信息才能满足调查的要求。明确调查目的和任务是调查方案设计的首要问题，因为只有调查目的和任务明确，才能确定调查的对象、内容和方法，才能保证市场调查具有针对性。

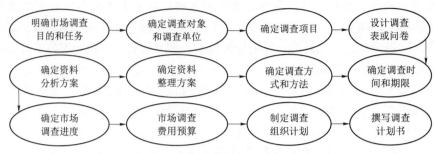

图 3-2　市场调查整体方案设计程序

### 3.2.2　确定调查对象和调查单位

确定调查对象和调查单位是为了明确向谁调查和由谁来提供资料的问题。调查对象是根据调查目的和任务确定的一定时空范围内的所要调查的总体，它是由客观存在的具有某一共同性质的许多个体单位所组成的整体。调查单位就是调查总体中的各个个体单位，它是调查项目的承担者或信息源。确定调查对象和调查单位应注意以下几个问题。

（1）必须严格规定调查对象的含义和范围，以免造成调查登记时由于含义和范围不清而发生差错。例如，城市个体经营户的经营情况调查，必须明确规定个体经营户的性质、行业范围和空间范围。

（2）调查单位的确定应根据调查的目的和对象而定。例如，调查城市个体经营户的经营情况时，调查对象是所有的个体经营户，调查单位是每一个个体经营户。若调查研究城市居民家庭耐用品的拥有量和需求量时，调查对象是所有的居民家庭，调查单位是每一户居民家庭。

（3）调查单位和填报单位是两个不同的概念。调查单位是调查项目的承担者，填报单位是负责填写和报送调查资料的单位，两者有时一致，有时不一致。例如调查研究工业企业的生产经营情况，调查单位和填报单位都是每一个工业企业；若调查研究工业企业的产品质量，则调查单位是工业企业生产经营的每一件产品，填报单位则是每一个工业企业，此时，二者不一致。

（4）调查单位的确定取决于调查方式的约束。普查方式下，调查总体所包括的全部单位都是调查单位；重点调查方式下，选定少数重点单位才是调查单位；典型调查方式下，所选择的代表性的单位才是调查单位；抽样调查方式下，按随机原则抽出的样本单位才是调查单位。

### 3.2.3　确定调查项目

调查项目是将要向调查单位调查的内容，也就是对调查单位的哪些方面进行调查。调查项目的确定取决于调查的目的和任务，以及调查对象的特点与数据资料搜集的可能性。为此应注意以下几点。

（1）调查项目的确定既要满足调查目的和任务的要求，又要能够取得数据，包括在哪里取得数据和如何取得数据，凡是不能取得数据的调查项目应舍去。

（2）调查项目应包括调查对象的基本特征项目、调查课题的主体项目（回答是什么）、调查课题的相关项目（回答为什么）。如消费者需求调查，既要有消费者的基本项目（年龄、性别、职业、文化程度、家庭人口等），又要有消费者需求量、购买动机、购买行为等需求调查的主体项目，还应有消费者收入、消费结构、储蓄、就业、产品价格等引起需求变动的相关项目。

（3）调查项目的表达必须明确，调查项目的答案选项必须有确定的形式，如数值式、文字式等，以便统一调查者填写的形式，便于调查数据的处理和汇总。

（4）调查项目之间应尽可能相互关联，使取得的资料能够互相对应，具有一定的逻辑关系，便于了解调查现象发展变化的结果、原因，检查答案的准确性。

（5）调查项目的含义必须明确、肯定，必要时可附加调查项目或指标解释及填写要求。

### 3.2.4　设计调查表或问卷

调查项目确定之后，就可设计调查表或者问卷，作为市场调查搜集资料的工具。调查表或问卷既可作为书面调查的记载工具，也可作为口头询问的提纲。调查表是用纵横交叉的表格按一定顺序排列调查项目的形式；问卷是根据调查项目设计的对被调查者进行调查、询问、填答的测试试卷，是市场调查搜集资料的常用工具。市场调查表或问卷设计以应调查项目为依据，力求科学、完整、系统和适用，能够确保调查数据和资料的有效搜集，提高调查质量。本章第3.4节将专门介绍调查表或问卷的设计。

### 3.2.5　确定调查时间和调查期限

调查时间是指调查资料的所属时间，即应搜集调查对象于何时的数据。确定调查时间是为了保证数据的统一性，否则数据无法分类和汇总，导致市场调查失效。调查时期现象（收入、支出、产量、产值、销售额、利润额等流量指标）时，应确定数据或指标项目的起止时间；调查时点现象（期末人口、存货、设备、资产、负债等存量指标）时，应明确规定统一的标准时点（期初、期末或其他时点）。

调查期限是指整个调查工作所占用的时间，即一项调查工作从调查策划到调查结束的时间长度。一般来说，应根据调查课题的难易程度、工作量的大小、时效性要求合理确定调查期限，并制定调查进度安排表。

### 3.2.6　确定调查方式和方法

市场调查方式是指市场调查的组织形式，通常有市场普查、重点市场调查、典型市场调查、抽样市场调查、非概率抽样调查等。调查方式的选择应根据调查的目的和任务、调查对象的特点、调查费用的多少、调查的精度要求作出选择。第四章将专门阐述市场调查的各种组织方式。

市场调查方法是指在调查方式既定的情况下搜集资料的具体方法，通常有观察法、访问法、实验法、网络调查法、文案调查法等。市场调查方法的确定应考虑调查资料搜集的难易程度、调查对象的特点、数据取得的源头、数据的质量要求等作出选择。若调查课题涉及面大、内容较多，则应选择多种调查方法获取数据和资料。既要获取现成的资料，又要获取原始资料。

例如，商场顾客流量和购物调查，通常采用系统抽样调查的组织方式，即按日历顺序等距抽取若干营业日调查顾客流量和购物情况，而搜集资料的方法主要有顾客流量的人工计数或仪器记数、问卷测试、现场观察、顾客访问、焦点座谈等。

### 3.2.7 确定资料整理的方案

资料整理是对调查资料进行加工整理、系统开发的过程，其目的在于为市场分析研究提供系统化、条理化的综合资料。为此，应确定资料整理的方案，对资料的审核、订正、编码、分类、汇总、陈示等作出具体的安排。大型的市场调查还应对计算机自动汇总软件开发或购买作出安排。

### 3.2.8 确定分析研究的方案

市场调查资料的分析研究是对调查数据进行深度加工的过程，其目的在于从数据导向结论，从结论导向对策研究。为此，应制订分析研究的初步方案，对分析的原则、内容、方法、要求、调查报告的编写、成果的发布等作出安排。

### 3.2.9 确定市场调查的进度安排

在市场调查总体方案设计或策划过程中，应根据规定的调查期限，对调查研究过程的每一阶段需要完成的工作任务和所需的时间及人员安排等作出规定，以便督促或检查各个阶段的工作、控制调查成本、保证按时按质完成各项调研工作。市场调查进度一般可分为以下几个小阶段：

① 总体方案的论证、设计；
② 抽样方案的设计、调查实施的各种具体细节的规定；
③ 问卷的设计、测试、修改、定稿；
④ 问卷的印刷、调查者的挑选和培训；
⑤ 调查组织实施；
⑥ 调查数据的整理（计算机录入、汇总与制表）；
⑦ 统计分析研究；
⑧ 调查报告的撰写、修订与定稿；
⑨ 调研成果的鉴定、论证、发布；
⑩ 调研工作的总结。

### 3.2.10 市场调查经费预算

在市场调查总体方案设计中，应考虑经费预算，以保证项目在可能的财力、人力和时间限制要求下完成。在制定预算的过程中，应当做一个较为详细的费用—效益分析，看看项目是否应当完全按所设计的方案进行，或许还要重新考虑该项目是否应当进行。考虑费用的同时还必须考虑时间，一个调研项目有时需要六个月或者更长的时间才能完成。有可能由于决策的延迟要冒失去最有利时机的风险。例如，如果一项考察某新产品的调研方案的时间设计得太长，其他竞争者就有可能率先用开发的新产品抢占了市场。因此，费用—效益分析的结果或是得出设计方案在经费上是合算的，或是认为不合算而应当中止调研项目。通常情况下一般并不中止调研，而是修改设计方案以减少费用；或者改用较小的样本。在进行经费预算时，一般需要考虑如下几个方面：

① 总体方案策划费或设计费；

② 抽样方案设计费（或实验方案设计）；

③ 调查问卷设计费（包括测试费）；

④ 调查问卷印刷费；

⑤ 调查实施费（包括选拔、培训调查员，试调查，交通费，调查员劳务费，管理督导人员劳务费，礼品或谢金费，复查费等）；

⑥ 数据录入费（包括编码、寻入、查错等）；

⑦ 数据统计分析费（包括上机、统计、制表、作图、购买必需品等）；

⑧ 调研报告撰写费；

⑨ 资料费、复印费、通信联络等办公费；

⑩ 专家咨询费；

⑪ 劳务费（公关、协作人员劳务费等）；

⑫ 上交管理费或税金；

⑬ 鉴定费、新闻发布会及出版印刷费用等；

⑭ 未可预见费用。

在进行预算时，要将可能需要的费用尽可能考虑全面，以免将来出现一些不必要的麻烦而影响调查的进度。例如，预算中没有鉴定费，但是调查结束后需要对成果作出科学鉴定，否则无法发布或报奖。在这种情况下，课题组将面临十分被动的局面。当然，没有必要的费用就不要列上，必要的费用也应该认真核算出一个合理的估计，切不可随意多报乱报。不合实际的预算将不利于调研方案的审批或竞标。因此既要全面细致，又要实事求是。

## 3. 2. 11　制定调查的组织计划

调查的组织计划，是指为了确保调查工作的实施而制订的具体的人力资源配置的计划，主要包括调查的组织领导、调查机构的设置、调查员的选择与培训、课题负责人及成员、各项调研工作的分工等。企业委托外部市场调查机构进行市场调查时，还应对双方的责任人、联系人、联系方式作出规定。

## 3. 2. 12　编写市场调查计划书

以上市场调查方案设计的内容确定之后，市场调查策划人员则可撰写市场调查计划书（市场调查总体方案或调查项目建议书），以供企业领导审批，或作为调研项目委托人与承担者之间的合同或协议的主体。市场调查计划书的构成要素包括标题、导语（或摘要）、主体和附录等。其中，主体部分主要包括以上 11 个方面的内容（有些内容如调查的组织计划）亦可列入附录中。附录主要包括调研项目负责人及主要参加者、抽样方案及技术说明、问卷及有关技术说明、数据处理所用软件等。

# 3.3 市场抽样技术方案设计

市场调查总体方案是对整个市场调查工作所作的通盘考虑和安排,但在实际调查工作中,由于采取各种不同的调查方式,往往会遇到与调查方式相关的技术性问题,如采用抽样调查方式、调查城市居民家庭耐用品的需求情况,需要解决诸如抽样方式、抽样方法、抽样数目、抽样框设计、抽样精度、抽样估计等一系列的技术性问题。市场调查技术方案通常有市场普查方案、典型市场调查方案、重点市场调查方案、市场抽样调查技术方案等。由于抽样技术方案设计在各种调查技术方案设计中更具复杂性和技术性,因此,主要阐述抽样技术方案设计的基本问题。

## 3.3.1 抽样技术方案设计的基本内容

抽样技术方案是对抽样调查中的总体范围、抽样方式、抽样方法、抽样数目、抽样框、抽样精度、抽样估计、抽样实施细节等技术性问题所作的安排,其目的在于提高抽样调查和推断的科学性和可靠性,控制抽样调查的过程,提高抽样调查的效率,确保抽样调查的质量。抽样技术方案设计的基本内容如下。

**1. 明确抽样调查的目的**

抽样调查的目的应根据市场调研的任务和要求、管理者和用户的信息需求而决定,并与市场调查总体方案设计中界定的调查目的和任务保持一致。从理论上讲,抽样调查的目的在于用样本数据推断总体的数量特征,因此,抽样调查目的的界定,应对抽样推断的具体项目或指标作出重点说明。

**2. 确定总体范围和总体单位**

总体范围的确定应根据研究的目的从时间和空间两个方面作出明确的界定,即明确界定调查的总体范围,并对调查总体作适当的划分。总体范围明确后,应进一步明确总体单位是什么,即明确样本单位。例如,某市某年拟对个体经营户的经营情况进行一次抽样调查,其调查的总体范围是在本市注册的截止某月末的所有个体经营户,按照经营性质的不同,可划分为工业、建筑业、运输业、批发业、零售业、住宿业、餐饮业、房地产业、居民服务业、文体体育和娱乐业、其他服务业等 11 个行业(子总体)。其中每一个个体经营户为总体单位。

**3. 确定抽样推断的主要项目**

抽样调查的目的在于用样本数据推断总体的数量特征,因此,在抽样技术方案设计中,应对抽样调查需要推断的总体指标或项目作出合理的规定。不必要做出抽样推断的项目,可列入一般需要了解的调查内容。主要推断项目的确定,是为设计抽样精度和确定必要的抽样数目提供依据。例如,个体经营户经营情况抽样调查,需要抽样推断的总体指标有从业人员、营业收入、营业支出、雇员报酬、缴纳税费、固定资产原值等,其中,营业收入是最核心的指标,是确定抽样精度和样本量的关键指标。

**4. 确定抽样的组织方式**

抽样的组织方式多种多样,通常有简单随机抽样、类型抽样、系统抽样、整群抽样、目录抽样、二重抽样、多阶段抽样等(第 4 章将作专门介绍)。应根据总体范围大小、总体各单位分布及变异程度、抽样的目的和要求、抽样精度和抽样费用的约束等因素确定合适的抽样组织方式。若抽样目标总体范围不大，总体各单位变异又小，可选择简单随机抽样；若抽样目标总体范围大，总体各单位变异大，应选择类型抽样、系统抽样、目录抽样等方式；若既要推断总体的主要指标，又要获取详细的信息，则可选择二重抽样；若样本单位需要经过几个阶段才能抽取和确定，则可选择多阶段抽样，等等。抽样组织方式的确定，在于确保抽取的样本能够代表总体，即提高样本的代表性、有效性，减少或防止抽样的系统性误差。

**5. 确定合适的抽样框**

抽样框是一个包括全部总体单位的能够代表总体全貌的目录或名册，抽样框是抽取样本的依据。如工业企业生产经营情况抽样调查的抽样框就是全部工业企业的名单（企业名录），个体经营户经营情况抽样调查的抽样框就是包括所有个体经营户的名册。抽样框通常有企业名录、个体户名录、职工名册、学生名册、城镇居委名册、社区居民名册、农村村委会名录、产品流水线、农田地块名册等表现形式，可用于不同目的抽样。抽样框的设计应当力求包括总体的全部个体，并列出必要的辅助信息，以便对个体进行分层或排序处理，为有效地抽样样本提供依据。例如，企业名录库的设计应包括企业名称、企业性质、行业类别、产量、产值、利润等基础性资料。

**6. 确定恰当的抽样方法**

抽样框确定之后，应进一步明确抽取样本的方法，如简单随机抽样应明确是重复抽样还是不重复抽样，以及如何具体实施抽样，类型抽样则应明确如何分层（类），如何从每一层中抽取样本单位组成样本；系统抽样则应明确如何对总体单位进行排序，怎样等距抽取样本单位组成样本；整群抽样则应明确怎样对总体进行分群，怎样抽取样本群组成样本；等等。抽样方法的确定应具有可操作性。

**7. 确定主要指标的抽样精确度**

在抽样技术方案设计中，为了控制抽样误差，确定必要的样本量，必须预先提出和明确主要指标的抽样精确度。抽样调查所需要的准确，不是百分之百的准确，只要准确性能满足决策的要求就可以了，不必追求过分的精确而花费过多的不必要的代价。抽样精确度或准确度的表现形式通常有抽样极限误差、抽样标准误差、相对抽样标准误差。如我国城市家计调查一般要求相对抽样标准误差不超过 2%～3%，可信程度应达到 95.45%。

**8. 确定必要的抽样数目（样本量）**

抽样组织方式和抽样精确度确定之后，就可确定必要的抽样数目，即确定样本量。样本量的确定一般可考虑总体方差、抽样精确度、可信度（概率度）和抽样方式方法进行计算确定。需要注意的是，任何精确度和样本量的设计都不能回避调查费用这个基本因素。在很多情况下，提高精确度往往需要增大样本量，而样本量的增大又会导致费用开支的增加。因此，精确度要求与节省费用要求是矛盾的。从理论上看，抽样误差越小的抽样设计是最优设计，而从实践上看，最优设计应是在一定误差约束下费用最少的抽样设计。因此，样本量的确定应力求在抽样精度和调查费用之间求得平衡。

**9. 制定抽样的实施细则**

样本量确定之后，为了保证样本单位的有效抽取，还应制定抽样的实施细则，主要包括样本量的分配、样本单位抽取的操作程序、样本单位抽取登记、中选样本单位的分布图制作、个别单位拒绝调查或拒绝回答等特殊问题的处理办法、样本代表性的评价与改进，等等。对于跟踪性的、连续性的抽样调查来说，还应对样本单位是否需要定期进行部分替换，以及替换的规则、替换的数量、替换的时间等作出规定。

**10. 设计数据处理与抽样估计的方法**

在抽样技术方案设计中，也可对抽样调查数据的质量控制、审核、汇总处理等作出明确的规定，特别是应根据抽样的组织方式和抽样推断的要求，对统计量（样本指标）的选择与计算方法、抽样标准误差的测定、参数估计或假设检验的方法作出具体的规定。

## 3.3.2 抽样技术方案的评审

由于对复杂的社会经济现象进行调查有多种调查方式方法可供选择，调查的精确度要求和经费约束条件不同，可以设计出不同的抽样技术方案以供选择。在抽样实践中，抽样技术方案设计往往先提出了一个初步方案，然后经过抽样专家、调查课题组成员、信息使用者、数据处理人员等组成的评审组，对抽样技术方案进行可行性评审，在此基础上再进行修改或进行试点调查，最后确定最终的抽样技术方案。

**1. 抽样技术方案评审的内容**

抽样技术方案评审主要是评价所设计的方案是否具有科学性、可行性和经济性，主要评审内容有以下几个方面：

① 抽样技术方案是否体现了调查目的和任务的要求；

② 抽样技术方案是否完整、周密、有无遗漏；

③ 抽样框的设计是否存在缺陷，总体单位是否有遗漏或重复；

④ 抽样组织方式的选择是否恰当，是否有更好的抽样方式；

⑤ 抽样精确度的界定是否合适，是否需要提高或降低抽样精确度；

⑥ 样本量的大小能否满足抽样精确度的要求；

⑦ 样本量的大小能否满足调查费用的约束；

⑧ 样本的代表性怎样，样本分布与总体分布是否趋于一致；

⑨ 抽样估计方法设计是否科学。

**2. 抽样技术方案评审的方法**

（1）逻辑评审法。即用逻辑分析的方法评审所设计的抽样技术方案各部分内容之间是否相互衔接，其逻辑性、系统性、严谨性如何。如抽样框所代表的总体（抽样的总体）与所要获取信息的总体（目的总体）是否一致。

（2）经验判断法。即组织一些有抽样调查经验的专家，对抽样技术方案设计的科学性、可行性、经济性等进行研究和判断。如抽样组织方式、抽样精确度、样本量的界定是否合适，可采用抽样专家经验判断。

（3）样本分布检验法。即利用抽样框提供的辅助信息和抽取的全部样本单位的辅助信息，分别制订总体分布和样本分布的图表，以判断样本的代表性。

（4）抽样误差检验法。即利用抽样框提供的辅助信息，分别计算总体和样本的均值、方差，以衡量样本的均值是否趋近于总体均值，以决定样本的代表性；也可进一步计算抽样标准误差、抽样极限误差，并与确定的抽样精确度进行比较，衡量样本的代表性。

（5）试点调查法。当抽样框中没有可供利用的已往的先决信息时，样本分布检验法和抽样误差检验法是不能运用的，对于大规模而又缺乏经验的抽样调查课题来说，可根据设计的抽样技术方案进行试点调查，从中发现抽样技术方案的缺陷和问题，以便修订、补充、完善抽样技术方案设计。

总之，抽样技术方案设计是一项技术性很强的调查设计工作，如果设计存在严重的缺陷，则会导致抽样调查的失败和调查经费的浪费。因此，既要重视抽样技术方案的设计，又要重视抽样技术方案的评审。只有确保抽样技术方案设计做到科学性、可行性和经济性，才能有效地指导和规范抽样调查的过程，提高抽样调查的效率和质量。

# 3.4　市场调查表和问卷设计

调查表和问卷都是市场调查资料搜集的工具，它们既可用于书面调查，又可作为口头询问的提纲。调查表主要用于数据搜集，问卷既可用于数据搜集又可用于测定态度、行为、动机等定性项目。大部分市场调查均采用问卷的形式搜集、记录调查资料，但有些项目如产品质量检测、设备及物资拥有量调查等多采用调查表向调查单位搜集、记录调查数据。因此，二者均有自己的应用场合。调查表或问卷设计是否科学，关系到调查资料搜集是否全面、系统和准确可靠。因此，市场调查应重视调查表与问卷的设计。

## 3.4.1　计量水准

计量水准又称测量尺度、测量标准、标志等，是指对总体单位的品质属性和数量特征进行测量所依据的标尺，通常用于设计调查表或问卷等，其作用在于为描述总体的数量特征提供大量的、个体的基础资料。计量水准通常有以下 4 类。

（1）列名水准。列名水准又称名义尺度、类别尺度，是用来区分总体单位属性类别的计量尺度，如人口按性别、民族、宗教信仰、职业、城乡分类等。列名水准是一种最原始、最低的或最有限制性的一种计量水准。为了便于计算机进行整理汇总，通常用数字代号来区别事物的性质或类别。例如，用 0、1 分别代表男、女或用 1、0 代表男、女均可。例如：

您的职业是＿＿＿＿＿。

1. 军人　　　　　2. 党政干部　　　　3. 教科文卫人员　　　4. 商业服务人员

5. 企业管理者　　6. 公司职员　　　　7. 工人　　　　　　8. 个体经营者

9. 家务劳动者　　10. 离退休人员　　　11. 私营业主　　　　12. 其他

（2）顺序水准。顺序水准又称序列尺度、等级尺度或次序尺度。是用来区分事物好坏、大小、多少和等级的一种计量水准。顺序水准一般有"方向次序"存在；如学生考试成绩划分为优、良、中、及格、不及格，棉花质量可区分为一级、二级、三级、四级等，都是顺序水准。顺序水准也可使用数字代号来表示各等级类别。例如：

您对自己的工作绩效的感觉是否满意？＿＿＿＿＿

01 很满意　　　02 较满意　　　03 一般　　　04 不满意　　　05 很不满意

（3）间隔水准。间隔水准又称等距尺度或差距尺度，是用来测量总体单位数量特征的一种计量水准，它不但可以区分类别及排出大小顺序，还可算出类别之间的差距大小，并且具有相等单位的基本特征。例如，某地一、二、三月平均气温 18 ℃、20 ℃、22 ℃，这里有三种气温组别，一月最冷、二月居中、三月最热（大小顺序），且20℃-18℃=22℃-20℃（相等单位）。故气温的测量尺度为等距尺度。等距尺度的零点是人为的，没有真正的零点，不能统计其比例，如不能说20℃为10℃的两倍。一般来说，气温、体温、智商、年次等都是等距尺度。又如：

你的驾驶执照的考试成绩是_____。

50分以下　　　50～60　　　60～70　　　70～80　　　80～90　　　90～100

（4）等比水准。等比水准又称比例尺度或比率水准，亦是用以测量总体单位数量特征的计量水准，它具有区分类别、排出顺序、相等单位、算出比例、绝对零点等基本特性，是最常用的高级测量尺度。学生的身高、体重、年龄、每月消费额、企业的资产、负债、权益、收入、费用、利润等，都是比例尺度。例如：

请问您的年收入是_____。

2万元以下　　　2.0～2.5　　　2.5～3.0　　　3.0～3.5　　　3.5～4.0

4.0～4.5　　　4.5～5.0　　　5.0～5.5　　　5.5～6.0　　　6万元以上

间隔水准和等比水准之间的差别是测量的零点（起点）不同而已，间隔水准使用任意一个零点作为起点，等比水准则使用一个实际零点作为起点，因而只有比例水准，两个数量的比例（率）才是有效的。除此之外，二者没有什么差别，可合为一种计量水准来处理。

在以上4种计量水准中，列名水准和顺序水准合称为属性水准，是测量总体单位品质属性特征的尺度，如消费者按性别、民族、职业、籍贯等进行分类测量都是属性水准，它是初级计量水准，属性水准中的各类别的个数，需用点计的方法取得。

间隔水准和等比水准合称为数量水准，是测量总体单位数量特征的尺度。如消费者按年龄、收入、消费、家庭人口等进行分类测量都是数量水准，它是高级计量水准。一般来说，高级计量水准可变换为初级计量水准，如人口年龄可转换为老年、中年、青年、少年、儿童进行测量；消费者收入可转换为高收入、中等收入、低收入进行测量。而较低的计量水准则不能变换为较高的计量水准。

## 3.4.2　调查表设计

### 1. 调查表的内容

调查表是根据调查目的所确定的调查项目（计量水准），按照一定的顺序列成表格的形式。调查表是市场调查中收集数据资料的工具。它能使调查项目和内容条理化和规范化，有利于在调查中简明、清楚地填写记录所需的数据，也有利于调查后对数据进行分类、汇总、整理和分析。调查表的设计是否完善，直接影响调查的质量与效果。

调查表的内容包括被调查者的基本情况、调查的项目和内容、调查表的说明。这些内容一般通过表头、表体、表脚反映出来。

（1）表头。指用来表示调查表的名称，填写单位的名称、性质、隶属关系和各种基本情况。这部分中，有的是复核调查资料的依据，有的是对资料分类的标准（计量水准）。

（2）表体。这是体现调查项目和内容的部分，是调查表的主体。它包括需要调查的各种项目、标志或指标名称，以及纵栏和横行的编号、计量单位等。此部分是调查主体项目或计量水准的具体应用，因而，应遵循计量水准选择的原则。

（3）表脚。主要包括调查人或填表人的签名和调查日期，以及有关调查项目的解释或说明。此部分在于明确责任，如果发现问题便于查询。

**2. 调查表的设计要点**

（1）应根据调查的目的和要求，先拟订需要调查的项目或调查提纲，以及需要收集数据的具体指标。一般应包括被调查者的基本情况、调查的主体内容和相关项目三个方面。

（2）应根据调查项目的多少和使用要求，确定调查表的设计形式。调查表的形式有单一表和一览表两种。单一表是在一张表格中只登记一个调查单位的材料的表格，如表 3-1 所示。可包括较多的调查项目，适用于较详细的调查。

一览表是指在一张表格上可以登记若干个调查对象的数据的表格，如表 3-2 所示。它适用于调查项目不多的调查，它能节省调查的人力、物力和时间。

**表 3-1　耐用消费品调查表**

　　　　年　　　　月　　　　日

户主姓名　　　　家庭人口　　　　月人均收入　　　　

| 品名 | 单位 | 现有数 | | 本年需求 | | 备注 |
|---|---|---|---|---|---|---|
| | | 品牌 | 数量 | 品牌 | 数量 | |
| 家用计算机 | 台 | | | | | |
| 彩色电视机 | 台 | | | | | |
| 电　冰　箱 | 台 | | | | | |
| 空　调　器 | 部 | | | | | |
| 热　水　器 | 台 | | | | | |
| 私　家　车 | 台 | | | | | |

**表 3-2　生猪存栏与出栏调查表**

乡　　　　村　　　　村民小组　　　　

调查标准时间　　　　年　　　　月　　　　日

| 户主姓名 | 生 猪 存 栏（头） | | | | 已出栏生猪（头） | |
|---|---|---|---|---|---|---|
| | 小计 | 母猪 | 仔猪 | 育肥猪 | 出售 | 自宰自食 |
| | | | | | | |

（3）列入调查表格的项目或指标，要求含义明确、层次清楚，并能取得确切的数据。与调查项目无关或尽管需要但收集不到资料的项目不要列入调查表。调查表不能容纳的某些项目，可用附注形式列出。

（4）列入调查表的项目之间应注意互相衔接，以便从整体上了解各项目之间的关系。同时，项目的排列要注意逻辑性，顺理成章，便于调查时填写。

（5）调查表设计之后，应编写必要的填表说明和指标解释。填表说明是为了提示填表时应注意的问题，指标解释是为了说明调查表内某些指标的含义。目的是为了保证调查资料的统一性和科学性。

### 3.4.3 测量表设计

**1. 量表的概念与分类**

测量表简称量表，是一种测量工具，也是计量水准的具体应用。计量水准与量表的关系如同"温度"与"温度计"一样，"温度"是计量水准，"温度计"是测量温度的工具。

量表通常是指测量调查单位某一特征的各种具体表现的一种测量表（工具）。即在计量水准既定的条件下，进一步规定询问的语句形式、列出所有的分类项目，并用数字或其他符号来表示这些分类项目，就是测量表。量表一般具有计量水准、询问语句、备选答案、项目编号等基本要素。一般来说，同一计量水准往往可以设计出不同的量表。例如，计量水准为酒店的"服务态度"，则量表有下列几种形式可供选择。

A. 您认为本酒店的服务态度属于下列哪种状态

① 非常好□　　② 好□　　③ 一般□　　④ 较差□　　⑤ 很差□

B. 您对本酒店的服务态度的满意程度是

① 非常满意□　　② 满意□　　③ 一般满意□　　④ 不太满意□　　⑤ 很不满意□

C. 您认为本酒店的服务态度可评为下列哪种分值

① 60 分以下□　　② 60～70□　　③ 70～80□　　④ 80～90□　　⑤ 90～100□

D. 您认为本酒店的服务态度如何＿＿＿＿＿＿＿＿。

测量表按照计量水准不同可分为列名量表、顺序量表、差距量表和等比量表 4 种基本量表，在此基础上，再按照量表使用的计量水准和设计形式不同可做多种分类。

1）一维量表和多维量表

量表按照使用的计量水准的多少可分为一维量表和多维量表。一维量表又称单变量量表，是指使用一种计量水准以测量受访者或调查单位的单一特性的量表。例如，上例测量酒店"服务态度"的测量表就是一维量表。

多维量表又称多变量量表，是指使用多种计量水准以测量受访者或调查单位的多方面特性的量表。例如，若测量酒店服务态度、环境卫生、设备设施、饭菜口味、饭菜分量、饭菜价格等多种要素的满意程度的测量表就是多维量表。

2）直接量表和间接量表

量表按照语句及答案设计形式不同可分为直接量表和间接量表。直接量表是调研者事先设计好与计量水准有关的各种语句及答案，可用于直接询问受访者的量表，受访者可直接选择量表中的答案。直接量表主要有评比量表、等级顺序量表、Q 分类量表、配对比较量表、固定总数量表、语意差别量表、中心量表等。

间接量表是调研者事先只拟定与态度测量有关的若干语句，而不给定答案，由选定的一批受访者对提供的若干语句作出自己的判断和选择，调研者进行事后分组处理，以得出调研结论。直接量表是语句答案的事前分组，间接量表是语句答案的事后分组。间接量表主要有瑟斯顿量表和利克特量表。

3）强迫性量表和非强迫性量表

量表按照语句答案设计是否具有强迫性可分为强迫性量表和非强迫性量表。强迫性量表的语句答案具有强迫性，受访者只能在给定的答案中作出选择，而不能选择题外的判断作答。在调查中，有时受访者不一定理解所调查的问题，或者并不能作出语句答案选项内的选择，此时强迫性量表则会影响调查结果的准确性。

非强迫性量表的语句答案不具有强迫性，即语句答案除了包括必要的答案选项外，还加上"其他"、"无答案"、"难以回答"等备用选项，从而使无法作出正确选择的某些受访者也能有所选择。非强迫性量表对提高受访者答案的准确性具有一定的优势。

4）平衡量表和非平衡量表

量表按照语句答案相反的数量是否相等可分为平衡量表和非平衡量表。平衡量表是指语句答案相反的数量相等的量表。例如，若用"很好（2）、好（1）、一般（0）、不好（-1）、很差（-2）"作为评价某洗发液的去头皮屑效果的备选答案，就是平衡量表。平衡量表的备选答案是对称的，中间点（0）左右两侧的数量正好均衡。采用平衡量表时，受访者回答的选项分布往往具有客观性。

非平衡量表是指语句答案相反的数量不相等的量表。例如，若用"很好（2）、好（1）、一般（0）、不好（-1）"作为评价某洗发液的去头皮屑效果的备选答案，就是非平衡量表（非对称量表）。非平衡量表的备选答案是不对称的，中间点（0）左右两侧的数量不均衡。采用非平衡量表时，受访者回答的选项分布往往偏向有利答案或不利答案。因此，量表设计应尽可能采用平衡量表（对称量表）。

5）接近量表和遥远量表

量表按照量表尺度与语句设置的距离的远近可分为接近量表和遥远量表。接近量表是指量表尺度设置在同一语句下，若有 $n$ 条语句就有对应的 $n$ 个量表尺度，并且各语句量表尺度的性质设计是相同的。遥远量表是指 $n$ 条语句只共用同一个量表尺度，量表尺度设置在各语句的最前面。例如，

请指出 A 品牌下列售后服务方面的满意度（圈出答案，1＝完全不满意、10＝完全满意）：

① 员工态度　　　1 2 3 4 5 6 7 8 9 10
② 处理询问　　　1 2 3 4 5 6 7 8 9 10
③ 送货及时性　　1 2 3 4 5 6 7 8 9 10
④ 安装满意度　　1 2 3 4 5 6 7 8 9 10

以上是接近量表的形式，若采用遥远量表，则为下列形式的量表。

请指出 A 品牌下列售后服务方面的满意度（答案请写在语句的后面）：

完全不满意　　　1 2 3 4 5 6 7 8 9 10　　　完全满意

① 员工态度　　　□
② 处理询问　　　□
③ 送货及时性　　□
④ 安装满意度　　□

一般地说，接近量表和遥远量表并无显著的差别，但遥远量表可节省问卷篇幅。

**2. 量表的具体形式**

测量表按照使用的计量水准和设计形式不同可分为二项选择量表、多项选择量表、列举评比量表、图示评比量表、语义差距量表、配对比较量表、固定总数量表、瑟斯顿量表、利克特量表、购买意向量表等。

1）二项选择量表

二项选择量表又称是否量表或真伪量表，是列名水准的简单应用。在询问语句下只提出两个答案，受访者必须二者择一，因而是一种强迫性量表。备选答案常用"是或否、对或错、有或没有、喜欢或不喜欢、需要或不需要"表示。这种量表的优点是可求得明确的判断，并在短暂的时间内求得受访者的回答，并使持中立意见者偏向一方；条目简单，易于统计。缺点是不能表示意见程度的差别，结果也不很精确。例如：

您家有智能电视吗？　　　　　　① 有　　　② 没有

您家的智能电视是小米牌吗？　　① 是　　　② 不是

您是否喜欢小米牌智能电视机？　① 喜欢　　② 不喜欢

2）多项选择量表

多项选择量表是在询问语句下，事先列出两个以上的多个答案，受访者可任选其中一项或几项。这种量表的优点是可以避免二项选择量表必须二者择一的缺点，也较便于统计。其缺点是答案较多，归类工作量较大。多项选择量表的语句答案的设计可以是强迫性的，也可以是非强迫性，大多数情况下采用非强迫性设计。例如：

现有下列几种品牌的智能电视机，您准备买哪种品牌？（可多选）

① 小米　　② 海信　　③ 长虹　　④ 海尔　　⑤ 乐视　　⑥ 其他品牌

您准备购买智能电视机的原因是（可多选）

① 更新需要　　② 增置需要　　③ 结婚需要　　④ 代亲友买　　⑤ 送礼需要　　⑥ 其他原因

3）列举评比量表

列举评比量表是指以计量水准为依据，列出评价性的询问语句和备选答案的量表，计量水准一般为属性水准，询问语句一般采用程度评价题或单项选择题；即提出的问题的答案按不同程度给出，请被调查者自己选择一种作答，其答案没有对或错的选择，只有不同程度的选择。量表尺度的两端是极端答案，备选答案相反的数量一般采用相等设计（对称量表）。例如，常见的产品测试量表尺度的形式主要有：

| | | | | |
|---|---|---|---|---|
| 质量： | 非常好 | 比较好 | 一般 | 比较差 | 非常差 |
| 式样： | 非常时尚 | 比较时尚 | 一般 | 不时尚 | 很不时尚 |
| 价格： | 非常贵 | 比较贵 | 一般 | 不太贵 | 很便宜 |
| 满意度： | 非常满意 | 比较满意 | 一般满意 | 不太满意 | 很不满意 |
| 耐用性： | 非常好 | 比较好 | 一般 | 比较差 | 非常差 |
| 可靠性： | 完全可靠 | 比较可靠 | 一般 | 不太可靠 | 非常不可靠 |

4）图示评比量表

图示评比量表是以计量水准为依据，在评价性的询问语句下，用一个有两个固定端点的图示连续谱来刻画备选答案或差距的量表。这种量表可分辨出受访者微小的差别。属性水准和数量水准都可采用这种量表的设计形式。例如：

您认为 B 品牌沙发的舒服度怎样？请在下列尺度中标出您的评价结果。

5）语义差距量表

语义差距量表是以计量水准为依据，运用若干语义相反的极端形容词或短语作为计量尺度的两个固定端点，中间标出差距相等的位置刻度，并设定最不好的位置记 1 分，其次不好的位置记 2 分，依此类推，直到标出最好位置的记分值。这种量表可使受访者在计量尺度中标出其位置来反映对每个测量项目的评价定位，也有利于调研者事后统计出全部受访者的平均值，以便对测量项目进行定位和排序。例如：

请您对 A、B、C 三种品牌的汽车的不同项目的特性作出评价定位（A 品牌用实线"—"连接您的定位，B 品牌用虚线"…"连接您的定位，C 品牌用间断线"——"连接您的定位）。

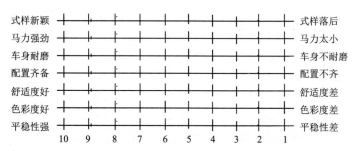

6）配对比较量表

配对比较量表是以运用配对比较法依次列出两个对比项目，由受访者根据自己的看法作出对比结果的一种量表，一般用于了解受访者对不同产品质量、使用功能等方面的评价意见。配对比较量表事后可统计出全部受访者对比结果的频数或频率，从而可对不同产品的质量或不同评价项目作出定位和排序。例如：

请您逐一比较下列各组不同牌号的洗衣机质量，在您认为质量好的牌子后面打"√"：

① 三星牌□  三洋牌□   ② 三星牌□  美菱牌□   ③ 三星牌□  小天鹅牌□

④ 三洋牌□  美菱牌□   ⑤ 三洋牌□  小天鹅牌□   ⑥ 美菱牌□  小天鹅牌□

请您逐一比较下列洗衣粉的特性，您认为每一组中哪一个特性更重要（在后面打"√"）：

① 去污性好□  不伤衣物□   ② 去污性好□  使用量少□   ③ 去污性好□  环保性好□

④ 不伤衣物□  使用量少□   ⑤ 不伤衣物□  环保性好□   ⑥ 环保性好□  使用量少□

7）固定总数量表

固定总数量表是根据各个特性的重要程度将一个给定的分数（总分通常为 100 分），由受访者根据自己的看法在两个或多个特性间进行分数分配。受访者分给每个选项的分数能表明受访者认可的相对等级，也有利于调研者事后统计出全部受访者对每个选项的平均分值，以便对测量项目进行定位和排序。例如：

请您对男性运动鞋的 7 个特性的相对重要程度进行分数分配，最重要的特性项目的分数应高一些，不太重要的特性项目的分数应低一些，全部特性项目的分数加总起来应为100 分。

| 运动鞋的 7 个特性 | 分数 |
|---|---|
| 穿着舒适 | —— |
| 耐用 | —— |
| 知名品牌 | —— |
| 透气性好 | —— |
| 款式新颖 | —— |
| 适于运动 | —— |
| 产品价格 | —— |
| 分数合计 | 100 |

8）瑟斯顿量表

瑟斯顿量表是一种间接量表，调研者事先只拟定与态度测量有关的若干语句，而不给定答案，由选定的一批受访者对提供的若干语句作出自己的判断和选择，调研者进行事后分组处理，以得出调研结论。这种量表也可用于探测性市场调研，可为正式调研提供依据。瑟斯顿量表的实施步骤如下。

首先，调研者根据态度测量的主题拟定若干条语句，有的语句是正面的或完全肯定的，有的语句是反面的或完全否定的，有的语句则是中立的观点。例如：

请您对下列电视广告的提法作出自己的判断和选择，在您认可的语句后面打"√"

① 多数电视广告都有趣味性　　② 多数电视广告枯燥乏味
③ 多数电视广告具有真实性　　④ 多数电视广告具有欺骗性
⑤ 电视广告能帮助厂商促销　　⑥ 电视广告有助消费者选择产品
⑦ 电视广告可有可无　　　　　⑧ 我对电视广告没有特别的看法
⑨ 看电视广告是一种享受　　　⑩ 看电视广告完全是浪费时间

其次，将以上量表提供给一组受访者或评判人员，请他们阅览全部语句，并对自己认可的语句作出判断和选择。

最后，调研者可对全部受访者或评判人员的选择进行语句频数和频率统计，并可用众数语句来反映受访者或评判人员态度的集中程度。也可将全部评判结果区分为正面态度组、中立态度组和负面态度组。借以识别哪种态度组居主导地位，从而可为进一步的调研提供依据或指明方向。

9）利克特量表

利克特量表是一种间接量表，也称为总加量表，调研者事先可拟定与态度测量有关的若干正负态度的语句，正负态度语句的数目不一定相等，并对每条语句规定用"同意"或"不同意"作为回答的选项，或规定用"非常同意"、"同意"、"不一定"、"不同意"、"非常不同意"五种状态作为回答的选项，各种回答分别记为 1～5 分。这样根据每个受访者对各道题的回答分数的加总就得出一个总分，这个总分说明他的态度强弱或他在这一量表上的不同状态。通过对全部受访者回答的分类汇总就可以描述样本总体或子总体的态度测量的分布状态，从而得出调研结论。这种量表也可用于探测性市场调研，可为正式调研提供依据或指明方向。利克特量表与瑟斯顿量表的区别在于每条语句要规定回答选项和记分，故利克特量表优于瑟斯顿量表。利克特量表实施步骤如下。

（1）根据态度测量的内容或变量，拟定与态度测量内容有关的一组正负态度语句（在市场调查研究中，一般为 10-30 个语句）作为初步量表的语句，并规定每条语句回答的选项和计分标准，每条语句回答的选项可分为五个等级，也可分为七个等级、三个等级或两个等级（同意与不同意）；计分标准是按测量维度规定的方向和回答选项来制定的，应注意正负方向的区分，即正向提问和负向提问应各占一半，以便使受访者能根据规定的回答选项作出判断和选择，防止误答或敷衍。两极回答可用"0 和 1"或"1 和 2"计分，五级回答可用 0～4 或 1～5 计分，计分顺序视规定的方向而定。例如表 3-3 所列的电视广告态度测量表就是利克特量表的应用。

表 3-3　电视广告态度测量表

您对下列电视广告的提法的等级作出自己的判断和选择，用"√"表示您认可的语句等级

| 项　　目 | 非常同意 | 同意 | 不一定 | 不同意 | 非常不同意 |
|---|---|---|---|---|---|
| ① 多数电视广告都有趣味性 | 1 | 2 | 3 | 4 | 5 |
| ② 多数电视广告枯燥乏味 | 1 | 2 | 3 | 4 | 5 |
| ③ 多数电视广告具有真实性 | 1 | 2 | 3 | 4 | 5 |
| ④ 多数电视广告具有欺骗性 | 1 | 2 | 3 | 4 | 5 |
| ⑤ 电视广告能帮助厂商促销 | 1 | 2 | 3 | 4 | 5 |
| ⑥ 电视广告有助消费者选择产品 | 1 | 2 | 3 | 4 | 5 |
| ⑦ 电视广告可有可无 | 1 | 2 | 3 | 4 | 5 |
| ⑧ 我对电视广告没有特别的看法 | 1 | 2 | 3 | 4 | 5 |
| ⑨ 看电视广告是一种享受 | 1 | 2 | 3 | 4 | 5 |
| ⑩ 看电视广告完全是浪费时间 | 1 | 2 | 3 | 4 | 5 |

（2）进行试调查，即将以上量表提供给一组受访者，请他们阅览全部语句，并对每条语句认可的等级作出判断和选择。试调查的目的是为了发现量表设计中有什么问题，是否会引起误解。通常是检查每条语句的分辨力来识别有无问题。分辨力是指一条语句是否能区分出人们的不同态度或态度的不同程度。假如一道题是"您认为是否应该努力学习"，几乎 100% 的学生都会回答同意，那么这道题就没有分辨力。利克特量表的分辨力检查方法是将试调查中得分最高的 25% 的人的平均得分减去得分最低的 25% 的人的平均得分，即为分辨力系数。分辨力系数越小就越说明这条语句的分辨力越低，应删除这条语句。

（3）调研者可删除分辨力不高，即无法区分人们的不同态度的语句，保留分辨力较高的语句（一般为 5～20 个）组成正式量表。正式量表设计好之后，就可抽取样本对受访者作正式调查，利克特量表用于问卷调查时，一般是与其他量表一起打印在一份问卷中，利克特量表同其他量表一样，都是反映样本在某一变量上的取值或类别，通过分类汇总就可以描述样本总体或子总体在某一变量上的分布状态。

10）其他询问技术

在市场调查中，除了使用量表进行测量被调查者的基本特征、个人行为、态度、动机和有关情况之外，也可使用一些其他询问技术进行测量。

（1）自由回答法。自由回答法是调查者只根据调查项目提出问题，不事先拟定答案，被调查者可以不受任何约束，自由发表意见。这种方法的优点是提出的问题是开放性的，被调查者可以根据自己的意愿自由发表意见，能搜集到更多的资料。其缺点是有时得不到明确

的答案, 所费时间长, 不易统计处理。例如:

您喜欢什么品牌的洗发水?　为什么?

您认为海尔冰箱质量如何?　为什么?

(2) 顺位法。顺位法是首先列出若干项目, 让被调查者按照自己对某种类似性的产品或服务质量进行比较, 然后评出高低或优劣程度, 再按先后次序进行排列。顺位法简单易行, 对调查结果处理后能对被调查者的意见进行排序, 观察集中趋势和分散程度; 但用顺位法进行调查, 其顺位的项目不宜过多, 同时顺位的项目要具有同种性质, 能够进行比较, 才可顺位。例如:

请您对本柜台陈列的几种彩色电视机比较外部造型的美观度并作出排序, 按名次填入□内。

TCL□　熊猫□　海信□　厦华□　海尔□　康佳□

(3) 填充法。填充法是将所要调查的有关项目设计成填充的形式, 以便按规定的项目和格式填写的一种方法。填充法一般用于调查基本情况和有关基础性数据资料。例如:

您家的基本情况是

家庭人口_____　　　　就业人口_____

住房间数_____　　　　住房面积_____

(4) 过滤法。过滤法又称漏斗法, 是指调查者最初提出离调查问题较远、内容较广泛的一般性问题, 然后根据对方回答的情况, 逐步缩小提问范围, 有目的地引向所要调查的某个专门的具体问题, 使被调查者能够很自然回答的一种技巧。

总之, 市场调查的量表和询问技术很多, 在设计调查问卷时应尽量结合使用。

**3. 量表设计要点**

量表一般具有计量水准、询问语句、备选答案、项目编号等基本要素。因此, 量表设计应注意这些基本要素的设计。

1) 计量水准的选择

运用计量水准对被调查者的属性或数量特征进行测量时, 为了使所获得的原始数据具有准确性和系统性, 选择计量水准应注意下列原则。

(1) 应根据统计研究的目的选择计量水准。研究的目的不同, 所用的计量水准也不同。例如, 研究工人的文化素质, 则应选择文化程度作为计量水准; 而研究工人的业务素质, 则应选择技术等级作为计量水准。

(2) 应选择能够反映事物本质和主要特征的计量水准。研究客观现象的数量特征时, 往往可使用多种计量水准, 为此必须抓住最本质的计量水准。例如, 研究职工生活水平时, 有职工平均工资、职工家庭人均总收入、职工家庭人均可支配收入、职工家庭人均生活消费支出等多种计量水准, 其中职工家庭人均可支配收入、人均生活消费支出则是最本质的、主要的计量水准。

(3) 属性水准与数量水准应结合应用。通过属性水准可计量出总体单位总数及分类的各组单位数; 通过数量水准可计量出总体数量标志总量, 因此, 二者结合运用, 可全面揭示总体的数量特征。

(4) 应考虑数据处理的特点和要求。一般来说, 列名水准的数据只能计算类别的比率和众数选项, 顺序水准的数据可计算类别的比率, 也可用众数选项或中位选项来反映测量的集中趋势；间隔水准的数据可计算类别的比率，也可计算平均数、众数、中位数和标准差来描述数据的特征；等比水准则综合了以上 3 种测量尺度的功能，能够进行各项运算。

2）询问语句设计

询问语句设计应注意亲切、简明、精炼，并应说明填写量表的方式和要求，能使被调查者作出明晰的判断和选择，防止误答或敷衍。不同语句的排序要合理，具有一定的逻辑性。

3）备选答案设计

备选答案设计表现为询问语句下的备选答案或选项的设计，应注意备选答案的用语要简明精炼，备选答案的量级层次设置应尽可能采用奇数，备选答案的数目应尽可能采用平衡量表，备选答案的类型应尽可能采用非强迫性量表，不同语句备选答案的排序应注意方向的一致性，特别是不同的正负态度语句和等级区分语句的备选答案更应注意排序方向的一致性。

4）项目编号设计

项目编号设计包括询问语句和备选答案编号的设计，应尽可能适应数据处理的要求，特别是要适应计算机处理数据的要求。

## 3.4.4 问卷设计

问卷是指有详细问题和备选答案的调查测试和记录的清单，既可作为调查者口头询问与记录的提纲，也可留给或邮寄给被调查者填写。问卷主要用于对调查对象的基本特征、个人行为、态度、动机和有关情况的调查项目进行统一标准的测量，以获取有关信息进行市场研究。问卷是调查表、各种量表和其他要素的综合运用和体现。

**1. 问卷的类型**

问卷根据调查者对问卷的控制程度分为结构型问卷和非结构型问卷。

1）结构型问卷

结构型问卷，又称标准化问卷或控制式问卷。它的特点是每个问题的提问方式和可能答案都是固定的，提问方式在调查时都不能改动，所有被调查者都回答同一结构的问题。结构型问卷还可分为封闭式问卷、开放式问卷和半封闭式问卷三种。

（1）封闭式问卷。它是指对提出的问题规定了备选答案，被调查者只是从已给定的答案中作出选择的问卷。它的优点是：答案标准化，便于归类整理；可事先编码，有利于信息处理；被调查者只需选择其中的答案，可以节省答卷时间。但是，封闭式问卷由于规定的答案有限，往往不能充分体现不同回答者的各种意见；同时，不同的人对同一问题的理解是不相同的，甚至会产生相反的理解，因而对问题的不正确理解难以识别。

（2）开放式问卷。它是指只提出问题，不提供任何备选答案，由被调查者自由回答的问卷。这种问卷所列的每个问题对被调查者来说都是一样的，但可根据自己的理解自由回答。其优点是，回答者可以充分发表自己的看法和意见，对某些答案过多的问题尤其适宜。但开放式问卷答案多种多样，不规范，资料分散；难以量化，编码困难；对某些较复杂的问题，回答者要用较多的时间去思考，容易引起回答者的不快或拒绝回答。此外，这种问卷要求回答者要具有一定的写作技巧和语言表达能力。

（3）半封闭式问卷。它是封闭式问卷和开放式问卷相结合的问卷。如在一个问题中，除给出一定的标准答案外，还列出"其他"等开放式答案以备被调查者在"其他"下自由作答。或者在整个问卷中，一部分问题是封闭性的，一部分问题是开放性的。半封闭式问卷可以兼顾封闭式问卷和开放式问卷的优点，克服其局限性。

2）非结构型问卷

非结构型问卷，是指事先不准备标准表格、提问方式和标准化备选答案，只是规定调查方向和询问内容，由调查者和被调查者自由交谈的问卷（调查提纲）。需要指出的是，非结构型问卷并不是真正没有结构；只是问卷的结构没有固定的形式而已。为了了解某方面的情况，调查者必须事先准备一些问题，写在纸上或留在记忆中，然后对调查者进行提问。在不改变调查内容和方向时，可以改变提问的方式。如"你旅游的目的是什么？"、"你为什么要旅游"。这样提问的目的都是一样的，只不过是提问的方式不同而已，被调查者不受标准答案的限制，作自由式的回答。非结构型问卷所需人力、物力较多，花费的时间较长，因此它只适用于小样本调查。其优点是，可发现新情况，可用于探索性调查，也可用于检验结构型问卷的准确性。

**2. 问卷的基本结构**

一份完整的问卷一般是由说明词、问卷主体、问卷附注等几个部分组成。

（1）说明词。说明词是问卷的导言或介绍词，主要包括询问人代表的单位、询问的目的、请求被调查人合作等；说明词要通俗易懂、简明扼要，一定要研究被调查者的心理状态，激发他们的兴趣，争取他们的积极合作。在说明词中，还要说明如何填写问卷，对被调查者给予保密，以及对被调查者的合作表示感谢等。

（2）问卷主体。问卷主体是问卷中最主要的部分，它涉及搜集市场信息的具体内容，一般可分为三个方面：一是关于调查对象的行为资料，如购物、旅游、服务的具体活动与行为；二是关于调查对象对本人或他人的能力、兴趣、意见、评价、情感、动机等方面的态度资料，这类问题不询问事件本身，只要求对行为或事件进行评价；三是关于调查对象的基本资料，如有关个人的性别、年龄、职业、政治面貌、文化程度、民族、收入、婚姻及城乡状况、社会群体和组织的规模、结构等。问卷的设计主要是问卷主体的设计，问卷主体的设计是最重要的内容。

（3）问卷附注。主要包括调查证明记载，包括访问人的姓名、访问地点、访问方式和访问时间、填写说明与要求等。

下面是一份某市居民家庭冰箱拥有量和需求量的调查问卷。

尊敬的调查户：

您好！

为了了解冰箱的社会拥有量和需求量，以便改进产品质量和提高服务质量，满足职工家庭对冰箱日益增长的需要，我们特组织此次市场调查，请您大力协助和支持。本卷不对外公布，希望您填写时不要有任何顾虑，请按实际情况填写，谢谢您的合作。

（1）您的姓名_____，性别_____。

（2）您家现在有没有冰箱？　　有（　　）　　无（　　）　　（若无冰箱，则跳至第（8）题）

（3）您现在用的冰箱是什么牌子？

① 依莱克斯□　② 新飞□　③ 容声□　④ 松下□　⑤ 三星□

⑥ 海尔□　⑦ 美菱□　⑧ 荣事达□　⑨ 白雪□　⑩ 其他□

（4）您家用的冰箱购置了多长时间？_____年。

（5）您为什么选购这种牌号的冰箱？（可选两项答案）

① 购买方便□　　　　② 价格合适□

③ 名牌□　　　　　　④ 质量好□

⑤ 功能全□　　　　　⑥ 维修方便□

⑦ 较省电□　　　　　⑧ 其他（请注明）＿＿＿＿＿＿

（6）您是怎样知道这种牌号的冰箱的？

① 熟人推荐□　　　　② 老名牌□

③ 电视广告□　　　　④ 广播广告□

⑤ 报刊广告□　　　　⑥ 展销会□

⑦ 商店□　　　　　　⑧ 其他□

（7）您认为自己使用的冰箱质量如何？

按您的意见，每项目选择一个答案，并在空格中打"√"

| 项　　目 | 很满意 | 满意 | 一般 | 不满意 | 很有满意 |
|---|---|---|---|---|---|
| ① 质量 | | | | | |
| ② 功能 | | | | | |
| ③ 式样 | | | | | |
| ④ 耐用性 | | | | | |
| ⑤ 实用性 | | | | | |
| ⑥ 颜色 | | | | | |
| ⑦ 价格 | | | | | |

（8）如果您家新买或更新冰箱，将选择＿＿＿＿＿品牌。

（9）您为什么选择这种品牌？＿＿＿＿＿＿＿＿＿＿＿＿＿＿

（10）您选择这种品牌的下列哪种类型（请您分 4 种情形分别作出选择）

　　　冰箱冷却方式选择：　　① 冷藏箱　　② 冷藏冷冻箱

　　　电冰箱用途选择：　　　① 无霜冰箱　② 有霜电冰箱

　　　电冰箱适用的环境选择：① 亚温带型　② 亚热带型　③ 热带型

　　　电冰箱容量选择：　　　① 小容量　　② 中等容量　③ 大容量

（11）您家新买或更新冰箱的计划是＿＿＿＿＿年。

（12）您的职业是＿＿＿＿＿＿，受教育的程度是＿＿＿＿＿＿，您的年收入大约是

＿＿＿＿＿＿，家庭人数为＿＿＿＿＿＿人，就业人数为＿＿＿＿＿＿人。

访问员＿＿＿＿＿＿　访问时间＿＿＿＿＿＿

**3. 问卷设计的原则**

（1）目的性原则。目的性原则要求问卷中拟定的问题要反映调查的目的。这就要求在问卷设计时，重点突出，避免可有可无的问题，并把主题分解为更详细的纲目，所取得的资料要符合实际需要，不能漏掉应取得的资料，也不能收集不必要的资料。

（2）可接受性原则。可接受性原则要求问表的设计要比较容易让被调查者接受。由于被调查者对是否参加调查有着绝对的自由，调查对他们来说是一种额外负担，他们既可以与

调查者合作，也可以采取拒绝行为。要取得对方合作，这是一个很重要的问题。在设计问卷时要注意在问卷说明词中把调查目的告诉对方。说明词要亲切、温和，提问要自然、有礼貌和有趣味，必要时可采用一些物质鼓励，并要为被调查者保密，以消除其心理压力，使被调查者自愿参与，认真填好问卷。

（3）顺序性原则。顺序性原则要求问卷中的各种问题要排列有序且合理，应作到容易回答的问题放在前面，较难的问题放在中间，敏感性问题放在后面；封闭性问题放在前面，开放性问题放在后面；调查的主体项目和相关项目放在前面，被调查者的基本项目放在后面。要注意问题的逻辑顺序，如按时间顺序、类别顺序等合理排列。

（4）简明性原则。简明性原则要求问卷中的提问要注意用语准确，含义清楚，简明扼要。要避免诱导性提问，既要考虑内容的简明，也要考虑调查时间简短，还要考虑问卷设计的形式要简明易懂、易谈。

（5）匹配性原则。匹配性原则是指要使被调查者的回答便于进行检查、数据处理和分析。所提问题都应事先考虑到便于对问题结果做适当分类和解释，使所得资料便于做交叉分析。

**4. 问卷设计的程序**

市场调查问卷设计是由一系列相关工作过程所构成的，问卷设计要具有科学性和可行性，需要按照一定的程序进行（参见图3-3）。

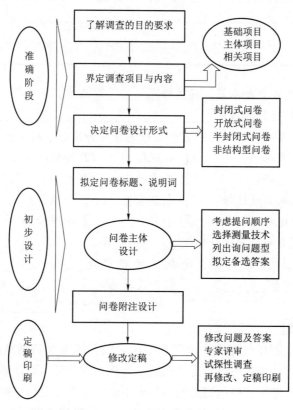

图3-3　问卷设计作业流程

（1）准备阶段。准备阶段要根据调查课题的范围和调查项目，将所需的资料全部列出，分析哪些是主要资料，哪些是次要资料，哪些是调查的必需资料，并分析哪些资料需要通过问卷来取得，需要向谁调查等，同时要分析调查对象的各种特征，如分析了解被调查对象的社会特征、文化特征、心理特征等，以此作为拟定问卷的基础。在此阶段，应充分征求有关各类人员的意见，以了解问卷中可能出现的问题，力求使问卷符合客观实际，能充分满足各方面分析研究的需要。可见，问卷设计的准备阶段是整个问卷设计的基础，是问卷调查能否成功的前提条件。

（2）初步设计。在搞好准备工作的基础上，设计者就可以根据需要搜集的资料，按照设计原则设计问卷的初稿，主要是确定问卷的结构及编排问题。在初步设计中；首先要标明每项资料需要采用什么方式提问，并尽可能地列出各种问题；其次，对问题进行检查、筛选、编排，设计每个项目的问句；最后，对设计的每个问句，都要认真考虑是否具有必要性，是否能得到答案，是否需要编码，或是否需要向被调查者说明调查目的、要求、基本注意事项等。

（3）修改定稿。一般来说，需要对初步设计出来的问卷在小范围内进行试验性调查，拟便弄清问卷在初稿中存在的问题，了解被调查者是否对所有问题都乐意回答或能够回答，哪些是多余的，还有哪些不完善或遗漏的地方。如果发现问题，应立即修改，使问卷更加完善。试验性调查的目的并不是为了获得完整的问卷，而是要求回答者对问卷各方面提出意见，以利于修改。问卷修改后即可印制，制成正式问卷。

**5. 问卷设计应注意的问题**

（1）问卷中拟定的问题要反映调查的目的，不能漏掉应取得的资料，也不必收集不需要的资料。

（2）问卷中拟定的问题应适合被调查者的特点，提出的问题不要超越他们的知识水平和经验。

（3）问卷中的项目必须定义清楚，切忌含糊不清、模棱两可。

（4）一项询问只包含一项内容，并且询问的内容应尽可能短。

（5）语句用词要确切、通俗，尽量少用专业术语。

（6）保持客观、中立，避免诱导性询问或倾向性提示。

（7）尽量避免被调查者不愿意或拒绝回答的敏感性问题。

（8）问句的备选答案应具有完备性和互斥性。

（9）问卷中各种问题的排序要合理、先易后难。先封闭性问题，后开放性问题；先一般性问题，后敏感性问题；先主体性问题，后基本性问题。

（10）问卷的版面格式设计应注意美观、整齐、规范。

**6. 问卷调查的应用**

问卷在调查中的应用，一般有以下三种方式。

（1）被调查者填写。是指将问卷由调查者发给被调查者，由被调查者自行填写，并当场收回或隔一定时间收回。这种调查方式适用于被调查者较集中，且被调查者具备一定文化的情况。

（2）调查者填写。是指调查者根据问卷的项目，对被调查者进行逐一询问，在询问中边问边填写发问的答案。这种方式适用于被调查者文化水平较低，不具备填写能力或者调查项目需要详细询问时采用。

（3）邮寄调查。是指将问卷邮寄给被调查者，或随产品及说明书附带散发给一部分调查对象，由被调查者自行填写后，寄回给调查者。这种方式适用于被调查者分散或调查经费不足的条件下采用。

在这三种调查方式中，前两种方式是直接的现场问卷调查，问卷回收率高，能得到被调查者的配合，并能现场观察被调查者对问题的态度和兴趣。第三种方式可节省人力，但问卷的回收率和成功率较低。

### 3.4.5 问卷的信度和效度评价

问卷（或调查表）的信度和效度评价主要是对初步设计的问卷在小范围内进行试验性调查，检验问卷的可靠性和有效测量的程度，弄清初步设计中存在的问题，以便作出修改。

**1. 问卷的信度**

问卷的信度即可靠性，是指问卷调查结果的稳定性和一致性，即测量工具（问卷或调查表）是否能可靠地测量事物或变量的具体取值或表现。具体评价方法有以下几种。

（1）重复检验法。同样的问卷，对同一组访问对象在尽可能相同的情况下，在不同时间进行两次测量。两次测量一般相距两到四周之内。用两次测量结果间的相关分析或差异的显著性检验方法，评价量表信度的高低。

（2）交错检验法。是用两个不同形式的等价问卷，对同一组受访者在不同的时间（通常间隔两到四周）进行测量。两次测量结果间的相关性被用来评价问卷的信度。

（3）折半检验法。是将两个不同形式的等价问卷合成一份问卷（通常要求这两份问卷的问题数目相等），每一份作为一部分，然后考察这两个部分的测量结果之间的相关性。

**2. 问卷的效度**

问卷的效度是指问卷正确测量研究者所要测量的变量的程度。检验效度的主要指标和方法有：表面效度、准则效度、建构效度。

（1）表面效度。表面效度也称为内容效度或逻辑效度，指的是测量的内容与测量目标之间是否适合，也可以说是指测量所选择的项目是否"看起来"符合测量的目的和要求。主要依据调查设计人员的主观判断。

（2）准则效度。准则效度是指量表所得到的数据和其他被选择的变量（准则变量）的值相比是否有意义。根据时间跨度的不同，准则效度可分为同时效度和预测效度。

（3）建构效度。建构效度最关心的问题是：量表实际测量的是哪些特征？在评价建构效度时，调研人员要试图解释"量表为什么有效"这一理论问题以及考虑从这一理论问题中能得出什么推论。建构效度包括同质效度、异质效度和语意逻辑效度。

同质是指量表测量同一特征的其他测量方法相互关联的程度。异质效度是指量表测量不同特征的测量方法之间相互关联的程度。语意逻辑效度是指测量工具所能测量到的理论概念的程度，即测量工具所得的结果与相同理论下的其他概念的关联程度。

一般来说，问卷调查容易产生误差的原因来自研究者和受访者两个方面：来自研究者的因素包括：测量内容不当、情景及研究者本身的疏忽。来自受访者的因素则可能是由于其年龄、性格、教育程度、社会阶层等，而影响其答题的正确性。研究者透过信度与效度的检验，可以了解问卷本身是否优良，以作为修改问卷的根据，避免作出错误的判断。

# 3.5 市场调查误差控制

## 3.5.1 调查误差的类别

从理论上讲，调查误差是指样本指标与总体指标之间的差异。调查误差的大小受许多因素的影响，按照性质不同可分为抽样代表性误差和非抽样误差两大类。代表性误差可进一步分为抽样系统性误差和随机抽样误差；非抽样误差可进一步分为回答误差和不回答误差，其中回答误差又可分为调研者误差、调查员误差和被调查者误差（参见图 3-4）。

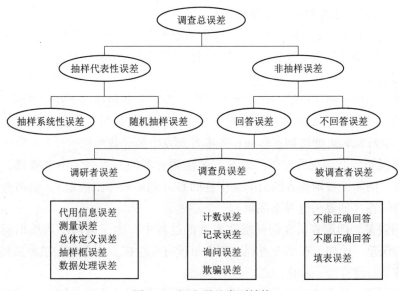

图 3-4 调查误差类别结构

**1. 抽样系统性误差**

抽样系统性误差是指抽样设计没有遵守随机原则而有意选择变量值较大或较小的单位组成样本而导致的有严重倾向性的估计误差，即样本不能代表总体，致使抽样推断的结果严重偏大或严重偏小。这种误差是不容许的，应力求避免。

**2. 随机抽样误差**

随机抽样误差是指调查者即使遵守随机原则抽取样本进行调查，样本指标与总体指标之间仍会产生不可避免的误差。这种误差是随机的，没有倾向性，它随样本量的增大而减少。当采用全面调查时，抽样代表性误差就不存在了。因此，在采用抽样调查、典型调查等非全面调查时，应注意防止抽样系统性误差，尽量降低随机抽样误差。

**3. 调研者误差**

调研者误差是由调研者的工作差错造成的非抽样误差，主要包括以下几个方面。

（1）代用信息误差。即调研问题所需的信息与调研者实际搜集的信息之间不一致而导致的误差。例如，本来需要的是关于消费者选择某种新品牌的信息，但调研者得到的都是关于消费者偏好方面的信息，因为选择的过程不易观察到，故以偏好信息代用。

（2）测量误差。即调研者期望搜集的信息与调研者采用的测量量表不当而形成的信息之间的误差。例如，在测量消费者偏好时，调研者没有使用测量偏好的量表，而是使用了测量概念的量表。

（3）总体定义误差。即调研者所定义的总体与研究问题需要的真正总体不一致而产生的误差。例如，要了解某医院在患者心目中的形象，真正的总体应当是某地区的患者，但调研者定义的总体成了某地区的全体居民。

（4）抽样框误差。即调研者定义的总体与所使用的抽样框隐含的选择不一致，即抽样框中的总体单位有重复或者遗漏而导致的调查误差。例如，以电话等作为抽样框并不能代表潜在消费者的总体，因为有些电话号码没有入电话簿，有些号码联系不上（不在家或其他原因），有些号码已经不能使用（如搬迁等）。

（5）数据处理误差。即调研者在由问卷中的原始数据转换为调查结果的过程中产生的各种误差，如数据分类不当、统计方法不当导致了不正确的解释和结果。

**4. 调查员误差**

调查员误差是指由调查员的工作差错造成的误差，主要包括以下几个方面。

（1）计数误差。即调查员在现场观察中发生的计点、计量、计算等差错，如商场顾客流量观察中，少数顾客可能被调查员漏点或重点而发生的计数差错。

（2）记录误差。即调查员在听、理解记录被调查者的回答时，由于疏忽、粗心等原因而产生的差错。例如，被调查者给出的是中性回答（如还未作出决定），但调查员错误地理解成了肯定的回答（如要买这种新品牌）。

（3）询问误差。即调查员在询问被调查者的过程中，由于询问不当或询问不完全、不彻底而产生的误差。例如，在调查过程中调查员没有完全按照问卷中的措辞来提问，或者在需要更多的信息时没有进一步询问而产生的误差。

（4）欺骗误差。即调查员伪造部分或全部答案而造成的误差。例如，问卷中要求询问被调查者关于购买动机方面的有关问题，但调查员没有询问，事后调查员又根据自己的个人判断将答案填在问句中。

**5. 被调查者误差**

被调查者误差是指被调查者在回答调查问题时由于不能正确回答或不愿正确回答等原因而导致的误差，主要包括以下几个方面。

（1）不能正确回答误差。是指由于被调查者不能提供准确答案而造成的误差。被调查者不能正确提供答案的原因可能有：不熟悉、不配合、劳累、厌烦、想不起来、问题的格式不好、问题的内容不清楚及其他一些因素。例如，一个被调查者想不起来一个月前看过电视剧的名称或年初时的手存现金有多少。

（2）不愿正确回答误差。是指由于被调查者不愿提供准确的信息而造成的误差。被调查者有意错答的原因可能有：想给出一个社会上能接受的答案、为了避免出麻烦或者为了取悦于调查员。例如，为了给调查员一个深刻的印象，某被调查者故意说自己在报纸上看过某厂家的产品广告。

（3）填表误差。是指当问卷发给或寄给调查者自填时，被调查者可能由于理解不清或疏忽大意而导致的错误、漏填和虚假填写等引起的误差。

**6. 不回答误差**

不回答误差是指被调查者不在家或不合作而产生的无回答偏差。不回答的主要原因可能有：具体调查时被调查者不在家，未能接触到；被调查者认为调查与己无关或工作忙，怕耽误时间；被调查者怕调查涉及自己的利益等而拒绝接受调查。在市场调查中，由于样本或样本单位是按设计方案抽选出来的，不回答误差可能是随机原因引起的，但不回答会引起样本量的减少，使抽样误差增大。因此，市场调查应尽可能提高被调查者的回答率。

## 3.5.2　市场调查误差的控制

调查误差的大小，直接影响到调查的质量和成败。如果调查误差太大、出现严重的抽样系统性误差，则会导致调查的失败，因此，市场调查应重视调查误差的控制。由于市场调查误差的来源是多方面的，从而决定了调查误差的控制必须是全方位的、全程性的。市场调查误差控制的目的在于防止出现抽样系统性误差，降低各种非抽样性误差，使调查总误差尽可能降低到最小的限度。一些研究表明，非抽样误差比随机抽样误差更严重，在调查总误差中非抽样误差占了主要部分，随机抽样误差相对来说是较小的。

随机抽样误差是可以计算的，而许多形式的非抽样误差根本无法估计。因此，市场调查误差控制，既要重视随机抽样误差的控制，又要重视非抽样误差的控制；既要重视事前控制，又要重视事中控制和事后控制。主要控制路径有以下几个方面。

（1）提高样本的代表性。抽样系统性误差的产生主要是样本不能有效地代表总体，因此，要消除抽样系统性误差，必须注意提高样本的代表性。为此，应根据总体的分布特征和总体单位的变异情况，选择最优的抽样组织方式，力求样本分布与总体分布趋于一致。

（2）注重样本量的控制。抽样随机误差的大小主要受样本量大小的影响，增加样本量可以减少随机抽样误差，但可能增加调查工作量而增加非抽样误差。因此，样本量的大小应注意控制在必要的抽样数目水平上，并考虑对回答率的高低作适当的调整。

（3）提高抽样设计的效率。调研者误差的产生大都是由于抽样设计不科学、不严谨、不周密而产生的。因此调研者在抽样设计时，应有事前控制的理念，对总体定义、抽样框设计、测量工具的选择和测量表（问卷）的设计、样本单位的抽取、调查数据的处理方案等方面进行认真的思考、研究和设计，力求少出差错。

（4）重视调查方案的评审。调查方案的评审是市场调查误差事前控制的重要举措，可以防止抽样系统性误差，降低随机抽样误差，减少调研者设计误差。为此，调查方案特别是抽样技术性方案设计完成之后，应组织各方面的专家进行评审，或作试点性调查，以求发现问题，修改、充实和完善调查方案。

（5）努力降低调查员误差。调查实施前，要严格挑选合适的调查员，重视对调查员的业务技能培训和职业道德教育；调查实施中，要对调查员的调查工作进行必要的监督和指导，建立调查问卷的审计制度和奖惩制度，严防欺骗性误差、降低计数、记录、询问等工作疏忽性误差。

（6）努力降低被调查者误差。要努力提高调查员的访谈艺术、入门艺术和询问艺术，以消除被调查者的顾虑，争取被调查者的理解、支持和合作，力求被调查者能提供准确的信息，对于被调查者无回答的情况，应区别不在家和不合作等情况，采取多次调查法或更换调查员进行调查，以提高回答率。

（7）注意调查误差的事后控制。即在调查资料整理和分析阶段，建立必要的质量控制办法，防止分类误差、汇总误差、计算误差、分析误差的产生，要努力提高调查结果的解释质量和调查报告的编写质量。

1. 企业内部市场调查部的设置应做好哪些策划工作？
2. 选择市场调查公司应遵循哪些基本原则？运作程序怎样？
3. 市场调查人员应具备哪些素质，如何进行培训？
4. 市场调查总体方案设计包括哪些内容，怎样进行设计？
5. 市场抽样技术方案设计包括哪些项目，如何评审？
6. 调查表设计有哪些要点？
7. 问卷有哪些基本类型，基本结构包括哪些部分？
8. 问卷设计应遵循哪些原则和步骤？
9. 态度测量技术有哪些量表？
10. 调查询问技术有哪些方法？
11. 问卷设计应注意哪些问题？
12. 调查误差有哪些类型，如何控制？

## 案例 3-1　某市居民轿车需求与用户反馈调查方案

1. 问题的提出

轿车经销商 A 在 C 市从事轿车代理经销多年，有一定的经营实力，商誉较好，知名度较高。但近两年来，C 市又新成立了几家轿车经销商，对经销商 A 的经营造成了一定的冲击，轿车销售量有所下降。为了应对市场竞争，经销商 A 急需了解 C 市居民私家车的市场普及率和市场需求潜力，了解居民对轿车的购买欲望、动机和行为，了解现有私家车用户有关轿车使用方面的各种信息，以便调整公司的市场营销策略。为此，经销商 A 要求市场调查部门组织一次关于 C 市居民轿车需求与用户反馈为主题的市场调查。

2. 调查目的与任务

调查目的在于获取居民轿车需求与现有用户使用等方面的各种信息，为公司调整、完善市场营销策略提供信息支持。调查的任务在于准确、系统地搜集 C 市私家车市场普及率、市场需求潜力、购买动机与行为、用户使用状况等方面的信息，以及本公司经销店的商圈情况与竞争对手的经营情况，并进行分析研究，从中发掘出一些对调整经营结构和市场营销策略有价值的启示。

3. 调查对象和调查单位

调查对象为 C 市的全部居民家庭，只包括本市东、西、南、北四区的居民家庭，不包括市辖县的居民家庭。其中市区内的每户居民家庭为调查单位。据市统计局提供的资料，市区内共有居民家庭 20 万户，拟采用抽样调查的组织方式，样本量为 1 000 户。

4. 调查内容与项目

调查的内容与项目主要包括以下几个方面。

(1) 被调查家庭的基本情况。主要项目包括户主的年龄、性别、文化程度、职业，家庭人口，就业人口，人均年收入，住房面积，车库面积等。

(2) 居民家庭是否拥有私车。如果有则私车的类型、品牌、价位、购入时间等情况怎样。

(3) 用户车况与使用测评。主要包括节油性能、加速性能、制动性能、座位及舒适度、外观造型、平稳性、车速、故障率、零配件供应、空调、内部装饰、售后服务等项目的满意度测评。

(4) 私车市场需求情况调查。主要包括新买或重新购车的购买愿望，何时购买，购买何种类型、品牌、价位的轿车，购买目的，选择因素，轿车信息获取等方面的测评。

(5) 经销店商圈研究。主要包括本经销店顾客的地理分布、职业分布、收入阶层分布、文化程度分布、行业分布等，以及商圈构成要素项目。

(6) 竞争对手调查，主要包括竞争对手的数量、经营情况和经营策略等。

5. 调查表和问卷设计

(1) 居民私车需求与用户调查问卷（见附录）。

(2) 经销店商圈研究调查表（略）。

(3) 竞争对手调查提纲（略）。

6. 调查时间和调查期限

(1) 调查时间：私车拥有量的调查标准时点为本月末，私车需求量的调查时距为近 3 年之内（本年、明年、后年）。

(2) 调查期限：要求本次调查从本月 1 日到下月 30 日共计 60 天完成，包括调查策划、调查实施和调查结果处理等调查工作，并提交调研报告。

7. 调查方式和方法

调查方式：居民私车需求与用户调查采用抽样调查方式，样本量为 1 000 户。本经销店商圈研究采用本经销店建立的用户信息库作全面的调研分析。

调查方法：① 居民私车需求与用户调查采用调查员上门访问（问卷测试）；② 走访统计局、交警大队了解本市居民私车的社会拥有量和普及率；③ 购买本市的统计年鉴用以研究本市居民的消费收支情况及社会经济发展状况；④ 利用本经销店的用户信息库进行分类统计和信息开发；⑤ 召开一次用户焦点座谈会；⑥ 竞争对手调查主要采用现场暗访调查及用户测评等获取相关信息。

8. 资料整理方案

（1）用户数据的系列开发。用户特征分布数列，私车类型品种、价位、购入时间等分布数列，私车使用满意度测评数列等的编制。

（2）需求数据的系列开发。需求者特征分布数列，购买欲望、购买动机、购买行为、购买时间、购买选择、信息获取等分布数列的编制。

（3）本经销店商圈层次划分数列、客户的分类统计数列的编制。

（4）定性资料的分类归类、要求条理化。

（5）居民私车市场普及率统计、市场需求潜量测定、市场占有率测定。

9. 资料分析方案

（1）用户分布与满意度分析。重点揭示用户的特征，为调整营销目标提供信息支持；用户满意与不满意的要素分析，为改进营销工作提供依据，并作为选择供货商的依据。

（2）需求潜力、需求特征、需求分布、需求决定因素研究，为市场营销策略的制定、调整、完善提供信息支持。应重点揭示向谁营销、营销什么、怎样营销。

（3）本经销店竞争优势与劣势研究，怎样提高市场竞争力的策略研究。

（4）编写市场调查报告，重点揭示调研所得的启示，并提出相应的对策建议。

10. 市场调查经费预算（略）

11. 调查组织计划（略）

## 附录

# 居民轿车需求与用户调查问卷

尊敬的先生/女士：

您好！我是本市汽车经销商 A 公司的访问员，我们正在进行一项有关私车需求与使用方面的调查，以便改进公司的工作，更好地为市民服务。我想和您谈谈有关的问题，要耽搁您一些时间，作为补偿，公司赠送精美礼品 1 份。访问的结果不对外公布，仅供市场研究，望得到您的支持与合作。

00 记录性别

（1）男　　　　（2）女

01 您的年龄是

（1）20 岁以下（终止访问）　　（2）20～30 岁　　（3）30～40 岁

（4）40～50 岁　　　　（5）50 岁以上

02 请问您是否有驾驶执照？

（1）有　　　　（2）无

03 您家是否已购买私家车？

（1）没有（如没有，请跳至 12 题）　　（2）已购

04 您的私家车的品牌是_____。

05 您的私家车是购买的新车还是二手车？

（1）新车　　　（2）二手车

06 您的私家车的车龄为

(1) 新车　　　(2) 1～3 年　　　(3) 4～6 年　　　(4) 7～10 年　　　(5) 10 年以上

07 您的私家车的购买价位是

(1) 8 万元以下　　　(2) 8～10 万元　　　(3) 10～15 万元

(4) 15～20 万元　　　(5) 20 万元以上

08 您购车时的经济来源是（可多选）

(1) 存款　　　(2) 银行借款　　　(3) 向别人借　　　(4) 分期付款

09 您对自己的车是否满意？

(1) 非常满意　　　(2) 比较满意　　　(3) 一般　　　(4) 不太满意　　　(5) 不满意

10 （追问与记录）具体来说您的车的

优点是＿＿＿＿＿＿＿＿＿＿＿＿＿＿＿＿＿＿＿＿＿＿＿＿＿

缺点是＿＿＿＿＿＿＿＿＿＿＿＿＿＿＿＿＿＿＿＿＿＿＿＿＿

11. 您对自己的车的下列因素的满意情况如何？

| 项　目 | 满　意 | 一　般 | 不满意 |
|---|---|---|---|
| (1) 整车价格 | | | |
| (2) 耗油量 | | | |
| (3) 起动加速性 | | | |
| (4) 外形 | | | |
| (5) 舒适度 | | | |
| (6) 行驶平稳性 | | | |
| (7) 操作灵活性 | | | |
| (8) 制动性能 | | | |
| (9) 车速 | | | |
| (10) 音响效果 | | | |
| (11) 空调效果 | | | |
| (12) 故障率 | | | |
| (13) 内部装饰 | | | |
| (14) 配件供应 | | | |
| (15) 售后服务 | | | |

12. 如果买车，您认为什么样的价位比较适合您？

(1) 8 万元以下　　　(2) 8～10 万元　　　(3) 10～15 万元

(4) 15～20 万元　　　(5) 20 万元以上

13. 如果买车，您计划在哪一年购买？

(1) 本年　　　(2) 明年　　　(3) 后年　　　(4) 暂未确定

14. 如果买车，您计划在何处购买？

(1) 经销商 A      (2) 经销商 B      (3) 经销商 C      (4) 厂家      (5) 暂未确定

15. 如果买车，您的经济来源是

(1) 银行贷款      (2) 存款      (3) 向别人借      (4) 分期付款

16. 如果买车，您主要考虑哪些因素（可多选)?

(1) 品牌      (2) 外形      (3) 节油性能      (4) 保修性能

(5) 加速性能      (6) 完全与舒适      (7) 内部设施      (8) 售后服务

17. 您购买车的目的是

(1) 自用交通工具      (2) 给子女用      (3) 休闲旅游      (4) 出租营运

18. 您希望经销商能为您提供哪些服务?

(1) 产品价格      (2) 维修服务      (3) 驾驶培训      (4) 办证服务

(5) 配件供应      (6) 暂未考虑

19. 您获取有关汽车的信息渠道是（可多选)

(1) 汽车杂志      (2) 汽车资料网站      (3) 电视广告      (4) 电台广告

(5) 服务推介      (6) 厂家宣传      (7) 路牌广告      (8) 自己开过

20. 在最近几个月，您接触过哪些轿车广告?

(1) 品牌_____      (2) 品牌_____      (3) 品牌_____      (4) 品牌_____

21. 在轿车广告中，您印象最深的品牌是_____

22. 您经常收看的电视台是

(1) _____      (2) _____      (3) _____

23. 您经常阅读的报纸是

(1) _____      (2) _____      (3) _____

24. 您经常阅读的杂志是

(1) _____      (2) _____      (3) _____

25. 您经常收听哪些电台节目?

(1) _____      (2) _____      (3) _____

26. 您的职业是

(1) 军人      (2) 党政干部      (3) 教科文卫人员      (4) 商业服务人员

(5) 企业管理者      (6) 公司职员      (7) 工人      (8) 个体经营者

(9) 家务劳动者      (10) 离退休人员      (11) 私营业主      (12) 其他

27. 您的受教育程度是

(1) 小学文化以下      (2) 初中      (3) 高中      (4) 中专技校      (5) 大专大学以上

28. 您的工作单位是

(1) 政府机关      (2) 公检司法      (3) 事业单位      (4) 三资企业

(5) 国有企业      (6) 合营企业      (7) 私营企业      (8) 其他

29. 您所属的城区是

(1) 东区      (2) 西区      (3) 南区      (4) 北区

访问员_____      访问时间_____

**案例3-2 调查方案和调查问卷设计**

1. 某计算机网络公司为了了解上网网民的行为情况，拟组织一次网络抽样调查，调查的内容包括上网网民的性别分布、年龄分布、职业分布、上网方式分布、上网时间分布、上网时段分布、上网费用分布、上网内容分布、上网网站分布、上网速度满意度、上网内容满意度、上网价格满意度、上网网站满意度、网络信息的系统性和时效性、上网的正反面影响等。要求设计调查方案和调查问卷。

2. 某家电公司为了了解居民家用电脑拥有量和需求情况，拟组织一次居民家用电脑需求抽样调查，调查项目包括居民家庭基本情况，居民家庭收支情况，家用电脑拥有情况，家用电脑需求情况，居民对不同品牌家用电脑的质量、配置、速度、功能、造型、价格、服务等方面的评价意见等。要求设计调查方案和调查问卷。

3. 某公司为了建立职工基本情况数据库，拟组织一次职工基本情况全面调查，调查的内容包括姓名、性别、年龄、政治面貌、文化程度、职务、职称、工龄、工种、工资、所属部门、家庭人口、就业人口、婚姻状况、收入情况、住房情况等。要求设计调查方案和调查表（或问卷）。

4. 某酒店为了了解顾客满意度和员工满意度，以便改进酒店的管理，拟组织一次顾客和员工满意度调查，调查的内容包括：① 顾客对酒店的知晓度、来本店的次数、大堂满意度、客房满意度、餐厅满意度、服务满意度、卫生满意度、酒店设施满意度等；② 员工对酒店的用人机制、物质激励、精神激励、人际关系、劳资关系、企业文化、技术培训、发展期望、企业管理、愉快感、信任感、员工安心度等。要求设计调查方案和调查表（或问卷）。

5. 某市某房地产开发商为了了解该市房地产投资的潜力，拟组织一次房地产需求调查，调查的内容要求包括被调查者的基本情况，居民家庭收支情况，居民家庭现有住房情况，二次置业的愿望、动机、购房时间选择、房屋类型选择、户型选择、面积选择、价位选择、地域选择、环境选择、选房因素、付款方式选择等。要求调查方案和调查问卷。

6. 某市拟在本年末组织一次饮食业基本状态调查，调查的内容包括企业经济类型、开业时间、饮食行业类型（正餐、快餐、饮料及冷饮、其他餐饮）、饮食经营类型（直营店、加盟店）、营业面积、餐位个数、从业人数、营业收入、资产总额等，要求设计调查方案和调查表。

第4章

# 市场调查方式

本章主要介绍全面市场调查、典型市场调查、重点市场调查、抽样市场调查等市场调查方式的基本理论和基本方法，其核心是如何利用调查方式有效地收集市场信息。

## 4.1　全面市场调查

### 4.1.1　全面市场调查的意义和特点

#### 1. 全面市场调查的意义

全面市场调查又称市场普查，它是指调查者为了搜集一定时空范围内调查对象的较为全面、准确、系统的调查资料，对调查对象（总体）的全部个体单位所进行的逐一的、无遗漏的全面调查，即为了特定的调查目的而专门组织的一次性全面调查。全面市场调查的目的是为了掌握市场的一些至关重要的基本情况，以便对市场状况做出全面、准确的描述，从而为制定有关政策、计划和战略提供可靠的数据。因此，全面市场调查是了解国情、省情、地情、县情、企情的最重要的调查方式，在实际应用中有宏观、中观、微观三大层次之分，即全面市场调查的实施范围随研究的目的不同而不同，只要是对调查对象的全部单位逐个进行调查，都可称为全面市场调查。

（1）宏观全面市场调查。它是全国范围内的全面市场调查，如工业普查、农业普查、经济普查、第三产业普查、人口普查等。

（2）中观全面市场调查。它是一定地区或一定行业（部门）范围内的全面市场调查，如 IT 行业普查、烟草行业普查、电力行业普查、某市商业网点普查或产业单位普查等。

（3）微观全面市场调查。它是企业组织的全面市场调查，如员工基本情况普查、员工忠诚度全面测评、设备物资普查、销售渠道全面调查等。

#### 2. 全面市场调查的特点

（1）专门性。全面市场调查是调查者为了特定的目的而专门组织的调查。

（2）全面性。全面市场调查是对调查对象的全部单位都无一例外地进行调查。

（3）一次性。全面市场调查是对调查对象特定时间的数量表现进行登记，而不是经常性的调查，通常每隔一定时间后才登记一次。

（4）准确性。全面市场调查由于对调查总体的全部单位都进行调查，因而不存在抽样调查误差，只要严格控制调查过程，数据的准确性是比较高的。

（5）标准化程度高。全面市场调查由于统一规定调查项目、时间、方法、统一组织、统一标准、统一数据处理，因而获取的数据具有较高的标准化程度。

（6）调查费用比较高。全面市场调查由于涉及面广、调查工作量大，因而需要花费较多的调查费用，包括人力、物力、财力和时间的花费。

全面市场调查的优点是，能够获得较为全面、准确、系统的调查数据，能够研究总体的基本特征，了解国情、省情、地情、县情、企情等，能够为重大决策提供信息服务。但全面市场调查也存在一些缺点，如调查费用较高；调查工作的时间较长，应急性和时效性较差；调查工作量大，导致非抽样误差增大；等等。因此，全面市场调查只有在非常需要的时候和调查经费允许的条件下才采用，不宜过多采用。

## 4.1.2　全面市场调查的方式

全面市场调查一般有以下两种搜集资料的方式。

**1. 普查员直接登记式**

这种方式是设立专门的组织机构，制订全面市场调查方案和实施细则，设计调查表或问卷，聘请和培训调查员，然后由调查员深入现场对调查单位的有关情况进行观察、询问和登记。这种方式搜集的数据资料必须客观和准确，调查质量在很大程度上取决于调查员的素质，要注意控制调查员误差。

**2. 被调查者自填式**

这种方式也要求设立专门的组织机构，制订全面市场调查方案和实施细则，设计调查表或问卷，但不派调查员进行直接登记，而是将调查表或问卷下放到企业、事业等基层单位，各基层单位再指定专人根据本单位的原始记录和现成资料进行填报。有关居民、员工基本情况的调查，则将调查表或问卷派送到居民家庭或员工手中，要求他们自行填报。这种方式既要注意提高全面市场调查方案、调查表或问卷的设计质量，防止调研者的设计误差，又要注意降低被调查者的填报误差，其措施是调查表应附有填表说明、指标或项目解释，并做好调查表回收的审核工作。

## 4.1.3　全面市场调查的原则

全面市场调查涉及面广、工作量大，对调查内容的准确性、系统性和时效性有较高的要求，调查对象不仅随时间的推移而不断变化，而且在空间分布上也会有较大的变动。因此，为了确保全面市场调查的质量，必须重视其组织工作，做到统一领导、统一方案、统一要求、统一行动。在组织全面市场调查时，应遵循以下原则。

**1. 必须统一规定调查项目**

全面市场调查必须统一规定调查的内容和项目，不能任意改变或增减，以确保调查内容的一致性，便于数据的汇总和处理，提高数据质量。例如，我国 2014 年组织的全国经济普查的主要内容包括：单位基本情况、从业人员情况、财务状况、生产经营情况、生产能力、原材料能源消耗情况、科技活动情况等。其中每一个方面又规定了具体的调查项目。

**2. 必须统一规定调查的标准时点**

全面市场调查主要用于收集一定时点上的有关调查对象的数据和资料，因此，为了保证调查数据在时间上保持一致，必须统一规定调查的标准时点。如果调查登记时间在这个规定的标准时点之后，也必须按规定的标准时间核实、登记、填报其数据。例如 2014 年我国经济普查的标准时点为 2014 年 12 月 31 日，而 2014 年 1 月至 3 月为填报普查基层表的阶段，在这个填报阶段，原有的个别产业活动单位和个体工商户停业、关闭、破产，仍须填报有关数据，而在这个阶段新开业的产业活动单位和个人，则不必填报经济普查表。

**3. 必须统一制定各种标准**

全面市场调查除了统一规定调查内容与项目、调查标准时点之外，还必须统一制定各种标准，如产业或行业划分标准、产品分类目录、调查表式、指标解释、计算方法、数据编码、数据处理程序等，都必须统一规定和实施，才能从各个方面确保调查数据的质量。

**4. 必须统一调查的步骤和方法**

要确保全面市场调查资料具有一定的时效性和调查质量，调查范围内各个调查点必须统一行动、统一进度、统一方法，力求步骤和方法上协同一致。

## 4.1.4 全面市场调查的实施步骤

**1. 准确阶段**

此阶段主要是根据决策的信息需求提出全面市场调查的动议，并论证其必要性和可行性。动议获决策者批准后，即可组建调查机构、制定全面市场调查方案，开展宣传鼓励工作。其中全面市场调查方案的制订是准确阶段的重要任务，它是根据全面调查的组织原则，对调查工作所作的通盘考虑。其内容包括：总则；调查对象、范围和调查方法；调查的内容和时间；调查表式、主要内容和标准；调查的组织实施；调查经费安排；数据处理与质量控制；数据发布与开发利用；表彰与处罚、附则等。

**2. 试点调查**

它是根据制订的全面市场调查方案，选择若干调查点作为试点单位、模拟全面调查工作的全过程，用以取得组织实施全面市场调查的经验，检验全面市场调查方案的科学性、可行性，发现问题和缺陷，为进一步改进和完善调查方案提供依据。为了保证试点调查的有效实施，应注意抓好制订试点方案、选择试点单位、组织试点调查、评估试点结果、修改和完善正式调查方案等工作。

**3. 正式调查**

正式调查阶段包括下放正式调查方案，要求各调查点组建调查队伍，认真学习调查方案和有关文件，对调查员进行业务培训，在此基础上组织正式的调查登记工作或调查表的填报工作，将调查表按照规定的时间上报到指定的汇总机关。

**4. 数据处理**

数据处理阶段的主要工作包括数据处理程序编制、软件使用培训、调查表人工审核、数据质量抽样复检、数据录入、计算机审核、数据校正、数据汇总、数据备份、数据上报、建立数据库、数据存储、数据管理等工作。

**5. 分析研究**

分析研究阶段的主要工作包括数据质量评估确认，经批准后组织对外公布；利用调查数据进行多方面的开发和分析研究，为决策者提供多种形式的信息服务。

**6. 总结与评估**

总结与评估即对调查工作进行全面总结与评估、总结经验与教训、表彰先进、处罚违纪违规的单位和个人。

### 4.1.5　全面市场调查在企业的应用

由于全面市场调查涉及面广，工作量大，需要耗费大量的人力、物力和财力，而且调查时间长，因此，企业不可能组织大范围、大规模的全面市场调查，但是可以组织一些小范围的全面调查，或者对那些不能或不必要进行经常性调查而对资料的准确性、全面性又要求较高的项目实施全面调查，亦可利用全国或有关行业或部门组织的普查搜集企业市场调查所需要的全面资料。主要应用如下：

（1）企业内部有关人力、物力、财力资源和产供销情况的全面调查，如员工基本情况调查、设备调查、产品产、销、存全面统计等。

（2）企业员工满意度、忠诚度全员测评；内部人事制度、分配制度等改革的全员测评。

（3）供应商的全面调查，即对企业原材料、零配件等供应商的供货数量、质量、品种、价格、服务、信誉度、运输、配送等情况进行全面调查，为择优选择供应商提供决策所需的信息。

（4）经销商、代理商全面调查，即对经销、代理本企业产品的全部中间商的经营能力、经营区域范围、服务质量、价格执行、付款信誉、促销能力、财务支付能力、协作状况等进行访问、观察和登记，为企业调整、优化营销渠道提供信息支持。

（5）组织特定范围内的全面市场调查，如商圈研究，可对商场周围一定区域范围内的全体居民家庭实行问卷调查，并对该区域内的同行竞争对手实行地毯式清查和暗访。又如，专业性大市场经营情况调查，可对该市场内的全部经营户实行发表调查或逐一观察、访问和登记。

（6）利用国家统计部门或其他部门的普查资料，通过购买、检索或委托开发企业市场研究所需的全面资料。例如国家统计局按一定周期组织的经济普查、工业普查、农业普查、第三产业普查、人口普查、基本单位普查等，这些普查中的许多调查项目的数据，往往都是市场研究所需要的信息，企业可以直接利用这些数据进行分析研究，以满足企业管理决策的需要。如市场细分研究，可直接利用人口普查的分类数据；企业市场竞争实力研究，可直接利用本企业的数据和工业普查中的分行业数据进行对比研究。

## 4.2　典型市场调查

### 4.2.1　典型市场调查的特点

典型市场调查是指调查者为了特定的调查目的从调查对象（总体）中有意识地选择一部分有代表性的单位组成样本而进行的专门调查。这种调查方式要求利用总体的有关先决信息，对调查对象的特点和总体分布进行分析，把那些能够代表总体的单位挑选出来组成样本，然后通过观察、访问、登记等方法获取所需的信息。典型调查的目的，不仅仅是停留在对典型单位的认识上，而是要通过对典型单位的调查来认识同类市场现象总体的规律性及其本质。因而，典型调查是一种从特殊到一般、符合人类认识规律的具有科学性的调查方式。其特点如下。

（1）专门性。典型市场调查是调查者为了特定的调研目的而专门组织的调查。

（2）非全面性。典型市场调查只要求对调查对象中的少数典型单位进行调查，而对非典型单位不必进行调查。

（3）选择性。典型市场调查中的典型单位不是随便选择的，而是在对调查对象作全面分析和比较的基础上，由调查者有意识有目的地挑选出来的。

（4）代表性。典型市场调查强调调查单位必须具有代表性，样本必须能够代表总体，才能确保典型市场调查取得预期的效果。

典型市场调查的主要优点：一是能够获得比较真实和丰富的第一手资料；二是调查单位少，可做深入细致的调查研究，以便深刻揭示事物的本质和规律；三是调查范围小，调查单位少，可节省调查的人力、物力和财力；四是机动灵活、节省时间、可迅速取得调查结果，快速反应市场情况。

典型市场调查的主要缺点：一是典型单位的选择依赖于调查者的主观判断，难以完全避免主观随意性；二是缺乏一定的连续性和持续性，不利于数据的动态分析；三是用样本数据推断总体数量特征时，推断的精度不够高，如果样本的代表性不强，往往会产生较大的系统性误差；四是对于调查结论的应用范围，只能根据调查者的经验作出判断，难以用科学的手段作出准确测定。

## 4.2.2 典型单位的选择

典型市场调查的关键在于选择典型单位，因为典型单位选择的正确与否，将直接决定典型调查结果的有效性，进而影响人们行动的取舍。典型单位的选择应考虑选择依据、选择数目和方法等基本问题。

**1. 选择依据**

典型市场调查的实质是一种非随机抽样方式，为了防止典型单位抽选的主观随意性和片面性，提高样本的代表性，应根据已往的调查资料或建立的单位目录库为依据，在充分分析、比较、评估的基础上选择有代表性的单位作为典型单位。

**2. 选择数目**

典型单位数目的确定应根据调研的目的、调查对象的特点、调查经费的多少、调查精确度的要求等作出合理的界定。一般来说，定性市场调研项目的典型单位可少一些，定量市场调研项目的典型单位可多一些。亦可根据已往的同类调查的实践经验，确定典型单位的必要数目。

**3. 选择方法**

典型单位选择应根据研究的目的不同，而采取不同的选择方法。

（1）如果要了解总体的一般数量表现，可选择中等水平（平均型和多数型）的单位作为调查单位。此种选典方法称为"取中选典"。

（2）如果要较为准确地估计总体的一般水平，首先应对总体中的所有个体划分为不同的类型，然后再从各类中按其比例大小选择若干典型单位。此种选典方法称为"划类选典"。

（3）如果要总结经验或失败的教训，则应选择先进单位或落后单位作为典型，以便做深入细致的调查。这种选典方法称为"解剖麻雀式"。

### 4.2.3 典型市场调查的方式

**1. 解剖麻雀式**

这种方式主要应用于市场的定性调研。当总体各单位差异不大，或者调查的目的在于研究新事物、新情况、新问题，或者在于总结先进经验、以便推广应用，或者在于揭露矛盾、寻找问题的症结，或者在于研究消费者的消费意向、动机和行为时，调研者可选择少数几个典型单位进行深入细致的调查研究，如同解剖麻雀认识其生理结构一样，不必调查太多的单位。这种典型调查方式通常采用小组座谈会、个别面访、实地观察、查阅有关记录和文献、搜集有关的资料等形式。

**2. 划类选典式**

这种方式主要应用于市场的定量研究。当总体各单位差异较大，调查者需要利用典型样本（典型单位组成的样本）的统计量推所总体数量特征时，可依据有关资料先对总体单位进行分类（划分不同的类型或子总体），然后在各类中按比例、有意识地选择一定数目的典型单位构成样本进行调查。最后由样本指标推断总体的有关指标。这种典型调查方式通常采用结构型问卷或调查表为调查工具，由调查员通过访问、观察、查阅典型单位的原始记录和现成资料进行填写，或者将问卷或调查表发给典型单位，要求他们按照填写要求，根据有关原始记录按规定的时间填报。

利用典型样本的数据推断总体数量特征，通常计算样本的均值或比率作为总体的代表值或点估计，然后再根据总体单位数推算总体的总量指标，亦可计算典型样本的抽样标准误差，对总体的均值、比率或总量指标作出区间估计。实践证明，当典型样本的分布与总体分布趋于一致时，典型样本就能充分代表总体，这种估计往往是有效的。

【例4-1】某县根据上年的统计共有24.86万户，15个乡镇，按照各乡镇农民的年纯收入可分为高、中、低三类，各有农户7.10、10.96和6.80万户。现采用典型调查了解农民家庭彩色电视机的拥有量和需求量，拟调查300户，按照划类选典的办法，高、中、低三类农户各调查86、132和82户。通过问卷测试，所得资料如表4-1。

表4-1 某县农民家庭彩电需求测算表

| 农户类型 | 农户数/户 | | 样本户彩电拥有量/台 | | 本年需求量/台 | | |
|---|---|---|---|---|---|---|---|
| | 全县 | 样本 | 拥有量 | 普及率/% | 样本需求量 | 需求率/% | 全县需求量 |
| 高收入户 | 71 000 | 86 | 73 | 84.9 | 6 | 7.0 | 4 970 |
| 中收入户 | 109 600 | 132 | 100 | 75.8 | 10 | 7.6 | 8 330 |
| 低收入户 | 68 000 | 82 | 56 | 68.3 | 5 | 6.1 | 4 148 |
| 合计 | 248 600 | 300 | 229 | 76.3 | 21 | 7.0 | 17 448 |

调查结果表明，农民家庭彩电普及率高收入家庭为84.9%，中等收入家庭为75.8%，低收入家庭为68.3%，平均为76.3%。彩电普及率与家庭收入之间呈现正相关。从本年需求情况来看，中高收入家庭的需求率高于低收入家庭，平均需求率为7%，据此推算本年度全县农民家庭彩电的需求总量为1.7万台左右。

### 3. 综合应用式

这种典型调查方式是将划类选典式与解剖麻雀式结合起来进行应用，一方面通过划类选典对总体的数量特征作出估计；另一方面通过解剖几个典型单位，搜集更为具体的详细的资料。二者的结合，有利于对调查项目进行定量研究和定性研究，因而具有较强的应用性和优越性。

## 4.2.4　典型市场调查的程序

### 1. 提出典型调查课题

提出典型调查课题，即根据管理的信息需求，确定需要调研的问题，以及是否可以运用典型调查来解决这个问题。一般来说，市场定性研究项目或推断精度要求不高的市场定量研究项目，且调查区域范围不大，调查经费有限，调查对象各单位差异不是很悬殊的情形下，可采用典型市场调查。

### 2. 确定典型调查方式

典型调研课题得到决策者批准之后，即可根据调研课题的性质确定典型调研方式，市场定性研究项目采用解剖麻雀式，市场定量研究项目采用划类选典式或综合运用式。

### 3. 制定典型调查方案

制定典型调查方案，即根据典型调研课题和确定的调查方式制订较为详细的调查方案，主要内容包括调研目的与任务、调查对象与范围、调查项目与内容、调查表或问卷、典型单位抽取、调查方法、调查时间与期限、调研进度安排和经费预算等。

### 4. 抽取典型样本

抽取典型样本，即根据确定的典型调研的方式，先确定必要的典型单位数目（样本量），然后根据典型单位选择的依据、原则和方法有意义地选择有代表性的单位作为典型调查的最终单位。

### 5. 正式实施调查

正式实施调查，即调查员深入到每一个典型单位，运用问卷测试、发表自填、小组座谈、个别面访、实地观察等调查方法收集所需的资料。

### 6. 调查结果处理

调查结果处理，即对正式调查获得的数据和资料进行审核、分类、汇总、分析研究，以得出调查结论，并编写典型市场调查报告。

## 4.2.5　典型市场调查的应用

典型市场调查的应用主要表现为以下两大方面。

### 1. 市场定性问题研究

（1）研究市场的新情况、新事物、新问题。即运用解剖麻雀式的典型调查方式，对新情况、新事物、新问题作深入的调查研究，以揭示它们的典型意义。

（2）总结经验教训。通过深入细致的典型调查，可以总结先进单位的成功经验，剖析落后单位的失败教训，以便吸取成功的经验，找出落后的原因。

（3）调研者可利用典型调查来定义市场调查的问题或寻找处理问题的途径，在寻找处理问题的途径时，常用于制定某些假设或确定正式调研中应包括的调研项目。即利用典型调查进行市场的探索性研究。

（4）研究消费者的消费心理、动机、行为、偏好等，以求对潜在的理由和动机求得一个定性的理解。

（5）其他问题的定性研究，如经营管理中各种需要作出定性结论问题的调查研究。

**2. 市场定量问题的研究**

（1）利用典型调查数据来验证全面调查数据的真实性。

（2）利用划类选典的办法，测算农产品的产量和商品量，以研究农产品供求的变化。

（3）利用划类选典的办法，研究消费者的货币收支、需求潜力、需求结构、需求变化。

（4）利用划类选典的办法，对生产经营者的产、供、销进行调查研究，利用典型样本的数据推断总体的数量特征。

（5）其他问题的定量研究。如产品市场研究、产品销售研究、广告效果测试等均可运用划类选典的办法进行定量研究。

# 4.3 重点市场调查

## 4.3.1 重点市场调查的特点

重点市场调查是指调查者为了特定的调研目的从调查对象（总体）中选择一部分重点单位组成样本而进行的一种非全面调查。所谓重点单位，是指其标志总量占总体标志总量绝大比重的那些单位。这些重点单位构成的样本，称为"重点样本"。重点样本中的单位数目虽然不多，但它们的标志总量（变量值）在总体标志总量中占有绝大的比重。因此，对重点样本进行调查研究，就可以了解和掌握总体的基本情况。例如，要了解全国钢铁产销存情况，可从全国众多的钢铁企业中，选择首钢、包钢、鞍钢、宝钢、攀钢等几家大型钢铁公司组成重点样本进行调查，就可掌握全国的钢铁产、销、存的基本情况。

重点市场调查的实质也是一种非随机抽样调查。当总体分布呈偏斜状态时，少数重点单位在总体中具有举足轻重的作用。因此，把这些重点单位抽选出来进行重点调查，就可以认识总体的基本情况。重点市场调查具有如下特点。

（1）专门性。重点市场调查是调查者为特定目的而专门组织的调查。

（2）非全面性。重点市场调查只要求对调查总体中的部分重点单位进行调查，而对非重点单位则不必进行调查。

（3）选择性。重点样本不是随便选择出来的，它是根据已往的全面调查资料，通过分析、比较而抽取的。

（4）重点性。重点样本的标志总量在总体标志总量中占有绝大的比重。样本单位的数量虽然不多，但能在很大程度上代表总体。

（5）数量性。重点市场调查主要应用于市场定量问题的研究，其目的在于利用重点样本数据认识总体的基本情况。当重点样本的标志总量占总体标志总量的比重具有相对的稳定性，也可利用比重法推算总体的数量特征。

重点市场调查的优点是：调查单位数目不多，可节省人力、物力、财力和时间；可及时获取信息，了解和掌握总体的基本情况；调查工作量小，易于组织。主要缺点是：若总体各单位发展比较平衡，呈现均匀分布时，则不能采用重点市场调查；当总体中的少数重点单位与众多的非重点单位的标志值结构不具有稳定性时，重点市场调查的结果只能说明总体的基本情况，而不能用来推断总体的数量特征。

## 4.3.2　重点单位的选择

重点市场调查的关键在于选择重点单位组成重点样本进行调查，因此重点单位选择的正确与否，将直接决定重点调查的结果能否正确反映总体的基本情况。如果调查单位选错了，即将非重点单位作为重点，而将真正的重点单位排除在外，即使调查结果准确无误，也不能如实反映调查总体的基本情况，也就不能实现调查的目的。

重点单位可以是一些企业、行业，也可以是一些地区、城市；可以是一些产区，也可以是一些消费区；可以是一些产品，也可以是一些客户。只要总体的分布是呈极偏斜状态的，重点单位总是存在的。一般来说，当调查任务只要求掌握总体的基本情况，而总体中的部分单位又能集中地反映所研究的项目和指标的，就可采用重点市场调查。而重点单位的选择应注意以下原则。

（1）目的性原则。重点市场调查研究的目的不同，其重点单位也不相同。因此，应根据市场调查的目的、调查对象的性质和特点来选择重点单位。

（2）依据性原则。重点单位的选择，必须要以代表总体的抽样框为依据。抽样框可根据已往的全面调查资料进行设计，其内容应包括总体的全部单位的名单与一些重要的辅助信息，特别是与重点调查所要研究的主要项目或指标的已往数据应列入其中，以便分析哪些单位是重点单位。

（3）可控性原则。从调查总体中选择重点单位的数目（样本量）应注意控制在一个合理的数量界限上。即抽取的重点单位在数目上要尽量地"少"，但其标志总量占总体标志总量的比重又要尽量地大。一般来说，这个比重能达到 70%～80%，所对应的那些单位就是重点单位，它们的集合就是重点样本。

（4）时空性原则。从调查总体中选择重点单位时，要因时因地作出选择。因为此时的重点不一定是彼时的重点，此地的重点不一定是彼地的重点。重点单位不是一成不变的，而是因时间、地点不同而不同。特别是利用重点调查方式对某些项目进行经常性调查研究时，其重点单位是否会发生变更，应注意定期观察和分析，以便作出更换和调整。

## 4.3.3　重点市场调查的方式

重点市场调查的方式主要有以下三种。

### 1. 派员调查式

这种方式是由调查员深入到重点单位，根据预先设计的调查表或问卷，通过实地观察、询问、查阅有关原始记录进行登记，以获取所需的数据和资料。一般适用于专门组织的一次性重点调查。

### 2. 邮寄调查式

这种方式是由调查者事先用电话与各重点单位进行联系，讲明调研的目的、内容、方法和要求。然后把设计好的调查表或问卷邮寄给各重点单位，由重点单位根据有关记录自行填写，再按规定的时间寄回给调查者。这种方式适用于调查经费有限、调查精度要求不是很高的一次性的专门调查。

**3. 定期报告式**

这种方式是由调查者通过制定定期统计报表下发到各重点单位，要求各重点单位以一定的原始记录为基础，按照统一的表式、统一的指标、统一的报送时间进行填报。一般适用于定期性或经常性的重点调查。

## 4.3.4　重点市场调查的程序

**1. 提出重点调查课题**

重点市场调查课题的提出应考虑三个条件：一是管理决策的信息需求只要求提供总体的基本情况；二是调查总体呈现偏斜分布的状态，可适合采用重点调查；三是受调查经费的约束，不宜采用其他的调查方式，重点调查成为首选的路径。

**2. 制定重点调查方案**

主要内容包括重点调查的目的和任务，重点调查的对象和范围，重点调查的内容和项目，重点调查表式或问卷，重点调查的时间与期限，重点调查的方式，调查经费预算与数据处理等。

**3. 抽取重点单位**

抽取重点单位，即根据重点调查方案设计的要求，先根据已往的全面调查资料设计抽样框，然后依据重点单位选择的原则，选取重点单位组成样本。

**4. 正式实施调查**

正式实施调查，即通过派员调查、邮寄调查或定期报告方式向各重点单位收集所需的数据和资料。

**5. 数据处理与分析**

数据处理与分析，即对各重点单位提供的数据进行审核、分类、汇总和对比研究，得出调查结论，并编写重点市场调查报告。

## 4.3.5　重点市场调查的应用

重点市场调查适用于调查总体呈偏斜分布的状态，而部分重点单位又能比较集中地反映所要研究的项目或指标的场合。主要应用如下。

（1）农产品重点产区的产、销调查，以测算农产品资源，分析供求变化。

（2）农产品主要批发市场价格走势调查，研究市场行情。

（3）原材料、能源（铜铁、煤炭、石化、电力）重点企业的产、销调查，研究原材料能源的供应潜力。

（4）制造业中，重点工业企业的产、销、存调查，研究主要工业产品的产销情况。

（5）零售业中，重点零售企业的购、销、存调查，研究零售市场的发展趋势。

（6）工商企业中，重点产品、重点供应商、重点客户的研究，寻求营销重点，加强营销管理。

（7）消费品市场研究中，重点消费区域、重点消费群体的调查，以研究市场需求变化。

（8）重点城市、重点经济区域的综合经济实力和竞争力研究。

总之，重点市场调查的应用范围很广泛，只要调查总体具备重点调查所要求的条件，即重点单位可根据抽样框进行科学的选择，样本量能达到单位数目少、其标志值比重大的要求，各重点单位具有接受调查的基础条件，那么，就能够取得较为理想的调查结果。

一般来说，由于变量的取值在重点与非重点单位之间存在很大的差异，因而，不能根据重点单位的平均值估计总体的平均值。但如果重点样本（样本容量 $n$）的标志总量在总体标志总量中所占的比重（$P$）相对稳定时，则可采用比率法估计总体标志总量，计算公式为

$$总体标志总量＝重点样本标志总量÷P$$
$$＝重点样本平均值 \times n ÷P$$

【例 4-2】某市某年共有 38 家食品制造企业，其中 5 家为大型企业，根据已往统计资料分析，其食品制造总产值和增加值均占全市的 75%。统计部门采用重点调查对这 5 家大型企业今年各月的总产值和增加值等进行调查，规定重点单位每月填报统计报表。其中某月 5 家大型企业的总产值为 4 880 万元、增加值为 1 885 万元，则估计全市食品制造业的总产值和增加值如下：

$$总产值＝4\ 880÷75\%万元＝6\ 506.67（万元）$$
$$增加值＝1\ 885÷75\%万元＝2\ 513.33（万元）$$

# 4.4  抽样市场调查

## 4.4.1  抽样市场调查的特点

抽样市场调查又称概率抽样调查或随机抽样调查，是指调查者为了特定的调研目的，按照随机原则从调查总体中抽取一部分单位作为样本而进行的一种非全面调查。抽样调查的目的在于根据样本调查的结果来推断总体的数量特征。主要特点如下。

（1）样本是按随机原则抽取的。即总体中每个个体单位都有同等机会被抽中，从而排除了主观因素的干扰，能够保证用样本推断总体具有客观性。

（2）用样本数据推断总体的数量特征。抽样调查的目的在于用样本指标推断总体的有关指标，如用样本平均数推断总体平均数，用样本比率推断总体比率。

（3）抽样误差不可避免，但可以计算和控制。根据样本指标推断总体指标，其误差是不可避免的，但可以计算和控制。

## 4.4.2  抽样市场调查的优点

（1）调查方式的科学性。抽样市场调查有充分的数理依据，能够将调查样本的代表性误差控制在允许范围内，由于调查样本的抽取具有随机性，受主观因素的影响较小，因而调查结果的精确度并不比全面市场调查低，有时还高于全面市场调查。

（2）调查费用的经济性。抽样市场调查仅仅是从总体中抽取少部分单位组成样本进行调查，调查规模比全面市场调查小，资料收集、汇总处理工作量小，因而可以节省人力、物力和财力，从而可降低市场调查费用。

（3）信息获取的时效性。由于抽样市场调查的样本单位少，搜集、整理、汇总调查资料的工作量相对较少，信息传递的时间必然比全面市场调查短，因而可提高信息的时效性。

（4）调查结果的准确性。抽样市场调查的样本是按照随机原则抽取的，从而排除了主观因素的干扰，能够保证样本推断总体的客观性。同时，由于调查单位少，所需的调查人员较少，易于通过培训提高业务能力，因而能在很大程度上克服全面调查因涉及面广，工作量

大，人员庞杂，容易产生重复、遗漏和大量的非抽样误差的影响。

抽样市场调查的主要缺点是，抽样技术方案设计要求高，一般人员难以胜任。如果抽样技术方案设计存在严重的缺陷，往往会导致抽样调查的失败。

### 4.4.3 抽样市场调查的应用

抽样市场调查由于具有许多优点，在市场调查实践中已得到广泛的应用。主要应用于以下几个方面。

（1）不可能进行全面调查的现象，只能采用抽样调查。如具有破坏性或损耗性的产品质量检验、家用电器的耐用性检测、灯泡使用寿命测量、汽车轮胎耐磨试验、新药疗效检验、产品的消费者测试等，均需采用抽样调查。

（2）不必要进行全面调查的现象，采用抽样调查。如消费者需求潜力测定、广告效果测试、产品市场研究、顾客满意度研究、商圈研究等大都运用抽样市场调查获取所需的信息。

（3）可作全面调查的现象，为了节省人力、物力和调查费用，亦可采用抽样调查。如企业员工忠诚度、满意度测评，可以作全面调查，但为了节省人力、物力和时间，也可采用抽样测评。

（4）对全面调查资料的质量进行检查和修正。由于全面调查涉及面广、工作量大、参加人员多，调查结果难免不出差错。因此，在全面调查之后往往进行抽样复查，以检查全面调查资料的质量，并进行补充和修正，以提高全面调查的准确性。

（5）对某些总体的假设进行检验，在市场研究中，通常会提出一些假设，然后通过抽样调查来检验这种假设是否成立。

### 4.4.4 抽样市场调查的基本范畴

#### 1. 总体与样本

总体是所要调查研究的现象的全体，它是由具有同质性和差异性的许多个别事物组成的集合体。总体单位数通常用 $N$ 表示。样本是按随机原则从总体中抽出来的一部分单位的综合体，样本中包含的单位个数称为样本量，用 $n$ 表示，$n/N$ 称为抽样比。

#### 2. 参数与统计量

参数是总体的数量特征，即总体指标。参数在抽样时往往是未知的，是需要进行推断的。参数通常有总体均值（$\bar{X}$）、总体标准差（$\sigma$）、总体比率（$P$）等。统计量是样本的数量特征，即样本指标。统计量随样本不同而不同，因而是一个随机变量。统计量通常有样本均值（$\bar{x}$）、样本标准差（$S$）、样本比率（$p$）等。

#### 3. 抽样框与抽样单位

抽样框是一个包括全部总体单位的框架，用来代表总体，以便从中抽取样本的一个框架。抽样框可以是一览表（名单或名录）、一本名册、一幅地图、一段时间等。抽样单位是指样本抽取过程中的单位形式，即从抽样框中直接抽取的单位称为抽样单位，它可能是总体中的基本单位，也可能是总体中的基本单位的集合。例如，欲调查某市大学生的身高，那么全市大学生作为一个总体，总体单位是每一个大学生。由于总体比较大，又缺全市大学生名单这一抽样框，因此，采取抽几个大学作样本，这时每个大学是抽样单位，抽样框是全市的大学名单。

### 4. 样本量与样本单位

样本量是指样本的大小，即一个样本中包含的样本单位的多少。样本单位是构成样本的基本单位，与总体单位的形式是一致的，样本单位可以直接从总体中抽取总体单位，也可从抽样单位中产生。样本量的大小，取决于抽样调查的精度要求，总体各单位的标志变异程度、抽样估计的可信程度、抽样方式方法等因素的制约。

### 5. 总体分布、样本分布与抽样分布

总体分布是指总体各单位标志值的分布状况，又称总体结构；样本分布是指样本中各样本单位标志值的分布状况，又称样本结构。当样本量足够大时，样本分布趋于总体分布。抽样分布是指从总体中抽取的所有可能的样本的统计量构成的分布。根据中心极限定量，当样本量足够大时，样本均值等统计量的分布趋近于正态分布，因而可用正态分布来做区间估计。

### 6. 重复抽样与不重复抽样

从 $N$ 个总体单位中抽取 $n$ 个组成样本，有两种抽取方法。

（1）重复抽样，即每抽出一个单位进行登记后，放回去，混合均匀后，再抽下一个，直到抽满 $n$ 个为止。重复抽样有可能出现极大值或极小值组成的极端样本。

（2）不重复抽样，即每次抽出一个单位进行登记后，不再放回参加下一次抽取，依次下去，直到抽满 $n$ 个为止。不重复抽样可以避免极端样本出现，抽样误差比重复抽样小。

### 7. 抽样误差与抽样标准误差

抽样误差是指在遵守随机原则条件下，样本指标与总体指标之间的差异，它是一种偶然性的代表性误差，不包括系统性误差和非抽样误差。抽样误差的大小通常受样本量大小、总体标准差、抽样方法、抽样方式四个因素的影响。抽样误差的大小常用抽样标准误差来反映，而抽样标准误差是指所有可能的样本均值（或样本比率）与总体均值（或总体比率）的标准差，抽样标准误差的平方称为抽样方差。依定义有

$$\sigma_{\bar{x}} = \sqrt{\frac{\sum (\bar{x}-\bar{X})^2}{M}}$$

$$\sigma_p = \sqrt{\frac{\sum (p-P)^2}{M}}$$

式中，$\sigma_{\bar{x}}$ 代表样本平均数的抽样标准误差，$\sigma_p$ 代表样本比率的抽样标准误差；$M$ 代表样本个数。上述公式可用来解释抽样误差的实质，但不能实际应用，因为所有可能的样本个数太多，总体均值或总体比率是未知的，是需要推断的，同时，实际抽样时往往只能抽取一个样本进行调查。因此，抽样标准误差的计算需要寻求别的测定方法，将在以下各种抽样方式中介绍。

### 8. 点估计与区间估计

点估计和区间估计是总体参数估计的两种形式。点估计也叫定值估计，当样本容量足够大时，可直接用样本均值代替总体均值，用样本比率代替总体比率，可据此计算有关总量指标，就是点估计。区间估计是用一个取值区间及其出现的概率来估计总体参数，具体来说，区间估计是用样本统计量和抽样标准误差构造的区间来估计总体参数的取值范围，并用一定

的概率来保证总体参数落在估计的区间内。其概率称为置信概率，概率的保证程度称为可靠性或置信度（$Z$），估计区间称为置信区间。如

总体均值：$\qquad\qquad\qquad\qquad\overline{X}=\overline{x}\pm z\sigma_{\overline{x}}$

总体比率：$\qquad\qquad\qquad\qquad P=p\pm z\sigma_{p}$

其中：$z\sigma_{\overline{x}}$ 和 $z\sigma_{p}$ 又称为允许误差或极限误差，记作 $\Delta$，$\Delta/\overline{X}$，$\Delta/P$ 称为估计的相对精度。

**9. 抽样方式与抽样方法**

（1）抽样方式。是指抽样调查的组织方式，通常有简单随机抽样、分层抽样、系统抽样、整群抽样、目录抽样、多阶段抽样等。这些抽样调查的组织方式、抽样误差的计算和区间估计以下将分别介绍。

（2）抽样方法。是指在抽样调查的组织方式既定的前提下，从总体的全部单位（个体）中抽取 $n$ 个单位组成样本的方法。通常有重复抽样与不重复抽样两种抽取方法，而重复抽样与不重复抽样的具体实施，又有不同的抽取样本单位的具体做法，以下也将分别介绍。

## 4.4.5　抽样市场调查的组织方式

**1. 简单随机抽样**

1）简单随机抽样的概念

简单随机抽样又称随机抽样，是一种最基本的抽样方式，是指从总体的全部单位中按随机原则直接抽取 $n$ 个单位组成样本进行调查。通常采用信手抽取法、抽签法、随机数表法、计算机随机函数等方法抽取样本单位组成样本。

简单随机抽样最符合随机原则，它完全排除了抽样中的主观因素的干扰，并且简单易行。当总体各单位的变异较大时，它不能保证所取得的样本单位在总体中有较均匀的分布，所抽得的样本可能缺乏代表性，抽样误差就较大。为减少抽样误差，保证抽样推断结果的精确程度，就需要抽取较多的样本单位数。因此，简单随机抽样只适用于总体单位数不多，总体单位标志变异度较小的情形。

2）简单随机抽样标准误差

简单随机抽样中，抽样标准误差的计算，数理统计已经证明，计算公式如下。

（1）样本平均数的抽样标准误差。

$$\sigma_{\overline{x}}=\sqrt{\frac{\sigma^{2}}{n}}\,(\text{重复抽样})$$

$$\text{或}=\sqrt{\frac{\sigma^{2}}{n}\left(1-\frac{n}{N}\right)}\,(\text{不重复抽样})$$

（2）样本比率的抽样标准误差。

$$\sigma_{p}=\sqrt{\frac{p(1-p)}{n}}\,(\text{重复抽样})$$

$$\text{或}=\sqrt{\frac{p(1-p)}{n}\left(1-\frac{n}{N}\right)}\,(\text{不重复抽样})$$

【例 4-3】某商场从某天的顾客中，不重复随机抽取 100 个顾客调查购买商品情况，其

中有 5 个顾客未购买商品（未购率 5%）；顾客购买额的样本平均数为 498 元，样本标准差为 144 元，要求用 95% 的概率（$Z=1.96$）估计顾客平均购买额和未购率的置信区间。

**解：** 此题不知总体方差，因样本为大样本，可用样本方差代替。

$$\sigma_{\bar{x}} = \sqrt{\frac{144^2}{100}} = 14.4$$

$$\sigma_p = \sqrt{\frac{0.05(1-0.05)}{100}} = 0.022$$

顾客平均购买额的置信区间为

$$498 \pm 1.96 \times 14.4 \quad 即 \quad [469.78, 526.22] \ 元$$

顾客未购率的置信区间为

$$5\% \pm 1.96 \times 2.2\% \quad 即 \quad [0.69\%, 9.31\%]$$

**3）简单随机抽样样本容量的确定**

在抽样推断中，人们主要通过样本量来控制抽样误差，因为样本容量越大，抽样误差就小；反之，样本容量小，抽样误差就大。而样本容量的大小，又直接影响抽样工作量大小和费用的多少。因此，在设计抽样调整方案时，必须确定一个适当的样本容量，既满足抽样推断结果的准确度的要求，又能满足节省工作量和费用的要求。一般来说，样本容量确定应考虑总体方差 $\sigma^2$、抽样估计精度要求（允许误差 $\Delta$ 的约束）和把握程度（置信概率）的大小、抽样方式方法、抽样调查费用约束等因素。

在不考虑抽样调查费用约束的条件下，样本容量的计算，可根据抽样标准误差的计算公式和极限误差 $\Delta = z\sigma^2$ 的公式，推导出下列计算公式。

（1）总体均值估计所需的样本容量。

$$n = \frac{z^2 \sigma^2}{\Delta^2} \quad （重复抽样）$$

$$或 = \frac{z^2 \sigma^2 N}{N\Delta^2 + Z^2 \sigma^2} \quad （不重复抽样）$$

（2）总体比率估计所需的样本容量。

$$n = \frac{z^2 p(1-p)}{\Delta^2} \quad （重复抽样）$$

$$或 = \frac{NZ^2 P(1-P)}{N\Delta^2 + Z^2 P(1-P)} \quad （不重复抽样）$$

用以上公式计算样本容量时，应注意以下三点。

① 抽样比例 $n/N$ 较大时（大于 5%）时，应采用不重复抽样公式计算必要的样本容量，否则无论采用重复抽样还是不重复抽样时，均可用重复抽样公式计算样本容量 $n$，可简化计算，且误差很小。

② 当总体方差 $\sigma^2$ 或总体比率 $P$ 未知时，可用样本方差（或样本比率）或历史的类似的总体方差（或总体比率）代替。计算总体比率所需的样本容量时，也可直接用 $P(1-P)$ 的最大值 0.25 代替。

③ 在同一抽样调查中，总体均值与总体比率推断要兼顾时，用以上公式计算的样本容量一般不相等，为了保证推断结果的精确度，应采用其中的较大的那个样本容量。

【例 4-4】某县某年城关镇共有居民家庭 1.86 万户，根据以往的资料，居民家庭人均可支配收入的标准差为 0.8 千元，95% 的居民家庭拥有空调。现采用抽样调查了解今年和明年居民家庭空调以旧换新的需求情况，若置信概率为 95%，要求总体居民家庭今年人均可支配收入估计的抽样极限误差不超过 0.1 千元，空调拥有率估计的抽样极限误差不超过 3%，求合适的样本容量。

**解：**
$$n_1 = \frac{Z^2 \sigma^2}{\Delta^2} = \frac{1.96^2 \times 0.8^2}{0.01} = 246$$

$$n_2 = \frac{Z^2 P(1-P)}{\Delta^2} = \frac{1.96^2 \times 0.95(1-0.95)}{0.0009} = 203$$

由于 $n_1 > n_2$，故合适的样本容量为 246 户。

**2. 分层抽样**

1）分层抽样的意义

分层抽样又称类型抽样或分类抽样，它实际上是将分组法与随机抽样法结合起来而形成的抽样方式。分组时应遵守分组原则，在各组中抽取调查单位时应遵守随机原则。采用这种抽样方式时，应先将总体按有关的研究标志分组，然后再从每组中按随机原则抽取样本。在每个组中抽取的调查单位的数目，可按相同的比例（$n/N$）抽取，也可按不同的比例抽取。为了简便起见，通常都是按相同比例抽取，称为等比例分层抽样。

分层抽样可以提高抽样调查结果的精确度，或者在一定的精确度要求下减小样本的单位数以节约调查费用。因为分层后抽取的样本单位在总体中散布得更均匀，大大降低了出现极端数值风险，其样本对整个总体也就有较高的代表性。这一点也可从数理统计得到证明，对总体进行分层后，总体方差可以分解为层内方差和层间方差两部分，在分层抽样时，抽样误差只和层内方差有关，而与层间方差无关。因此，只要能够扩大层间方差而缩小层内方差，就可以提高抽样效率。

2）分层抽样的抽样标准误差

由于分层抽样条件下，层间方差不会引起抽样误差，因此，在计算抽样误差时，可以用各组层内方差的加权平均数代替总体方差以计算抽样标准误差。

设 $n_i$、$\bar{x_i}$，$\sigma_i^2$ 分别为样本各组的单位数、平均数、方差；$N_i$ 为总体各组的单位数，在等比例分层抽样条件下，则有下列计算公式。

总体平均数点估计 $\bar{X} = \dfrac{\sum \bar{x_i} N_i}{\sum N_i} = \dfrac{\sum \bar{x_i} n_i}{\sum n_i}$

层内方差平均数 $\overline{\sigma^2} = \dfrac{\sum \sigma_i^2 N_i}{\sum N_i} = \dfrac{\sum \sigma_i^2 n_i}{\sum n_i}$

总体平均数的抽样标准误差 $\sigma_{\bar{x}} = \sqrt{\dfrac{\overline{\sigma^2}}{n}}$　（重复抽样）

$$\text{或} = \sqrt{\dfrac{\overline{\sigma^2}}{n}\left(1 - \dfrac{n}{N}\right)}　（不重复抽样）$$

以上是总体平均数估计的抽样标准误差的计算，而总体比率估计的抽样误差的计算只需

用 $p_i(1-p_i)$ 代替上述层内方差平均数公式中的 $\sigma_i^2$ 即可；而总体比率估计的公式为

$$P = \frac{\sum p_i N_i}{\sum N_i} = \frac{\sum p_i n_i}{\sum n_i}$$

【例 4-5】某县某年共有乡镇 18 个，农民家庭 88 万户，按各乡镇收入高低可分为高等收入乡镇、中等收入乡镇、低等收入乡镇三类，各类乡镇的农户数如表 4-2 所列。现从这三类中按等比例抽样，共抽取 500 户组成样本，样本各组的户均年收入、标准差等如表 4-2 所列，要求在 90% 的置信概率（$Z=1.64$）下对全县户均年收入进行区间估计。

表 4-2　某县居民收入分层抽样数据

| 类　型 | 家庭 $N_i$/万户 | 样本容量 $n_i$/户 | 户均年收入 $\bar{x}_i$/百元 | 标准差 $\sigma_i$ |
|---|---|---|---|---|
| 高等收入乡镇 | 38.72 | 220 | 700 | 200 |
| 中等收入乡镇 | 31.68 | 180 | 400 | 120 |
| 低等收入乡镇 | 17.60 | 100 | 300 | 180 |
| 合　计 | 88.00 | 500 | — | — |

解：

$$\bar{X} = \frac{700 \times 220 + 400 \times 180 + 300 \times 100}{500} = 512 \text{（百元/户）}$$

$$\overline{\sigma^2} = \frac{200^2 \times 220 + 120^2 \times 180 + 180^2 \times 100}{500} = 29\,264$$

$$\sigma_{\bar{x}}^- = \sqrt{\frac{29\,264}{500}} = 7.65 \text{（百元）}$$

户均年收入置信区间为 512±1.64×7.65，即 ［499.5，524.55］（百元/户）。

【例 4-6】某广告公司从某市 310 万人中采用等比例分层抽样，调查居民收看某电视广告的收视率，有关资料整理如表 4-3。要求在 95% 的置信概率下，估计居民收看某电视广告的收视率的置信区间。

表 4-3　某市广告收视率抽样数据

| 分层 | $N_i$/万人 | $n_i$/人 | 观看广告/人 | 观看比率 $p_i$ |
|---|---|---|---|---|
| 市区 | 155 | 400 | 320 | 0.8 |
| 郊区 | 93 | 240 | 120 | 0.5 |
| 农村 | 62 | 160 | 40 | 0.25 |
| 合计 | 310 | 800 | 480 | 0.60 |

解：收视率 $P$ 的点估计：$P = \dfrac{480}{800} = 0.60$

$$\sigma_p = \sqrt{\frac{0.8 \times 0.2 \times 400 + 0.5 \times 0.5 \times 240 + 0.25 \times 0.25 \times 160}{800 \times 800}}$$

$$= 0.0024$$

收视率 $P$ 的置信区间为 0.6±1.96×0.00024，即 ［59.95%，60.05%］。

3）分层抽样的样本容量

采用等比例分层抽样时，样本容量的确定需要预先给定抽样误差的范围和抽样的概率度，同时应根据以往的资料估计层内方差的平均值。其样本容量 $n$ 的确定公式与简单随机抽样样本容量的确定公式基本相同（只需用层内方差的平均值替换总体方差即可）。样本容量 $n$ 确定之后，各层应抽取的样本单位数 $n_i$ 可采用等比例法进行分配，计算公式为

$$n_i = n \cdot \frac{N_i}{N} = \frac{n}{N} \cdot N_i$$

【例4-7】以例4-6的某县农民家庭户均年收入估计为例，若要求明年总体户均年收入的抽样标准误差不超过6百元/户，概率保证程度95%，试确定等比例分层抽样的样本容量。

解：$N = 88$　　　$N_1 = 38.72$　　　$N_2 = 31.68$　　　$N_3 = 17.6$

$$\overline{\sigma^2} = 29264 \qquad \sigma_{\bar{x}} = 6 \qquad Z = 1.96$$

则：

$$n = \frac{1.96^2 \times 29\,264}{(1.96 \times 6)^2} = 813 \text{（户）}$$

$$n_1 = 813 \times \frac{38.72}{88} = 358 \text{（户）}$$

$$n_2 = 813 \times \frac{31.68}{88} = 293 \text{（户）}$$

$$n_3 = 813 \times \frac{17.6}{88} = 162 \text{（户）}$$

**3. 等距抽样**

1）等距抽样的概念

等距抽样又称机械抽样或系统抽样，是将总体各单位按一定顺序排列，然后每隔 $N/n$ 个总体单位抽取一个样本单位组成样本进行调查。例如，从某种产品生产线上每隔相等的距离或相等的时间抽取一件产品作质量检验；在作居民家计抽样调查时，可按居民家庭门牌号码每隔若干户抽取一户组成样本。等距抽样能使样本十分均匀地分布在总体中，从而能增加样本的代表性，减少抽样误差，提高抽样效率。

2）等距抽样的排序方法

采用等距抽样时，必须首先对总体单位按某种标志进行排序或排队，有下列两种排队方法。

（1）按无关标志排队。即总体单位排列的顺序与所要研究的标志是无关的。如调查职工的收入水平。可按姓氏笔画排列的职工名单进行抽样；工业生产质量检验可按产品生产的时间顺序进行等距抽样等。一般认为，按无关标志排队的等距抽样是一种比抽签法、随机数表法更好的纯随机抽样方式，又称无序系统抽样。

（2）按有关标志排队。即总体单位排列的顺序与所要研究的标志是有直接关系的。例如，农产量抽样调查时，可按照当年估产或前几年的平均实产由低到高或由高到低的顺序进行地块排队。这种按有关标志排队的等距抽样又称有序系统抽样，它能使标志值高低不同的单位，均有可能选入样本，从而提高样本的代表性，减小抽样误差。一般认为有序系统抽样比等比例分层抽样能使样本更均匀地分布在总体中，抽样误差也更小。

3）等距抽样的方法

当总体单位的顺序排列之后，可选用下列方法进行等距抽样。

（1）随机起点等距抽样。即在总体分成 $N/n$ 段的前提下，首先从第一段的 1 至 $k$ 号总

体单位中随机抽选一个样本单位，然后每隔 $k$ 个单位抽取一个样本单位，直到抽足 $n$ 个单位为止。这 $n$ 个单位就构成了一个随机起点的等距样本。这种方法能够保证各个总体单位具有相同的概率被抽到。但是，如果随机起点单位处于每一段的低端或高端，就会导致往后的单位都会处于相应段的低端或高端，从而使抽样出现偏低或偏高的系统误差。

（2）半距起点等距随机抽样。这种方法又称为中点法抽取样本，它是在总体的第一段，取 1，2，…，$k$ 号的中间项为起点，然后再每隔 $k$ 个单位抽取一个样本单位，直到抽足 $n$ 个样本单位为止。当总体是按有关标志的大小顺序排列时，采用中点法抽取样本，可提高整个样本对总体的代表。

（3）随机起点对称等距抽样。这种方法是在总体第一段随机抽到第 $i$ 个单位，而在第二段抽取第 $2k-i+1$ 个单位，在第三段抽取第 $2k+i$ 个单位，而在第四段抽取第 $4k-i+1$ 个单位，以此交替对称进行。可概括为：在总体奇数段抽取第 $jk+i$ 个单位（$j=0$，2，4，…）；在总体偶数段抽取第 $jk-i+1$ 个单位（$j=2$，4，…）。这种抽样方法能使处于低端的样本单位与另一段处于高端的样本单位相互搭配，从而抵消或避免抽样中的系统误差，弥补随机起点等距抽样的不足。

（4）循环等距抽样。当 $N$ 为有限总体而且不能被 $n$ 所整除，即 $k$ 不是一个整数时，可将总体各单位按顺序排成首尾相接的循环圆形，用 $N/n$ 确定抽样间隔 $k$，$k$ 可以取最接近的整数，然后在第一段的 $i$ 至 $k$ 号中抽取一个作为随机起点，再每隔 $k$ 个单位抽取一个样本单位，直至抽满 $n$ 个为止。

4）等距抽样标准误差的测定

（1）总体采用无关标志排队时，等距抽样与简单不重复随机抽样相类似，因而可采用简单不重复随机抽样的公式计算抽样标准差。

【例 4-8】已知某街区共有居民家庭 8 860 户，按登记名册每隔 10 户抽取 1 户，共抽取了 886 户，调查他们是否收看了某电视广告，调查结果已收看的有 685 户。要求在 95% 的置信概率下，求收看率的置信区间。

**解：**
$$N = 8\ 860 \quad n = 886$$

$$p = \frac{685}{886} = 0.7731$$

$$\sigma_p = \sqrt{\frac{0.773\ 1\ (1-0.773\ 1)}{886}\left(1-\frac{886}{8\ 860}\right)} = 0.013\ 3$$

置信区间：$0.773\ 1 \pm 1.96 \times 0.013\ 3$

（2）当总体采用有关标志排队时，由于总体单位是按有关标志由低到高或由高到低排列的，故抽出的样本单位的排列也存在由低到高或由高到低的排列，因而存在一定的系统性误差，故不能采用简单随机抽样的误差公式计算抽样误差。常把有序系统抽样看作是特殊的分层抽样，即把相邻若干段抽出的样本单位合并为一组，然后计算各组组内方差及平均值，从而可利用等比类型抽样标准误差公式计算抽样标准误差。

【例 4-9】某大型超市某年 2 月份有 360 个小时的营业时间，现按时间顺序每隔 9 小时抽取 1 个小时，以测定 2 月份（春市期间）购物黄金月的顾客流量。共抽出 40 小时，每小时的顾客流量整理为表 4-4 所列的 5 组，要求在 95% 的置信率下估计每小时顾客流量的置信区间。

表 4-4　顾客流量抽样数据分段　　　　　　　　　　　单位：千人

| 组别 | 观察值分段 | | | | | | | | $\overline{x_i}$ | $\sigma_i^2$ |
|---|---|---|---|---|---|---|---|---|---|---|
| 1 | 8 | 10 | 11 | 12 | 11 | 13 | 12 | 14 | 11.38 | 2.98 |
| 2 | 12 | 13 | 15 | 14 | 16 | 15 | 17 | 18 | 15.00 | 3.50 |
| 3 | 16 | 18 | 20 | 18 | 19 | 21 | 22 | 23 | 19.63 | 4.73 |
| 4 | 22 | 23 | 24 | 23 | 26 | 26 | 28 | 28 | 25.00 | 4.75 |
| 5 | 26 | 28 | 30 | 31 | 32 | 34 | 36 | 38 | 31.88 | 14.11 |

**解：** 本例每组单位数（$n_i$）相等，故

$$总体平均值点估计 \ \overline{X} = \frac{\sum \overline{x_i}}{n} = 20.58(千人)$$

$$平均组内方差 \ \overline{\sigma^2} = \frac{\sum \sigma_i^2}{n} = 6.01(千人)$$

$$\sigma_{\overline{x}} = \sqrt{\frac{6.01}{40}\left(1 - \frac{40}{240}\right)} = 0.368(千人)$$

总体均值置信区间：20.58±1.96×0.368

即每小时顾客流量介于 19.86 至 21.30 千人之间。

5）等距抽样样本容量的确定

（1）无序系统抽样的样本容量。若对总体采用按无关标志排队的等距抽样，可采用简单随机抽样的样本容量公式确定等距抽样的样本容量。由于等距抽样一般都是不重复抽样，故应采用简单随机抽样中的不重复抽样的样本容量公式确定等距抽样的样本容量。

（2）有序系统抽样的样本容量。若对总体采用按有关标志排队的等距抽样，则样本容量的确定，可采用分层抽样的样本容量公式确定样本容量 $n$。但应注意有序系统抽样的样本容量计算所需的平均组内方差应根据以往的资料作出估计。

**4. 整群抽样**

1）整群抽样的概念

整群抽样是将总体按某一标志分组后形成的每个群视为单位进行随机抽样，然后对抽中的每个群体进行全面调查。例如，已经装箱的小件商品，单位时间内生产的小件商品，住户调查的居委会或行政村，都可分别视作是总体中的群体，为方便起见，可以整群为单位进行抽样。整群抽样的特点是先分群，后抽群作为样本单位，在抽中的群内实行全面调查，不再从中抽样。整群抽样的调查单位集中，可以方便调查工作，节约调查费用。但是，由于整群抽样的样本单位比较集中，而不能均匀地分布在总体的各个部分，不同群之间的差别往往比较大，因而抽样误差常常大于简单随机抽样。

2）整群抽样标准误差的测定

由于整群抽样对群内的总体单位实行全面调查，因而群内方差并不引起抽样误差，因而计算整群抽样误差，只需以群间方差代替总体方差，当总体的群间方差未知时，可用样本群间方差代替。

设总体共分为 $R$ 群，每群内有 $M$ 个总体单位（每群 $M$ 相等称为群抽样，不等则称为不等群抽样），样本容量为 $r$ 群，各群平均数为 $\overline{x_i}$，$\delta^2$ 为群间方差，则有下列计算公式。

（1）总体均值点估计

$$\bar{x} = \frac{\sum \bar{x}_i m_i}{\sum m_i}$$

均值的群间方差

$$\delta_{\bar{x}}^2 = \frac{\sum (\bar{x}_i - \bar{X})^2 m_i}{\sum m_i}$$

样本平均数的抽样标准误差

$$\sigma_{\bar{x}} = \sqrt{\frac{\delta_x^2}{r}\left(\frac{R-r}{R-1}\right)}$$

（2）总体比率点估计

$$p = \frac{\sum p_i m_i}{\sum m_i}$$

比率的群间方差

$$\delta_p^2 = \frac{\sum (p_i - p)^2 m_i}{\sum m_i}$$

样本比率的标准误差

$$\sigma_p = \sqrt{\frac{\delta_p^2}{r}\left(\frac{R-r}{R-r}\right)}$$

如果为等群抽样，$m_1 = m_2 = m_3 = \cdots$，则以上公式中的 $m_i$ 可略去，有关公式的母项则为 $r$。

【例 4-10】某乡某年从 18 个行政村中，用整群抽样抽取 3 个村，调查农民家庭电风扇拥有量情况，调查资料整理如表 4-5，要求在 95.4% 的概率下估计户均电风扇拥有量的置信区间（全乡共有 5 480 户）。

表 4-5　某乡农民家庭电风扇拥有量

| 样本群 | $\bar{x}_i$/（台/户） | $m_i$/户 |
|---|---|---|
| 1 | 2.0 | 300 |
| 2 | 2.4 | 320 |
| 3 | 1.8 | 280 |

解：

$$\bar{x} = \frac{2.0 \times 300 + 2.4 \times 320 + 1.8 \times 280}{300 + 320 + 280} = 2.08 \text{（台/户）}$$

$$\delta_{\bar{x}}^2 = \frac{(2-2.08)^2 300 + (2.4-2.08)^2 320 + (1.8+2.08)^2 280}{300+320+280} = 0.063$$

$$\sigma_{\bar{x}} = \sqrt{\frac{0.063}{3}\left(\frac{18-3}{18-1}\right)} = 0.14$$

户均电风扇拥有量置信区间：2.08±2×0.14，即 [1.8, 2.38]（台）

3）整群抽样的样本容量确定

由于整群抽样一般是不重复抽样，故应按不重复抽样计算必要的抽样群数 $r$。由整群抽样的极限误差 $\Delta$ 和抽样标准公式可导出

$$r = \frac{Z^2 \delta^2 R}{\Delta^2 R + Z^2 \delta^2}$$

其中，$\delta^2$ 为群间方差，可根据以往的资料确定。

【例 4-11】某乡从 720 个行政村，拟抽取若干个行政村调查农民家庭彩电的普及率。根据以往的资料测算，农民家庭彩电普及率的群间方差为 6%，要求抽样平均误差不超过 3.98%，置信概率为 95.44%，求整群抽样样本容量 $r$。

**解:**
$$N = 720 \qquad \delta_p^2 = 6\% \qquad \sigma_p = 3.98\%$$
$$\Delta = 3.98\% \times 2 = 7.96\%$$
$$r = \frac{2^2 \times 0.06 \times 720}{0.079\ 6^2 \times 720 + 2^2 \times 0.06} = 36$$

即：每 20 个村抽一个村作整群抽样的单位，样本容量为 36 个村（群）。

**5. 目录抽样**

1）目录抽样的概念

目录抽样是对偏斜分布总体实行有效抽样的一种方法。总体呈比较严重的偏斜分布时，如果采用简单随机抽样，则要求样本容量比较大，同时因有少数单位变量值极端大，总体方差很大，其抽样误差也就很大，为此，有必要对偏斜分布总体的抽样设计加以考虑。

目录抽样通常用于企业调查，首先编制一份企业目录（称为抽样框），目录中一般包括企业名称、从业人数、产值、产量、利润等以往的资料。然后，考虑总体分布是否呈偏斜状态分布，如果呈极偏斜状态分布，则将其中的大型企业单列出来做全面调查，对剩余的为数众多的小型企业实行抽样调查。因此，目录抽样是全面调查与抽样调查的有机结合。这种方法可以减少抽样误差，提高抽样估计的精确度。

2）目录抽样的参数估计

目录抽样的参数估计通常是对总体的某一总量指标作出推断，设 $Y$ 为总体的总量指标，它可以分解为两部分。

$$Y = Y_1 + Y_2$$

其中：$Y_1$ 是全面调查部分，可用汇总统计的方法求得其值；$Y_2$ 是抽样部分，是需要利用抽样资料估计的。

设 $N_2$ 为抽样部分的单位数，$n_2$ 为样本容量，$x_i$ 为各样本单位的观察值，则

$$Y_2 = N_2 \frac{\sum x_i}{n_2}$$

在抽样部分中，其抽样标准误差的测定应视抽样方式而定。

【例 4-12】某市某年有 100 家工业企业，其中 10 家为大中型企业，90 家为小型企业。某月对 10 家大中型企业的工业增加值进行全面调查，汇总得 10 家企业的工业增加值为 9 880 元，另从 90 家小型企业中简单随机抽取 12 家进行抽样调查，这 12 家企业的平均增加值为 32 万元，标准差为 1.8 万元。要求在 95% 的概率下估计该月全市的工业增加值。

**解:** 全县工业增加值点估计：9 880 + （32×90） = 12 760（万元）

小企业增加值的抽样标准差：$\delta_{y_2} = 90 \sqrt{\frac{1.8^2}{12}\left(\frac{90-12}{90-1}\right)}$

$$= 43.78（万元）$$

小企业增加值区间估计：32×90±1.96×43.78，即 ［2 794.2，2 965.8］

全县工业增加值区间估计：［2 794.2+9 880，2 965.8+9 880］，即在 95% 的把握程度下，

全县工业增加值介于 12 674.2 万元至 12 845.8 万元之间，点估计为 12 760 万元。

**6. 二阶段抽样**

1）二阶段抽样的概念

二阶段抽样又称二级随机抽样，就是在抽取样本时分两个阶段来进行，第一阶段是从总体中用随机抽样的方法抽取若干个群体，称为初级单位。然后在第二阶段从这些初级单位中又随机抽取若干个样本单位，称为基本单位或最终单位，最后根据所抽的基本单位组成的样本进行调查，用取得的样本资料来推断总体。如果在二阶段抽样之后，又继续在被抽中的二阶单位中进行第三次、第四次随机抽样，就形成了三阶抽样、四阶抽样。二阶和二阶以上的抽样都叫做多阶抽样。例如，农产品产量调查中，由省抽县，由中选的县抽乡，由中选的乡抽村，由中选的村抽地块，就是采用多阶段抽样。

多阶段抽样有利于大规模大范围的抽样调查的组织与实施，能在一定程度上满足各级管理部门对调查资料的需求，有利于减少抽样误差，提高抽样估计的精确度。因而，在实际工作中应用较多，如人口、农产品、城镇居民、农村住户等调查都可采用这一方法。

2）二阶段抽样标准误差的测定

二阶段抽样标准误差的测定需要考虑两个部分的抽样误差，一部分是初级单位（群）之间的差异 $s_1^2$（群间方差）和抽取的初级单位的抽样数目 $r$ 所决定的抽样误差；第二部分是第二阶段抽样的基本单位之间的平均群内方差 $\overline{s_2^2}$ 和全部基本单位 $n$ 所决定的抽样误差。由于一般采用不重复抽样，故二阶段抽样标准误差测定的基本公式为

$$\sigma_{\bar{x}} = \sqrt{\frac{s_1^2}{r}\left(\frac{R-r}{R-1}\right) + \frac{\overline{s_2^2}}{n}\left(\frac{M-m}{M-1}\right)}$$

其中：$R$ 为总体的群数，$r$ 为抽选的群数；

$M$ 为总体各群相等的单位数。

$m$ 为中选群中抽选的单位数（假定亦相等）。

$n$ 为全部基本单位，$n=rm$。

【例 4-13】某省某年有 100 个县，每县有 200 个村，各村的大小基本相同。现用两阶段抽样估计粮食平均亩产，第一阶段抽取了 A、B、C、D 共 4 个县，第二阶段从中选县又抽取 5 个村（1，2，3，4，5），一共为 20 个样本村。调查资料整理如表 4-6，要求在 95% 的置信概率下估计全省粮食平均亩产量及置信区间。

表 4-6  某省粮食产量二阶段抽样数据　　　　　　　单位：千克

| 样本村 | 样本县 | | | |
|---|---|---|---|---|
| | A | B | C | D |
| 1 | 680 | 620 | 860 | 780 |
| 2 | 800 | 750 | 810 | 830 |
| 3 | 780 | 840 | 780 | 850 |
| 4 | 640 | 760 | 840 | 690 |
| 5 | 820 | 680 | 680 | 760 |
| $\bar{x}$ | 744.0 | 730 | 794 | 782 |
| $s$ | 70.88 | 74.83 | 63.12 | 56.36 |

**解：**  $R=100 \qquad r=4 \qquad M=200 \qquad m=5$

总体均值点估计 $\quad \bar{x}=\dfrac{1}{4}(744+730+794+782)=762.5$（千克）

第一阶段方差（群间方差）

$$s_1^2=\frac{\sum(\bar{x}-\bar{X})^2}{r-1}=923.67$$

第二阶段方差（平均群内方差）

$$\overline{s_2^2}=\frac{70.88^2+74.83^2+63.12^2+56.36^2}{4}=4\,446.02$$

抽样标准误差

$$\sigma_{\bar{x}}=\sqrt{\frac{923.67}{4}\left(\frac{100-4}{100-1}\right)+\frac{4\,446.02}{4\times5}\left(\frac{200-5}{200-1}\right)}$$
$$=21.02 \text{（千克）}$$

平均亩产量的置信区间 $\quad \bar{X}\pm Z\sigma_{\bar{x}}=762.5\pm1.96\times21.02=[721.3,\ 803.7]$（千克）

需要指出的是，以上抽样平均误差的测定是假定各群、各单位规模大小相同，但在实际抽样中，各群和各单位的规模大小是不相同的，因此，总体均值的估计、各阶段抽样方差的估计及抽样标准误差的计算等均应考虑用加权的方法进行计算，计算公式如下。

总体各群平均单位数 $\qquad \bar{M}=\dfrac{1}{R}\sum M_i$

总体均值点估计 $\qquad \bar{x}=\dfrac{\sum M_i\,\overline{x_i}}{r\bar{M}}$

抽样标准误差

$$\sigma_{\bar{x}}=\sqrt{\left(1-\frac{r}{R}\right)\frac{S_1^2}{r}+\frac{1}{rR}\sum\left(\frac{M_i}{\bar{M}}\right)^2\left(1-\frac{m_i}{M_i}\right)\frac{S_{2i}^2}{m_i}}$$

$$\approx\sqrt{\left(1-\frac{r}{R}\right)\frac{S_1^2}{r}+\frac{1}{rR\,\bar{M}^2}\sum M_i^2\frac{S_{2i}^2}{m_i}}$$

其中： $\qquad S_1^2=\dfrac{1}{r-1}\sum\left(\dfrac{M_i}{\bar{M}}\,\overline{x_i}-\bar{x}\right)^2$

$$S_{2i}^2=\frac{1}{m_i-1}\sum(x_i-\bar{x})^2$$

**【例4-14】** 某县某年有200个村，16.2万个农户，各村农户数目不同，现采用二阶段抽样估计全县农户生猪的存栏量。第一阶段从200个村中抽取了A、B、C、D、E共5个村，第二阶段又从中选村按农户（$M_i$）的多少再抽取10%作为抽样单位（$m_i$）。有关资料整理如表4-7，要求在95%的置信概率下估计全县农户平均生猪存栏量和生猪总存栏量。

表 4-7  某县生猪存栏抽样数据

| 样本村 | 农户数（$M_i$） | 抽样户数（$m_i$） | 户均存栏（$\overline{x_i}$） | 方差（$S_{2i}^2$） | $M_i^2 \dfrac{S_{2i}^2}{m_i}$ |
|---|---|---|---|---|---|
| A | 560 | 56 | 2.4 | 0.04 | 224 |
| B | 840 | 84 | 3.0 | 0.09 | 756 |
| C | 680 | 68 | 1.8 | 0.03 | 204 |
| D | 920 | 92 | 2.1 | 0.04 | 368 |
| E | 820 | 82 | 2.5 | 0.08 | 656 |
| 合计 | 3 820 | 382 | — | — | 2 208 |

**解：**

$$R = 200 \qquad r = 5$$

$$\overline{M} = \frac{162\ 000}{200} = 810 \text{（户/村）}$$

$$\overline{X} = \frac{\sum M_i \overline{x_i}}{r \overline{M}}$$

$$= \frac{560 \times 2.4 + 840 \times 3.0 + 680 \times 1.8 + 920 \times 2.1 + 820 \times 2.5}{5 \times 810}$$

$$= 2.24 \text{（头/户）}$$

$$S_1^2 = \frac{1}{r} \sum \left( \frac{M_i}{\overline{M}} \overline{x_i} - \overline{X} \right)^2$$

$$= \frac{1}{5} \left[ \left( \frac{560}{810} 2.4 - 2.24 \right)^2 + \left( \frac{840}{810} 3.0 - 2.24 \right)^2 + \left( \frac{680}{810} 1.8 - 2.24 \right)^2 \right.$$
$$\left. + \left( \frac{920}{810} 2.1 - 2.24 \right)^2 + \left( \frac{820}{810} 2.5 - 2.24 \right)^2 \right]$$

$$= 1.733\ 1$$

$$\sigma_{\overline{x}} = \sqrt{\left( 1 - \frac{r}{R} \right) \frac{S_1^2}{r} + \frac{1}{rR\overline{M}^2} \sum M_i^2 \frac{S_{2i}^2}{m_i}}$$

$$= \sqrt{\left( 1 - \frac{5}{200} \right) \frac{1.7331}{5} + \frac{2208}{5 \times 200 \times 810^2}}$$

$$= 0.58 \text{（头）}$$

户均生猪存栏量的置信区间为

$$2.24 \pm 1.96 \times 0.58 = [1.103\ 2, 3.376\ 8]$$

全县生猪总存栏：

点估计 $\qquad 2.24 \times 16.2 = 36.288$（万头）

区间估计 $\quad [1.103\ 2 \times 16.2, 3.376\ 8 \times 16.2] = [17.872, 54.704]$（万头）

## 4.4.6  抽样市场调查的程序

抽样市场调查必须遵循一定的程序（如图4-1所示），才能保证调查的顺利进行，可取得预期的效果。

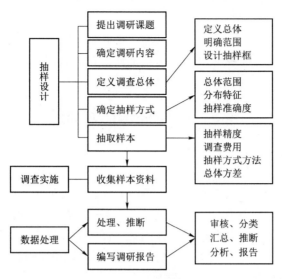

图 4-1　市场抽样调查的程序

**1. 提出抽样市场调查的课题**

抽样市场调查课题的提出，应考虑管理决策的信息需求、调研课题的难易程度、覆盖范围、总体分布、调研要求和经费约束等因素，决定是否有必要采用抽样市场调查。一般来说，调查总体范围大，数据的时效性、准确性要求高，调查经费又有限，不可能或不必要采用全面市场调查时，抽样市场调查是首要的选择。

**2. 确定抽样市场调查的内容**

抽样市场调查的内容的确定，即在市场调查目的和任务的要求下，进一步明确通过抽样调查应收集哪些项目的数据，需要对总体的哪些主要指标作出推断。调查项目确定后，应对调查表或问卷进行设计。

**3. 确定调查总体和抽样框**

确定调查总体和抽样框，应根据市场调查的目的和要求，明确调查对象的范围和总体单位数量，并对总体分布进行必要的分析。在此基础上，对抽样框作出设计。

**4. 确定抽样的组织形式**

抽样组织形式的确定，要求对总体分布特征和总体范围大小、抽样实施的难易程度先进行分析，然后考虑应采取何种抽样组织方式和抽样方法才是最合适的。

**5. 设计和抽取样本**

首先应根据抽样精度要求、总体变异程度、抽样组织方式和方法、调查经费等因素确定样本量，然后依据抽样框抽取样本单位组成样本。

**6. 收集样本资料**

样本确定之后，可先对调查人员进行必要的培训，然后组织调查人员深入样本单位，利用调查表或问卷进行实际调查，收集样本资料。

**7. 数据处理，推断总体**

样本资料收集后，应对调查数据进行审核、分类、汇总，然后计算样本指标和抽样标准误差，利用点估计或区间估计的方法对总体指标作出推断。

**8. 编写抽样市场调查报告**

抽样市场调查报告的编写，应在数据处理、推断分析的基础上，得出调查结论和主要启示，然后用调查报告的形式向决策者报告市场抽样调查的过程、调查问题的分析、调查的结论和主要启示。

# 4.5 主观抽样市场调查

## 4.5.1 主观抽样调查的特点

在市场调查中，调研者面对的往往是复杂的、动态不定的市场要素，在某些情况下所面临的调查对象并不具备随机抽样的条件。例如，对某一商场顾客的调查，对某些路段行人的调查，这时的抽样本质是从消费者时序总体的某一部分抽取样本，即使样本的抽取过程体现一定的随机性，但也不是严格意义上的随机抽样；有时由于时间和经费的限制而不能进行随机抽样调查，这时就只能进行主观抽样调查。

主观抽样又称非随机抽样，是指不按随机原则，而由调查者根据调查目的和要求，主观地从总体中抽选样本的抽样方式。主观抽样的基本原则是：在选择样本时，可以加入人的主观因素，使总体中每一个个体被抽取的机会是不均等的，它是一种主观的抽样方式。非随机抽样与随机抽样的根本区别在于样本的抽取过程是否遵循随机性原则，这个区别导致了两种抽样技术在认识上的差别。主观抽样具有如下特点。

（1）抽样过程的主观性。主观抽样在样本的抽取过程中不像非随机抽样那样，事先知道总体中每个单位被抽中的概率有多大，然后按某种程序遵循随机性原则抽取样本单位。而非随机抽样的样本产生过程取决于调查者的主观判断，整个过程充满主观性。随机抽样的这一特点直接关系到样本的代表性，因为在非随机抽样情况下，样本的代表性取决于以下两点，一是抽样者的认识能力和判断能力。若抽样者对所认识的对象有基本正确的认识，则有可能抽出一个代表性较高的样本；二是抽样者的责任心和科学态度。在正确认识的基础上，抽样者还必须克服样本抽取过程中的有关困难，抽出具有代表性的样本单位，而不能应付了事。如果两点同时具备，就能保证抽出一个有代表性的样本。

（2）抽样误差的不可测性。主观抽样也是一种定量认识的方式，也是用样本对总体数量特征作出估计。但是主观抽样估计的精度，即抽样误差是不可计量的，这是主观抽样与随机抽样的一个重要区别。主观抽样的误差之所以不可测，主要是由于抽样过程具有主观性。但是，如果样本具有代表性，亦可进行主观抽样误差的估计。

（3）要求已知总体分布的更多信息。从纯粹的随机抽样的估计结果看，可以不对总体的分布情况做出假定，或者并不要求事先对总体的分布有所了解，而对总体的估计完全可以用统计方式做出。而主观抽样在很大程度上依赖于对调查总体分布的大量假设的有效性上。即要求进行主观抽样时，事先对总体情况应有较多的了解或充分的预计。这样才能使主观抽样的估计有较充分的可靠性。但在市场调查实践中，常常难以满足主观抽样的这一要求。

（4）抽样实施简便易行。由于主观抽样没有随机抽样多项技术上的限定，因而运用简便易行。在多数情况下，抽样是在现场完成的，这使主观抽样在市场调查中具有较广的运用范围。

## 4.5.2　主观抽样调查的方式

### 1. 任意非随机抽样

任意非随机抽样也叫偶遇抽样，它是根据调查者的方便程度任意地抽选样本的方式，它是纯粹以便利为基础的一种抽样方式，如在街头、商店、公园等公共场所，调查者根据自己的判断，拦住某过往行人作询问调查或对在柜台购买商品的顾客进行调查等。这种方式也叫"街头拦人法"，那些被采访或询问的"街头行人"就是偶遇样本。还有一种称作"方位选择法"，即对某一相对聚集的群体，从不同的方位确定样本单位，对其进行调查询问。任意非随机抽样是社会学研究者较早运用的一种非随机抽样方式，其基本理论依据是，所面对的总体中的每一个体都具有同质性，因为既然各个体此时能集中在研究的范围，则各个体之间必然有共同的特征。但事实上这种假定是不可靠的，因为要衡量流动性总体的同质性是困难的。

任意非随机抽样的优点是：简便易行，能及时获取信息，费用低。缺点是：对调查对象缺乏了解，样本的偏差大，代表性差，调查结果不一定可靠。任意非随机抽样在非随机抽样中是最简便、最节省费用的一种方式，它既可以是同一人在不同地点使用，也可以是不同人在同一地点使用，没有更多的限制，能较快地取得有关信息。但这种方式取得的资料可信程度偏低，估计的结论误差很大，而这些误差和可靠性又难以判断，很多时候只能靠调查者根据样本本身的特点进行判断。这种方式一般用于探测性调查，或对某些时效性要求较高的调查，对流动性特征明显或边界不清的总体的调查也常用这种方式。若在总体中各单位的同质性很明显的条件下，运用这种方式也能获得较好的调查结果。例如，在某大学门口，对进出校门的大学生进行"街头拦人法"调查，了解大学生的某种消费观念，一般也能获得较可靠的结论。

【例 4-15】某市民调中心的调查员分别深入街道、学校、机关、企事业单位，采用任意非随机抽样法用问卷询问市民"最关心的社会问题是什么"（备选答案分为：就业、公共卫生治理、治安、整治腐败、公共设施建设）。共询问了 300 名市民，备选答案选择的人数分布为：就业 60 人、公共卫生治理 45 人、治安 75 人、整治腐败 90 人、公共设施建设 30 人；频率分布为：20%、15%、25%、30%、10%。因此，市民最关心的社会问题的前 3 位是：整治腐败、治安和就业。

### 2. 判断非随机抽样

判断非随机抽样又称主观抽样、立意抽样。它是调查者根据调查的目的和自己的主观判断选择调查样本的一种非随机抽样方式。例如，某批发商要调查零售商销售其产品的情况，批发商根据自己的经验和判断选定一些具有代表性的零售商作为样本进行调查。再如企业要了解居民家庭收支需求结构、需求意向、行为、动机等情况，也可以采用判断非随机抽样法来决定样本单位。

非随机抽样法的"判断"，主要包括两方面内容：一是判断总体的规模与结构等；二是判断样本的代表性，即面对认识的总体你认为哪些个体对总体具有代表性，将其选出来作为样本进行调查。一般地说若对总体有一个正确的认识，而又能准确地判断出具有代表性的个体，则能抽出一个较好的样本，故这种方式注意了对误差的限制，比任意非随机抽样的估计精度要高。

判断非随机抽样的一般做法有两种：一种做法是由专家判断决定样本单位；另一种做法是根据所掌握的统计资料，按照一定的标准来选定样本。一般选取"多数型"或"平均型"的单位组成样本。当调查者对总体的分布特征比较了解，则判断非随机抽样能够保证样本具有较大的代表性。

判断非随机抽样样本的代表性取决于调查者本身的知识、经验和判断能力，与所要调查总体的规模和结构有关，因为这会影响调查者的认识程度和判断效果，如果总体的规模较小，结构不复杂，则调查者对总体特征的认识就能够比较全面，判断非随机抽样所抽出的样本的代表性也会较大，其主观偏差会较小，故判断非随机抽样一般适合对规模不大的总体的调查。判断非随机抽样具有简便、快速的优点，若要求较快地获取市场信息，可采用这种方式。判断非随机抽样方式要求调研者必须对总体的有关特征相当了解。在市场调查的实际应用中有以下两种基本情形。

（1）强调样本对总体的代表性。当调查的目的在于通过对样本的调查了解总体的一般特征时，判断非随机抽样方式必须严格选择对总体有代表性的单位作为样本。所选择的样本对总体代表性的高低，完全取决于调查者对被调查总体了解的程度和自身的判断能力。当被调查总体的规模较小，所涉及的范围较窄时，判断非随机抽样样本的代表性就较高；反之，判断非随机抽样样本的代表性就会明显降低。在市场调查中如果确定被调查对象总体界限有困难，或因时间和力量有限无法进行随机抽样时，恰当地采用判断非随机抽样法也可以取得相对满意的调查效果。

（2）注重对总体中某类问题的研究，而并不过多考虑对总体的代表性。在这种情况下，判断非随机抽样必须有目的地选择样本，即选择与研究问题的目的一致的单位作为样本。如对问卷设计的问题及回答形式是否得当进行检验，就是有目的地选择对调查问题的看法差异较大、回答问题的能力有明显不同的被调查者作为样本。在城市或农村居民中调查特高收入或特低收入者的收支情况时，则应选择特高收入或特低收入的居民作为判断非随机抽样样本。显然，上述几种判断非随机抽样的调查目的，是为了研究一种特殊问题，而不是为了推断总体，所以判断非随机抽样的目的性更强，这种判断非随机抽样在市场调查中往往能取得明显的效果。

**3. 配额非随机抽样**

配额非随机抽样又称定额抽样。它是指按市场调查对象总体单位的某种特征，将总体分为若干类，按一定比例在各类中分配样本单位数额，并按各类数额任意或主观抽取样本单位。配额非随机抽样是以推断总体为目的的，因此在对总体分类时，必须对总体的性质有充分的了解。应用配额非随机抽样法的理论依据是：同类调查对象中各单位大致相同，差异很小，因此不必按随机原则抽样，只要用任意或主观抽样就可以了。在市场调查实践中，采用配额非随机抽样法，简便易行，省时省力，并且能保证样本单位在总体中均匀分布，调查结果比较可靠。配额非随机抽样法是非随机抽样法中应用较为广泛的方式之一。

配额非随机抽样是在对总体分类的基础上进行的，对总体可按一个标志，也可按一个以上的标志进行分类，从而造成了配额非随机抽样具体做法上的差异。若对市场调查的总体只按一个标志分类，只需按各类总体单位数占总体单位总量的比重将样本单位数分配在各类中就可以了。若在市场调查总体中按一个以上标志分类，则在各类分配样本单位数时所依据的比重会有所不同。配额非随机抽样按分配样本数额时的做法不同分为独立控制配额和相互控制配额。

（1）独立控制配额非随机抽样。这种方式是分别独立地按分层特征分配样本单位数，在按多个特征对总体进行分层的情况下，这些交叉特征对样本单位的分配没有限制。

【例4-16】某市进行牛奶消费需求调查，确定样本量为300名，选择消费者年龄、性别、收入3个标准分类。各分类标准的样本配额数如表4-8、4-9、4-10所示。

表4-8 年龄标准配额数

| 年龄 | 人数 |
|---|---|
| 18～35岁 | 50 |
| 36～45岁 | 100 |
| 46～60岁 | 110 |
| 60岁以上 | 40 |
| 合 计 | 300 |

表4-9 性标准配额数

| 性别 | 人数 |
|---|---|
| 男 | 150 |
| 女 | 150 |
| 合 计 | 300 |

表4-10 收入标准配额数

| 月收入 | 人数 |
|---|---|
| <1 000元 | 40 |
| 1 000～<2 000元 | 100 |
| 2 000～<3 000元 | 100 |
| ≥3 000元 | 60 |
| 合 计 | 300 |

从表中可以看出，对年龄、性别、收入三个分类标准，分别规定了样本单位数配额，而各表之间的交叉关系没有在数额上作出规定，如从18～35岁年龄组中抽取50人，从性别和收入上没有明确确定；又如150个男性的样本既可较多地从36～45岁年龄组中抽选，也可较少地或不从36～45岁年龄组中抽选，这完全由抽样者机动掌握。当然最终选定的300个个体构成的样本，则应满足上述各表中的数额要求。

（2）相互控制配额非随机抽样。这种方式明确规定了几种分类标准的样本配额的交叉关系，调查员在选取调查单位时，必须要符合规定的样本交叉配额。如例4.16，三种分类标准交叉分配的样本单位数的配额见表4-11。

表4-11 相互控制配额抽样分配表

| 年龄 | 月收入<1 000元 | | 月收入 1 000～2 000元 | | 月收入 2 000～<3 000元 | | 月收入≥3 000元 | | 合计 |
|---|---|---|---|---|---|---|---|---|---|
| | 男 | 女 | 男 | 女 | 男 | 女 | 男 | 女 | — |
| 18～35岁 | 4 | 5 | 7 | 7 | 9 | 3 | 10 | 5 | 50 |
| 36～45岁 | 7 | 6 | 10 | 16 | 23 | 17 | 10 | 11 | 100 |
| 46～60岁 | 5 | 5 | 20 | 28 | 19 | 20 | 4 | 9 | 110 |
| 60岁以上 | 3 | 5 | 8 | 4 | 6 | 3 | 5 | 6 | 40 |
| 小计 | 19 | 21 | 45 | 55 | 57 | 43 | 29 | 31 | — |
| 合计 | 40 | | 100 | | 100 | | 60 | | 300 |

从表4-11中不难看出，相互控制配额非随机抽样是将各分配特征综合在一起交叉安排样本单位的分配，而且分配的结果受到样本总额的限制，抽样者必须按照规定抽取样本。

由于配额非随机抽样的样本配额比例是以各类单位在总体中所占的比例为基础，通过计算和调整而确定的，所以只要按照样本配额数选定调查单位，样本对总体的代表性就较强。在市场调查实践中，配额非随机抽样简便易行，节省费用，也能较快捷地获得调查结果，而且这种方式使样本不至于偏重总体中的某一层，这就可以保证样本的结构与总体的结构基本一致，故所抽出的样本对总体有足够的代表性。因此，在市场调查中，配额非随机抽样广泛被人们采用，是非随机抽样中最流行的一种方式。

**4. 滚雪球非随机抽样**

滚雪球非随机抽样是调查者先通过少数可以由自己确定的样本单位进行调查，再通过这些样本单位各自去发展其他同类单位，如此进行下去，像滚雪球一样越滚越大，直到发展到所需要的样本单位数为止。

滚雪球非随机抽样的运用条件是，调查总体的各单位之间有一定的联系，否则难以往下滚动。滚雪球非随机抽样通常是对调查总体难以把握的情况下进行的。市场调查中运用滚雪球非随机抽样方式通常是出于对某些特殊消费群体的调查，如居民家庭电脑使用状况调查、香烟品牌消费嗜好调查等。

**5. 自愿非随机抽样**

自愿非随机抽样是由一些主动接受调查的"志愿者"组成的样本。最常见的是在报刊上刊登读者意见表，是否填写调查表再寄回给调查组织中心，完全由读者的意愿决定，凡寄回调查表的都是主动接受的调查者。故这种调查结果只反映了这部分"热心"读者的意向。由于调查组织者出于提高问卷回收率的目的，对接受调查者大有某种承诺，所以接受调查的人可能并不属于调查范围，而是冲着这种承诺的好处而填写调查表。例如，欲调查私家小轿车的质量情况，而有些并未拥有和使用小轿车的人也可能填写调查表。所以这种调查结果的可靠性值得分析。

**思考题**

1. 全面市场调查有何特点，有哪两种组织方式？
2. 全面市场调查应遵循哪些原则？
3. 全面市场调查可应用于哪些方面的市场研究？
4. 典型市场调查的特点有哪些，有哪些优缺点？
5. 典型市场调查的关键是什么？有哪些组织方式？
6. 典型市场调查可应用于哪些方面的市场研究？
7. 重点市场调查有何特点，如何选择重点单位？
8. 怎样组织重点市场调查？有哪些应用领域？
9. 抽样市场调查有何特点，有哪些优缺点？
10. 抽样市场调查有哪些应用领域？
11. 抽样市场调查中有哪些主要的基本范畴？
12. 什么是简单随机抽样，在什么场合应用？抽样误差如何测定？
13. 什么是分层抽样，在什么场合应用？抽样误差如何测定？
14. 什么是等距抽样，在什么场合应用？抽样误差如何测定？
15. 整群抽样有何特点？怎样测定抽样误差？
16. 目录抽样在什么情形下运用？怎样进行参数估计？

17. 什么是二重抽样？怎样进行二重抽样的参数估计？

18. 什么是多阶段抽样？在什么情况下应用？

19. 非随机抽样有何特点？有哪些主要方式？

**案例 4-1　某厂空调品牌 A 的广告效果调查方案**

1. 问题的提出

空调生产厂家 B 生产的 A 品牌空调在 C 市的市场占有率很低，为了挖掘 C 市场的需求潜力、扩大产品销售、提高市场份额，B 厂已选择该市的卫视台进行了为期 5 个月的电视广告活动。B 厂急需了解广告是否收到了预期的信息传播效果和促销效果，以便改进和完善广告设计和广告策略，故委托某市场调查公司进行此项调查。

2. 调查的目的与任务

本次调查的目的在于通过对 B 厂的 A 品牌空调的电视广告实际播放测定和广告效果追踪的调查研究，获取有关数据和资料，评价广告的传播影响、沟通效果、行为效果、促销效果，揭示存在的主要问题，为改进、完善广告设计和广告策略提供信息支持。调查的任务主要是获取广告主体（产品）、广告诉求（受众对象）、广告主题（内容）、广告效果、广告媒介等方面的信息。

3. 调查项目与内容

（1）广告主体调查。主要包括 A 品牌空调的认知度、美誉度、偏好度、忠诚度。

（2）广告诉求调查。主要包括被调查者的年龄、性别、职业、受教育程度、年收入；家庭空调的拥有量、品牌、购买时间、购买因素、满意度等。

（3）广告主题调查。主要包括被调查者对广告内容的记忆度、理解度、说服力、接受度、喜好度等。

（4）广告效果调查。主要包括认知度、到达率、购买意向度、销售增长率等。

（5）广告媒体调查。主要了解该市居民对各种广告媒体的接受情况。

（调查问卷见附录）

4. 调查对象与范围

本次广告效果调查的对象是 C 市全部常住居民家庭（凡居住并生活在一起的家庭成员和其他人，或单身居住生活的均作为一个住户），其中每一个居民家庭为总体单位。从 C 市的统计年鉴了解到，该市有 4 个市辖区、50 个居委会、42.8 万户。其中，东区有 13 个居委会，11.13 万户；西区有 10 个居委会，8.56 万户；南区有 14 个居委会，12.04 万户；北区有 13 个居委会，11.07 万户。

5. 调查的组织方式

由于 C 市居民户数有 42.8 万户，没有必要采用全面调查，为节省时间和调查经费，拟采用抽样调查方式。鉴于总体单位数太多，不可能直接从总体中抽取样本户组成调查样本，决定先分别从四个区抽选居委会，然后再从中选的居委会中抽取调查户。居委会的抽样框就是按区分列的居委会名单，调查户抽取所依据的抽样框是中选居委会居民家庭名册或名录库。

6. 样本量与分配

本次调查，厂家要求总体广告达到率（看过该广告的户数/该市拥有电视机的家庭户数）的抽样极限误差不超过4%，区间估计的置信概率为95%（$Z=1.96$）。由于该市总体广告达到率未知，按照抽样调查理论，计算总体比率样本容量时，可直接用 $P(1-P)$ 的最大值0.25替代，据此，必要的样本容量为

$$n=\frac{z^2p(1-p)}{\Delta_p^2}=\frac{1.96^2\times0.5(1-0.5)}{0.04^2}（户）=601（户）$$

考虑到可能有少数居民家庭因某种原因不回答，样本容量增大到635户，调查的总接融率规定为95%。同时，为了使样本单位能均匀地分布在C市的各个区，经研究决定在全市中抽取8个居委会。样本量的分配如下：

| 区名 | 样本户数 | 抽中的居委会及户数分配 | |
|---|---|---|---|
| 东区 | 165 | 东2/80户 | 东9/85户 |
| 西区 | 127 | 西6/60户 | 西10/67户 |
| 南区 | 179 | 南5/86户 | 南11/93户 |
| 北区 | 164 | 北4/74户 | 北8/90户 |
| 合计 | 635 | — | |

其中中选的居委会是在各区中用抽签法随机抽取的，中选居委会的调查户数是按中选居委会的户数规模的比例确定的。各中选居委会的最终样本户的抽取，拟根据中选居委会编制的居民家庭名册实行等距抽样（实施过程略）。

7. 调查方法

（1）用调查问卷对调查户进行询问测试，即派调查员上门访问。

（2）派员到C市主要商场观察，了解空调的销售情况，重点是A品牌的销售走势。

（3）直接利用B厂对C市A品牌空调的销售记录，统计广告前后空调的销售量。

（4）利用C市统计年鉴搜集有关数据，如空调家庭普及率。

8. 调查时间与进度安排

资料搜集的时间为本年8月10—15日。全部调查工作起止时间为8月1日—9月30日（进度安排略）。

9. 数据处理与分析（略）

10. 调查经费预算（略）

11. 调查组织计划（略）

案例分析提示：（1）你认为本方案采用了什么样的抽样调查组织方式，是否科学？（2）如果只测试广告主题及其效果，能否采用非随机抽样方式，为什么？（3）如果这个方案扩展到一个省或全国范围的调查，你以为对哪些方面应进行修订、充实和完善？或者重新设计一个调查方案。（4）问卷设计是否完善，能否充分体现调查项目与内容的要求，应增加哪些问项？

附录:

# A 品牌空调广告效果调查问卷

您好:

我是 XX 调查公司的访问员,我们正在进行一项有关空调广告、购买与使用方面的市场调查。本次调查不对外公布,望得到您的支持,可能要耽误您的一些时间,作为补偿,我们向您赠送精美礼品 1 份。调查结束后,我们将在接受调查的家庭中抽取中奖者,一等奖 3 名,奖价值 2 000 元的智能手机一台;二等奖 5 名,奖价值 600 元的移动硬盘一个。望您能中奖。

01. 性别记录

(1) 男　(2) 女

02. 您的年龄是

(1) 20 岁以下(终止访问)　(2) 21～30 岁　(3) 31～40 岁

(4) 41～50 岁　(5) 51～60 岁　(6) 60 岁以上

03. 您家目前有空调吗?

(1) 有　(2) 无(请跳至 10 题)

04. 您家目前使用的空调有_____台?

05. 您家现在使用的空调品牌是_____、_____、_____(可多填)

06. 您家现在使用的空调是哪种类型(可多选)

(1) 1P 挂机 (2) 1.5P 挂机 (3) 一拖二挂机

(4) 一拖三挂机　(5) 2P 柜机　(6) 2P 以上柜机

07. 您购买空调之初,主要考虑了哪些因素?

(1) 价格合适　(2) 品牌知名度　(3) 制冷效果　(4) 制热效果

(5) 省电　(6) 外观设计　(7) 安装服务　(8) 噪声低

08. 您对目前使用的 A 品牌空调总体感觉满意吗(无 A 品牌者不问,跳至 10 题)

(1) 很满意　(2) 较满意　(3) 满意　(4) 不满意

(5) 很不满意

09. 您对 A 品牌空调下列哪些因素满意(可多选)

(1) 制冷效果　(2) 制热效果　(3) 节省电力　(4) 噪音低

(5) 外观设计　(6) 送货安装　(7) 维修服务　(8) 价格

10. 您获取有关空调信息的主要渠道有(可多填)

(1) 电视广告　(2) 电台广告　(3) 资讯网站　(4) 路牌广告

(5) 车牌广告　(6) 报纸广告　(7) 厂家宣传　(8) 商店观看

11. 最近几个月,您接触过哪些空调品牌的广告(可多选)

(1) 品牌_____ (2) 品牌_____ (3) 品牌_____ (4) 品牌_____

12. 在这些空调品牌广告中,您印象最深的品牌是_____

13. 您对这个空调品牌广告印象最深刻的原因是(可多选)

(1) 画面清晰　(2) 广告用语好　(3) 音乐配置好　(4) 人物形象佳　(5) 语言

表达好

(6) 时间适度　　(7) 真实、亲切　　(8) 整体效果好

14. 请您看看这几张电视画面的图片（出示图片），您是否有印象？

(1) 有印象　　(2) 无印象　　(3) 想不起来

15. 您看了这些图片后，是否记得这是什么空调品牌的广告？

(1) A 品牌　　(2) B 品牌　　(3) C 品牌

(4) 其他品牌_____（回答2、3、4者，跳至22题）

16. 您在电视上看过这个电视广告几次？

(1) 1 次　　(2) 2 次　　(3) 3 次　　(4) 4 次

(5) 最近天天看　　(6) 未看过（请跳至22题）

17. 您对这个品牌空调的电视广告的总的感觉是：

(1) 很喜欢　　(2) 不喜欢　　(3) 喜欢　　(4) 讨厌

18. 您对"××伴您度过清凉的夏天和温暖的冬天"的广告用语是否可以接受？

(1) 可接受　　(2) 不可接受　　(3) 需要验证　　(4) 难以评价

19. 您认为这一广告用语意味着下列哪些因素（可多选）

(1) 空调品牌　　(2) 空调效果　　(3) 购买冲动　　(4) 人文关怀

(5) 不理解　　(6) 吹牛皮

20. 您对这个电视广告的下列哪些方面感觉较好？

(1) 图像画面　　(2) 背景设计　　(3) 广告用语　　(4) 人物形象

(5) 音乐配置　　(6) 语言频率　　(7) 时间长度　　(8) 播出时段

21. 您认为这个电视广告需要做哪些改进？_____

22. 您家最近几个月购买过空调吗？

(1) 购买过　　(2) 未购买（跳至24题）

23. 购买的空调品牌是_____

24. 今年和明年您家是否准备新买或重购空调吗？

(1) 准备买　　(2) 不买　　(3) 暂未决定

25. 准备购买空调的品牌是

(1) A 品牌　　(2) B 品牌　　(3) C 品牌　　(4) 暂未决定

26. 您经常收看的电视台是_____、_____、_____。

27. 您经常收看的电视节目是_____、_____、_____。

28. 您经常阅读的报纸是_____、_____、_____。

29. 您的职业是_____，受教育程度是_____，年收入是_____。

30. 您的姓名_____，联系电话或手机号码_____（此项是抽奖领奖的依据，填写后请认真核对）。

谢谢您的合作。

访 问 员：_____

访问时间：_____

**案例 4-2　问题研讨与调查设计**

1. 某工业企业拟进行一次客户满意度和员工满意度调查，你建议应采用何种调查方式进行客户满意度调查？可采用哪些调查方式进行员工满意度调查？并设计调查方案和调查问卷。

2. 某工业企业拟对设计和试验出的新产品进行产品属性、消费使用情况等方面的市场模拟测试，通过市场评价与测定对产品的各种要素进行修订，以确定最终的产品。主要包括概念测试、命名测试、效能测试、工业设计测试（包装、外形等）、品质测试、功能测试、性能测试、口味测试、价格测试、试销试用测试等。你认为不同项目的测试应分别采用何种调查方式进行测试？并设计调查方案和测试问卷（表）。

3. 某大型超市拟进行一次商圈覆盖范围、商圈构成要素、商圈竞争态势、顾客满意度等方面的调查研究，你认为可采用哪些调查方式进行调查研究？并设计调查方案和调查问卷（表）。

4. 某县有 30 个乡镇，其中 8 个乡镇为烤烟主产区，根据已往统计资料分析，其烤烟产量占全县的 75.5%。种植面积占全县的 72.5%，在今年的烤烟收获季节，有关部门要求对烤烟主产区的 8 个乡镇的烤烟种植面积和产量进行调查，你认为可采用何种概率或非概率抽样方式进行调查研究？并设计调查方案和调查问卷。

5. 某县共有农户 22.5 万户，按照去年各乡镇农民年可支配收入可分为高、中、低三类，各有农户 7.2、10.8 和 4.5 万户。电信部门要求进行一次农民家庭本年末固定电话普及率、移动电话普及率和下一年度需求量的调查，你认为可采用何种概率或非概率抽样方式进行调查研究？并设计调查方案和调查问卷。

# 第5章

# 市场调查方法

本章主要介绍市场调查资料搜集的各种方法，如文案调查法、访问调查法、观察法、实验调查法、网络调查法，并阐明各种调查方法的含义、特点及其具体运用，为调查者能够针对特定的调查项目正确选择调查方法提供指导。

## 5.1 市场调查资料搜集概述

### 5.1.1 市场调查资料搜集的定义

市场调查资料搜集是根据市场调查的任务和要求，运用科学的方法，有计划、有组织地向市场搜集调查资料的工作过程。市场调查资料搜集在整个市场调查中具有极其重要的作用，是市场调查的关键之一，担负着提供基础资料的任务。市场调查就是根据其任务和要求，通过一项一项的具体调查，搜集反映市场经济现象及其相互联系的资料。所有的市场研究、市场预测、市场决策都是建立在市场调查资料的基础上的。只有搞好市场调查资料的搜集，才能保证市场调查达到认识市场经济现象及其发展变化规律，以及为市场预测和决策提供依据的目的。

### 5.1.2 市场调查资料的分类

市场调查资料按不同的标志可以划分为多种类型，各种不同类型的市场调查资料具有不同的特点和要求。研究不同类型的市场调查资料，有利于根据不同类型的市场调查资料采取不同的搜集方法，以取得准确、可靠、全面、系统的市场调查资料。

**1. 按市场调查资料的负载形式分类**

按市场调查资料的负载形式，可分为文献性资料、物质性资料和思维性资料。

（1）文献性资料。文献性资料是指从各种文献中搜集的市场调查资料。现代文献资料按不同的载体形式和记录技术，可分为手工型、印刷型、缩微型、机读型、视听型和卫星型六类，表现为各种文字、符号、图像、音频、视频等形式。在我国，主要是印刷型文献资料，如各种图书、科技报告、论文、会议记录、政策法规、统计报表、档案等文献资料。随着科技水平的提高，缩微型、机读型、视听型文献资料的数量在急剧增加。

（2）物质性资料。物质性资料是指以各种物质形式负载的市场调查资料，如新产品的样品资料、商品展览的资料等。这些物质性资料具有直观、形象、可靠、易理解的特点。

（3）思维性资料。思维性资料是指人们的头脑中所负载的市场调查资料，如人们对市场分析推理得出的资料、对竞争对手的判断资料、对未来市场预测的资料等。

**2. 按市场调查资料的产生过程分类**

按市场调查资料的产生过程不同，可分为原始资料和次级资料。

（1）原始资料。原始资料又叫初级资料，是指未经过任何加工整理的市场调查资料。原始资料是在市场经济活动中产生的最初资料，表现为各种文字和数据资料。原始资料是市场调查资料的基础。

（2）次级资料。次级资料又叫二手资料，是指对原始资料进行过加工整理后的市场调查资料。一般表现为各种现成的文献、报告、报表、数据库等。

**3. 按市场调查资料覆盖范围分类**

按市场调查资料覆盖范围不同，可分为宏观市场调查资料和微观市场调查资料。

（1）宏观市场调查资料。宏观市场调查资料是指企业外部经营环境的各种市场调查资料。它是关于整个市场的各种调查资料，如国民经济统计资料、社会商品零售额资料、城乡居民收入和消费资料、商品供求资料、股市行情资料等。

（2）微观市场调查资料。微观市场调查资料是指企业生产经营状况的各种市场调查资料，如企业的产值、产量资料、商品销售资料、财务资料、人力资源统计资料等。

**4. 按计量方法分类**

按计量方法不同，可分为计点资料和计量资料。

（1）计点资料。凡不用测量工具而用计点个数的方法而收集到的数字资料，称为计点资料。由于在计点个数时需先对事物按一定属性进行分类，然后再计点个数，故又称属性资料或者离散资料。

（2）计量资料。凡用一定测量工具（度量衡、货币尺度、工时等）经测量而获得的数据称为计量资料，如长度、重量、时间、价值量等。

**5. 按资料的时间属性分类**

按资料的时间属性不同，可分为静态资料和动态资料。

（1）静态资料。凡表示现象在特定时间、空间相对静止状态的资料，称为静态资料或横截面资料，如某年城镇居民生活消费支出的分类别的资料或某商场某月各柜组的购、销、存数据等。

（2）动态资料。凡表示现象在特定时期内演变过程的资料，称为动态资料或时序资料，它是静态资料依时间顺序排列而成的、长期记录的结果，如某市历年城镇居民生活消费收支资料或某商场历年购、销、存统计数据等。

## 5.1.3 市场调查资料搜集的方法

市场调查资料搜集的方法很多，归纳起来主要有文案调查法、访问调查法、观察法、实验调查法、网络调查法。其中每一类又可分为许多具体的调查方法。这些方法有的用于现成资料的搜集，有的主要用于原始资料的搜集，应用时应根据调查的目的要求、调研课题的性质和调研内容、调查对象的特点、调查经费的多少正确选择相应的调查方法或多种调查方法组合运用。市场调查资料搜集方法分类如图 5-1 所示。

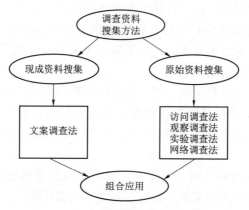

图 5-1　市场调查资料搜集方法分类

# 5.2　文案调查法

## 5.2.1　文案调查法的应用与要求

### 1. 文案调查法的含义

文案调查法又称间接调查法，是指通过查看、阅读、检索、筛选、剪辑、购买、复制等手段收集二手资料的一种调查方法。所谓二手资料，是指特定的调查者按照原来的目的已收集、整理的各种现成的资料，又称次级资料，如年鉴、报告、文件、期刊、文集、数据库、报表等。文案调查法主要用于搜集与市场调研课题有关的二手资料，它与访问调查法、观察法等搜集原始资料的方法是相互依存、相互补充的。

文案调查法的优点是，资料收集过程比较简易，组织工作简便，二手资料比较容易得到，相对来说比较便宜，并能较快地获取。因此，能够节省人力、调查经费和时间。尤其是企业建有管理信息系统或市场调查网络体系，并与外部有关机构具有数据提供的协作关系的条件下，文案调查法具有较强的机动性和灵活性，能够较快地获取所需的二手资料，以满足市场研究的需要。

文案调查法的主要缺点是，二手资料是为原来的目的收集整理的，不一定能满足调研者研究特定市场问题的数据需求；二手资料主要是历史性的数据和相关资料，往往缺乏当前的数据和情况，存在时效性缺陷；二手资料的准确性、相关性也可能存在一些问题。因此，在使用二手资料之前，有必要对二手资料进行审查与评价。

### 2. 文案调查法的应用

文案调查法在市场调研中具有许多重要的作用，尽管所收集的二手资料不可能提供特定调研问题的全部答案，但二手资料在很多方面都是有用的，主要应用在以下几个方面。

（1）用于市场探测性研究。市场探测性研究主要是利用二手资料展开市场调研问题的预研究，而文案调查搜集的二手资料可以满足市场探测性研究的需要，它可以帮助调研者发现和明确需要研究的问题，找出问题的症结和确定调研的方向，初步了解调查对象的性质、范围、内容和重点，为组织正式调查开路。

（2）可开展经常性的市场研究。文案调查可较快地收集企业内外的各种统计资料、财务资料和业务资料，也可以收集研究问题的背景资料、主体资料和相关资料。利用这些资料可开展经常性的市场分析和市场预测，描述市场发展变化的特征、趋势和问题，分析市场变化的原因，预测市场发展变化的前景，为企业的生产经营决策提供信息支撑和分析研究成果。

（3）为调查方案设计提供帮助。在市场调查方案设计过程中，调研者往往需要利用历史的先决信息，了解总体范围、总体分布、总体单位数目、关键指标或主要变量，才能有效地定义总体、设计抽样框、确定样本量、确定抽样方式等，以设计出可行的、科学的市场调查方案。而这些先决信息需要利用文案调查法进行收集。

（4）配合原始资料更好地研究问题。许多市场调查课题的分析研究，往往需要原始资料与二手资料的相互配合、相互补充，才能更好地研究问题，解释调查结果，提高研究的深度和广度。此外，二手资料亦可独立解释一些调查问题，检验某种假设，作出某种推断。

在市场调查研究中，二手资料的收集是原始资料收集的先决条件，一般应从二手资料的收集开始市场研究。只有当二手资料不够用、不好用、不全面、不系统时，或者必须要当前数据和情况时，再考虑原始资料的收集，以便节省时间、人力和经费。

**3. 文案调查的要求**

（1）注意针对性。根据调研者的研究目的有针对性地重点收集与调查课题有关的第二手资料，包括背景资料、主体资料和相关资料。既要注意收集内容的针对性，又要注意针对资料的来源进行定向搜集。要注意资料的适用性和够用性，避免无用的垃圾信息产生。

（2）注意时效性。二手资料的时效性较差，如果资料反映的情况发生变化，就失去了利用价值。为此，应注意用最快的速度及时收集、分析和利用各种最新的数据和资料，及时更新数据库，以缩短二手资料的时滞性，提高资料的时间价值。

（3）注意全面性。文案调查应通过各种信息渠道，利用各种机会，采取多种方式广开信息源，大量收集与调研课题有关联的有价值的信息，力求二手资料收集的广泛性、全面性。即广泛、全面地收集与调研课题有关的背景资料、主体资料和相关资料，以满足市场调研和决策的信息需求。

（4）注意系统性。为了提高二手资料的利用价值，收集和整理时应力求资料具有系统性、层次化和系列化。同一数据资料最好能够同时开发出属性数列、变量数列、空间数列、时间数列、相关数列、平衡数列的信息资源，定性资料最好能够划分为不同的类别或序列。

（5）注意准确性。二手资料往往是为其他目的而由他人搜集整理的，调研者搜集和利用这些二手资料时，应注意评价数据和资料的适用性和准确性。

## 5.2.2　文案调查的资料来源

文案调查的资料来源主要有企业的内部渠道和外部渠道。内部渠道主要是企业各个部门提供的各种业务、统计、财务及其他有关资料。外部渠道主要是企业外部的各类机构、情报单位、国际互联网、在线数据库及图书馆等所持有的可供用户共享的各种资料。

**1. 内部资料的来源**

（1）统计资料。企业统计资料是对企业各项经济活动的综合反映，是企业生产经营决策的重要依据，是进行市场调查的重要的次级资料，主要包括企业各类统计报表、各种统计分析资料、反映生产经营活动的各种数据，如工业企业的产品产值、产量、销售量、库存量、单位成本、原材料消耗量等统计数据，贸易企业商品购销存统计数据等。一般从企业统计部门搜集取得。

（2）财务资料。企业财务资料是反映企业生产经营等各种经济活动的活劳动和物化劳动消耗及取得的经济效益的重要资料，是企业加强管理、研究市场、提高经济效益的重要依据，主要包括企业资产、负债、权益、收入、成本、费用、利润等各种会计核算资料和财务分析资料，一般从企业财务会计部门搜集取得。

（3）业务资料。企业业务资料是反映企业生产经营业务活动的一些原始记录方面的资料，是企业开展经营业务活动、进行市场分析的重要资料，主要包括各种订货单、进货单、发货单、存货单、销售记录、购销合同、顾客反馈信息及业务人员各种记录等，一般从企业业务部门搜集取得。

（4）其他资料。企业内部渠道的二手资料除上述资料外，还有企业其他部门平时搜集整理的各种上级文件资料、政策法规、调研报告、工作总结、顾客意见、来信来访、档案卷宗、照片、录音、录像、剪报等资料。这些资料对企业市场调查也有一定参考作用。

**2. 外部资料的来源**

从企业外部搜集二手资料，主要有以下几个渠道。

（1）各级政府部门发布的有关资料。如各级计委、财政、工商、税务、银行、贸易等部门经常定期或不定期发布各种有关政策法规、价格、商品供求等信息。这些信息是重要的市场调查资料。

（2）各级统计部门发布的有关统计资料。各级统计部门每年都定期或不定期地发布国民经济统计资料。各级统计局每年还出版统计年鉴，内容包括综合、人口与就业、投资、财政、工业、农业、建筑业、商业、对外贸易、人民生活文化、教育、卫生、环保等许多重要的国民经济统计资料。这些资料是市场调研必不可少的重要资料。

（3）行业协会或行业管理机构发布的本行业的统计数据、行业市场分析报告、市场行情报告、工商企业名录、产业研究、商业评论、行业政策法规等数据和资料，这些资料是研究行业状况和市场竞争的重要依据。

（4）各种信息中心和信息咨询公司提供的市场信息资料。这些专业信息机构资料齐全，信息灵敏度高，专业性强，可靠程度大。为满足用户需要有时还代办咨询、检索、定向服务或进行市场调查。这些专业信息机构是搜集次级资料的重要渠道。

（5）各种公开出版物。如订购有关科技书籍、杂志、报刊。这些出版物经常登载科技信息、文献资料、广告资料、市场行情、预测资料和各种经济信息。一般信息及时、容量大，是重要的外部渠道。如配以专人阅读剪贴、分类储存，是一种搜集外部资料的好办法。

（6）电视广播提供的各类资料。我国的电视广播事业非常发达，中央、省、地、县都建有电视台和广播电台，不少省的电视都通过卫星传播，覆盖全国。这些电视台、广播电台每天都发送大量的广告信息和各种经济信息，也是重要的搜集外部资料的渠道。

（7）各类研究机构的各种调研报告、研究论文集；各类专业组织的调查报告、统计报告以及相关资料。

（8）参加各种博览会、展销会、交易会和订货会。这些会议一般都有新产品、新技术、新设备、新材料等供应方面的信息。通过参加这些会议可以搜集大量的市场调查资料，还可以直接获取样品、产品说明书等资料，有时还可以通过拍照、录音、录像获取有关资料。

（9）建立公共关系网获取资料。现代企业非常重视公共关系，良好的公共关系是获取市场调查资料的好途径。企业有时需要的重要市场调查资料，在竞争激烈、信息保密的情况下，很难通过正规途径取得。这就需要建立良好的公共关系，通过微妙的人际关系网获得。企业应注意与政府部门、学术界、舆论部门、合作单位，甚至竞争对手保持密切关系，以便通过与这些部门形成的公共关系网获取企业所需的信息资料。

（10）各种国际组织、外国使馆、驻外使馆、办事处等提供的各种国际市场资料。

**3. 国际互联网、在线数据库**

国际互联网和在线数据库也是企业搜集外部信息的重要渠道。对于市场调研者来说，通过国际互联网和在线数据库可收集存放在世界各地服务器上的数据、文章、报告和相关资料，对于特定的市场调研课题来说，可以获得以下重要的信息资源。

（1）与调研课题有关的环境资料，包括总体环境、产业环境、竞争环境的资料；

（2）调研课题有关的主体资料和相关资料；

（3）与调研课题有关的各类公司、组织机构的资料；

（4）同类研究课题的报告、案例分析、研究思路与参考性方案；

（5）与调研课题有关的产品知识、市场知识和相关知识。

总之，通过国际互联网和在线数据库，可以搜寻和检索到大量资料，有的可以直接或加工后用于市场研究，有的可辅助市场调查方案设计。现代市场调研应善于应用网络调查法收集资料，具体做法将在 5.5 节作专门的介绍。

## 5.2.3　文案调查的方法

**1. 核算法**

核算法主要用于收集企业内部的现成资料，它是以企业的订货单、验收单、发货单、销售记录、订货合同等业务资料为依据，通过分类核算、汇总统计、加工和开发出所需要的有关数据。如依据商品销货单和销售记录，可进行分类别、分商品、分客户、分地区等多项分类核算，以满足销售研究的数据要求。

**2. 报告法**

报告法主要用于收集特定系统内部（行业内、企业集团内）的统计数据、财务数据等。它是将设计的调查表下放给下属各单位，要求各单位自行填报，向上级调查机构提供有关数据的方法。这种方法，要求组织者必须统一调查表式、统一调查项目、统一填报要求，以保证所收集的数据具有统一性。同时应加强数据质量的监控和审查。

**3. 汇编法**

汇编法是企业定期整理和积累企业内部统计数据、财务数据和相关资料的一种方法，则按一年或五年进行一次资料汇编，编印资料手册、统计摘要、企业年鉴等，以满足市场研究和经营管理的信息需求。

**4. 筛选法**

筛选法是指从各类文献资料中分析和筛选与市场调研问题有关的资料。文献一般有图书、杂志、统计年鉴、会议文献、论文集、科研报告集、专利文献、政策法规、地方志等。采用筛选法收集二手资料，应根据调查的目的和要求有针对性地查找有关文献资料。

**5. 剪辑法**

剪辑法是指调查者平时从各种报刊上剪辑与市场调研活动有关的文章、报告、报道、公报、述评、资讯等。利用剪辑法往往能够从各种报刊上获得与市场调研活动和企业生产经营决策活动有关的大量的二手资料。

**6. 购买法**

在现实生活中，许多重要的二手资料如经济年鉴、统计年鉴、地方志、企业名录等资料，往往面向社会公开发行，企业可以订购这些资料。此外，各种专业信息咨询机构、市场调查机构有时也会有偿提供一些重要的市场调研报告。

**7. 参考文献查找法**

参考文献查找法是指利用有关论文、著作、报告等文献的末尾所开列的参考文献目录或文中涉及的文献资料，以此为线索追踪查找有关文献资料的方法。这种方法是获取技术、经济情报的重要方法之一。

**8. 检索工具查找法**

检索工具查找法是指利用出版单位、图书馆、书店、报纸杂志等单位编制的书目、索引、文摘等检索工具查找有关资料的方法，包括追检原文、按时间顺序进行顺检或倒检、分散分段检索等。

**9. 计算机网络检索法**

计算机网络检索法是指利用计算机网络检索、搜寻调研者所需要的有关资料，计算机网络检索法应用领域广、周期短、成本低、速度快、效率高、信息量大，因而被广泛应用。

**10. 情报联络网法**

情报联络网法是指企业在一定范围内设立情报联络网，用以搜集市场情报、竞争情报、技术经济情报等。企业建立情报网可采用重点地区设立固定情报点，派专人负责或由营销人员兼职；一般地区可与同行业、同部门的情报机构、信息中心、调研机构建立资讯业务联系，定期互通情报、交换资料，以满足各自的需要。

## 5.2.4 文案调查的工作程序

文案调查应用范围广泛，资料来源渠道多种多样、获取方法很多，为了提高文案调查的效率，节省调查的人力、物力、时间和经费，必须遵循一定的工作程序。文案调查工作流程如图 5-2 所示。

**1. 确定信息需求**

文案调查必须针对特定的目的收集资料，为此，调研者应考虑企业市场研究和经营管理的信息需求，包括现实需求和长远需求。现实需求是指文案调查应为解决什么样的现实问题提供信息支持，长远需求是指文案调查应为企业经常性的生产经营管理决策提供基础性的连续的数据和资料。

**2. 确定收集内容**

根据确定的信息需求，进一步明确应收集哪些方面的内部资料和外部资料，才能满足市场研究和生产经营管理的决策需求。一般来说，应收集与市场调研课题有关的背景资料、主体资料和相关资料，以便研究问题的题由、特征和原因。同时，资料内容的界定应力求具体化、条理化。

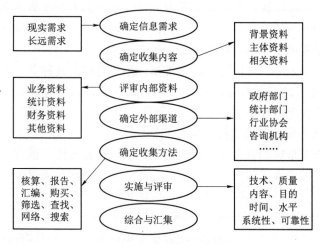

图 5-2　文案调查工作流程

### 3. 评审内部资料

评审企业内部已取得或已经积累起来的统计资料、财务资料、业务资料和其他资料是否能满足特定的市场研究课题的需要，是否能满足经常性的生产经营管理的信息需求。通过评审、发现问题进行整改，以完善现成资料的内部来源，规范内部信息流程和基础工作。

### 4. 确定外部渠道

根据确定的外部资料收集的内容、确定收集的方向和渠道，明确向谁收集、收集什么、何时收集等基本问题。外部资料来源的渠道很多，应根据资料收集的目的、内容和要求，综合考虑提供者的信誉、专业化程度、服务水平、数据质量、数据的系统性与有用性。

### 5. 确定收集方法

明确采用什么样的方法才能有效地收集第二手资料。一般来说，外部资料收集需要采用多种方法组合应用，才能从不同的渠道有效获取各种不同性质的现成资料。内部现成资料收集的主要方法是核算法、报告法和汇编法及企业内部数据库、管理信息系统等。

### 6. 实施与评审

第二手资料收集的内容、渠道和方法确定之后，调研者则可实施资料的收集工作。对所收集的二手数据和相关资料，应从技术、质量、内容、目的、时间、水平、系统性、可靠性等方面作出评审，以决定资料的利用价值。

### 7. 综合与汇集

对收集的二手数据和相关资料，经过评审后，再进行分类、综合、加工、制表、归档、汇编等处理，使收集的资料实现条理化、综合化、层次化，为市场分析研究和满足管理的信息需求提供优质的信息服务。

## 5.3　访问调查法

### 5.3.1　访问调查法的概念与种类

访问调查法简称访问法或询问法，是指调查者以访谈询问的形式，或通过电话访谈、邮寄问卷、留置问卷、小组座谈、个别访问等询问形式向被调查者搜集市场调查资料的一种方法。基本原理是以问和听的形式获取信息、挖掘信息。访问法是市场调查资料搜集最基本最常用的调查方法，主要用于原始资料的搜集。

访问法按不同标志划分，可以分为许多类型，主要有以下几种。

（1）按访问形式不同分，有面谈访问、电话询问、留置问卷访问、邮寄访问等方法。这几种方法将在后面作重点介绍。

（2）按访问方式不同分，有直接访问和间接访问。

直接访问是调查者与被调查者直接进行面谈访问，这种方法可以直接深入到被调查对象中进行访问，也可将被调查者请到一起来座谈访问。间接访问是通过电话或书面形式间接地向被调查者进行访问，如电话访问、邮寄访问、留置问卷访问等。

（3）按访问内容不同分，有标准化访问和非标准化访问。

标准化访问又叫结构性访问，是指调查者事先拟好调查问卷或调查表，有条不紊地向被调查者访问，主要应用于数据收集和定量研究。非标准化访问又叫非结构性访问，是指调查者按粗略的提纲自由地向被调查者访问，主要应用于非数据信息收集和定性研究。

## 5.3.2 标准化访问

标准化访问是利用从总体中抽取的一个样本，以及事先设计好的一份结构式的问卷，向被抽中的被调查者询问问题，获取信息。它是最为常用的数据收集方法，又称抽样问卷调查法或市场定量调研法。

标准化访问法的应用必须具备两个前提条件，一是必须事先从总体中按一定的抽样方式方法随机抽取样本，确定被访问者的数目（样本量）；二是必须事先设计好封闭式或半封闭式的结构型问卷，作为访问与记录的工具。

标准化访问法的优点主要是：首先，问卷的问题顺序都是事先安排好的，大多数问题的答案都是事先给定的，访问的过程也是直接的（不隐蔽的），因而易于操作；其次，所收集的数据比较可靠，因为问题都是封闭式的（有固定的选择答案），这就可以大大地减少可能由调查员的差异引起的误差；最后，数据的编码、分析和解释都比较简单，因为样本是有代表性的，可以对总体的情况作较为合理的判断。

标准化访问法的缺点主要是：首先，被调查者可能不愿意或不能够提供所需的信息。例如关于态度或动机的问题，有时候被调查者可能不是十分明确地意识到决定其行为的动机是什么（如选择某种商品、作出某种决定的因素是哪些）。因此所提供的信息可能就不准确。如果问题涉及个人隐私或很敏感，被调查者可能也不愿意回答。其次，封闭性的问题限制被调查者选择答案的范围，有可能使某些类型的数据的有效性受损失。最后，问题的措辞也很不容易，要设计一份好的问卷难度是较大的。尽管如此，问卷调查仍然是收集原始数据的最常用的方法。在我国，各种民意调查和市场调查基本上都采用问卷调查。

标准化访问法的具体方法有电话访问、面谈访问、邮寄访问三类。其中每一类又可分为不同的访问方式，见图5-3所示。

### 1. 电话访问

电话访问是调查者通过查找电话号码簿用电话向被调查者进行访问，以搜集市场调查资料的一种方法。电话访问在西方发达国家使用较多，在我国，企业直接用电话向消费者进行

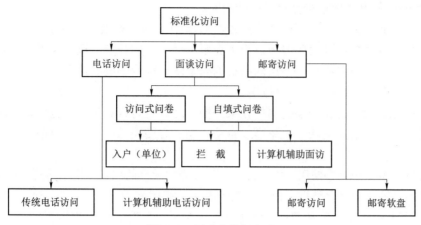

图 5-3　标准化访问方式

访问调查的还不多，一般是企业之间相互沟通信息。随着市场竞争日益激烈以及电话日益普及，电话访问将逐步进入人们的生活中。电话访问分为传统电话访问和计算机辅助电话访问两种形式。

1）传统电话访问

传统电话访问就是选取一个被调查者的样本，然后拨通电话，询问一系列的问题。调查员（也叫访员）用一份问卷和一张答案纸，在访问过程中用笔随时记下答案。

调查员集中在某个场所或专门的电话访问间，在固定的时间内开始面访工作，现场有督导人员进行管理。

调查员都是经过专门训练的，一般以兼职的大学生为主，或其他一些人员。有些公司由于电话访问项目较多而设有专职的电话访问员。

传统电话访问的程序是：

（1）根据调查目的划分为不同的区域；

（2）确定各个区域必要的调查的样本单位数；

（3）编制电话号码本（抽样框）；

（4）确定各个区域被抽中的电话号码；

（5）确定各个区域的电话访问员；

（6）电话访问一般利用晚上或假日与被调查者通电话，获取有关资料。

电话访问的主要优点是：① 搜集市场调查资料速度快、费用低，可节省大量调查时间和调查经费；② 搜集市场调查资料覆盖面广，可以对任何有电话的地区、单位和个人直接进行电话访问调查；③ 可以免去被调查者的心理压力，易被人接受，尤其有些家庭不欢迎陌生人进入，电话访问可免除心理防范，能畅所欲言。特别对于那些难于见面的某些名人，采用电话访问尤为重要。

电话访问的主要缺点是：① 电话访问只限于有电话的地区、单位和个人，电话普及率高才能广泛采用，在通信条件落后地区，这种方法受到限制；② 电话访问由于不能见到被调查者，无法观察到被调查者的表情和反应，也无法出示调查说明、图片等背景资料，只能凭听觉得到口头资料，因此，电话访问不能使问题深入，也无法使用调查的辅助工具；

③ 对于回答问题的真实性很难作出准确的判断。

电话调查主要应用于民意测验和一些较为简单的市场调查项目。要求询问的项目要少，尽量采用二项选择法提问，时间要短。为了克服电话访问的缺点，调查前可寄一封信或卡片告之，告知被调查者将要进行电话访问的目的和要求，以及奖励办法等。

2）计算机辅助电话访问（CATI）

在发达国家，特别是在美国，集中在某一中心地点进行计算机辅助电话访问比传统的电话访问更为普遍，具有速度快、效率高、自动控制、方便灵活等特点。目前在国内有少数调查公司采用。

计算机辅助电话访问是使用一份按计算机设计方法设计的问卷，用电话向被调查者进行访问。计算机问卷可以利用大型机、微型机或个人用计算机来设计生成，调查员坐在 CRT 终端（与总控计算机相连的带屏幕和键盘的终端设备）对面，头戴小型耳机式电话。CRT 代替了问卷、答案纸和铅笔。通过计算机拨打所要的号码，电话接通之后，调查员就读出 CRT 屏幕上显示出的问答题并直接将被调查者的回答（用号码表示）用键盘记入计算机的记忆库之中。

计算机会系统地指引调查员工作。在 CRT 屏幕上，一个问题只出现一次。计算机会检查答案的适当性和一致性。数据的收集过程是自然的、平稳的，而且访问时间大大缩减，数据质量得到了加强，数据的编码和录入等过程也不再需要。由于回答是直接输入计算机的，关于数据收集和结果的阶段性的和最新的报告几乎可以立刻就得到。

计算机辅助电话访问须在一个中心地点安装 CATI 设备，其软件系统包括四个部分：自动随机拨号系统、问卷设计系统、自动访问管理系统、自动数据录入和简单统计系统。

**2. 面谈访问**

面谈访问是指调查者与被调查者面对面地进行交谈，以收集调查资料的方法，又称直接访问法。面谈访问按照访问的对象不同，分为家庭访问和个人访问法；按访问是否采用标准化问卷，分为"标准式访谈"和"自由交谈"；而标准式访谈按照问卷填写的形式，分为调查员填写问卷调查法和留置问卷调查法；按照访问的地点和形式不同，分为入户（或单位）访问、拦截访问和计算机辅助访问。

1）入户访问

入户访问是指调查员到被调查者的家中或工作单位进行访问，直接与被调查者接触，然后利用访问式问卷逐个问题进行询问，并记录下对方的回答；或者将自填式问卷交给被调查者，讲明方法后，等待对方填写完毕或稍后再回来收取问卷的调查方式。

入户访问是最常用的原始资料收集的调查方法，适用于调查项目比较复杂的产品测试、广告效果测试、消费者调查、顾客满意度研究、社情民意调查等。其工作程序如图 5-4 所示。

入户访问有以下优点。① 调查有深度。调查者可以提出许多不宜在人多的场合讨论交谈的问题，可深入了解被调查者的状况、意愿和行为，亦可在访问中发现新情况和新问题。② 直接性强。由于是面对面的交流，调查者可以采用一些方法来激发被调查者的兴趣，如图片、表格、产品演示等，当被调查者因各种原因不愿回答时，调查者可进行解释、启发、争取被调查者合作。③ 灵活性较强。调查者可以根据具体情况灵活掌握提问题的顺序，随时解释被调查者提出的疑问。④ 准确性较强。调查者可充分解释问题，把问答的不回答程度及答复误差减少到最低。同时，可根据被调查者回答问题的态度，判别资料的真实可信程度；⑤ 拒答率较低。通过面谈访问，被调查者一般不会拒绝回答问题，遇到拒绝回答时，

图 5-4　入户访问程序

也可通过访谈技巧采取被调查者回答或作二次访问。

入户访问有以下缺点。① 费用高。对大规模的市场调查需耗费大力人力、物力和财力，因此，该法适宜规模较小的市场调查。② 时间长。对大规模的市场调查的入户访问，不仅耗费大量人力、物力和财力，还需较长时间才能完成。③ 对访问员要求高。由于是调查者与被调查者直接面对面访问，因此，要求访问员必须具有较高素质，访问人员的态度、语气和询问技巧是否恰当，都会影响调查资料的质量。④ 调查质量容易受气候、调查时间、被访者情绪等其他因素的干扰。

2）留置问卷访问

留置问卷访问是调查者将调查问卷当面交给被调查者，说明调查目的和要求，由被调查者自行填写回答，按约定的时间收回的一种方法。它是入户访问的另一种形式。

留置问卷访问的主要优点是：① 回收率高，被调查者的意见可不受调查人员的影响；② 问卷设计可以详细周密，充分体现调查者的意图，需要了解什么问题就设置什么问题；③ 由于问卷留给被调查者填答，被调查者可详细思考、认真作答，避免由于时间仓促或误解产生误差。

留置问卷访问的主要缺点是：① 调查区域范围受到一定限制，难以进行大范围的留置问卷调查；② 时间长，费用相对较高。

3）拦截式访问

拦截式访问是指在某个场所（如商业区、商场、街道、医院、公园等）拦截在场的一些人进行面访调查。这种方法常用于商业性的消费者意向调查中。例如，在商场的化妆品柜台前拦截女性顾客询问她们对各种化妆品的偏好及购买习惯、行为等。拦截式访问有以下 3 种方式。

（1）街头拦截法。即由经过培训的调查员在事先选定的若干街头、地段选取访问对象，征得其同意后在现场按问卷进行面访调查。

（2）商场拦截法。它是在商场的特定环境中，针对某些顾客群在商场的适当位置进行拦截，将事先设计好的问卷（主要针对商场环境、商品陈列、服务态度、商场满意度测评问题）提交给拦截对象，征得其回答。

（3）定点拦截法。它是先在街头、车站、码头、娱乐场所、购物场所等租定地点，设置面访室，然后由调查员在事先选定的若干地点拦截访问对象，征其同意后，带到租定的面访室进行问卷调查。

拦截式访问的程序如图 5-5 所示，应用时应重点注意：一是问卷内容不宜过多，问题应简单明了，且不涉及有关个人隐私方面的问题；二是在访问过程中要控制其他人包括受访者的同伴对受访者的影响。对主动要求接受采访的人，调查人员要善于甄别，对不合适的对象应婉言谢绝。

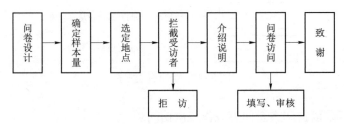

图 5-5　拦截式访问的程序

拦截式访问的主要优点是：① 访问地点比较集中，时间短，可节省访问费和交通费；② 可以避免入户访问的一些困难，便于对访问员进行监控；③ 受访者有充分的时间来考虑问题，能得到比较准确的答案；④ 对拒访者可以放弃，重新拦截新的受访者，确保样本量不变。

拦截式访问的主要缺点表现在三个方面：① 不适合内容较复杂、不能公开的问题的调查；② 调查对象的身份难以识别，在调查地点出现带有偶然性，可能影响样本的代表性和调查的精确度；③ 拒访率高，拦截的个别行人、顾客可能因为要赶车、处理公务或私务、怕耽搁时间等原因而拒访。因此，在使用时应附有一定的物质奖励。

4）计算机辅助面访（DGI）

计算机辅助面访是将问卷设置在笔记本式计算机或台式计算机中，以辅助入户访问或拦截式访问。DGI 软件系统一般包括问卷设计系统、访问管理系统、数据录入和问卷统计系统 4 个子系统部分。计算机辅助面访有两种情形。

（1）计算机辅助入户访问。它是入户访问的新的发展形式，它是将问卷设置在笔记本式计算机中，由调查员随身入户访问，向受访者介绍调查的目的及操作方法，由受访者按计算机上的提问自行输入要回答的问题，或由调查员代为输入。这样可以节省访问的时间和资料录入整理的时间，也可避免逻辑性错误，还可提高受访者的兴趣。

（2）计算机辅助拦截访问。它是拦截式访问的新的发展形式，它是由调查员先拦截被调查者并征其同意后，直接带到放有计算机的地方，介绍说明调查目的，请求其配合支持，然后由被调查者按计算机上的提问自行输入要回答的问题，或由调查员按计算机上的提问边询问边输入。它具有自动录入数据、编辑数据、逻辑检查、自动汇总统计等优势，因而速度快、效率高、节省调查时间和调查费用。

**3. 邮寄访问**

邮寄访问是指调查者将印制好的调查问卷或调查表格，通过邮政系统寄给选定的被调查者，由被调查者按要求填写后，按约定的时间寄回的一种调查方法。有时，也可在报纸上或杂志上利用广告版面将调查问卷登出，让读者填好后寄回。调查者通过对调查问卷或调查表格的审核和整理，即可得到有关数据和资料。

　　邮寄访问是以邮递员取代调查员，并以邮资的形式取代了调查员的成本支出。它克服了电话访问和拦截式访问只能调查简单问题的缺陷。但同时也完全依赖于"问卷与被调查者"交流。因此，邮寄访问对问卷设计要求较高。其调查作业程序如图 5-6 所示。

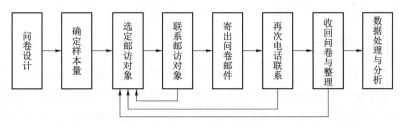

图 5-6　邮寄访问的程序

　　（1）问卷设计。即根据调查目的和要求、调查内容和项目，设计封闭式或半封闭式问卷。设计时，还应考虑邮寄访问的特点，在问卷后附注填写要求，寄回时间、奖励办法等。

　　（2）确定样本量。即确定调查对象的总数目。由于邮寄访问的问卷回收率一般较低，因而样本量的确定应大于理论上的必要抽样数目。

　　（3）选定邮访对象。即确定邮寄访问的具体对象，并收集邮寄对象的名单、通讯地址、邮编、电话号码等要素。

　　（4）联系邮访对象。即通过电话与选定的访问对象进行联系，请求他们协助填写问卷，说明填写要求和奖励办法。

　　（5）寄出问卷邮件。在邮件中除了调查问卷外，还应附有致被调查者的信件，贴好邮票的回邮信封。

　　（6）再次电话联系。寄出问卷邮件之后，可隔一定时间通过电话再次与邮访对象进行联系，确认是否收到问卷，并再次请求合作。

　　（7）收回问卷与整理。邮访对象寄回问卷后，应登记问卷寄回的名单、日期及地址，并统计问卷回收的数量及回收率。问卷的回收率一般应至少达到 60%，如果达不到这个最低数，应再次联系没有寄回问卷的被调查者，请求合作，并再次寄出问卷。如果仍不能达到要求，则可从没有寄回问卷的被调查者中随机抽样，最后通过面访的方式来提高应答率。

　　（8）数据处理与分析。邮寄访问结束后，则可对问卷进行分类、汇总和统计分析。

　　邮寄访问的主要优点有：① 调查范围较广，问卷可以有一定的深度；② 调查费用较低，在没有物质奖励时，只需花费印刷费和邮资费；③ 被调查者有充分的时间作答，还可查阅有关资料，因而取得的资料可靠程度较高；④ 被调查者不受调查者态度、情绪等因素的影响，问题更客观，可消除调查者误差；⑤ 无需对调查员进行选拔、培训和管理。

　　邮寄访问的主要缺点有：① 调查问卷回收率低，其原因可能是被调查者对调查问题不感兴趣，问卷设计太复杂，被调查者不在家或事务太忙等；② 调查时间长，由于需要联系、等待、再联系、再等待，致使调查时间拉长，影响调查资料的时效性；③ 问卷回答可靠性较差，由于无法交流，被调查者可能产生误解，也可能请人代答填写。

　　邮寄访问主要应用于时效性要求不高，受访者的名单、地址、邮编比较清楚，调查费用比较紧张的调查项目。如果企业有多次邮寄访问调查的先例，积累了邮访对象的样本群体，并建立了良好的合作关系，邮寄访问能够取得优良的效果。

由于邮寄访问有一定的缺陷，使用这种调查方法时应注意以下几点：① 用电话或跟踪信提醒；② 注意提前通知或致谢；③ 需要设置一定的物质奖励；④ 附上回信的信封并贴足邮资；⑤ 增加问卷的趣味性，如填空、补句、判断、图片等；⑥ 最好由知名度较高且受人尊敬的机构主办，如大学、政府机构、私人调查机构等。

### 5.3.3 非标准化访问

非标准化访问又称非结构性访问，是指调查者按粗略的调查提纲自由地向被调查者进行访问。主要用于非量化信息的搜集和市场定性研究，因而又称定性调研法。非标准化访问除了可帮助调研者进行潜在的理由和动机的定性研究之外，还有两个重要的应用理由。

首先，并不是在所有情况下都有可能采用完全结构式的或正规的方法去获取被调查者的信息；或即使有可能，但调研者并不想采用这些方法。例如，被调查者可能不愿意或不能回答某些问题，由于这些问题侵犯他们隐私、让他们为难或对他们的自我形象有消极影响。例如，"你最近购买过卫生巾吗？""服用过治疗焦虑的药品吗？"之类的问题。

其次，被调查者有时候可能对一些涉及下意识的问题无法提供准确的答案。下意识的一些动机、欲望等往往是以合理性或自我防护等形式隐蔽起来的。例如，某人可能为了克服自己在素质上低于别人的一种感觉而购买了一套昂贵的西服。如果调查员询问"你为什么要购买这套西服"时，他可能会违心地说，"因为我最近赚了一大笔钱"或"我的旧西服坏了"。在这些情况下，利用定性研究方法可能更容易得到想要的信息。

非标准化访问的方法有直接法和间接法两种。直接法主要是小组座谈会和深层访谈法，间接法主要有各种投影技法（如图 5-7 所示）。

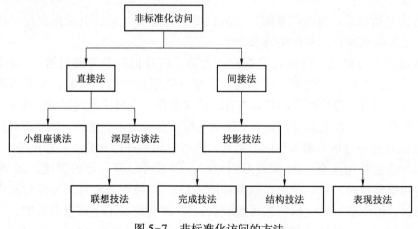

图 5-7　非标准化访问的方法

**1. 小组（焦点）座谈法**

1）小组（焦点）座谈法的概念与特点

小组（焦点）座谈是由一个经过训练的主持人以一种无结构的自然的形式与一个小组的被调查者交谈。主持人负责组织讨论。小组座谈法的主要目的是通过倾听一组从调研者所要研究的目标市场中选择来的被调查者，从而获取对一些有关问题的深入了解。这种方法的价值在于常常可以从自由进行的小组讨论中得到一些意想不到的发现。其特点如下。

小组大小：8 ～ 12 人。

小组构成：同质性，预先筛选被调查者。

座谈环境：放松的、非正式的气氛。

时间长度：1 ～ 3 小时。

记录：使用录音带和录像带。

观察：主持人可以观察、可相互接触，主持人有熟练的交流技术。

**2）小组（焦点）座谈主持者的素质要求**

小组（焦点）座谈法能否取得成功，关键取决于主持者主持会议和组织讨论的能力和水平，这些能力和水平又取决于主持者应具备的基本要素。从小组（焦点）座谈的要求来看，主持人应具备以下基本素质和要求。

（1）坚定、中立、和善。为了促成必要的相互影响，主持人应将训练有素的（不偏不倚的）超脱态度与理解对方并将感情投入这两者很好地结合起来。

（2）容许。主持人应容许出现小组的兴奋点或目的不集中的情况，但必须保持警觉性。

（3）介入。主持人必须鼓励和促进热情的个人介入。

（4）不完全理解。主持人必须通过摆出自己对问题的不完全理解，进而鼓励参加者更具体地阐述其看法。

（5）鼓励。主持人必须鼓励不发言的成员积极参与。

（6）灵活。在小组座谈出现混乱时，主持人必须能够随机应变进行处理，并及时变更计划的座谈提纲。

（7）敏感。主持人应具有敏感性，以便能在有感情又有理解水平的基础上去引导小组的讨论。

**3）小组（焦点）座谈法的过程**

小组（焦点）座谈法能否取得成功，除了主持人应具备必要的基本素质外，还应遵循一定的作业程序，以便控制调研过程，确保会议的有效组织和信息的获取。主要程序如下：

（1）调查研究的目标以及问题的定义；

（2）规定定性研究的目标；

（3）界定小组座谈会成员回答的问题，即获取哪些信息；

（4）筛选参加者，准备会议材料；

（5）制定主持人的提纲（规定调查方向）；

（6）组织小组座谈会调查（引导、控制、讨论、评论）；

（7）重温录像并分析资料；

（8）探寻随后的研究或行动。

**4）小组（焦点）座谈法的优缺点**

与其他资料收集方法相比，小组座谈会方法有以下优点。① 协同增效：将一组人放在一起讨论，与个别询问得到的回答相比，小组座谈会可产生更广泛的信息、深入的理解和看法。② 滚雪球效应：在小组座谈会中常常会有一种"滚雪球"效应，即一个人的评论会启发参加者的一连串反应。③ 刺激性：随着小组对所谈论问题的兴奋水平的增加，参加者要想表达他们的观点和感情的愿望也增强。④ 安全感：由于参加者的感觉与小组中的其他成员是类似的，所以参加者感到比较舒服，并愿意表达他们的观点与感情。⑤ 自发性：由于对参加者没有要求回答某个具体的问题，他们的回答可以是自发的、不遵循常规的，因而能够比较准确地表达他们的看法。⑥ 发现灵感：与个别访问相比，小组座谈更容易激发灵感、产生想法。⑦ 专门化：因为多个被调查者同时参与，所以雇用一个受过高级训练、价格昂贵的调查员（主持人）是合适的。⑧ 科学监视：小组座谈会容许对资料的收集进行密切的监视，观察者可以亲自看座谈的情况，并可以将讨论过程录制下来作为后期分析。⑨ 灵活：小组座谈在覆盖的主题及其深度方面都可以灵活掌握。⑩ 速度快：由于同一时间内同时访问了多个被调查者，因此资料的收集和分析过程都是相对比较快的。

小组座谈会方法有以下缺点。① 误用：小组座谈会是探索性的，但可能会误用和滥用而将结果当作是结论性的来对待。② 错误判断：小组座谈会的结果比其他资料收集方法的结果更容易被错误地判断。小组座谈会特别容易受客户和调研者的偏差的影响。③ 主持有难度：小组座谈会是很难主持的。具有高素质的主持人是很少的，而调查结果的质量十分依赖于主持人的技术。④ 凌乱：回答的无结构性使得编码、分析和解释都很困难。小组座谈会的意见性资料是凌乱的。⑤ 代表性较差：小组座谈会的结果对总体是没有代表性的。因此，不能把小组座谈的结果当作是决策的唯一根据。

5）小组（焦点）座谈法的应用范围

小组座谈会可以应用于需要初步理解或深入了解的几乎所有的问题。例如：

（1）理解消费者对某类产品的认识、偏好及行为；

（2）获取对新的产品概念的印象；

（3）产生关于老产品的新想法；

（4）研究广告创意；

（5）获取价格定位的印象；

（6）获取消费者对具体的市场促销策略的初步反应。

在调研方法方面，利用小组焦点座谈法可以帮助解决以下问题：

（1）更准确地定义问题；

（2）生成其他的行动路线；

（3）寻求处理问题的途径；

（4）获取有助于构造问题的信息；

（5）生成能够定量地进行检验的假设；

（6）解释先前得到的定量结果。

**2. 深层访谈法**

深层访谈法是一种无结构的、直接的、个人的访问，又称个别访问法。即调研者按照拟定的调查提纲或腹稿，对受访者进行个别询问，以获取有关信息。在访问过程中，一个有经验的掌握访谈技巧的调查员通过深入地了解每一个被调查者，可以揭示调查者对某一问题的潜在动机、态度和感情。

1）深层访谈的技术

深层访谈技术主要有三种：阶梯前进、隐蔽问题寻探、象征性分析。

（1）阶梯前进。是顺着一定的问题线索进行访问探索，如从产品的特点一直到使用者的特点，使得调查员有机会了解被访者思想的脉络。

（2）隐蔽问题寻探。是将重点放在个人的"痛点"而不是社会的共同价值观上，放在与个人密切相关的而不是一般的生活方式上。

（3）象征性分析。是通过反面比较来分析对象的含义，要想知道"是什么"，先设法知道"不是什么"。例如，在调查某产品时，其逻辑反面是：产品的不适用方面、"非产品"形象的属性，以及对立的产品类型。

　2）深层访谈对调查员的要求

调查员的作用对深层访谈的成功与否是十分重要的。调查员应当做到：

（1）避免表现自己的优越和高高在上，要让被访者放松；

（2）超脱并客观，但又要有风度和人情味；

（3）以提供信息的方式问话；

（4）不要接受简单的"是"或"不是"的回答；

（5）刺探被访人的内心。

　3）深层访谈法的优缺点

深层访谈比小组座谈能更深入地探索被访者的内心思想与看法。而且深层访谈可将反应与被访者直接联系起来，不像小组座谈中难以确定哪个反应是来自哪个被调查者。深层访谈可以更自由地交换看法，而在小组座谈中也许做不到，因为有时会有社会压力而不自觉地形成小组一致的意见。

深层访谈也有小组座谈所遭遇的缺点，而且常常在程度上更深。能够做深层访谈的有技巧的调查员的薪酬（一般是专家，需要有心理学的知识）是很高的，也难于找到。由于调查的无结构使得结果十分容易受调查员自身的影响，调查结果的完整性和质量取决于调查员的技巧。调查结果常常难以分析和解释，需要一定的心理学知识来解决这些问题。由于占用的时间和所花的经费较多，因而在一个调研项目中深层访谈的受访者数量是十分有限的。

与小组座谈会一样，深层访谈主要也是用于获取对问题的初步理解或深层理解的探索性研究。不过，深层访谈不如小组座谈会使用那么普遍。尽管这样，深层访谈在有些特殊情况下也是有效的。例如，在有如下需要时可以采用深层访谈。

（1）详细地刺探被访者的想法（如汽车的买主）。

（2）讨论一些保密的、敏感的或让人为难的话题。

（3）了解被调查者容易随着群体的反应而摇摆的情况（如大学生对古典音乐的态度、对出国留学的态度等）。

（4）详细地了解复杂行为（如选择购物的商店、见义勇为行动）。

（5）访问专业人员（如某项专门的调研、对新闻工作者的调研）。

（6）访问竞争对手（他们在小组座谈的情况下不太可能提供什么信息）。

（7）调查的产品比较特殊，如在性质上是一种感官刺激、会引起某些情绪及很有感情色彩的产品（如香水、洗浴液等）。

例如，在研究洗澡用香皂的广告时，被调查者总是说好的香皂让他（她）们在浴后感到"又干净又清爽"。不过他们常常无法解释"干净清爽"到底意味着什么。广告研究者想要用一种新方式来谈论"清爽"，但从大量文献的研究中找不到有帮助的资料。因此，调研人员通过深层访谈刺探"又干净又清爽"对被访者到底意味着什么。调查员从有关干净清爽的所有方面来刺探：有这种感觉的次数、他们心目中的图像、与此相关的情绪和感觉、浮现什么音乐和色彩，甚至还有什么幻想，等等。从深层访谈中发现的一个主旋律是"从日常生活中逃脱出来"——即脱离拥挤的匆忙都市,自由地、放松地、无阻碍地被大自然所包围。由这个主旋律所激发出的词语和形象给广告创意提供了新的思路,制作出了与其他竞争对手完全不同的令人清爽的成功的广告作品。这个例子说明了深层访谈在揭示隐蔽的反应所表现的价值。

### 3. 投影技法

1) 投影技法的概念与种类

投影技法是一种无结构的非直接的询问形式,可以鼓励被调查者将他们对所关心问题的潜在动机、信仰、态度或感情投射出来。在投影技法中,并不要求被调查者描述自己的行为,而是要他们解释他人的行为。在解释他人的行为时,被调查者就间接地将他们自己的动机、信仰、态度或感情投影到了有关的情景之中。因此,通过分析被调查者对那些没有结构的、不明确而且模棱两可的"剧本"的反应,来揭示他们的态度和情感。剧情越模糊,被调查者就更多地投影他们的感情、需要、动机、态度和价值观,就像心理咨询诊断中利用投影技法来分析患者的心理那样。与心理学中的分类一样,投影技法可分成联想技法、完成技法、结构技法和表现技法。

(1) 联想技法。联想技法又称联想法,它是利用人们的心理联想活动或在事物之间建立的某种联系,向被调查者提及某种事物或词语、询问被调查者联想到什么,以获取被调查者对调研问题的看法、动机、态度和情感。联想法有自由联想法、控制联想法、词语联想法等形式。

① 自由联想法:如"当你听到小轿车这个词时,你首先想到了什么?"被调查者可以自由地、无拘无束地说出他脑子里所想的东西,就是自由联想法。

② 控制联想法:如"当你听到小轿车这个词时,你首先想到小轿车的品牌是什么?"被调查者的联想答案只能限于"品牌"这个范围之内,就是控制联想法。

③ 词语联想法:又称引导性联想,它是调研者根据调研问题给出一连串的词语,每给一个词语,都让被调查者回答最初联想到的词语(叫反应语)。调研者感兴趣的那些词语(叫试验词语或刺激词语)是散布在那一串展示的词语中的,在给出的一连串词语中也有一些中性的或充数的词语,用于掩盖研究的目的。例如,在对百货商店顾客光顾情况的调研中,试验词语可以选择"位置"、"购物"、"停车场"、"质量"和"价格"之类的词语,被调查者对每一个词语的反应语(如位置——"五一路")应按规定的时间书写出来,这样调查员可将那些反应犹豫者(停顿3秒钟以上)识别出来。调查员记录反映的情况,被调查者书写反应语所要求的时间也就得到了控制。

词语联想法的潜在假定是,联想可让反应者或被调查者暴露出他们对有关问题的内在感情。对回答或反应的分析可计算以下几个量:

- 每个反应语出现的频数;
- 在给出反应词语之前耽搁的时间长度;
- 在合理的时段内,对某一试验词语完全无反应的被调查者数目。

根本无反应的被调查者通常被判断为是情感卷入造成的反应阻塞。研究者常常将这些联想分为赞成的、不赞成的和中性的三类。一个被调查者的反应模式以及反应的细节,可用来决定其对所研究问题的潜在的态度或情感。

(2) 完成技法。在完成技法中,给出不完全的一种刺激情景,要求被调查者来完成。常用的方法又分为句子完成法和故事完成法。

① 句子完成法:句子完成法与词语联想法类似,给被调查者一些不完全的句子或关键

词，要求他们最初想到的那个单词或词组来完成一个完整的句子。与词语联想法相比，对被调查者提供的刺激是更直接的，从句子完成法可能得到的有关被调查者感情方面的信息也更多。不过，句子完成法不如词语联想法那么隐蔽，许多被调查者可能会猜到研究的目的。句子完成法的另一种类型是段落完成，被调查者要完成由某个刺激短语开头的一段文章。

②　故事完成法：在故事完成法中，先给被调查者提供故事的一个部分或一些关键词，要足以将完成人的注意力吸引到某一特定的话题中，但是不要提示故事的结尾。被调查者要用自己的话来完成故事并作出结论。例如，在百货商店顾客光顾情况的调查研究中，要求被调查者完成下面的故事：

一位男士在他所喜爱的一家百货商店里买上班穿的西服。他花了 45 分钟并试了几套之后，终于选中了一套他所喜欢的。当他往收款台走去的时候，一位店员过来说：先生，我们现在有减价的西服，同样的价格但质量更高。您想看看吗？"要求完成这位男士的反应是什么的故事？并说明为什么？

从被调查者完成的故事中，一般可看出他对花费时间挑选商品的相对价值方面的态度，以及他在购物中的情感投资行为等。

（3）结构技法。结构技法要求被调查者以故事对话或绘图的形式构造一种反应。在结构技法中，调研者为被调查者提供的最初结构比完成技法中提供的少。结构技法中的两种主要方法是图画回答法和卡通试验法。

①　图画回答法：做法是显示一系列的图画或漫画，有一般的也有不寻常的事件；在其中的一些画面上，人物或对象描绘得很清楚，但在另外一些画面上却很模糊。要求被调查者看图讲故事。他们对图画的解释可以指示出他们自身的个性特征。例如，可以将被调查者的特征描绘为是冲动的、有创造性的、没有想象力的，等等，其主题是从被调查者对图片的感觉概念中抽取出来的。

②　卡通试验法：是将卡通人物显示在一个与问题有关的具体环境内，要求被调查者指出一个卡通人物会怎样回答另一个人物的问话或评论。从被调查者的答案中就可以指示他对该环境或情况的感情、信念和态度。卡通试验法比图画回答法在实施和分析上都简单一些。

（4）表现技法。在表现技法中，给被调查者提供一种文字的或形象化的情景，请他将其他人的感情和态度与该情景联系起来。两种主要的表现技法是角色表演和第三者技法。

①　角色表演：在角色表演中，让被调查者表演某种角色或假定按其他某人的行为来动作。调研者的假定是，被调查者将会把他们自己的感情投入角色。通过分析被调查者的表演，就可以了解他们的感情和态度。例如，调查百货商店顾客意见处理情况，要求被调查者扮演负责处理顾客抱怨和意见的经理的角色。被调查者如何处理顾客的意见表现了他们对购物的感情和态度。在表演中用尊重和礼貌的态度对待顾客抱怨的表演者，作为顾客，希望商店的经理也能用这种态度来对待他们。

②　第三者技法：在第三者技法中，是给被调查者提供一种文字的或形象化的情景，让被调查者将第三者的信仰和态度与该情景联系起来，而不是直接地联系自己个人的信仰和态度。第三者可能是自己的朋友、邻居、同事或某种"典型的"人物。同样，调研者的假定是，当被调查者描述第三者的反应时，他个人的信仰和态度也就暴露出来了。让被调查者去反映第三者立场的做法减低了他个人的压力，因此能给出较真实合理的回答。

2）投影技法的优缺点及应用

与无结构的直接技法（小组座谈法和深层访谈法）相比，投影技法的一个主要优点就是，可以提取被调查者在知道研究目的的情况下不愿意或不能提供的回答。在直接询问时，被调查者常常有意地或无意地错误理解、错误解释或错误引导调研者。在这些情况下，投影技法可以通过隐蔽研究目的来增加回答的有效性。特别是当要了解的问题是私人的、敏感的或有着很强的社会标准时，作用就更明显。当潜在的动机、信仰和态度是处于一种下意识状态时，投影技法也是十分有帮助的。

投影技法也有无结构直接技法的许多缺点，而且在程度上可能更严重。这些技术通常需要有经过专门高级训练的调查员去作个人面访，在分析时还需要熟练的解释人员。因此，一般情况下投影技法的费用都是高昂的。而且有可能出现严重的解释偏差。除了词语联想法之外，所有的投影技法都是开放式的，因此分析和解释起来就比较困难，也容易产生主观片面性。

一些投影技法（如角色表演法）要求被调查者从事不平常的行为，在这些情况下调研者可能假定同意参加的被调查者在某些方面也不是平常的。因此，这些被调查者可能不是所研究的总体的代表。为此，最好将投影技法的结果与采用更有代表性样本的其他方法的结果相比较。

投影技法一般不像无结构的直接技法（如小组座谈法和深层访谈法）那么常用。有一个例外就是词语联想法，常常用于检验品牌的名称，偶尔也用于测量人们对特殊产品、品牌、包装或广告的态度。如果遵照以下几点指导，投影技法的作用还能加强。

（1）当用直接法无法得到所需的信息时，可考虑使用投影技法。

（2）在探索性研究中，为了了解人们的最初的内心想法和态度，可使用投影技法。

（3）由于投影技法很复杂，不要简单地认为谁都可以使用。

## 5.4 观察法与实验调查法

### 5.4.1 观察法

**1. 观察法的概念与种类**

观察法是指调查者到现场凭自己的视觉、听觉或借助摄像器材，直接或间接观察和记录正在发生的市场行为或状况，以获取有关信息的一种实地调查法。这种方法主要应用于搜集原始资料。其特点是，不需向被调查者提问，而是在被调查者不知的情形下进行有关的调查；调查者凭自己的直观感觉，从侧面观察、旁听、记录现场发生的事实，以获取所需要的信息。

观察法的具体方法很多，按观察的形式不同分为直接观察法、间接观察法和实验观察法，其中每一类又可分为一些具体的观察方法，如图5-8所示。

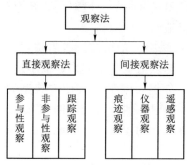

图5-8 观察法的形式

1）直接观察法

直接观察法是调查者直接深入到调查现场，对正在发生的市场行为和状况进行观察和记录。这类观察法要求事先规定观察的对象、范围和地点，并采用合适的观察方式、观察技术和记录技术来进行观察。其主要观察方式如下。

（1）参与性观察。是指调查者直接参与到特定的环境和被调查者对象中去，与被调查者一起从事某些社会经济活动，甚至改变自己的身份，身临其境，借以收集获取有关的信息。在市场调查中，参与性观察法往往通过"伪装购物法"或"神秘购物法"来组织实施，是一种有效的直接观察法，常用于竞争对手调查、消费者调查、产品市场研究等方面。

"伪装购物法"或"神秘购物法"是让接受过专门训练的"神秘顾客"作为普通消费者进入特定的调查环境（商场、超市），进行直接观察，其任务一般有以下几个方面。① 观察购物环境：如店堂布局与装饰、商品陈列、货架摆放、通道宽窄、文化氛围及倾听顾客对购物环境的评价言论。② 了解服务质量："神秘顾客"作为普通消费者进入调查的商场或超市，可买也可不买商品，买了也可退货，退了货还可再买；可以向售货员询问各种与购物有关的问题，借以了解服务质量。③ 观察消费者的购买行为："神秘顾客"与消费者一起选购商品，可以观察消费者购买商品的品牌、品种和数量，倾听他们对不同产品的评价言论，观察他们选购商品所关注的要素等。④ 了解同类产品的市场情况："神秘顾客"可以在特定的商品柜台前，观察同类产品（如空调、电视机、化妆品等）的陈列品种、价格定位、消费者的购买选择和评议言论，并向售货员询问各种与购物有关的产品问题，借以获取有关的信息。

（2）非参与性观察。又称局外观察，是指调查者以局外人的身份深入调查现场，从侧面观察、记录所发生的市场行为或状况，用以获取所需的信息。非参与性观察按观察的现场不同，又分为以下三种。

① 供货现场观察。是指到供货单位直接进行观察，如到供货工厂观察其生产条件、技术水平、工艺流程、产品生产、质量控制、产品销售等，以决定是否进货。

② 销售现场观察。是指到商店、商场、超市、展销会、交易会等现场观察商品销售和顾客购买情况。如调查员以局外人的身份，到特定的商场观察顾客的流量、顾客购物的偏好、顾客对商品价格的反映、顾客对产品的评价、顾客留意商品时间的长短、顾客购物的路径、顾客购物的品种、数量；观察顾客的购买欲望、动机、踊跃程度；观察同类产品的设计、包装、价格和销售情况等。

③ 使用现场观察。是指调查员到用户使用现场进行观察，借以获取产品性能、质量、功能及用户满意度等方面的资料。

（3）跟踪观察。是指调查员对被调查者进行跟踪性的观察。如服装设计师为寻找新式服装设计的创意，可在大街上跟踪特定的消费者进行观察，或者到商场的服装柜对顾客进行跟踪观察。市场调查员可以在商场跟踪和记录顾客的购物路线、购物行动和购物选择；也可以对特定的商场、特定的商品柜进行持续数天的跟踪观察。工业企业为了了解新产品的性能、功能、质量，产品销售后可对用户的产品使用进行跟踪观察，等等。跟踪观察获取的信息往往具有连续性和可靠性。

2）间接观察法

间接观察法是指对调查者采用各种间接观察的手段（痕迹观察、仪器观察等）进行观察，用以获取有关的信息。

（1）痕迹观察。痕迹观察是通过对现场遗留下来的实物或痕迹进行观察，用以了解或推断过去的市场行为。如国外流行的食品橱观察法，即调查者察看顾客的食品橱，记下顾客所购买的食品品牌、数量和品种，来收集家庭食品的购买和消费资料。又如，通过对家庭丢掉的垃圾等痕迹调查，也是较为重要的痕迹调查法。被誉为美国市场调查创始人之一的查里斯·巴林，为了向羹汤公司证明高级工人的妻子大多买罐头汤面而不是自己做，他曾把城市各处的垃圾经过科学抽样后收集起来，清点罐头汤盒的数目。

（2）仪器观察。仪器观察是指在特定的场所安装录像机、录音机或计数仪器等器材，通过自动录音、录像、计数等获取有关信息。这种方法，不需要调查者进行观察，但应注意仪器设备安装的隐藏性，以免引起别人的误会。同时这种方法获取的信息是最原始的，调查者必须进行加工、整理和分析。在市场调查中，有些商场常在店门的进出口安装顾客流量观察仪器，用以测量顾客流量；并对顾客进行分类；或在某些柜台安装录像录音设备、自动拍摄顾客挑选、评议、购买商品的过程，然后通过音像的加工整理，即可了解顾客的购买行为、购物偏好及其对商品和商场的评价意见。

（3）遥感观察。遥感观察是指利用遥感技术、航测技术等现代科学技术搜集调查资料的方法，如地矿资源、水土资源、森林资源、农产品播种面积与产量估计、水旱灾害、地震灾害等均可采用遥感技术搜集资料。这种方法目前在市场调查中应用较少。

**2. 观察法的记录技术**

观察法记录技术是指在进行观察调查中，对被调查对象进行记录时所采用的方法和手段。观察记录技术的好坏，直接影响观察调查的结果，不同的观察方法要采用不同的记录技术。常用的记录技术主要有以下几种。

（1）卡片。将观察内容事先制成小卡片，随身带在身上，观察结果可很快记在卡片上。这种卡片便于汇总，携带方便。制作时注意去掉无关紧要的项目，保留一些重要的能说明问题的项目。

（2）速记。速记采用一些简便易写的线条、点、圈等符号代替文字，以最快的速度将现场观察结果记录下来，再整理成市场调查资料。

（3）符号。在观察调查前先准备一些简略的符号代表观察中可能出现的各种情况，在记录时只需在各种符号下作记号，不需写文字，以最快的速度记录观察的结果。

（4）记忆。记忆是指在观察中不记录，观察后采取追忆的方式进行记录。常用于偶然观察又缺乏记录工具或时间紧迫来不及记录的重要信息资料。由于人记不如墨记，事后必须抓紧时间追忆记录，以免时间长了被遗忘。

（5）器材记录。器材记录是采用照相机、录音机、录像机等器材进行观察记录。这种记录形象、直观、逼真，免去了观察者的记录负担。但易引起被调查者顾虑，容易失真。

**3. 观察法的主要优缺点**

观察法的主要优点有：① 直观可靠，观察法可以在被观察者不知情的情况下进行有目的的调查观察，记录被调查者的现场行为和活动事实，所获资料准确性较高；② 简便易行，观察法可随时随地进行调查，对现场发生的现象进行观察和记录或通过摄像、录音如实反映、直接测度、记录现场的特殊环境和事实，直接性和灵活性强；③ 可发现新情况新问题，不需语言交流，还可克服语言交流带来的干扰。

观察法的主要缺点有：① 时间长、费用高，由于需要大量观察员进行长时间的观察，因此往往需要较长时间，花费较多的调查费用，因而受时间、空间和费用限制；② 只能观察表象资料，不能观察内在原因，因而观察的深度往往不够；③ 对观察人员素质要求高，观察者素质不同，观察的结果也不同，易产生观察者误差。

为减少观察者误差，在应用观察法时应注意以下事项。

（1）为了使观察结果具有代表性，能够反映某类事物的一般情况，应注意选择那些有代表性的典型对象，在最适当的时间内进行观察。

（2）在进行现场观察时，最好不要让被调查者有所察觉，尤其是使用仪器观察时更要注意隐蔽性，以保证被调查者处于自然状态下。

（3）在实际观察和解释观察结果时，必须实事求是、客观公正、不得带有主观偏见，更不能歪曲事实真相。

（4）观察者的观察项目和记录用纸最好有一定的格式，以便尽可能详细地记录观察内容的有关事项。

（5）应注意挑选有经验的人员充当观察员，并进行必要的培训。

**4. 观察法的应用**

观察法主要应用于市场的定性研究，有时也可用于定量研究。应用的领域主要有：

（1）商场顾客流量的测定或车站码头顾客流量测定；

（2）主要交通道口车流量测定；

（3）对竞争对手进行跟踪或暗访观察；

（4）消费者购买行为、购买动机、购买偏好观察；

（5）产品跟踪测试；

（6）商场购物环境、商品陈列、服务态度观察；

（7）生产经营现场考察与评估；

（8）作业研究；

（9）弥补询问调查法的不足。

## 5.4.2　实验调查法

实验调查法又称实验测试法，它是通过实验设计和观测实验结果而获取有关的信息。即从影响调查问题的许多可变因素中选出一个或两个因素，将它们置于同一条件下进行小规模实验，然后对实验观察的数据进行处理和分析，确定研究结果是否值得大规模推广。它是研究特定问题的各因素之间因果关系的一种有效手段，它可以通过对实验对象和环境及实验过程的有效控制，来分析各因素之间的相互影响关系及其程度，从中提取出有价值的信息，为决策提供依据。

实验调查的最大特点是把调查对象置于非自然状态下开展实验观察，将实验变量或所测因素的效果从多因素的作用中分离出来，并给予检定。

**1. 实验调查法的工作程序**

（1）根据调查项目的目的要求，提出需要研究的假设，确定实验变量。例如，某种新产品在不同的地区销售是否有显著的差异，哪个地区的销售效应最好？不同的广告设计方案的促销效果是否存在显著的差别，哪个方案的促销效果最佳？

（2）进行实验设计。实验设计的方案很多，有单因素实验设计和双因素实验设计两大类，其中每一类又分为许多具体的实验设计形式。一般来说，应根据因素个数、因素的不同状态或水平、可允许的重复观察次数、实验经费和实验时间等综合选择实验方案。

（3）进行实验。即按实验设计方案组织实施实验，并对实验结果进行认真观测和记录。要认真监视试验过程都按计划完成，使得每个试验结果（数据）都含有设计中规定的信息。这一过程所花经费最多，时间最长，如果失控通常会导致丧失实验的有效性。

（4）数据处理与统计分析。即对实验观察数据进行整理、编制统计表，并运用统计方法（如对比分析、方差分析等）对实验数据进行分析和推断，得出并解释实验结果。

（5）编写实验调查报告。实验结果验证确认无误后，可写出实验调查报告。实验调查报告应包括实验目的说明、实验方案和实验过程介绍、实验结果及解释，并提出行动建议。

**2. 实验调查法的类型**

实验调查法是通过实验方案设计及实施和数据处理来得出实验调查结果，而实验方案设计必须选择实验设计的类型。其类型很多，下面介绍几种常用的方法。

（1）实验前后无控制对比实验。这种实验方案是通过记录观察对象在实验前后的结果，了解实验变化的效果。观察对象只有一个实验单位，实验因素也只有一个。这种实验调查简单易行，可用于企业改变产品功能、花色、规格、款式、包装、调价等因素变化的市场效果测试。例如，某企业生产 A、B、C 三种产品，企业打算提高 A 产品价格，以刺激 B、C 两种产品的市场需求。在特定的商场实验一个月，实验前后均统计一个月的产品销售量，结果见表 5-1。实验测试表明，A 产品提价后，销售量下降 1 000 件，但 B、C 两种产品销售量分别增加了 1 200 件和 1 000 件。说明 A 产品提价，对 B、C 两种产品的销售具有刺激作用，故 A 产品价格调整是成功的。

表 5-1　A、B、C 产品销售测验统计

| 产品 | 销售价格/元 | | 销售量/件 | | 销售变动/件 |
|------|-----------|-----------|-----------|-----------|-----------|
| | 实验前 | 实验后 | 实验前 | 实验后 | |
| A | 80 | 100 | 3 000 | 2 000 | −1 000 |
| B | 90 | 90 | 2 000 | 3 200 | 1 200 |
| C | 95 | 95 | 1 800 | 2 800 | 1 000 |
| 合计 | — | — | 6 800 | 8 000 | 1 200 |

（2）实验前后有控制对比实验。这种实验方案需设置控制组和实验组，控制组和实验组的条件应大体相同，控制组在实验前后均经销原产品，实验组在实验前后均经销新产品，然后对实验前后的观察数据进行处理，得出实验结果。例如，某食品公司欲测定改进巧克力包装的市场效果，选定 A、B、C 三家超市作为实验组经销新包装巧克力，D、E、F 为控制组经销旧包装巧克力，实验期为 1 个月。实验前后一个月的销售量统计见表 5-2。

表 5-2　巧克力新包装销售测验统计　　　　　　　　　　　　　　　单位：盒

| 组别 | 实验前销量 | 实验后销量 | 变动量 |
|------|-----------|-----------|--------|
| 实验组 | 2 000（新） | 3 200（新） | 1 200 |
| 控制组 | 2 000（旧） | 2 400（旧） | 400 |

实验前后对比新包装巧克力销售增加了 1 200 盒，控制组在实验前后旧包装巧克力销售增加了 400 盒，实验效果为 1 200－400＝800 盒，即巧克力采用新包装有利于扩大销售。

（3）控制组与实验组连续对比实验

在实际生活中，控制组与实验组的条件是不相同的，往往会影响实验结果。为了消除非实验因素的影响，可采用控制组与实验组连续对比实验。控制组在实验前后均经销原产品，实验组在实验前经销原产品，实验期间经销新产品，然后通过数据处理得出实验结果。例如，某企业拟测度某种糖果新包装的市场效果，选择 A、B、C 三家商场为实验组，D、E、F 三家商场为控制组，实验期为 1 个月，其销售量统计见表 5-3。

表 5-3　糖果新包装销售测验统计　　　　　　　　　　　单位：吨

| 组　　别 | 实验前 | 实验后 | 变动量 |
|---|---|---|---|
| 实验组 | 7.50（原包装） | 10.18（新包装） | 2.68 |
| 控制组 | 7.38（原包装） | 8.13（原包装） | 0.75 |

实验组的新包装糖果比原包装糖果在实验前后增加了 2.68 吨，扣除控制组增加的 0.75 吨和实验前两组的差异 0.12 吨，实验结果表明新包装糖果比原包装销售提高了 1.81 吨，改进后的新包装的市场效果是显著的。

（4）单因子随机实验。单因素随机实验涉及的因子只有一个，而这个因子又具有不同的状态或水平，实验的目的在于判断不同的状态或水平是否具有显著的差异，哪种状态或水平的效应最显著，以决定行动的取舍。具体做法是随机抽取实验单位，要求这些实验单位分别对实验因子的不同状态进行特定的实验活动，并记录其结果，通过数据处理和检验得出实验结果。例如，某广告公司为某企业设计了三套电视广告脚本，欲测试它们的效果，判断哪一套广告脚本效应最好。为此，随机抽取了 15 名消费者，分为 5 组，每组 3 人，每组分别观看电视广告脚本的三套方案，并要求每组对不同广告方案的效果给出评分（百分制）。实验数据整理如表 5-4 所示。

表 5-4　广告脚本方案消费者评分统计

| 组别 | 方案 I | 方案 II | 方案 III |
|---|---|---|---|
| 1 | 71 | 87 | 98 |
| 2 | 70 | 83 | 92 |
| 3 | 74 | 86 | 89 |
| 4 | 68 | 80 | 95 |
| 5 | 72 | 83 | 88 |
| 平均分值 | 71.0 | 83.8 | 92.4 |
| 标准差 | 2.0 | 2.48 | 3.72 |

可以看出三套电视广告脚本方案的消费者评判均值是不同的，方案 I 为 71 分，方案 II 为 83.8 分，方案 III 为 92.4 分，同时各样本组对三套方案的评分值均具有一致的倾向性，因此方案 III 的测试效果最好。在实际应用时，往往各状态或水平的观察数据往往存在着随机性，为了得出更为准确的实验结论，还可采用方差分析并作相应的统计检验。

（5）双因子随机实验。这种实验是同时考察两种因子或因素对试验变量（指标）的影响，借以寻找两种因子的最佳组合，如研究不同的广告方案和不同的价格方案两个因素对产品销售的影响、寻求广告与价格的最佳组合策略、研究不同的产品配方与加工工艺对产品质量的影响、寻找最佳的产品配方与加工工艺组合方案等。例如，某企业为了测试三种不同的产品包装和三种不同的价格方案对产品销售的影响，选择三家经营条件大体相同的商场进行了为期 2 个月的试销实验，并分别记录了 2 个月的不同包装和不同价格组合的产品销售量，如表 5-5 所示。

**表 5-5　产品包装与价格组合试销数据**

| 包装因子 A | 价格因子 B1（商场Ⅰ） | 价格因子 B2（商场Ⅱ） | 价格因子 B3（商场Ⅲ） | 横行平均 |
|---|---|---|---|---|
| A1 | 264　300 | 322　346 | 360　340 | 322 |
| A2 | 288　312 | 274　286 | 290　314 | 294 |
| A3 | 280　272 | 326　342 | 342　322 | 314 |
| 纵栏平均 | 286 | 316 | 328 | 310 |

从表 5-5 中数据可以看出产品包装和价格的组合对产品的销售量是有显著影响的，在采用包装方案 A1 和价格方案 B3 时，产品销售量最大（360+340）/2＝350 件，最优方案为 A1B3。需要说明的是，产品包装与价格组合对产品销售量的影响，亦可运用方差分析进行显著性检验。

**3. 实验调查法的优缺点及应用**

实验调查法的优点主要有：① 实验调查法是在一种真实的或模拟真实环境下的具体的调查方法，因而调查结果具有较强的客观性和实用性；② 实验调查可以主动地进行实验控制，以及较为准确地观察和分析某些现象之间的因果关系及其相互影响；③ 可以探索在特定的环境中不明确的市场关系或行动方案；④ 实验结果具有较强的说服力，可以帮助决定行动的取舍。

实验调查法的主要缺点有 3 个方面① 时间长、费用多：由于影响实验变量的因素是多种多样的，要想比较准确地掌握实验变量与有关因素之间的关系，需要做多组实验，并进行数据处理、分析和检验。② 具有一定的局限性：实验法只能识别实验变量与有关因素之间的关系，而不能解释众多因素的影响，不能分析过去或未来的情况。③ 具有一定的时间限制：实验变量与有关因素的关系会由于其他多干扰因素的变化而发生变化，因此实验测试必须有一定的时间约束。

实验调查法在市场研究中，主要应用于产品测试、包装测试、价格测试、广告测试、销售测试等方面。但在应用时，应注意必须明确实验的目的，所选择的实验变量或指标对所研究的问题必须能提供重要的信息，必须选择好可控因子及其不同的状态或水平，必须优化实验方案设计，认真监视实验过程，作好实验数据的记录、处理和综合分析。

# 5.5　网络调查法

## 5.5.1　网络调查的特点

网络调查又称网上调查或网络调研，是指企业利用互联网搜集和掌握市场信息的一种调查方法。网络具有传送电子邮件、信息查询、运程登录、文件传输、新闻发布、电子公告、网上聊天、网上寻呼、网上会议、IP 电话等多种功能。网络调查是充分利用网络的这些功能和信息传递与交换的技术优势，将企业需要的市场相关信息通过网络进行收集、处理和分析，以获取有价值的数据和资料。网络调查与传统调查方法相比，在组织实施、信息采集、信息处理、调查效果等方面具有明显的优势。主要特点如下：

（1）经济性。网络调查在信息采集过程中，不需要派出调查人员，不受天气和距离的影响，不需要印制调查问卷。信息采集和录入工作通过分布在网上的众多用户的终端完成的，信息检验和信息处理由计算机自动完成。因此，调查成本低，具有经济性。

（2）范围广。网络调查不受空间的限制，可以进行区域性的调查，也可以进行全国性的调查，亦可进行无国界的调查和商业咨询。由于网络调查不受地域限制和距离限制，可以实施大范围大样本调查。

（3）周期短。网络调查能够通过网络迅速地获取信息、传递信息和自动处理信息，因而可以大大缩短调查周期，提高调查的时效性。此外，网络调查还能进行 24 小时的全天候调查，不间断地接受调查填表，直到满足样本量的要求即可。

（4）互动性。网络调查能够设计出多媒体问卷，网络可直观地通过文字、图形和其他各种表现形式作出选择和回答。也可以通过视听技术，使网络调查员与网民（自动受访者）自由交谈，询问和解释各种调查问题，因而具有较强的互动性。

（5）客观性。与传统调查相比，网络调查的被调查者是主动参与的，如果对调查项目不感兴趣，他不会花费时间在线填写调查问卷，同时，被调查者是在完全独立思考的环境下填写调查问卷，不会受到调查员和其他外在因素的误导和干扰，能最大限度地保证调查结果的客观性。

（6）可靠性。网络调查的信息质量具有可靠性，主要表现在，一是可在网络调查问卷上附加全面、规范的项目解释，有利于消除因对项目理解不清或调查员解释口径不一致而造成的误差；二是问卷的复核检验由计算机依据设定的检验条件和控制措施自动实施，可以有效地保证问卷检验的全面性、客观性和公正性；三是通过被调查者身份验证技术，可以有效地防止信息采集过程中的虚假行为。

总之，网络调查与传统调查法相比，能够为客户提供领域更广、周期更短、成本更低、精度更高、效能更佳、应用更灵活的市场调研服务。它不仅仅是一种市场调研的方法、技术、手段、工具、形式和平台，而且意味着为客户和专业市场调研机构创造了新的研究领域和服务模式。因而具有良好的发展前景。

## 5.5.2　网络调查的方法

网络调查按照采用的技术方法不同可分为站点法、电子邮件法、随机 IP 法、视讯会议法等；按照调查者组织调查样本的行为不同，可分为主动调查法和被动调查法。主动调查法是指调查者主动组织调查样本，完成有关调查；被动调查法是指被调查者被动地等待调查样本单位造访，完成有关调查。

**1. 站点法**

站点法是将调查问卷的 HTML 文件附加在一个或几个网络站点的 Web 上，由浏览这些站点的网上用户在此 Web 上回答调查问题，即将问卷置于网络中供受访者自行填答后传回，站点法属于被动调查法，是目前网络调查的基本方法，站点法既可在企业自己的网站进行，也可在其他公开网站进行。

**2. 电子邮件法**

电子邮件法是指通过向被调查者发送电子邮件，将调查问卷发送给一些特定的网上用户，由用户填写后又以电子邮件的形式反馈给调查者。电子邮件调查法属于主动调查法，与传统的邮寄调查法相似，只是邮件在网上发送与反馈，邮件传送的时效性大大提高。

**3. 随机 IP 法**

随机 IP 法是以产生一批随机 IP 地址作为抽样样本进行调查的方法，随机 IP 法属于主动调查法，其理论基础是随机抽样。利用该方法可以进行简单随机抽样调查，也可依据一定的标准组织分层抽样或系统抽样。

**4. 视讯会议法**

视讯会议法是基于 Web 的计算机辅助访问（CAWI），它是将分散在不同地域的被调查者通过互联网视讯会议功能虚拟地组织起来，在主持人的引导下讨论所要调查的问题。这种调查方法属于主动调查法，其原理与传统的专家调查法相似，不同之处是参与调查的专家不必实际地聚集在一起。视讯会议法适合于对关键问题的定性调查研究。

**5. 在线访谈法**

在线访谈法是指调查人员利用网上聊天室或 BBS 与不相识的网友交谈、讨论问题、寻求帮助、获取有关信息。在线访谈法属于主动调查法，与传统的访问调查法相似，不同之处在于调查者与被调查者无需见面，可以消除被调查者的顾虑，自由地发表个人的意见。适应于有关问题的定性调查研究。既可进行网上个别访问，也可组织在线座谈会。

**6. 搜索引擎**

网络调查法不仅可用于搜集原始资料，亦可用于搜集现成的资料。即利用网络的搜索服务功能，键入关键词就可以通过搜索得到大量的现成资料。亦可直接进入政府部门或行业管理网站，搜集有关的统计数据和相关资料。此外搜索引擎还能够为市场调查策划提供许多相关的知识和信息支持与帮助。

## 5.5.3 网络调查法的应用

网络调查法主要是利用企业的网站和公共网站进行市场调查研究，有些大型的公共网站建有网络调研服务系统，该系统往往拥有数十万条记录的有关企业和消费者的数据库，利用这些完整详细的会员资料，数据库可自动筛选受访样本，为网络调查提供服务平台。网络调研的应用领域十分广泛，主要集中在产品消费、广告效果、生活形态、社情民意等方面的市场调查研究。

**1. 产品消费调研**

网络调研可以对现实与潜在消费者的产品与服务的需求、动机、行为、习惯、偏好、水平、意向、价格接受度、满意度、品牌偏好等方面进行测试与研究，可以帮助企业快速获得目标市场的消费需求状况、特征和趋势等资讯。例如，调查人员可利用企业网站，通过软件程序监控在线服务来观察访问者挑选和购买何种产品，以及他们在每个产品主页上花费的时间等。通过研究这些数据，可以发现哪种产品最受访问者欢迎，在哪个地区可能的出售量最多。产品消费网络调研通常采用电子问卷的形式进行网上测试。

**2. 广告效果测试**

广告效果测试即利用电子问卷、电子邮件、在线座谈等方式对广告的目标受众进行广告投放之后的市场测试，以便迅速获得广告投放的达到率、认知率、认同率、接受率和喜好率，以及广告投放对消费购买决策与行为的影响，亦可对广告的媒体选择进行研究。

**3. 生活形态研究**

生活形态研究即利用网络调研互动快、成本低的特点，对特定目标群体的生活形态进行连续性的追踪研究。例如，消费群体价值观区隔研究、青少年时尚消费观念研究、妇女消费观念研究、白领人士家庭与职业阶段的研究等，均可利用网络调查进行研究。

**4. 社情民意调研**

社情民意调研即利用网络调研法，对一些社会热点问题进行调查研究，如公众的婚姻观念的变化、公众人物的价值认同、就业问题、社区文化建设和社区政治建设的参与能力等均可组织网络调研。这些研究能够直接运用于社会研究和公共政策研究，服务于政府、社会团体和研究组织，也可间接运用于市场研究之中。

**5. 企业生产经营调研**

企业生产经营调研有两种方式，一是事先确定调查的范围、调查的单位、调查的内容和表式、填报的要求等，然后由企业通过网络方式进行填报（网上直报），这种调查方式通常应用于行业或政府的统计调查，但资料传输必须通过安全传输协定的加密保护，禁止未经授权的存取。二是直接登录有关企业的网站或通过搜索引擎获取有关企业的生产经营资料，以满足某些专项研究的需要。

**6. 产品市场供求调研**

企业可利用电子邮件方式将求购清单（原材料、设备等需求清单）传至供货单位，或将求购清单置于网络中供受访者回复，为企业的采购决策提供信息。企业亦可将供货清单置于网络中征求购买者，以寻求产品用户，为企业的产品销售决策提供信息。

### 5.5.4　网络调查的程序

网络调查必须以企业网站和公共网站为技术平台。调查程序随调查课题的难易度不同而有所不同，从产品消费、广告效果测试等网络调研来看，其一般程序如下（见图5-9）。

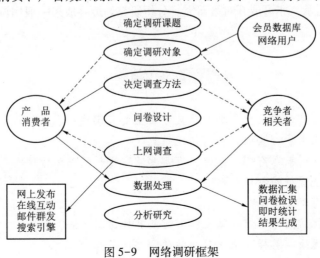

图 5-9　网络调研框架

### 1. 确定网络调研的课题

确定网络调研的课题，即明确网络调研的课题是什么，应研究解决什么样的决策问题，应搜集哪些信息（原始资料和现成资料）才能满足决策的信息需求。

### 2. 确定网络调研的对象

网络调查对象一般有产品消费者、企业的竞争者与合作者、行业管理者和政府机构（宏观调控者）。应根据决策的信息需求，确定向谁作网络调查。此外，对产品消费者进行网络调研，还应明确必要的样本量，以便于网络调查能控制受访者的数量。

### 3. 决定网络调查的方法

应根据调查的目的要求和调查对象的特点决定网络调查的具体方法及其组合运用。如对产品消费调查可采用站点法或电子邮件法、在线访谈等方法搜集资料，对竞争者、行业管理者等可采用搜索引擎搜集有关的现成资料。

### 4. 问卷设计

问卷或调查表是网络调查的重要载体，网页问卷设计对网络调查的质量有着十分重要的影响。为此，应围绕问卷内容、问卷措辞、问卷篇幅、页面显示方式、填答方式、视觉要素等方面认真作好设计，特别应考虑被调查者参与调查的兴趣度、满意度和难易度，以提高应答率。

### 5. 上网调查

问卷设计之后，则可上网发布或以电子邮件方式将问卷传至受访者，或将问卷置于网站中供受访者自行填答传回。在网上问卷调查的同时，网络调查员亦可同时进行搜索引擎，以搜集竞争者、合作者的相关资料、行业资料和社会、经济、政策、法规等宏观环境资料。网络调查是调查者与被调查者进行社会互动的过程，也是一种人机互动的过程。

### 6. 数据处理

数据处理包括问卷的复核检验、被调查者身份验证、数据的分类与汇总、统计图表的生成等，一般由计算机根据设定的软件程序和控制条件自动完成。因此，数据处理应注意开发或利用有关的统计软件，同时应注意只有当样本量达到预先设定的要求后，方可结束调查，进行数据处理。

### 7. 分析研究

分析研究即对网络调查获得的数据和相关资料进行对比研究，通过深度开发，得出调查结论和有重要价值的启示，亦可展开对策研究。分析研究的最终成果一般用调研报告来反映。

**思考题**

1. 市场调查资料有哪些主要分类？收集方法主要有哪些？
2. 文案调查可应用于哪些研究，有何优缺点？
3. 文案调查的资料来源有哪些渠道？有哪些获取资料的具体方法？
4. 如何评价二手资料的价值？
5. 访问调查法有哪些类型？
6. 什么是标准化访问，有何优缺点？有哪些具体访问方法？
7. 电话访问的优缺点怎样？应用时应注意哪些问题？

8. 入户访问和留置问卷访问各有哪些优缺点？

9. 拦截式访问有哪些主要方式？

10. 邮寄访问的程序怎样？有何优缺点？怎样克服其缺陷？

11. 什么是非标准化访问？有哪些具体方法？

12. 什么是小组（焦点）座谈？有哪些优点和缺点？

13. 什么是深层访谈，有哪些访谈技术？有哪些优点和缺点？

14. 什么是投影技法，有哪些具体的投影技法？

15. 什么是观察法，有哪些具体方法？

16. 直接观察法有哪三种主要类型？各如何应用？

17. 间接观察法有哪些主要类型？各如何应用？

18. 观察法的记录技术有哪些？

19. 观察法有哪些优点和缺点？怎样减少观察误差？

20. 什么是实验调查法，工作程序如何？

21. 实验调查法有哪些类型，有哪些优缺点？

22. 网络调查法有哪些主要特点和主要方法？

23. 网络调查法可应用于哪些方面的研究？

24. 网络调查法的工作程序怎样？

25. 各种调查方法为什么要结合应用？

26. 市场定量调研和市场定性调研为什么要结合，各有哪些调研方法？

案例分析

## 案例 5-1　调查方法应用 6 则

1. 日本某公司的信息获取与利用

美国法律规定，本国商品的定义是"一件商品，美国制造的零件所含价值必须达到这件商品价值的 50% 以上。"日本一家公司通过查阅美国有关法律和规定获知了此条信息。这家公司根据这些信息，思谋出一条对策：进入美国公司的产品共有 20 种零件，在日本生产 19 种零件，从美国进口 1 种零件，这 1 种零件价值最高，其价值超过商品价值的 50%，在日本组装后再送到美国销售，就成了美国商品，就可直接与美国厂商竞争。

2. **商业密探：帕科·昂得希尔**

帕科·昂得希尔是著名的商业密探，他所在的公司叫恩维罗塞尔市场调查公司。他通常的做法是坐在商店的对面，悄悄观察来往的行人。而此时，在商店里他的属下正在努力工作，跟踪在商品架前徘徊的顾客。他们的目的是要找出商店生意好坏的原因，了解顾客走进商店以后如何行动，以及为什么许多顾客在对商品进行长时间挑选后还是失望地离开。通过他们的工作给许多商店提出了许多实际的改进措施。如一家主要由青少年光顾的音像商店，通过调查发现其磁带放置过高，孩子们往往拿不到。昂得希尔指出应把商品降低放置，结果销售量大大增加。再如一家叫伍尔沃思的公司发现商店的后半部分的销售额远远低于其他部分，昂得希尔通过观察的拍摄现场解开了这个谜：在销售高峰期，现金出纳机前顾客排着长长的队伍，一直延伸到商店的另一端，妨碍了顾客从商店的前面走到后面，针对这一情况，商店专门安排了结账区，结果使商店后半部分的销售额迅速增长。

### 3. 楚汉酒店的经营之道

楚汉大酒店位于南方某省会城市的繁华地段，是一家投资几千万元的新建大酒店，开业初期生意很不景气。公司经理为了寻找症结，分别从该市的大中型企业、大专院校、机关团体、街道居民中邀请了12名代表参加座谈会，并亲自走访东、西、南、北四区的部分居民及外地旅游者。经调查后发现，本酒店没有停车站，顾客来往很不方便；本地居民及游客对本酒店的知晓率很低，更谈不上满意度；本酒店与其他酒店相比，经营特色是什么，大部分居民不清楚。为此，酒店作出了兴建停车场、在电视上做广告、开展公益及社区赞助活动、突出经营特色、开展多样化服务等决策。决策实施后，酒店的生意日渐火红。

### 4. 日本环球时装公司的市场调查

日本服装业之首的环球时间公司，由20世纪60年代创业时的零售企业发展成为日本有代表性的大型企业，靠的主要是掌握第一手"活情报"。他们在全国81个城市顾客集中的车站、繁华街道开设侦探性专营店，陈列公司所有产品，给顾客以综合印象，售货员主要任务是观察顾客的采购动向；事业部每周安排一天时间全员出动，3个人一组、5个人一群，分散到各地调查，有的甚至到竞争对手的商店观察顾客情绪，向售货员了解情况，找店主聊天，调查结束后，当晚回到公司进行讨论，分析顾客消费动向，提出改进工作的新措施。全国经销该公司时装的专营店和兼营店均制有顾客登记卡，详细地记载每个顾客的年龄、性别、体重、身高、体型、肤色、发色、兴趣、嗜好、健康状况、家庭成员、家庭收入以及使用什么化妆品，常去哪家理发店和现时穿着及家中存衣的详细情况。这些卡片通过信息网络储存在公司信息中心，只要根据卡片就能判断顾客眼下想买什么时装，今后有可能添置什么时装。试探式销售调查，使环球公司迅速扩张，且利润率之高，连日本最大的企业丰田汽车公司也被它抛在后面。

### 5. 柯达公司的市场调查

以彩色感光技术先驱著称的柯达公司，目前产品有3万多种，年销售额100多亿美元，纯利在12亿美元以上，市场遍布全球各地，其成功的关键是重视新产品研制，而新产品研制成功又取决于该公司采取的反复市场调查方式。以蝶式相机问世为例，这种相机投产前经过反复调查。首先由市场开拓部提出新产品的意见，意见来自市场调查，如用户认为最想要的照相机是怎样的？重量和尺码多大最适合？什么样的胶卷最便于安装、携带等。根据调查结果，设计出理想的相机模型，提交生产部门对照设备能力、零件配套、生产成本和技术力量等因素考虑是否投产，如果不行就要退出重订和修改。如此反复，直到造出样机。样机出来后进行第2次市场调查，检查样机与消费者的期望还有何差距，根据消费者意见再加以改进，然后进入第3次市场调查。将改进的样机交消费者使用，在得到大多数消费者的肯定和欢迎之后，交工厂试产。试产品出来后，由市场开拓部门进一步调查新产品有何优缺点？适合哪些人用？市场潜在销售量有多大？定什么样的价格才能符合多数家庭的购买力？诸如此类问题调查清楚后，正式打出柯达牌投产。经过反复调查，蝶式相机推向市场便大受欢迎。

### 6. 澳大利亚某出版公司的网络问路

澳大利亚某出版公司曾计划向亚洲推出一本畅销书，但是不能确定用哪一种语言、在哪一个国家推出。后来决定在一家著名的网站做一下市场调研。方法是请人将这本书的精彩章节和片断翻译成多种亚洲语言，然后刊载在网上，看一看究竟用哪一种语言翻译的摘要内容最受欢迎。过了一段时间，他们发现，网络用户访问最多的网页是用中国大陆的简化汉字和朝鲜文字翻译的摘要内容。于是他们跟踪一些留有电子邮件地址的网上读者请他们谈谈对这部书的摘要的反馈意见，结果大受称赞。于是该出版公司决定在中国和韩国推出这本书。书出版以后，受到了读者普遍欢迎，获得了可观的经济效益。

（分析：上述几则小案例的市场调查方法分别是什么？对你有何启示？）

**案例 5-2　问题研讨与调查设计**

1. 某市拟设立民意调查中心，你建议应采用哪些调查方式，可采用哪些调查方法？调查的课题和内容应如何界定？并提出一份民意调查中心设立的策划方案。

2. 某市需定期了解城镇居民的收入和消费的情况，你建议应采用何种调查方式，并采用何种调查方法。如果你想研究该市城镇居民的收入和消费总量和结构的变动趋势，你认为可通过哪些渠道获得其历史数据。

3. 如果你想研究中国电子信息产业的总产值、增加值、主要产品产量、经济效益等方面的变动趋势，你认为可通过哪些渠道获得其历史数据和相关资料。

4. 如果你想研究中国房地产投资的总规模、土地开发、资金来源、房屋建筑面积、房屋销售面积、房屋销售价格等方面的变动趋势，你认为可通过哪些渠道获得其历史数据和相关资料。

5. 某工业企业需定期掌握企业的人、材、物、产、供、销等数量信息，你建议该工业企业应采用何种调查方式，数据资料采集应采用何种调查方法，企业应建立何种调查制度？

6. 某小轿车生产商拟评价 A 品牌小轿车在 B 市的广告活动对销售促进、品牌提升的产品认识、传播影响、沟通效果、行为效果、销售效果、媒体效能等方面的作用程度；评价的具体项目要求包括广告的认知度、到达率、回忆度、理解度、说服力、接受度、喜好度、美誉度、购买意向度，产品与品牌的认知度、美誉度、偏好度、忠诚度、市场占有率、市场覆盖率等。你建议应采用哪些调查方式，可采用哪些调查方法？并设计调查方案和调查问卷。

7. 某市大型超市 A 想研究本超市与其他超市在购物环境、商品经营范围、商品陈列、货架摆放、价格定位、服务态度、顾客认知度、顾客满意度、市场占有率、市场覆盖率（商圈）等方面的差异，以便改进经营策略，你建议应采用哪些调查方式，可采用哪些调查方法？并设计调查方案和调查问卷。

8. 某县盛产碰柑、蜜橘、金橘等橘类产品，投资商 A 拟在该县投资兴办一家橘类产品加工厂，他想知道该县的橘类产品的资源分布、产品产量和结构、投资环境、有无同类产品加工厂及其生产能力；他想论证和评估市场需求、项目背景、技术方案、环境保护、效益与风险、投资规模、项目实施条件等方面的可行性，你建议应采用哪些调查方式，可采用哪些调查方法？并设计可行性研究方案。

# 第6章

# 市场调查资料整理

市场调查资料整理是对市场调查获得的信息进行初加工，为分析研究准备数据。本章主要阐述市场调查资料加工整理的基本知识和基本方法，主要包括审核、分类、编码、汇总、列表、图示等资料整理的技术性知识，并重点阐述原始数据和历史数据加工开发的思路。

## 6.1 市场调查资料整理概述

### 6.1.1 市场调查资料整理的含义

市场调查资料整理是根据市场分析研究的需要，对市场调查获得的大量的原始资料进行审核、分组、汇总、列表，或对二手资料进行再加工的工作过程。其任务在于使市场调查资料综合化、系列化、层次化，为揭示和描述调查现象的特征、问题和原因提供初步加工的信息，为进一步的分析研究准备数据。

市场调查所搜集的反映个体量的原始资料是分散的、不系统的、不能直接利用的。例如，一项有关消费者空调购买行为的调查，通过面访获得了 1 000 份问卷的原始数据，如果不审核这些问卷填答是否合格，也不进行加工处理，调研者将无法从总体上认识调查现象的数量表现和特征，无法得出调查结论和解释调查结果。因此，市场调查资料的整理是从信息获取过渡到分析研究的承上启下的重要环节，是从个体特征导向总体特征的必由之路。一般来说，数据获取提供原材料，资料整理提供初级产品，分析研究提供最终产品。

### 6.1.2 市场调查资料整理的内容

市场调查资料整理既包括原始资料的整理，也包括现成资料的整理，其中原始资料的整理是最主要的。资料整理的基本内容包括以下三个方面。

#### 1. 数据确认

数据确认是指对调查问卷或调查表提供的原始数据进行审核，检查问卷填答是否合格（包括项目是否完整、填答是否正确），或者对二手数据的可靠性、准确性、时效性、完备性进行检查。数据确认的目的在于查找问题、采取补救措施、确保数据质量。

**2. 数据处理**

数据处理就是对确认无误的问卷或调查表进行加工处理,包括分类、编码、汇总等,或者对二手数据进行再分类和调整。数据处理是市场调查资料整理的关键,其任务在于使原始数据和二手数据实现综合化、系列化和层次化,为分析研究准备有使用价值的数据。

**3. 数据陈示**

数据陈示是指对加工整理后的数据用一定的形式表现出来,以便调研者阅读和使用。数据陈示的形式通常有统计表、统计图、数据库、数据报告等,其中数据制表是数据陈述或表现的常用形式。

## 6.1.3　市场调查资料整理的原则

市场调查资料整理的实质是对市场调查获得的信息资源进行初步加工和开发,这种信息资源表现为问卷或调查表中的原始数据、定性调研的原始资料、从内部和外部渠道获取的二手资料等,往往是零乱的、分散的、不系统的一堆原材料,必须通过加工开发才能转化为有价值的语法信息。语法信息是描述现象总体的数量表现和数量结构关系的初级信息产品的形式,是语义信息和语用信息开发的基础和前提。市场调查资料整理要使加工开发的语法信息具有价值,应遵循以下原则。

**1. 目的性原则**

市场调查资料的整理要服从于市场调查的目的要求,针对市场调研需要解决的问题,即用户管理决策的信息需求,有针对性地加工开发出以总括性数据和结构性(分类的)数据相结合的语法信息。

**2. 核查性原则**

为确保数据处理质量,市场调查资料整理应注意事前、事中和事后都必须对数据质量进行核查,以求发现问题,查找差错,确保数据的准确性和可靠性,为进一步的分析研究提供高质量的语法信息。

**3. 系统化原则**

市场调查资料的整理,不能停留在调查问卷或调查表数据的简单加工汇总上,应实行多方向、多层次的加工开发,以及调查项目之间的交叉开发;使加工开发的语法信息具有序列化,能最大限度地满足分析研究的需要。

**4. 时效性原则**

市场调查资料的整理是数据处理的过程,需耗费一定的时间,如果不提高加工整理的效率,数据的时效性就会受到影响。因此,应利用计算机自动汇总技术、数据库技术等对数据进行及时加工处理,及时传输和反馈。

## 6.1.4　市场调查资料整理的程序

**1. 设计整理方案**

市场调查资料整理方案一般包括整理的目的要求、资料审核、整理内容、整理表式、汇总办法、整理时间、人员安排、数据管理等方面的一些设计和规定。

**2. 审核、订正调查资料**

主要是审核调查问卷或调查表的完备性、完整性和填答的准确性,以便发现问题进行纠正、补充或删除，防止有问题的问卷或调查表进入整理的流程。或者对二手资料的可靠性、准确性、时效性、可比性等进行评估，以决定其取舍。

### 3. 分组处理

原始资料和二手资料审核无误后，即可进行分组处理。分组是根据研究的需要，按一定的标志或标准将总体各单位区分为若干组（类）的一种数据加工处理方法。用以划分现象的不同类型，揭示总体的内部结构和分布特征，显示现象之间的依存关系。市场调查资料分类的标准有属性水准、数量水准、时间水准、空间水准、关联水准等，利用这些水准可以对问卷或调查表数据进行多方向、多层次的加工开发和交叉开发。

### 4. 统计汇总

统计汇总是在分组处理的基础上，利用手工汇总或计算机汇总技术求出各种分组的各组单位数、总体单位数、各组指标、总体综合指标等。其中手工汇总技术主要有过录法、折叠法、卡片法、问卷分类汇总法等。计算机汇总一般包括编程、编码、数据录入、逻辑检查、汇总制表等工作程序，它具有速度快、精度高和存储数据等特点，特别适合于大批量的数据处理。

### 5. 数据陈示

市场调查资料整理的最终结果需要借助于一定的形式表现出来，以供调研者和用户阅读、使用和分析研究。数据陈示的形式主要有统计表、统计图、数据库、数据报告等。

## 6.2 原始资料加工开发

原始资料的加工开发，是对问卷或调查表提供的原始数据进行加工整理和开发，即对经过审核的问卷或调查表中的原始数据进行分类和汇总，使数据系统化、综合化和条理化，得出能够反映所研究现象总体数量特征的综合资料，并用数据表的形式反映出来。原始资料加工开发的基本程序如图 6-1 所示。

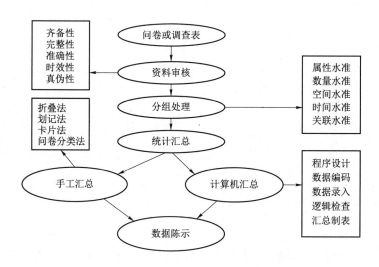

图 6-1 原始资料加工开发基本程序

## 6.2.1　原始资料的审核

**1. 审核的内容**

原始资料审核主要是对市场调查收回的问卷或调查表的齐备性、完整性、准确性和时效性进行分类汇总前的审核，以防止有问题、有差错的问卷或调查表进入分类汇总作业流程，导致数据汇总处理带来严重的问题。原始数据一经汇总处理，其差错就被掩盖起来了。因此，原始资料的加工整理首先要重视对收回的问卷或调查表进行审核，以确认有无问题，并采取补救措施。审核的内容如下。

（1）齐备性。即检查收回的问卷或调查表的份数是否齐全，是否达到了调查方案设计的样本量的要求。如果问卷或调查表份数不够，应告知调研组织者查明原因，采取补救措施，如派访问员重新面访拒绝调查或访问时不在家的被调查者，或更换样本单位进行访问。

（2）完整性。即检查问卷或调查表填答的项目是否完整。不完整的答卷一般可分为三种情形：第一种情形是大面积的无回答，或者相当多的问题无回答，对此应作废卷处理；第二种情形是个别问题无回答，应视为有效调查问卷，所留空白采取补救措施获得答案，或将它直接归入"暂未决定""其他答案"的类别中；第三种情形是有相当多的调查问卷对同一问题无回答，仍作为有效调查问卷，对此项提问可作删除处理，调研者对此可作如下思考：这个问题是否用词不清而让被调查者无法理解，这个问题是否太具敏感性或威胁性，而使被调查者不愿意回答，或是根本就无法给此问题找到现成的答案？

（3）准确性。即检查问卷或调查表中的项目是否存在填答错误，一般也有三种情形：一是逻辑性错误，表现为某些答案明显地不符合事实，或者前后不一致的答案，对这类错误能够用电话核实的可进行更正。无法核实的按"不详值"对待；二是答非所问的答案，这种错误到了审核阶段一般很少存在，一旦发现应通过电话询问进行纠正，或者按"不详值"对待；三是乏兴回答的错误，这类错误一般是被调查者对回答的问题不感兴趣，如问卷中所有的问题答案都选择某一固定编号的答案，或者一笔带过若干个问题。如果这种乏兴回答仅属个别问卷，应彻底抛弃，如果乏兴回答的答卷有一定的数目，且集中出现在同一类问题群上，应把这些问卷作为一个独立的子样本看待，在资料分析时给予适当的注意。

（4）时效性。主要是对问卷或调查表的访问时间、有关数据的时间属性进行检查，以评价调查数据是否符合时效性的要求。一般来说，访问员应在规定的访问期限内完成所有样本单位的访问，如果因某种原因延迟了访问，则应作出不同情况的处理，若延迟访问对调查结果没有什么影响，则问卷仍然是合格的；若延迟访问影响到数据的时间属性（时点数的时点、时期数的计算时距）不一致时，则应废弃这样的调查表或问卷。

（5）真伪性。主要是对问卷或调查表的真实性进行检验，评价访问员是否存在伪造问卷或调查表的行为。一般采用抽样复检的办法进行核实，即从回收的全部问卷或调查表中随机抽取一部分，然后用电话或派人上门与被调查者联系，核实访问员是否到访，以及访问的时间、地点等。如果发现问卷或调查表是伪造的，则应作废弃处理，并重新派员重访。

一般来说，在市场调查过程中，为确保调查的质量，调查组织者往往制定了调查访问过程中的实地审核制度和办法，尽管如此，集中上来的问卷或调查表仍不可避免地存在这样或那样的问题。因此，在分类汇总前，集中审核仍然是必要的。

**2. 审核的作业方式**

较大规模的市场调研项目收回的问卷或调查表往往是大量的、需要聘用审核员进行集中审核。审核员一般是调研机构聘用的专职人员，应具有较丰富的审核经验和各方面的阅历。在审核工作开始之前，调研项目主持人应向审核人员交代本项目的调查内容、调查问卷或调查表格设计格式和特点、样本选择方式、调查时间、访问背景等情况，使审核员明确审核的内容和要求。

审核的作业方式应该是在问卷或调查表分配给审核员的基础上，实行一卷或一表从头审到尾，而不应采用分段交叉的作业方式。因为一卷一表从头审到尾，有利于贯彻审核的一致性原则和明确审核员的责任，而分段作业和分段把关有可能提高审核的效率，但不利于贯彻一致性原则，也容易产生责任不清的问题。

**3. 审核的办法**

（1）逻辑审核。逻辑审核是利用逻辑和经验判断的方法，检查问卷或调查表中的填答项目是否合理，项目之间有无相互矛盾的地方，有无不应有的空白，有无不合理的填答，有无乏兴填答、答非所问或部分项目不回答等。

（2）计算审核。计算审核主要是对数据进行计算性的检查，如分量相加是否等于小计，小计相加是否等于合计，数据之间该平衡的是否平衡，各项数据在计算方法、计算口径、计量单位、时间属性等方面是否有误等。

## 6.2.2 原始资料的分组处理

原始资料经过审核，问卷或调查表的质量得到确认之后，即可对问卷或调查表中的问项及答案进行分组处理。分组处理的目的在于使原始数据分门别类，使资料综合化、条理化和层次化。原始数据的分组有下列几种形式。

**1. 简单分组处理**

简单分组又称单变量分组，是指对总体各单位或样本各单位只按一个标志或标准进行分组处理。在市场调查的原始资料整理中，表现为对每个调查问项本身的不同选项或取值进行汇总处理就可得到简单分组的结果。在封闭型问卷中，每个调查问项都是分组的标准，问项下的备选答案都是分组后的组别或类别。由于调查问项及备选答案是在调研设计阶段事先设计好的，所以又称事前分组处理。调查资料收集工作结束后，问卷的数量和质量得到确认，调研者只需要把每个问项下的备选答案的被调查者的填答次数统计起来，就可得到一系列的简单分组的结果。

简单分组的特点主要有：① 分组是事先设计的，一份封闭型问卷有多少个问项，就有多少个简单分组设计；② 不同的简单分组之间是互不关联的；③ 分组的标志或标准一般可以区分为品质属性、数量属性、时间属性、空间属性四类；④ 分组的结果表现为各种简单的次数分布数列；⑤ 分组的结果只能作一些基本的结构分析和集中趋势分析，而不能说明变量或问项之间的依存性、相关性、差异性等深层次的问题。因此这种分组处理只能提供最基本的综合性资料。

例如：某市组织了一次样本量为 2 000 户的居民家庭空调满意度和购买行为的市场调查，所设计的封闭式问卷共包括了反映被调查者基本情况、现有空调拥有状况、现有空调满意度测评项目、未来三年内空调需求与购买行为等四类项目，设计的问项是 36 个，其中基本项目 9 项、主体项目 27 项，列示如下。

| （一）基本项目 | （二）空调拥有状况 | （三）满意度项目 | （四）需求项目 |
|---|---|---|---|
| 1. 性别 | 10. 拥有量 | 19. 制冷效果 | 28. 需求数量 |
| 2. 年龄 | 11. 品牌 | 20. 制热效果 | 29. 需求时间 |
| 3. 文化程度 | 12. 机型 | 21. 需电效果 | 30. 品牌选择 |
| 4. 职业 | 13. 功率 | 22. 噪声大小 | 31. 机型选择 |
| 5. 所属行业 | 14. 购买时间 | 23. 外观设计 | 32. 功率选择 |
| 6. 家庭人口 | 15. 购买地点 | 24. 组件质量 | 33. 价位选择 |
| 7. 就业人口 | 16. 购买因素 | 25. 价格水平 | 34. 购点选择 |
| 8. 年人均收入 | 17. 信息渠道 | 26. 送货安装 | 35. 关注要素 |
| 9. 居住城区 | 18. 价格 | 27. 维修服务 | 36. 由谁决定 |

1）品质属性分布数列

品质属性分布数列是以被调查者的职业、所属行业、性别、文化程度、职业等品质属性和定性测评调查项目作为分组标志，对其本身的不同选项进行分组处理而形成的简单品质数列。在市场调查问卷资料的加工开发中，这些数列是大量的。表 6-1 就是其中的一例。

表 6-1　某市居民家庭空调拥有量品牌分布

| 品牌 | 拥有量/台 | 比重/% |
|---|---|---|
| A | 369 | 11.7 |
| B | 665 | 21.1 |
| C | 775 | 24.6 |
| D | 444 | 14.1 |
| E | 406 | 12.9 |
| F | 261 | 8.3 |
| G | 230 | 7.3 |
| 合计 | 3 150 | 100.0 |

2）数量属性分布数列

数量属性分布数列是以被调查者的年龄、收入、消费支出、家庭人口、就业人口等数量属性，以及调查主体项目中的具有数量属性的调查项目作为分组标志（数量标志或变量），对这些变量的不同取值进行分组而形成的变量数列，有以下两种形式。

（1）单项式变量数列。适应于离散型变量（如家庭人口、就业人口、耐用品拥有量、需求量等）的分组处理，即以变量的每一个具体取值的整数作为分组的组别而编制的变量数列，表 6-2 就是一个单项式变量数量。

表 6-2　某市居民家庭空调拥有台数分布

| 拥有量/台 | 家庭数/户 | 比重/% |
|---|---|---|
| 0 | 300 | 15.0 |
| 1 | 708 | 35.4 |
| 2 | 646 | 32.3 |
| 3 | 274 | 13.7 |

| 拥有量/台 | 家庭数/户 | 比重/% |
|---|---|---|
| 4 | 52 | 2.6 |
| 5 台及以上 | 20 | 1.0 |
| 合计 | 2 000 | 100.0 |

（2）组距式变量数列。适应于连续变量（如年龄、收入、消费支出等）的分组处理，即以变量的不同取值区间作为分组的组别而编制的变量数列，表 6-3 就是一个组距式变量数列。编制组距式变量数列时，可根据原始数据计算出各组的平均值，并在表中增列组平均值一栏，以保证原始信息不会被丢失，以便计算总体的实际平均值。在原始数据变动范围较大的情况下，一般不应编制等距式变量数列，而应编制异距式变量数列，以便能正确地反映现象分布的特征。

表 6-3 某市居民家庭人均年收入分布

| 组别/万元 | 样本户数/户 | 比重/% |
|---|---|---|
| 0.5 以下 | 180 | 9.0 |
| 0.5～<1 | 220 | 11.0 |
| 1～<2 | 320 | 16.0 |
| 2～<3 | 500 | 25.0 |
| 3～<4 | 360 | 18.0 |
| 4～<5 | 260 | 13.0 |
| 5 及以上 | 160 | 8.0 |
| 合　计 | 2 000 | 100.0 |

3）时间属性分布数列

时间属性分布数列是以调查问卷中的一些时间属性的调查项目（如购买时间、需求时间）作为分组标志，对被调查者的时间选项进行分组而形成的时间数列。表 6-4 就是一个有关居民家庭现有空调购买时间的分布数列。

表 6-4 某市居民家庭现有空调购买时间分布

| 购买时间 | 空调数/台 | 比重/% |
|---|---|---|
| 1 年 | 652 | 20.7 |
| 2 年 | 592 | 18.8 |
| 3 年 | 551 | 17.5 |
| 4 年 | 513 | 16.3 |
| 5 年 | 479 | 15.2 |
| 6 年 | 310 | 9.8 |
| 6 年以上 | 53 | 1.7 |
| 合计 | 3 150 | 100.0 |

4）空间属性分布数列

空间属性分布数列是以调查问卷中的某些具有空间属性的调查项目（如被调查者的居住区域、购买产品的场所等）作为分组标志，对被调查者的空间选项进行分组而形成的空间数列。表6-5就是一个居民家庭现有空调购买场所的分布数列。

表6-5 某市居民家庭现有空调购买场所分布

| 购买场所 | 家庭数/户 | 比重/% |
|---|---|---|
| 百货、超市 | 547 | 32.2 |
| 空调专卖店 | 554 | 32.6 |
| 电器城 | 534 | 31.4 |
| 厂家直销 | 48 | 2.8 |
| 旧货市场 | 17 | 1.0 |
| 合计 | 1 700 | 100.0 |

## 2. 平行分组处理

平行分组处理是对总体各单位或样本各单位同时采用两个或两个以上的标志或标准进行平行排列的分组，所编制的分组数列称为平行分组数列。在调查问卷中，一些调查项目之间往往具有一定的对应关系或相互联系。例如，居民家庭现有空调拥有量的品牌分布与未来一段时期内的需求品牌分布之间，现有空调的机型分布与未来需求的机型分布之间，满意度测评项目之间，被调查者的家庭人口、就业人口与年人均收入之间等，往往均具有一定的对应关系或相互联系。平行分组处理就是利用这种关系对调查问卷提供的原始资料进行加工开发。

平行分组处理的主要特点是：① 分组设计是在原始资料收集之后进行的，是一种事后分组处理；② 分组的标志或项目涉及两个或两个以上；③ 这些标志或项目具有相同的选项或某种平行的对应关系；④ 分组的结果表现为各种平行分组数列；⑤ 分组的结果不仅能够说明现象的类型和结构，而且能够分析调查项目之间的相关性、差异性、联系性等深层次的问题。因此，平行分组处理能够为进一步的分析研究提供有重要价值的综合性资料，是对原始资料进行深度加工开发的重要方法。这种分组处理一般有下列两种形式。

（1）两变量（项目）平行分组数列。它是将两个有联系的调查项目按相同选项分组的结果并列在一起而编制的平行分组数列。表6-6就是一个关于居民家庭现有空调拥有量的品牌分布与未来需求的品牌分布的平行分组数列。

表6-6 某市居民家庭空调品牌分布

| 品牌 | 拥有量/台 | 拥有量比重/% | 需求量/台 | 需要量比重/% |
|---|---|---|---|---|
| A | 369 | 11.7 | 103 | 12.1 |
| B | 665 | 21.1 | 192 | 22.6 |
| C | 775 | 24.6 | 183 | 21.6 |
| D | 444 | 14.1 | 140 | 16.5 |
| E | 406 | 12.9 | 110 | 13.0 |
| F | 261 | 8.3 | 68 | 8.0 |
| G | 230 | 7.3 | 52 | 6.2 |
| 合计 | 3 150 | 100.0 | 848 | 100.0 |

（2）多变量（多项目）平行分组数列。这是将两个以上有联系的调查项目按相同选项分组的结果并列在一起而编制的平行分组数列。常用于产品或服务满意度测评、被调查者态度测量等原始资料的加工开发。表6-7就是一个反映某市居民家庭对空调满意度的平行分组数列。

表6-7　某市居民家庭空调满意度测评汇总表

| 测评项目 | 很满意 | 满意 | 较满意 | 不满意 | 很不满意 | 次数合计 |
|---|---|---|---|---|---|---|
| 1. 制冷效果 | 261 | 328 | 686 | 340 | 85 | 1 700 |
| 2. 制热效果 | 272 | 330 | 514 | 386 | 198 | 1 700 |
| 3. 节电效果 | 272 | 330 | 514 | 386 | 198 | 1 700 |
| 4. 噪声大小 | 115 | 230 | 680 | 365 | 310 | 1 700 |
| 5. 外观设计 | 202 | 324 | 860 | 230 | 84 | 1 700 |
| 6. 产品价格 | 212 | 396 | 726 | 285 | 81 | 1 700 |
| 7. 配件质量 | 98 | 283 | 606 | 390 | 323 | 1 700 |
| 8. 送货安装 | 120 | 286 | 698 | 324 | 272 | 1 700 |
| 9. 维修服务 | 120 | 286 | 695 | 326 | 273 | 1 700 |

表6-7只能从总体上说明被调查者对全部空调的满意度情况，而不能说明具体品牌的满意度情况。因此，在实际工作中，可分品牌编制此类数列。某些类型的满意度测评亦可按单位、按部门编制此类数列。

根据调查问卷提供的原始资料，应做哪些平行分组处理，没有固定的规则，应根据调查项目的性质、问项设计形式、问项之间的联系和分析研究的需要作出选择。

**3. 交叉分组处理**

交叉分组处理是对总体各单位或样本各单位采用两个或两个以上的标志或调查项目进行交叉分组，所编制的数列一般表现为相关分组数列或复合分组数列。在调查问卷中，许多基本项目之间，基本项目与主体项目之间，往往具有多种多样的依存性、相关性和差异性，交叉分组处理就是为了解释这类问题而对原始资料进行加工开发。

交叉分组处理的特点是：① 分组设计在原始资料收集之后进行的，是一种事后分组处理；② 分组的标志或项目涉及两个以上；③ 这些标志或项目的选项虽然不同，但它们之间具有某种依存性或相关性；④ 分组处理的结果一般为交叉分组数列或复合型数列；⑤ 分组处理的结果不仅可以研究现象的内部结构和分布，而且可以分析和检验调查项目之间的依存性、相关性、差异性、显著性等，用以揭示调查现象的一些本质特征，从中挖掘出一些有价值的重要启示。交叉分组处理有下列两种情形。

（1）基本项目之间的交叉分组处理。它是利用反映被调查者基本情况的基本调查项目之间的关联性进行交叉分组处理。例如，不同性别、不同行业、不同职业、不同文化程度、不同居住区域的居民家庭的人均收入是否具有差异性；不同性别、不同行业、不同职业、不同年龄、不同居住区域的被调查者的文化程度是否具有差异性，等等，都必须运用交叉分组处理来提供分析研究所需的综合性数据。表6-8是某市空调需求与购买行为调查中，被调查者的性别与文化程度的交叉分组数列。

表6-8 被调查者性别与文化程度分布　　　　　　　　　　　　　　单位：人

| 文化程度 | 男 | 女 | 合计 |
|---|---|---|---|
| 小学及以下 | 6 | 4 | 10 |
| 初中 | 210 | 176 | 386 |
| 高中高职 | 297 | 321 | 618 |
| 专科 | 248 | 265 | 513 |
| 大学本科 | 226 | 177 | 403 |
| 硕士博士 | 48 | 22 | 70 |
| 合　计 | 1 035 | 965 | 2 000 |

从理论上讲，如果主体项目有 $n$ 个，则可交叉开发出 $n×(n-1)$ 个交叉分组数列。如前面的实例中，有9个基本项目，可加工开发出72个交叉分组数列。但是，在实际问题的研究中，这种交叉分组处理有无必要，或者是否需要进行全部加工开发，取决于调研者分析研究的需要。在大多数情况下，一般不需要进行这种加工开发，因为市场调研的目的，不在于对被调查者本身进行研究，而是要研究有关的市场问题。

（2）基本项目与主体项目之间的交叉分组处理。它是利用问卷中的基本项目与主体项目之间的关联性进行交叉分组处理，用以揭示不同性别、不同年龄、不同行业、不同职业、不同文化程度、不同居住区域、不同家庭人口的被调查者对所要研究的主体项目选项回答的差异性、相关性等深层次的问题。

从理论上讲，有 $n$ 个基本项目和 $m$ 个主体项目，就可加工开发出 $n×m$ 个两变量的交叉分组数列。如前例，有9个基本项目、27个主体项目，则可加工开发出243个两变量交叉分组数列。在实际问题的研究中，是否有必要加工开发出这样多的交叉分组数列，应根据市场研究的目的而定。表6-9是一个居民人均年收入与品牌需求的交叉分组数列。

表6-9 某市居民人均年收入与品牌需求交叉分组列表

| 人均年收入/万元 | A | B | C | D | E | F | G | 合计 |
|---|---|---|---|---|---|---|---|---|
| 0.5 以下 | — | 10 | 15 | 8 | 10 | 24 | 18 | 85 |
| 0.5 ~<1 | 4 | 32 | 28 | 18 | 14 | 20 | 16 | 132 |
| 1 ~<2 | 6 | 60 | 56 | 28 | 18 | 16 | 8 | 192 |
| 2 ~<3 | 14 | 48 | 43 | 30 | 26 | 4 | 5 | 170 |
| 3 ~<4 | 26 | 36 | 30 | 25 | 16 | 2 | 3 | 138 |
| 4 ~<5 | 28 | 8 | 6 | 16 | 14 | 1 | 2 | 71 |
| 5 及以上 | 25 | 2 | 5 | 15 | 12 | 1 | — | 60 |
| 合　计 | 103 | 192 | 183 | 140 | 110 | 68 | 52 | 848 |

基本项目与主体项目之间的交叉分组处理，有时亦可采用三变量（项目）交叉列表（复合分组表）的形式，以便更好地反映调查项目之间的关联性和被调查者回答的差异性。表6-10就是一个三变量交叉列表。

表 6-10　被调查者对空调维修服务满意度测评汇总表

| 态度测评选项 | 男 | | | 女 | | | 合计 |
|---|---|---|---|---|---|---|---|
| | 大学以下 | 大学及以上 | 小计 | 大学以下 | 大学及以上 | 小计 | |
| 很满意 | 135 | 116 | 251 | 124 | 40 | 164 | 415 |
| 较满意 | 126 | 48 | 174 | 141 | 95 | 236 | 410 |
| 一般 | 124 | 52 | 176 | 136 | 46 | 182 | 358 |
| 不满意 | 196 | 46 | 242 | 170 | 13 | 183 | 425 |
| 很不满意 | 180 | 12 | 192 | 195 | 5 | 200 | 392 |
| 合计 | 761 | 274 | 1 035 | 766 | 199 | 965 | 2 000 |

#### 4. 开发式问题的分类归纳

在市场描述性调研和因果性调研中，并非所有的调查项目都采用封闭式问项设计或采用标准化访问的方法收集原始资料。为了深入追问被调查者对特定问题（态度、动机、信仰）的一些深层次看法，或者调研设计者事先对问项的多种多样的答案缺少明确的预见，难以在问项下给出数目不太多又能互斥穷举的一组答案，因而在问卷中往往设计了个别开放式问项。为了深入了解被调查者可能不愿意或难以直接回答的问题或内心世界一些深层次的想法，调研者有时需要采用焦点座谈会、深层访谈、投影技法等非标准化访问方法收集原始资料。

被调查者对开放式问题的回答是依据自己的标准给出的叙述性和评论性的文字答案，而且这些答案是分散的。因此，对开放式问题的答案进行加工整理是有难度的。因为这种整理不是机械作业，而是一种艺术处理，调研中必须对这些文字资料所反映出的被调查者的思想认识进行了解，才能进行分类归类。因此，对开放式问题的答案整理可遵循以下基本思路和程序。

（1）集中所有同一个开放式问题的全部文字性答案，通过阅读、思考和分析，把握被调查者的思想认识。

（2）将被调查者的全部文字性答案，按照其思想认识不同归纳为若干类型，并计算各种类型出现的频数；制成全部答案分布表。

（3）对全部答案分布表中的答案进行挑选归并，确定可以接受的分组数。一般来说，应在符合调研项目的前提下，保留频数多的答案，然后把频数很少的答案尽可能归并到含义相近的组，应考虑调研的目的和答案类型的多少而确定，一般来说应控制在 10 组之内。

（4）为确定的分组，选择正式的描述词汇或短语。不同组别的描述词汇或短语应体现质的差别，力求中肯、精炼、概括。

（5）根据分类归纳的结果，制成正式的答案分布表。

例如，在一项关于居民空调购买行为的调研问卷中，设置了"你对'静音空调'这个产品概念有何看法？"的开放式问项，被调查者的回答是多种多样的，通过分类归纳得到的答案分布表如表 6-11 所示。

表 6-11　被调查者对"静音空调"的看法分布

| 看法分类 | 答案人数 | 比重/% |
|---|---|---|
| 符合环保需求 | 325 | 16.25 |
| 符合发展趋势 | 286 | 14.30 |

| 看法分类 | 答案人数 | 比重/% |
|---|---|---|
| 符合消费需求 | 316 | 15.80 |
| 希望尽快推出 | 198 | 9.90 |
| 有可能实现 | 312 | 15.60 |
| 不可能实现 | 350 | 17.50 |
| 难以评价 | 213 | 10.65 |
| 合　计 | 2 000 | 100.00 |

综上所述，市场调查原始资料的加工整理主要是对调查问卷提供的原始资料进行分组处理。封闭式问题资料的加工开发有简单分组处理、平行分组处理和交叉分组处理，既可进行平向开发，又可进行多维并列开发和交叉开发。开放式问题资料的整理主要是意见分类归纳处理。由这些多方向、多分组构成的原始资料加工开发体系，可以加工开发出大量的综合性资料，能够最大限度地满足市场研究和用户的信息需求。市场调查原始资料加工开发框架如图 6-2 所示。

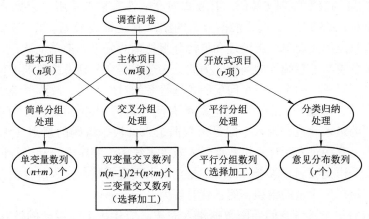

图 6-2　原始资料分组加工开发的框架

## 6.2.3　原始资料的统计汇总

原始资料的统计汇总是在原始资料分组的基础上，采用手工汇总或计算机汇总技术得出各种分组处理的各组频数，进而编制各种频数分布表。统计分组与统计汇总是紧密联系的两个概念，统计分组是统计汇总的基础，统计汇总在于得出统计分组的具体结果。在实际工作中，对调查问卷提供的原始资料，可先进行分组设计，后进行汇总统计；也可把分组设计与汇总设计结合起来同时进行。原始资料的统计汇总技术有以下两类。

**1. 计算机汇总技术**

在现代市场调研中，由于调研课题涉及的调研内容多、调研范围大，样本量也很大，由问卷提供的原始资料往往有上千份或几千份，同时，又要求进行多方向的数据加工开发，因此，一般都采用计算机技术进行汇总处理。

利用计算机技术进行问卷数据处理，不仅速度快、精度高，并且数据的分组、汇总和列表均能够自动完成。而要做到这一点，应遵循以下程序。

（1）开发合适的数据处理软件。开发合适的数据处理软件应根据问卷设计的内容、数据分组处理的要求等先进行信息需求分析，然后对数据处理的流程、数据的结构、数据记录、单变量分组、双变量交叉分组、三变量交叉分组、平行分组、数据编码、数据录入、逻辑检查、汇总计算、列表输出等进行详细的设计，设计方案评审确定以后，即可进行程序设计和测试，开发出合适特定问题的数据处理软件。在实践中，也可直接利用现成的具有调查问卷数据处理功能的统计软件进行数据处理。

（2）编码。编码是指对一个问题的不同回答进行分组和指派数字代码的过程。在调查问卷中，大多数问题都是封闭式的，并且已预先对备选答案进行编码，这意味着调查问卷本身也设定了不同答案的数学代码。例如：01 表示性别问项，011 表示男，010 表示女，就是预先编制的编码，简称预编码。大型的市场调查，其问卷一般都采用预编码。或者在调查问卷之外，另行制作登录卡，供从调查问卷上的文字答案向数码转化用。登录卡从格式上看是一张空白的数码矩阵表，编码员可根据编码规则将问卷中所载答案转化成数码填入适当的矩阵单元内，供录入时使用。

在编码工作中，有下列两个问题需要进行事后编码。

① 开放式问题的答案整理与编码。开放式问题的答案整理采用"意见分类归纳法"进行加工处理（前面已作介绍），然后根据分组的结果制定编码规划。② 交叉分组处理的编码。预编码一般只能解决简单分组处理和平行分组处理的分组和汇总统计，而不能解决两变量或三变量交叉分组与汇总统计的问题，为此，必须根据交叉开发的要求进行事后编码。这种编码通常需要同时考虑两个或三个问项的备选答案的对应编码，故称复编码。

（3）数据录入。数据录入前，一般应对所有问卷进行编号，以便按照问卷编码顺序进行每份问卷数据的录入。数据录入一般是由数据录入员根据编码的规则（编码明细单）将数据从调查问卷上直接录入到计算机数据录入软件系统中，系统会自动进行记录和存储。数据录入一般不要采用先编制登录卡，然后根据登录卡再进行数据录入的方式，因为这种方式在转录过程中容易产生大量的错误，而且费时费力。

（4）逻辑检查。全部调查问卷的数据录入完毕，应运用事先设计的计算机逻辑错误检查程序进行检查，以防止录入的逻辑错误的产生。逻辑错误是指录入时违反了跳答方式（录入问项的顺序及跳过某些不需要录入的问项）和录入了不可能的代码（如可能的代码只允许为 1 或 2，却输入了 3）。但逻辑检查不能识别下述情形，即把本应该"是"的回答"1"记录为"否"的回答"2"。逻辑检查也可由计算机输出 1 份关于每一问项答案的频数分布清单，检查者可据此判断录入过程中是否正确遵循了跳答方式，是否出现了不适代码。如果逻辑错误被查出，那么一定要找出相应的原始问卷，并对计算机数据文件进行纠正。

（5）汇总制表。当逻辑检查确认数据录入无逻辑错误，则可利用设定的计算机汇总与制表程序自动生成各种分组类，包括简单分组频数表、平行分组频数表和交叉分组频数表。从而为分析研究准备综合化的数据。

**2. 手工汇总技术**

在市场调查中，当对某些问题的调研中所要求的样本量不是很大时，可采用手工汇总技术对调查问卷原始数据进行汇总处理。例如，某项市场调研的样本量只有 600 份问卷，如果聘请 6 人进行汇总处理，每人只需负责 100 份问卷，然后再对 6 人汇总的结果进行加工处理，就可得出全部问卷的汇总统计结果。手工汇总技术主要有以下几种方法。

（1）问卷分类法。问卷分类法是将全部问卷按照问项设计的顺序和分组处理的要求，依次对问项答案进行问卷分类，分别清点有关问卷的份数，就可得到各个问题答案的选答次数。例如，先将全部问卷分为男、女两类，清点各类的份数，可得到被访问者的男性人数和女性人数，以及各类问题男女回答的人数。然后又将全部问卷按被调查者的职业选项进行分类，清点各类问卷的份数，可得到不同职业者的被访问人数，以及各类问题男女回答人数。依次进行下去，直到全部问项处理完毕。问卷分类法也可用于交叉分组处理。例如，不同职业的被调查者的年收入分组处理，可先将全部问卷按职业分类清点人数，然后分别对每一类相同职业者的问卷再按年收入选项进行分类清点人数，将结果填入职业交叉分组统计表内即可。问卷分类法操作简便，能适应各种分组与汇总处理。缺点是问卷分类的次数过多，容易使问卷发生损坏。

（2）折叠法。折叠法是将全部调查问卷中的同一问项及答案折叠起来，并一张一张地叠在一起，用别针或回形针针好，然后计点各个答案选择的次数，填入事先设计的分组表内。折叠法简便易行，但只能适应对全部问题进行简单分组与汇总处理，不能适应交叉分组与汇总处理。

（3）划记法。划记法是事先设计好空白的分组统计表，然后对所有问卷中的相同问项的不同答案一份一份地进行查看，并用划记法划记（常用的划记符号为"正"字），全部问卷查看与划记完毕，即可统计出相同问项下的不同答案的次数，最后转录到正式的分组统计表上。划记法也比较简便易行，但有可能产生查看或划记错误。划记法对简单分组处理和交叉分组处理都能适应，故比折叠法优越。

（4）卡片法。卡片法是利用摘录卡作为记录工具，对调查表中的开放式问题的回答或深层访谈的回答进行转录或记录，然后再依据这些卡片进行"意见归纳处理"。卡片法是处理开放式问题回答的有效工具，但是当调查问卷或被调查者很多，采用卡片法就很不经济。为此，可采用"意见清单"进行转录和处理。

# 6.3  次级资料加工整理

## 6.3.1  次级资料加工整理程序

次级资料的加工整理是指对文案调查法、网络调查法等方法收集的次级资料进行再加工整理，使之符合调研者对特定的市场问题研究的需要。次级资料又称二手资料，有各种不同的来源，它们的收集目的、总体范围、指标口径和计算方法等与现有问题研究的要求可能存在一定的差别。因此，要使次级资料适用，必须进行再加工整理。其程序如下（参见图 6-3）。

**1. 确认**

确认又称甄别，是指对次级资料的真假、准确性、时效性、可靠性等进行检查和判定，以便从中选定那些可资利用的资料。确认的主要内容包括：确认次级资料原来调查研究的目的是什么，确认资料收集的方式方法是什么，确认调查的总体范围是什么，确认调查的样本量有多大，确认指标口径、计算方法和数据分类怎样。通过这些方面的确认以判定次级资料能否适合当前问题研究的需要，决定其取舍。

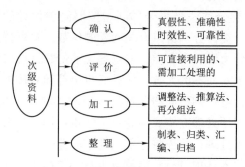

图 6-3　次级资料加工整理程序

**2. 评价**

则根据当前问题研究的需要，对所选定的二手资料的可利用程度进行评价，以判别哪些资料可直接利用，哪些资料需要进行再加工处理才能利用。

**3. 加工**

加工就是对不能直接利用的次级资料进行改造制作，使之符合分析研究的需要。加工改造的方法主要有以下几种。

（1）调整法。当次级资料的总体范围、指标口径、计算方法等，因种种原因造成前后时期数据的不可比时，一般可用加进、减去、换算等方法进行调整。例如，由于行政区域、组织系统、隶属关系、经营范围变更导致的数据不可比，应以现行的行政区域、组织系统、隶属关系和经营范围为准，调整过去的统计数据。如果统计数据的计量单位和计价标准前后时期不一致，则应按现行的计量单位和计价标准进行加工换算。

（2）推断法。当分析研究所需要的次级资料中的个别年份或月份的数据有缺口，既无法直接计算，又不能进行实际调查时，可运用平衡推算法、因素推算法、比例推算法、线性扦值法、回归估计法等进行科学的估计推算。科学的推算虽然是有根据的合理推算，但推算的结果仍然是近似的数据，不可能十分准确，因此应慎重地使用推算法。

（3）再分组法。当次级资料的分组方法不科学、不能满足当前问题研究的需要时，应进行再分组处理。有两种情形，一是原分组标志是合适的，但划分的组距不科学，不同质的个体单位没有分开。为此，可对原来的分组作出调整，即采用原有分组标志划分新组。二是不同时期的同类资料分组法不统一，不便于比较，应按统一的分组法进行再分组处理。

**4. 整理**

次级资料经过确认、评价、加工之后，为了使历史数据和有关资料实现有序化，更好地满足分析研究的需要，还应对次级资料进行整理。主要包括数据的列表陈示、各类统计表的汇编、编印资料手册、文献资料的分门别类、归档管理等。

### 6.3.2　历史数据的整序与开发

在次级资料加工整理中，历史数据的整序往往是最主要的工作。历史数据能否满足市场分析研究的需要，除了必须重视历史数据的收集之外，还必须重视历史数据的整序和多方向加工开发。

历史数据的整序主要采用时间数列陈示历年的或历年分月（季）的各项统计指标数值，使数据动态化、有序化，为动态分析和外推预测提供数据支持。时间数列是同一统计指标或变量在不同时间的数值，按发生的时间先后顺序排列而成的统计数列。编制时间数列的目的，在于揭示现象发展变化的过程、趋势和规律。因此，保证各期统计指标数值的可比性，是编制时间数列应遵循的基本原则。为此，必须注意各期指标的时期长短应相等，总体范围应统一，指标内容应统一，计算方法、计量单位、计价标准应统一。

历史数据的多方向开发，是利用时间数列中统计指标取值具有多样性的特点，从不同的角度对同一统计指标依时间取值进行加工开发，为分析研究提供多样化、序列化的动态数据。统计指标的取值可以是总量指标，也可以是相对指标或平均指标；可以从总体上取值，也可以从总体分组上取值；可以从动态上取值，也可以从空间上取值；可以从品质属性上取值，也可以从数量属性上取值。统计指标取值的多样性是历史数据多方向开发的基本理论依据。一般来说，反映现象数量特征的统计指标，按其取值的属性不同，可分别加工开发出以下6类时间数列。

### 1. 品质属性时间数列

品质属性时间数列是指对统计指标按品质属性分组并依时间先后顺序取值而编制的时间数列。例如，总人口可按性别、城乡、文化程度、民族、职业等品质属性进行分组，并按不同年份取值编制一系列时间数列；工商企业的产品销售量可按产品大类、小类、品种、客户等品质属性进行分组，并按不同年份或月份取值编制一系列时间数列，这些都是品质属性时间数列。这种时间数列不仅可以进行动态分析，而且可以进行结构分析。表6-12是某空调生产厂家不同产品近六年的国内销售量统计。

表6-12 某空调厂近六年分品种的产品销售量　　　　单位：万台

| 品种 | 2008 年 | 2009 年 | 2010 年 | 2011 年 | 2012 年 | 2013 年 |
|---|---|---|---|---|---|---|
| 1P 挂机 | 10.2 | 11.8 | 13.1 | 15.3 | 18.1 | 20.4 |
| 1.5P 挂机 | 23.5 | 26.4 | 29.3 | 32.4 | 36.6 | 42.8 |
| 一拖二挂 | 22.3 | 24.6 | 27.8 | 30.2 | 34.8 | 40.2 |
| 二拖三挂 | 14.4 | 16.1 | 18.2 | 20.0 | 22.0 | 24.6 |
| 2P 柜机 | 20.8 | 22.1 | 22.3 | 25.4 | 27.1 | 33.1 |
| 2P 以上柜机 | 17.0 | 17.5 | 19.4 | 20.1 | 22.0 | 22.4 |
| 合　计 | 108.2 | 118.5 | 130.1 | 143.4 | 160.6 | 183.5 |

### 2. 数量属性时间数列

数量属性时间数列是指对统计指标按数量属性分组，并依时间先后顺序取值而编制的时间数列。例如，居民的可支配收入、消费支出，按一定的组距进行分组，并将不同年份的取值按先后顺序排列起来，就是数量属性时间数列。工商企业全部产品按销售量大小或全部客户按订购量大小进行分组，并将不同年份或月份的取值按先后顺序排列起来，也是数量属性时间数列。这种时间数列不仅可以进行动态分析，而且可以揭示全部产品中少数重点产品有哪些，全部客户中少数重点客户有哪些，这些重点产品或重点客户有什么变化，以便对产品和客户实行分类管理和重点控制。表6-13是某空调厂近三年全部客户按空调购买量分组的时间数列。

表 6-13  某空调厂近三年全部客户分类统计

| 客户订购量分组/ | 2011 年 | | 2012 年 | | 2013 年 | |
|---|---|---|---|---|---|---|
| （万台/户） | 客户数/户 | 订购量/万台 | 客户数/户 | 订购量/万台 | 客户数/户 | 订购量/万台 |
| 0.5 以下 | 50 | 8.2 | 53 | 8.6 | 58 | 9.2 |
| 0.5～<1.0 | 16 | 11.5 | 18 | 12.6 | 20 | 14.5 |
| 1.0～<1.5 | 15 | 18.8 | 15 | 18.9 | 16 | 20.2 |
| 1.5～<2.0 | 9 | 15.1 | 10 | 16.8 | 11 | 18.5 |
| 2.0～<5.0 | 5 | 13.5 | 6 | 16.1 | 7 | 19.2 |
| 5～<10.0 | 4 | 34.2 | 5 | 42.7 | 5 | 43.0 |
| 10 及以上 | 3 | 42.1 | 3 | 44.9 | 4 | 58.9 |
| 合　计 | 102 | 143.4 | 110 | 160.6 | 121 | 183.5 |

### 3. 空间属性时间数列

空间属性时间数列是指对统计指标按空间属性列出不同的地区（或部门、行业），并将不同年份或月份的数据排列起来而编制的时间数列。例如，按省、市、县分列的历年居民的可支配收入，消费支出的空间分布；按省、市、县分列的企业历年的产品销售量的空间分布。这种时空结合的分布数列，不仅可以进行各个区域的动态分析和地区间的差异分析，还可以揭示产品销售是否存在重点区域，哪些区域的市场还有待开拓等问题。表 6-14 是某空调厂近六年分省的空调销售量分布。

表 6-14  某空调厂近六年空调分省销售量分布　　　　　　单位：万台

| 省份编号 | 2008 | 2009 | 2010 | 2011 | 2012 | 2013 |
|---|---|---|---|---|---|---|
| 01 | 32.3 | 32.8 | 35.4 | 37.8 | 40.2 | 51.6 |
| 02 | 21.6 | 23.4 | 25.8 | 27.3 | 31.1 | 35.4 |
| 03 | 11.4 | 11.8 | 12.1 | 13.2 | 16.6 | 18.8 |
| 04 | 8.3 | 8.6 | 8.6 | 8.7 | 8.8 | 8.6 |
| 05 | 9.6 | 10.4 | 11.3 | 12.3 | 13.8 | 13.4 |
| 06 | 6.1 | 6.5 | 7.0 | 7.3 | 8.0 | 8.2 |
| 07 | 7.4 | 8.6 | 9.4 | 10.4 | 12.5 | 15.5 |
| 08 | 5.8 | 9.2 | 12.01 | 17.6 | 20.7 | 23.2 |
| 09 | 5.7 | 7.2 | 8.5 | 8.8 | 8.9 | 8.8 |
| 合计 | 108.2 | 118.5 | 130.11 | 143.4 | 160.6 | 183.5 |

空间属性时间数列的编制，还可以在省级层次下列出地市，在地市级层次下列出县，在县级层次下还可列出乡镇等；既可按产品类别编制，又可按产品规格品种编制。这种多级分层的各种时空数列，能够更好地满足数据挖掘的需要。当然，应列举到何种层级，应根据研究的目的而定。

### 4. 季节属性时间数列

季节属性时间数列是指对统计指标按月份、季度取值，并按年度顺序排序起来的时间数列。这种季节属性时间数列，不仅可以研究现象发展变化的趋势，而且可以分析现象的淡旺季变化规律。表6-15是某空调厂近六年分季度的空调销售量的时间数列。

表 6-15　某空调厂近六年分季空调销售量统计　　　　　　　　单位：万台

| 年份 | 1 季度 | 2 季度 | 3 季度 | 4 季度 | 全年 |
|------|--------|--------|--------|--------|------|
| 2008 | 11.9 | 28.4 | 37.8 | 30.1 | 108.2 |
| 2009 | 14.2 | 31.4 | 42.7 | 30.2 | 118.5 |
| 2010 | 15.0 | 33.6 | 45.1 | 36.4 | 130.1 |
| 2011 | 16.2 | 38.0 | 50.5 | 38.7 | 143.4 |
| 2012 | 18.5 | 42.4 | 57.2 | 42.5 | 160.6 |
| 2013 | 20.2 | 47.7 | 64.8 | 50.8 | 183.5 |

在实际工作中，为了更好地揭示产品销售的淡旺季规律，为产品的生产、销售的组织与安排提供有价值的信息支持，季节性时间数列的编制按月份编制更有意义。

**5. 平衡属性时间数列**

平衡属性时间数列是指将具有收支平衡关系的若干统计指标的分年度（或分季、分月）的统计数据排列起来而编制的时间数列。这种时间数列是由多指标构成的，但这些指标之间具有一定的平衡关系。例如，居民的货币收、支、余之间，工业企业产品的产、销、存之间，原材料采购、消耗、存量之间，贸易企业商品购、销、存之间等均具有收支平衡的关系。编制此类数列应注意：用统一的实物单位计量的各收支指标列全的条件下，这些指标之间具有直接的平衡关系。但是用价值量计量的各收支指标尽管列全，这些指标之间往往因产销环节或购销环节的计价标准不同而不具有直接的平衡关系。如果要实现平衡，则各项收支指标除了应列全之外，还应采用同一计价标准或换算为同一计价标准。这种平衡属性时间数列，不仅可用于各指标的动态分析，而且可以研究平衡关系和重要的比例关系的变化。例如，工业产业产品的产量、销售、存量之间是处于产大于销、产小于销、产销均衡的何种状态，这种状态的动态变化如何，历年的产品销售率有何变化等。表6-16是某空调厂近六年的空调产销统计。

表 6-16　某空调厂近六年空调产销统计　　　　　　　　单位：万台

| 年份 | 年初存量 | 当年生产量 | 当年销售量 | 当年出口量 | 其他支出 | 年末存量 |
|------|----------|-----------|-----------|-----------|----------|----------|
| 2008 | 13.4 | 136.1 | 108.2 | 27.5 | — | 13.8 |
| 2009 | 13.8 | 144.8 | 118.5 | 28.0 | — | 12.1 |
| 2010 | 12.1 | 167.6 | 130.1 | 35.6 | — | 14.0 |
| 2011 | 14.0 | 188.3 | 143.4 | 44.1 | — | 14.8 |
| 2012 | 14.8 | 212.9 | 160.6 | 53.5 | — | 13.6 |
| 2013 | 13.6 | 246.6 | 183.5 | 64.6 | — | 12.1 |

在实际工作中，工业企业的产销存平衡时间数列和贸易企业的购销存平衡表除了按产品或商品类别编制外，还可按产品或商品的规格品种进行编制。可开发出大量的平衡属性时间数列，从而为数据挖掘提供大量的数据资源。

### 6. 相关属性时间数列

相关属性时间数列是将某一重要的统计指标或变量与企业内部或外部的一些有关联的其他性质的统计指标或变量的分年（季、月）的数据组织起来而编制的时间数列。这种时间数列，是由多指标或多变量构成的时序数列，这些指标或变量之间具有一定的相互联系或相关关系。在现实中，这种相关属性时间数列是大量的，既与企业内部的变量相关，还与企业外部的变量相关，一般应根据市场研究的需要有针对性地进行加工开发。例如，工业企业内部的产品销售与产品销售成本、销售费用、销售利润、销售价格、流动资产、人力资源投入、广告费用等内在变量密切相关，也与企业外部的消费者的收入、消费支出、消费者数量、耐用品普及率、消费结构、购买行为等外在变量密切相关，也与所属行业或同类企业的产品产量、销售量、产品成本、产品价格、资金投入、科研投入、广告投入、销售费用、销售利润等外在变量密切相关。因此，企业的产品销售可与企业内在或外在的众多变量联系起来，加工开发出市场研究所需的两变量或多变量构成的相关属性时间数列。表6-17是某空调厂与全行业的产品产量、销售总量的相关数列。

**表6-17 某空调厂与全行业空调产销统计** 单位：万台

| 项目 | 2008 | 2009 | 2010 | 2011 | 2012 | 2013 |
|---|---|---|---|---|---|---|
| 1. 全行业生产量 | 1 337.6 | 1 826.7 | 2 333.6 | 3 135.1 | 3 433.8 | 4 110.3 |
| 本厂生产量 | 136.1 | 144.8 | 167.6 | 188.3 | 212.9 | 246.6 |
| 2. 全行业销售量 | 1 333.5 | 1 820.0 | 2 330.1 | 3 131.4 | 3 430.6 | 4 108.6 |
| 本厂销售量 | 135.7 | 146.5 | 165.7 | 187.5 | 214.1 | 248.1 |

综上所述，历史数据的整序与开发的实质是利用统计指标或变量取值的多样性和时序性进行多方向加工开发，它能使大量的分数的历史数据实现序列化和层次化，是历史数据有效组织的重要路径和模式。由于同一统计指标或变量，按取值属性不同，可分别开发出6大系列的时间数列，而每一种属性的时间数列又可分别开发出为数众多的时间数列，从而能够使历史数据的加工开发立体化和多维化。但是这种加工开发的工作量是巨大的。为此，必须注意以下几点：一是数据收集和初加工等基础性工作必须扎实，有充分的数据资源可供利用；二是必须选择重要的统计指标或变量进行历史数据的多方向开发；三是应利用数据库技术进行历史数据的有效组织和开发。

# 6.4 市场调查资料陈示

市场调查的原始资料和次级资料加工整理的最终结果，通常需要借助于一定的形式陈示或表现出来，以供调研者和用户阅读、分析和使用。市场调研数据陈示的方式主要有统计表和统计图。

## 6.4.1 统计表

### 1. 统计表的概念与种类

统计表是以纵横交叉的线条所绘制表格来陈示数据的一种形式。用统计表陈示数据资料有两大优点：一是能有条理地、系统地排列数据，使人们阅读时一目了然、印象深刻；二是能合理地、科学地组织数据，便于人们阅读时对照比较。

统计表从形式上看，是由总标题、横行标题、纵栏标题、指标数值 4 个部分构成。表 6-18 所示即为统计表的典型形式。

表 6-18　婚姻、性别与时装购买选择分布表

| 时装购买选择 | 男　性 | | | 女　性 | | |
|---|---|---|---|---|---|---|
| | 小计 | 已婚 | 未婚 | 小计 | 已婚 | 未婚 |
| 高档时装 | 171 | 125 | 46 | 169 | 75 | 94 |
| 中档时装 | 219 | 164 | 55 | 203 | 135 | 68 |
| 低档时装 | 130 | 101 | 29 | 108 | 90 | 18 |
| 被调查者人数 | 520 | 390 | 130 | 480 | 300 | 180 |

总标题：统计表的名称，应概括统计表的内容，写在表的上端中部。

横行标题：横行的名称，即各组的名称，写在表的左方。

纵栏标题：纵栏的名称，即指标或变量的名称，写在表的上方。

指标数值：列在横行标题和纵栏标题交叉对应处。

统计表从内容上看，由主词或宾词两大部分构成。主词是统计表所要说明的总体的各个构成部分或组别的名称，列在横行标题的位置。宾词是统计表所要说明的统计指标或变量的名称和数值，宾词中的指标名称列在纵栏标题的位置。有时为了编排的合理和使用的方便，主词和宾词的位置可以互换。

**2. 统计表的分类**

（1）按作用分。广义的统计表可分为调查表、整理表、分析表三类。调查表是用于收集、登记原始数据的表格；整理表是用于表现调查资料整理结果的表格；分析表是用于定量分析的表格，通常是整理表的延续，即在整理表的基础上增加若干分析指标的栏目。本章所列的统计表绝大多数都是整理表。

（2）按分组情况分。按分组情况不同，统计表可分为简单表、单变量分组表、双变量交叉分组表、三变量交叉分组表 4 类。简单表是未经任何分组，仅罗列各单位名称或按时间顺序排列数据的统计表。单变量分组表是对调查数据仅用一个标志分组的统计表。双变量交叉分组表是对调查数据采用两个标志进行层叠分组所形成的统计表。这些类别的统计表可参阅 6.2 和 6.3 节所列的统计表。

（3）按统计数列的性质分。按统计数列的性质不同，统计表可分为品质数列表、变量数列表、时间数列表、空间数列表、平衡数列表、相关数列表。这些类别的统计表也可参阅本章二、三节所列的统计表。

**3. 统计表的设计**

设计统计表必须遵循科学、实用、简练、美观的原则。

1）统计表形式的设计

（1）统计表通常都应设计成由纵横条交叉组成的长方形表格，长宽之间应保持适当的比例，过于细长、过于粗短和长宽基本相等的方形表，均不符合美观原则，应尽量避免。

（2）统计表上、下两端的端线应以粗线或双线绘制，表中其他线条一般应以细线绘制。但某些必须用明显线条分隔的部分，也应以粗线或双线绘制。统计表左、右两端习惯上均不画线，采用不封闭的"开口"表式。

（3）统计表各横行如需合计时，一般应将合计列在最后一行，并在合计之上划一细线。各纵栏如需合计时，一般应将合计列在最前一栏。

（4）将复合分组列在横行标题时，应在第一次分组的各组组别下后退一两个字填写第二次分组的组别。这时，第一次分组的组别就成为第二次分组各组小计。若需进行第三、四次分组，可按此类推。

（5）统计表纵栏较多时，为便于阅读，可按栏次编号。习惯上对非填写统计资料的各栏分别以（甲）、（乙）、（丙）……的次序编栏，对填写统计资料的各栏分别以（1）、（2）、（3）、（4）……的次序编栏。各栏统计数字间有一定计算关系的，也可用数学符号表示其计算关系。

有些横行较多的表，也可同样编行号。

2）统计表内容的设计

（1）统计表的总标题应当用简练而又准确的文字来表述统计资料的内容，以及资料所属的空间和时间范围。

（2）统计表的主词和宾词之间必须遵守相互对应的原则，以便表明统计表中任一指标数值反映的量所属的社会经济性质及其限定的时间、空间和条件。

（3）统计表各主词之间或宾词之间的次序，应当按照时间的先后、数量的大小、空间的位置等自然顺序编排。某些项目之间存在着一定的客观联系，则应根据项目之间的客观联系合理编排。

（4）指标数值的计算单位应按下述方法表示：当表中所有指标数值都以同一单位计量时，应将计量单位写在表的右上方，当同栏指标数值采用同一单位计量，而各栏的计量单位不同时，则应将计量单位标写在各纵栏标题的下方或右侧，并用半圆括号括起来。当同一横行用同一计量单位，而各行的计量单位不同时，则可在横行标题后添列一计量单位栏，用以表示横行计量单位。

3）统计表制表技术要求

（1）文字应书写工整，字迹清晰；数字应填写整齐、数位对齐。

（2）当数字为0时要写出来，某格中不应有数字时，要用符号"—"表示出来，当缺某项数字或因数值小可略而不计时，用符号"……"表示；当某项数字资料可免填时，用符号"×"表示。统计数字部分不应留空白。当某些数值与上、下、左、右的数值相同时，也应填写该数值，不得用"同上""同左"等代替。

（3）某些需要特殊说明的统计指标和数据，应在表下加注说明。

## 6.4.2 统计图

统计图是以圆点的多少、直线长短、曲线起伏、条形长短、柱状高低、圆饼面积、体积大小、实物形象大小或多少、地图分布等图形来陈示调研数据。用统计图陈示调研数据具有"一图抵千字"的表达效果，因为图形能给人以深刻而明确的印象，能揭示现象发展变化的结构、趋势、相互关系和变化规律，便于表达、宣传、讲演、广告和辅助统计分析。但统计图能包含的统计项目较少，且只能显示出调查数据的概数，故统计图常配合统计表、市场调研报告使用。

统计图的制作，可以采用手工制作，也可以采用计算机作为辅助工具进行制作。后者不仅可以提高图形的绘制速度，而且可以使各种统计图形绘制更加准确和精美。一些常用的统计软件包和电子图表软件都具有强大的图形处理能力，可以使用户快速生成花样繁多且质量很好的图形来。

统计图的种类很多,常用的主要有直线图、条形图、直方图、圆面图、饼图、环形图、动态曲线图、散点图、统计地图等。现简要介绍如下。

**1. 直线图**

直线图是以直线的高度来表示品质属性数列中各组频数或频率大小的图形。常以横轴代表品质属性的不同组别,纵轴代表各组的频数或频率。图 6-4 是某市居民家庭现有空调品牌频率分布直线图,从图中可以看出 C 品牌的所占份额最高,B 品牌次之,D 品牌第三,A、E 两种品牌的市场份额相差不大,G 品牌的市场份额最小。直线图中的线条也可改用长条柱代替,转化为立体图。

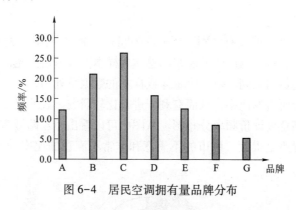

图 6-4 居民空调拥有量品牌分布

**2. 条形图**

条形图是以若干等宽平行长条的长短来表示品质属性数列中各组频数或频率大小的图形。通常以横轴代表不同的组别,纵轴代表各组的频数或频率,有时为了阅读的方便,亦可用纵轴代表各组,横轴代表频数或频率。图形中的长条亦可代用长条柱或圆柱替代,以增强图形的美观性和感染力。图 6-5 所示为某市消费者对变频空调的看法。从图中可看出,"不知道"的回答频率最高,认为"符合消费者需求方向"的频率略低于"不知道"的频率。

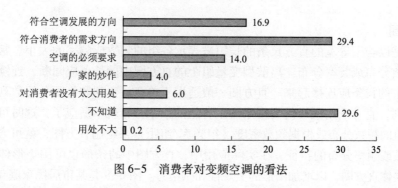

图 6-5 消费者对变频空调的看法

**3. 圆面图**

圆面图是以圆形的面积代表总体指标数值,圆形的各扇形面积代表各组指标数值,或将圆形面积分为若干角度不同的扇形,分别代表各组的频率。在实际应用时也可将圆面改为圆饼或圆台,变成圆形立体图。图 6-6 是某市消费者购买空调时最关注的内容的圆饼图。从图中可看出，消费者最关注的是空调质量，其次是服务和价格。

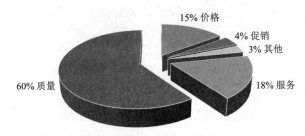

图 6-6　消费者购买空调时最关注的内容

### 4. 环形图

环形图与圆面图相似，但又有区别。环形图中间有一个"空洞"，总体或样本中的每一部分数据用环形中的一段表示。圆面图只能显示总体或样本部分所占的比例，而环形图则可同时绘制多个总体或样本的数据系列。每一个总体或样本的数据系列为一个环。因此环形图可显示多个总体或样本各部分所占的比率，从而有利于进行比较研究。表 6-7 是甲、乙两个城市消费者的空调售后服务的满意度评价频率分布图。从图中可以看出甲乙两城市的消费者对空调售后服务满意度的评价差异不是很大。甲市的不满意和非常不满意的比率为 40%，乙市为 44%。

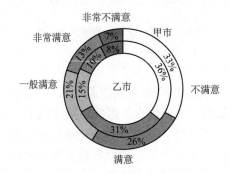

图 6-7　消费者对空调售后服务满意度评价分布

### 5. 直方图

直方图是以若干等宽的直方长条的长短来表示各组的频数或频率的大小。常用于表现组距数列的次数分布或频率分布。离散型变量组距的直方图中的长条应间断，连续变量组距数列的直方图中的长条应连接起来。直方图一般适用于单变量数列和等距分组数列。如果是不等距分组数列，直方图用条形的高度来表示各组的频率分布就不适应了，这时可用短形的面积来表示各组的频数分布或根据频数密度（组频率/组距）来绘制直方图，就可方便准确地表示各组的频数或频率分布的特征。在实际应用中，直方图中的条形也可用矩形体或圆柱体代替，转化为立体直方图，以增加图形的美观性和感染力。图 6-8 是某市居民家庭年人均可支配收入分布图，从图中可看出年人均可支配收入在 2 万～3 万元的家庭最多，其次是 1 万～2 万元和 3 万～4 万元的家庭，居民人均可支配收入大体上呈正态分布。

### 6. 动态条形图

动态条形图是以宽度相等的条形的长短或高低来比较不同时期的统计数据的大小的图形，用以显示现象发展变化的过程和趋势。动态条形图中的排列可以是纵列（垂直条形

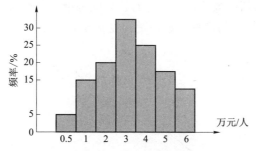

图 6-8　某市居民家庭年人均可支配收入分布

图），也可以是横列（水平或带状条形图），按图形中涉及的统计指标或变量的多少不同，可分为单式条形图、复式条形图、分段条形图等。其中单式条形图用于反映一个指标的动态变化；复式条形图用于反映两个或三个有联系的指标的变化（其中一个为主体指标，其余为从属指标）；分段条形图用于反映总体及各构成部分的变化，条形整体代表总体数值，然后对条形按各构成部分的比重进行分段。在实际绘制时，条形也可改为长条体或圆柱体，使图形变为动态立体条形图。图 6-9 是某厂重点客户购买量的动态条形图，图 6-10 则是该厂产品销售与其中的重点客户购买量的分段条形图。

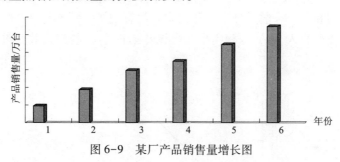

图 6-9　某厂产品销售量增长图

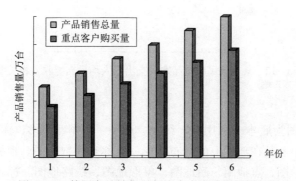

图 6-10　某厂产品销售量与重点客户购买量增长图

### 7. 动态曲线图

动态曲线图又称时间数列曲线图或历史曲线图，它是以曲线的升降、起伏来表示数据的动态变化。按涉及指标的多少，有单式曲线图和复式曲线图之分，按使用尺度不同有等差曲线图（数据取原值）和等比曲线图（数据取对数）之分。常用横轴代表时间，时间列在等分区间的中点；纵轴代表指标数值，一般应有正确的基准，若有必要，可用破格法省去纵轴的一部分。图 6-11 是某厂产品产量与销售量的复式曲线图。

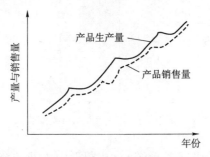

图 6-11　某厂产品产量与销售量动态变化

### 8. 相关散点图

相关散点图主要用于显示因变量（$y$）与自变量（$x$）之间是否具有相关关系，以及相关关系的形式是直线相关还是曲线相关，是正相关还是负相关。通常以横轴代表自变量（$x$），纵轴代表因变量（$y$），然后根据（$x$，$y$）成对的数据绘制坐标点，全部数据的坐标点绘制完毕就是散点图。当散点分布在一条直线两侧，则为直线相关；当散点分布在某种曲线两侧，则为某种曲线相关；当散点分布杂乱无章，没有规则，则 $x$ 与 $y$ 之间不相关。图 6-12 是某市居民人均可支配收入（$x$）与耐用品人均购买支出（$y$）的相关散点图。

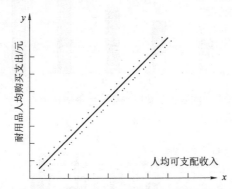

图 6-12　某市居民耐用品购买支出与人均可支配收入相关图

### 9. 统计地图

统计地图是以地图为底本，利用点、线条、面积、数据、象形、标志等来表现各区域某种统计指标数据的大小及其在地理上的分布情形，又称空间数列图。根据所利用的图形不同，统计地图可分为数据地图、点地图、面地图、象形地图、线路地图、标志地图等。图 6-13 是某市居民购房的区域选择分布地图。

### 10. 茎叶图

茎叶图又称枝叶图，是一种将数据与图形结合使用的表现数据的方式。特别适合于描述变量数列的次数分配。它既能给出数据的分布状况，又能给出每一个原始数据。茎叶图由茎和叶两部分构成，茎一般为十位或百位数，叶为个位数，因而图形是由数字组成的。

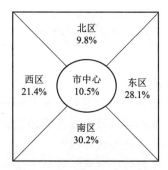

图 6-13　某市居民购房区域选择

茎叶图类似于横置的直方图，同时保留了原始数据的信息。通过茎叶图，可以看出数据的分布形状及离散状况，如分布是否对称、数据是否集中、是否有极端值等。绘制茎叶图的关键是设计好树茎，通常是以该组数据的高位数值作茎，树茎一经确定，树叶就相应地长在树茎上了。图 6-14 是某厂 40 个客户产品订购量（台）分布茎叶图。

| 树茎 | 树叶 | 客户数 |
|---|---|---|
| 5 | 0 8 9 | 3 |
| 6 | 0 0 3 6 6 7 | 6 |
| 7 | 0 2 4 4 6 6 7 8 8 8 8 9 9 9 | 14 |
| 8 | 2 2 4 4 4 5 7 7 8 8 9 | 11 |
| 9 | 4 5 5 8 8 9 | 6 |

图 6-14　某厂 40 个客户产品订购量（台）分布茎叶图

### 11. 帕累托图

帕累托图主要用来描述财富分配、库存物资、客户分布、产品销售等分布不均匀的现象。一般是将所研究的现象分为 ABC 三类，A 类的单位数占 10%～20%，而指标值占 70%～80%；B 类的单位数占 20%～25%，而指标值占 15%～20%；C 类的单位数占 60%～65%，而指标值占 5%～10%。然后依然累计频率进行制图。表 6-15 是某企业产品 A、B、C 销售分类的帕累托图。

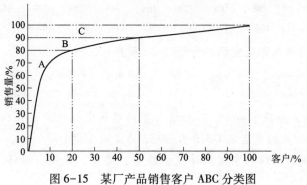

图 6-15　某厂产品销售客户 ABC 分类图

1. 市场调查资料整理有何意义？

2. 市场调查资料整理的基本内容、基本原则和基本程序怎样？

3. 调查问卷为什么要进行审核，审核的内容有哪些？

4. 调查问卷审核中发现的各类问题如何处理？

5. 调查问卷审核应采用什么样的作业方式？审核方法有哪些？

6. 调查问卷原始数据分组处理有哪些分组处理形式？怎样进行多方向加工开发？

7. 如何对开放式问题的不同回答进行处理？

8. 利用计算机进行问卷数据处理的基本程序包括哪些环节？

9. 对问卷数据进行手工汇总处理，有哪些基本技术方法？

10. 对次级资料进行再加工整理的程序如何？有哪些再加工方法？

11. 如何进行历史数据的多方向加工开发？试举例说明。

12. 统计表的构成要素有哪些？统计表有哪些种类？

13. 用统计图陈示调研数据有何优缺点？常用的统计图有哪些？

### 案例 6-1　某市消费者空调购买行为调查数据

某家电经销商为了了解消费者空调购买行为，从某市城镇居民家庭中抽取了 1 000 户进行了问卷调查，并从市统计局搜集了有关的数据。资料整理如下。

1. 近 10 年城镇居民可支配收入，空调拥有量等数据资料：

| 可支配收入（元/人） | 1 592 | 1 783 | 2 168 | 2 817 | 3 886 | 4 705 | 5 052 | 5 209 | 5 435 | 5 818 |
|---|---|---|---|---|---|---|---|---|---|---|
| 消费性支出 | 1 294 | 1 446 | 1 732 | 2 194 | 3 138 | 3 886 | 4 098 | 4 137 | 4 482 | 4 800 |
| 耐用品支出 | 88 | 105 | 128 | 168 | 245 | 269 | 332 | 352 | 394 | 486 |
| 空调拥有量（台/百户） | 108.1 | 110.8 | 114.2 | 117.1 | 119.5 | 121.0 | 122.8 | 125.1 | 128.1 | 132.32 |

2. 去年年末不同收入家庭空调拥有量（台/百户）

| | 最低收入 | 低收入 | 中等偏下 | 中等收入 | 中等偏上 | 高收入 | 最高收入 |
|---|---|---|---|---|---|---|---|
| 拥有量 | 88.46 | 116.35 | 119.32 | 123.32 | 140.12 | 145.32 | 151.32 |

3. 调查的 1 000 户居民家庭中，计划近三年内购买空调的户数分别为 53 户、89 户、58 户（1 000 户中有 868 户拥有空调 1 316 台，132 户没有空调）。

4. 计划购买空调的 200 户家庭关注空调服务、质量、促销、价格、其他要素的分别为 28、144、4、20、4 户。

5. 买空调的 200 户，准备购买单冷机的 23 户、冷暖机的 170 户、到时再决定的 7 户；准备购买窗式机的 39 户、柜机的 43 户、壁挂机的 118 户。

6. 计划购买空调的 200 户，空调信息来源的渠道分别为报纸刊物 90 户、电视 87 户、销售现场 8 户、朋友同事告知 6 户、销售人员促销 3 户、户外广告 4 户、网络广告 2 户。

7. 计划购买空调的 200 户，考虑购买空调地点分别为专卖店 77 户、大型电器商场 94 户、综合性商场 82 户、家电连锁店 56、厂家直销店 48 户（有同时选择多个地点的情形）。

8. 计划购买空调的 200 户，考虑购买时间选择分别为夏季 86 户、冬季 60 户、厂家促销期 42 户、春季和秋季 12 户。

9. 计划购买空调的 200 户，空调功率选择分别为 1 匹以下 7 户、1 匹 41 户、1.5 匹 48 户、2 匹 35 户、2.5 匹 12 户、3 匹以上的 23 户、到时再决定的 34 户。

10. 计划购买空调的 200 户，空调价位选择分别为 2 000 元以下的 12 户、2 000 ~<3 000 元的 56 户、3 000 ~<4 000 元的 45 户、4 000 ~<5 000 元的 36 户、5 000 元及以上的 30 户、到购买时再定的 21 户。

11. 居民家庭对空调降价的态度分布为：非常欢迎的 482 户，无所谓的 106 户，不欢迎的 5 户。

12. 居民家庭对绿色环保空调的看法：符合空调发展方向的 252 户，符合消费需求的 312 户；空调的必需要求的 127 户，厂家炒作的 112 户，不知道的 197 户。

13. 居民家庭对变频空调的看法：符合空调发展方向的 169 户，符合消费者需求的 294 户，空调的必需要求的 140 户，厂家炒作的 99 户，不知道的 298 户。

14. 居民家庭对静音空调的看法：符合空调发展方向的 239 户，符合消费者需求的 391 户，空调的必需要求的 210 户，厂家炒作的 52 户，不知道的 108 户。

15. 居民家庭认为厂家宣传推广对购买决策很有影响的 170 户，有影响的 280 户，一般的 235 户，无影响的 15 户。

（分析：① 你认为上述调查数据加工处理有何特点，有哪些缺陷？实际工作中，应怎样弥补这些缺陷？② 根据这些数据，你认为可制作哪些形式的统计表和统计图？③ 若再次作同类调查，你能设计出更为完善的调查问卷和数据整理方案吗？）

## 案例 6-2　某宾馆顾客满意度评估数据

某宾馆通过对 800 名顾客抽样调查（问卷调查），数据汇总如下。

| 项目 | 很满意 | 较满意 | 一般 | 不满意 | 很不满意 |
|---|---|---|---|---|---|
| 1. 进店接待 | 170 | 180 | 250 | 150 | 50 |
| 2. 手续办理 | 178 | 188 | 260 | 138 | 36 |
| 3. 大堂布置 | 180 | 230 | 260 | 90 | 40 |
| 4. 大堂设施 | 180 | 230 | 260 | 90 | 40 |
| 5. 大堂卫生 | 180 | 190 | 248 | 142 | 42 |
| 6. 客房布置 | 188 | 192 | 256 | 144 | 40 |
| 7. 客房设施 | 150 | 160 | 240 | 150 | 100 |
| 8. 客户卫生 | 148 | 162 | 250 | 140 | 100 |
| 9. 客房服务 | 180 | 195 | 258 | 97 | 70 |
| 10. 客户用品 | 148 | 160 | 252 | 148 | 92 |
| 11. 水电供应 | 200 | 260 | 278 | 50 | 12 |
| 12. 通信 | 200 | 250 | 288 | 40 | 22 |

| | | | | | |
|---|---|---|---|---|---|
| 13. 电视 | 200 | 250 | 288 | 40 | 22 |
| 14. 服务态度 | 150 | 160 | 250 | 140 | 100 |
| 15. 投诉处理 | 140 | 170 | 250 | 130 | 110 |
| 16. 餐厅布置 | 156 | 200 | 300 | 84 | 60 |
| 17. 餐厅设施 | 156 | 200 | 300 | 84 | 60 |
| 18. 餐厅卫生 | 160 | 200 | 300 | 130 | 110 |
| 19. 餐厅服务 | 150 | 180 | 240 | 130 | 100 |
| 20. 饭菜品种 | 150 | 160 | 250 | 140 | 100 |
| 21. 饭菜卫生 | 140 | 170 | 250 | 130 | 110 |
| 22. 饭菜分量 | 150 | 180 | 250 | 120 | 100 |
| 23. 饭菜档次 | 150 | 160 | 250 | 130 | 110 |
| 24. 饭菜价格 | 150 | 160 | 250 | 130 | 110 |
| 25. 饭菜色香味 | 140 | 150 | 230 | 160 | 120 |
| 26. 碗筷餐巾 | 150 | 180 | 250 | 120 | 100 |
| 27. 等候时间 | 200 | 250 | 288 | 40 | 22 |
| 28. 酒水饮料 | 200 | 260 | 270 | 48 | 22 |
| 29. 酒店外观 | 200 | 250 | 288 | 40 | 22 |
| 30. 酒店装修 | 210 | 260 | 298 | 20 | 10 |
| 31. 酒店绿化 | 210 | 260 | 298 | 20 | 12 |
| 32. 娱乐设施 | 140 | 160 | 220 | 160 | 120 |
| 33. 酒店交通 | 210 | 250 | 300 | 30 | 10 |
| 34. 宣传用品 | 130 | 160 | 200 | 198 | 112 |
| 35. 酒店安全 | 200 | 250 | 288 | 40 | 12 |

其他调查资料：

1. 顾客来住店之前，知道本酒店的 320 人，不知道的 680 人。

2. 顾客来本店的次数分布：1 次的 300 人，2 次的 200 人，3 次的 120 人，4 次的 100 人，4 次以上的 80 人。

3. 本店近三年来营业收入增长率分别为 8.6%、9.8% 和 7.2%。

4. 本店近三年投入的广告费用增长率分别为 5.3%、4.2% 和 2.8%。

5. 据本店员工满意度调查，有关项目的满意度为：用人机制 75.8%，物质激励 80.1%，精神激励 71.3%，人际关系 70.2%，劳资关系 73.2%，技术培训 70.2%，发展期望 68.8%，企业管理 70.5%，愉快感 70.1%，信任感 70.2%，员工安心率 68.3%。

（分析：① 你认为上述调查数据加工处理有何特点，有哪些缺陷？应怎样弥补这些缺陷？② 你认为上述调查数据可划分为哪些评价构面？要求列出各构面的数据统计表。）

# 第7章

# 市场调查资料分析

市场调查资料分析是指对市场调查和整理的资料进行对比研究，以得出调研结论的过程。其目的在于从数据导向结论，从结论导向对策。本章主要阐述市场调查资料分析的基本知识、基本方法和市场调查报告的编写。

## 7.1 市场调查资料分析概述

### 7.1.1 市场调查资料分析的意义

市场调查资料分析是指根据市场调研的目的，运用多种分析方法对市场调查收集整理的各种资料进行对比研究，通过综合、提炼、归纳、概括得出调研结论，进行对策研究，撰写市场调研报告的过程。

在市场调查的全过程中，市场调查资料分析是最关键的阶段。市场调查资料分析的本质是对已整序的数据和资料进行深加工，从数据导向结论，从结论导向对策，使调研者从定量认识过渡到更高的定性认识，从感性认识上升到理性认识，从而有效地回答和解释原来定义的市场调研的问题，实现市场调研的目的和要求，满足管理决策的信息需求。

### 7.1.2 市场调查资料分析的规则

在实际问题的调研中，通过市场调查和整理得到的资料往往是大量的，甚至是海量的，如何对这些大量的或海量的资料进行分析研究，以得出调研结论和启示，调研者应遵循下列一些规则。

#### 1. 从目的到研究

市场调查资料的分析应从市场调研的目的出发，有针对性地选择分析的内容和方法，才能有效地回答和解决所定义的市场调研问题。否则，分析研究就失去了目标，甚至脱离调研的主题，因而不能满足管理决策和用户的要求。

#### 2. 从局部到整体

市场调查资料的分析不可能同时对大量的资料进行对比研究，应先从局部问题的分析研究开始，每个方面的研究完成之后，再过渡到对整体的全面认识，才能有效地揭示调研现象的本质和规律、问题与原因、问题与对策等。

**3. 从单项到多项**

市场调查资料分析对调研问题的认识，是从统计指标或变量的对比研究开始的。而反映调研问题的统计指标或变量很多，在对比研究中，首先只能认识单项指标揭示的事实，但它只能说明某一个方面的情况；为了认识调研问题的各方面情况，需要从对单项指标的认识过渡到对多项指标的认识，以获得对总体的全面认识。

**4. 从表层到里层**

各项指标反映的各方面的情况，往往只是现象表层的事实，为了抓住现象发展变化的内在本质，有必要深入事物的里层，了解总体的内部结构和内在变化。为此，应善于利用分组法对总体进行多角度、多层次的解剖，达到深化认识的目的。

**5. 从静态到动态**

从单项到多项，从表层到里层的思维，获得的只是现象在某一个时期或某一个时点的"静态"状态的认识，为了认识事物的总体的、内部的和事物联系的发展动态，还必须利用动态分析的方法，从时间序列的对比研究中，去认识事物发展变化的过程、趋势、规律及其原因。

**6. 从结果到原因**

事物的发展变化都是与外界紧密联系的，为了认识事物发展变化的原因，对比研究应在认识事物本身变化的基础上，去探索影响事物变化的历史背景和现实背景，各种内部因素和外部因素的影响作用和它们之间的数量联系，使定量认识更全面。

**7. 从过程到规律**

规律是指事物的内部的、本质的、必然的联系。认识事物发展变化的规律，应在分析事物发展变化过程的基础上，抓住事物的内部结构、总体和内部的动态、内因与外因的联系，去认识事物变化的本质特征，从而达到认识规律的目的。

**8. 从规律到预测**

预测不是简单的判断和推测，它是在认识事物发展变化的本质、趋势和规律的基础上，对事物未来的发展做出定性认识或定量认识。预测是否准确，在很大程度上，取决于对事物发展变化规律的认识是否正确。

**9. 从问题到对策**

分析研究的目的是为了分析问题、解决问题。解决问题需要有对策，即措施、方法、方案、途径等。思考对策和提出对策是建立在认识事物的情况和问题的基础上的，也只有这样，才能使对策具有现实性、针对性和可行性。

## 7.1.3　市场调查资料分析的内容

市场调查资料分析是针对特定的市场调研问题（课题或项目）而展开的对比研究，由于收集和整理的资料是大量的，从而决定了分析研究的具体内容也是多方面的。一般来说，可归纳为以下几个方面。

**1. 背景分析**

背景分析是对特定的市场调研问题的历史背景和现实背景进行分析和思考，了解公司、产品及市场的背景，了解宏观环境、产业环境和竞争环境的变化，了解决策者的意图，从而更好地把握分析研究的目的和方向。

**2. 状态分析**

状态分析是对特定的市场调研现象的各方面的数量表现进行描述和评价，概括市场调研现象的各种特征。例如，消费者购买行为的分析研究，除了应描述被调研现象的各种特征外，应重点描述消费者为何而买、买什么、买多少、何时买、在哪里买、由谁买、从何处获取购买信息、购买品牌选择、价位选择等购买行为和购买动机的特征等。

**3. 因果分析**

因果分析是对影响市场调研现象发展变化的各种因素进行分析，探索市场变量之间的因果关系，找出影响事物变化的关键因素，挖掘现象内部隐藏的本质和规律性，从中归纳出一些有重要价值的调研结论和启示。例如，在消费者购买行为的分析研究中，可研究不同性别、不同职业、不同行业、不同地域、不同文化程度、不同收入水平、不同家庭人口的被调查者的购买行为和购买动机有无显著的差异；收入、价格、人口、储蓄、促销等因素对消费者的需求和购买行为有无显著的影响等。这些分析研究往往能够揭示许多深层次的问题，得到一些重要的启示。

**4. 对策研究**

对策研究是在背景分析、状态分析、因果分析的基础上，针对得出的调查结论和启示、揭示的问题与原因，进行对策思考，提出解决问题的措施、方法和途径，以供决策者参考。对策研究是分析研究的深化和拓展，对策研究不等于决策，但调研者为了使对策研究能被决策者采用，应注意所提出的解决问题的措施、方法、方案、途径等具有现实性、针对性和可行性。

需要指出的是，市场调查资料分析的深度和广度取决于调研的目的和要求，某些较为简单的市场调研项目只要求掌握市场的基本情况，调研者也可以只进行状态分析，因果性分析和对策研究可以不考虑。

## 7.1.4 市场调查资料分析的方法

市场调查资料分析的方法多种多样，可以根据不同的分类标准进行分类。按照分析研究时依据的资料性质和思维方式不同，可分为定性分析方法和定量分析方法两大类。

**1. 定性分析方法**

定性分析方法是利用辩证思维、逻辑思维、创造性思维等思维方法对事物本质的规定性进行判断和推理。主要从非量化资料中得出事物的本质、趋势和规律性的认识，也可对一些结构比较简单的数据资料进行判断和推理，界定事物的质的规定性。定性分析可以界定事物及其变化的质的规定性，得出定性结论，是区分事物的基础。例如，说明事物的大小、变化的方向、发展的快慢、事物的优劣、态度的好坏等，但不能从数量上精确地说明事物的发展变化的相互关系。定性分析方法主要有以下几种。

（1）辩证思维法。即运用唯物辩证法来认识问题、分析问题和阐述问题。唯物辩证法关于对立统一的规律、质量互变的规律、否定之否定的规律，关于现象与本质、原因与结果、偶然性与必然性、特殊性与一般性、形式与内容、可能性与现实性等基本哲学范畴的理论和方法，都是市场调查认识问题、分析问题、阐述问题的重要方法。

（2）逻辑思维法。即利用逻辑推理的方法对事物的本质属性进行判断、推理和论证，表现为运用一定的论据，通过论证得出论点。逻辑思维的具体方法主要有从个别到一般，由若干个具体事实概括出一般结论的归纳推论法，从一般性的道理或较大前提出发，推论出较小结论的演绎推论法，以及类比法、反证法、归纳法等。

（3）创新思维法。即利用独立性思维、求异性思维、交叉性思维、联动性思维和多向性思维等创新思维的方式，对市场调研问题进行分析和思考，以求发现新的情况，研究新的问题，揭示新的趋势，追寻新的原因，研究新的联系，总结新的经验，提出新的思路和对策建议。

（4）经济理论分析法。即利用经济学中所阐明的各种经济范畴、经济理论和经济规律，对市场调研的问题进行判断和推理。例如，根据供求规律，可由供大于求推出价格下跌，或供小于求推出价格上涨的定性结论。经济学中的需求理论、厂商理论、成本理论、竞争理论、均衡理论、经济增长理论、周期波动理论等，对市场调查资料的分析都具有重要的指导意义。

（5）结构分析法。是指利用市场调查和整理的分组资料，通过分析各组成分的性质和结构，进而判断和认识现象的本质属性和特征。例如，根据对1 000名被调查者的调查，具有大学教育程度的250人中，有32%的人拥有小汽车；非大学教育程度的750人中，只有15%的拥有小汽车。因此，可得出结论：受过大学教育的人群中，拥有小汽车的比率要高一些。由此可见，结构分析法是从结构分析导出定性结论。

（6）比较判断法。是把两个同类现象或有关联的现象进行比较、鉴别，从而确定它们之间的相同点和不同点，或者它们之间的关联性，进而判别事物的本质属性。比较判断法不需要使用较为复杂的定量分析技术，但要求调研者进行一些简单的数据对比或对非量化资料进行类比，并能够借助于一定的经验，对事物的本质属性作出判断。

**2. 定量分析方法**

定量分析方法是指从事物的数量方面入手，运用一定的统计分析或数学分析方法进行数量对比研究，从而挖掘出事物的数量中所包含的事物本身的特征和规律性的分析方法，即从数据的对比研究中，得出分析研究的结论和启示。在市场调查资料分析中，定量分析是主要方法，常用的方法是各种统计分析方法。根据不同的划分标准，统计分析方法可作如下分类。

（1）按研究的目的不同，分为描述性分析和解析性分析。

① 描述性分析：主要着重于调研现象的基本数量特征的描述和评价，即通过分析研究现象的规模、水平、结构、比率、速度、离散程度等数量表现来概括现象的本质特征。这种分析，可以用某个具体指标或变量来反映现象某一方面特征，也可用若干指标或变量来描述现象的特征和数量关系。常用的描述性分析方法主要有各种相对指标分析和数据的分组分析、数据的集中趋势分析和数据的离散程度分析等。

② 解析性分析：又称推断性分析，主要着重于推断总体、解释数量关系、检验理论、挖掘数据中隐含的本质和规律性。这种分析对数据的准确性和可靠性有一定的要求，对变量的选择、测度方法的采用有严格的限制。主要分析方法有假设检验、非参数统计、方差分析、相关分析、回归分析、主成分分析、聚类分析、因子分析、判别分析、现代时间数列分析、模糊分析方法等。

（2）按涉及变量多少不同，分为单变量数据分析、双变量数据分析和多变量数据分析。

① 单变量数据分析：即通过对某一统计指标或变量的数据进行对比研究，用以揭示现象的规模、结构、水平、离散程度、比率、速度等，概括现象的本质特征和规律或者对总体

的数量特征进行推断。

② 双变量数据分析：即通过对两个变量之间数量关系的分析研究，揭示两个变量之间的依存性、相关性、差异性，挖掘数据中隐含的本质和规律性。

③ 多变量数据分析：即通过对三个或三个以上变量之间的数量关系的分析研究，揭示多个变量之间的依存性、相关性、差异性，挖掘数据中隐含的本质和规律性。

## 7.1.5　市场调查资料分析的程序

在市场调研问题的分析中，调研者往往面对的是大量的数据和资料，那么分析研究应怎样进行，应遵循什么样的作业程序，调研者或分析员对此必须有所了解，才能有效地展开市场调查资料的分析研究。一般来说，市场调查资料分析应遵循下列一些步骤（参见图7-1）。

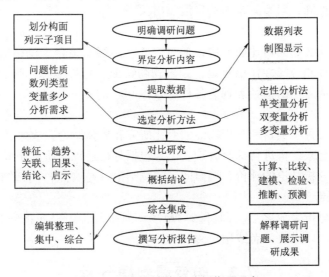

图 7-1　市场调查资料分析作业程序

**1. 明确调研问题**

在对市场调查资料分析之前，调研者或分析员首先应回顾和明确市场调研的课题是什么、调研的目的和任务是什么、需要通过市场调研解决什么问题，明确调研问题有利于有针对性地展开市场调查资料的分析。

**2. 界定分析内容**

分析内容的界定决定市场调查资料分析的深度和广度。一般来说，分析内容的界定应根据市场调研内容来决定。首先，应划分分析研究的构面，然后对每一个构面下应分析研究的子项目（小问题）进行区分，从而构成一个分析的内容体系。例如，一项关于消费者私家小轿车的购买行为的调研分析，其分析构面可划分为被调查者特征分析、消费者现有私家小轿车状态分析、消费者购车行为分析、消费者对小轿车的满意度分析等，其中，每一个分析构面又可列出若干需要分析的子项目。

**3. 提取数据**

分析内容界定之后，就可按分析构面及其所属的子项目展开分析，一般是一个子项目完成后，再进行另一个子项目分析；一个构面完成后，再进行另一个构面的分析。分析时首先应从数据库或数据汇编中提取已加工整序的数据。并再作一次审核，提取的数据应列表陈示，或辅之图形显示数据特征。

**4. 选择分析方法**

选择分析方法应根据分析项目的性质、数列的类型、变量的多少和分析研究的要求，选择合适的分析方法。非量化资料采用定性分析方法，数据资料则应根据变量的多少和数列类型决定分析的具体方法。数据资料的分析通常需要把定量分析与定性分析结合起来，用定性分析解释定量分析的结果，以便归纳出正确的结论。

**5. 对比研究**

对比研究是对数据资料进行分析处理的过程，包括计算各种分析指标，进行横向比较或纵向比较；或者建立统计模型描述数量关系；或者对某些理论假设进行统计检验；或者对总体的数量特征做出推断，对事物未来的发展作出预测，等等。

**6. 概括结论**

概括结论就是从数据的对比研究中，通过判断、归纳、综合，概括出分析研究的结论，即对事物的本质属性和规律性作出界定，如事物的特征、趋势形态、问题性质、关联程度、因果关系等，结论或启示的概括表现为各种"观点句"的提炼和表达。

**7. 综合集成**

综合集成是指各种子项目和分析构面的对比研究和概括结论完成之后，应将全部分析表格、分析结论集中起来，再进行综合处理。主要包括分析过程的质量评审、分析图表的编辑整理、各个子项目分析结论的评价、调研问题的总结论（总观点）的归纳、概括等。

**8. 撰写分析报告**

市场调查资料分析完成之后，即可撰写市场调研报告，用书面报告的方式解释调研问题，展示调研成果，以供决策者或用户阅读和使用。

## 7.2 单变量数据分析

单变量数据分析是市场调查资料分析中最常用的定量分析，主要用于描述和评价调研现象的单变量或单指标的数量特征和规律，如规模、水平、结构、集中趋势、离散程度、发展速度、发展趋势等。单变量数据分析的方法很多，下面将分别介绍。

### 7.2.1 结构性分析

结构性分析又称数列分布分析，主要通过数列的频数分布或频率分布来显示总体或样本分布的类型和特征，反映总体或样本的结构与特点。

**1. 属性数列频率分布**

属性数列的频数分布是指数列中不同类别的选项与被调查者回答的频数（次数）构成的分布数列，在此基础上，计算各组频数（$f_i$）占总频数的比率（频率）可形成频率分布。属性数列的频率分布类型和特征，应根据研究现象的具体情况来判断。

【例7-1】表7-1是某地被调查的1 200名农村消费者对彩电售后服务的满意状态的评价。从表中可看出，对彩电售后服务的满意率（包括很满意、较满意、一般）为44.4%，不满意率为55.6%。从分布类型（见图7-2）来看，农村消费者的满意状态呈左偏分布（左边大，右边小）。其深层次的原因可能是厂商比较注重城市彩电市场营销，农村因消费者居住分散，交通不便，售后服务存在较大的难度。

表7-1　农村消费者对彩电售后服务的评价

| 满意状态 | 很满意 | 较满意 | 一般满意 | 不满意 | 很不满意 | 合计 |
|---|---|---|---|---|---|---|
| 人数 | 112 | 146 | 275 | 420 | 247 | 1 200 |
| 频率/% | 9.3 | 12.2 | 22.9 | 35.0 | 20.6 | 100.0 |

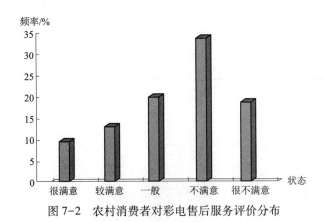

图 7-2　农村消费者对彩电售后服务评价分布

### 2. 变量数列频率分布

变量数列的频数或频率分布可显示总体或样本分布的类型和特征，变量数列按变量的取值是否连续，分为离散型变量数列和连续型变量数列，其频率分布都是由变量的不同取值和相应的频率构成的分布。若用统计图来描述频率分布，离散型变量数列宜采用直线图和直方图，连续型变量数列宜采用直方图、折线图、平滑图。变量数列分布的类型主要有钟型分布（正态的、右偏的、左偏的）、U型分布、J型分布等形态。不同形态的变量数列说明的问题不同，形成的内在原因也不同，应根据具体情况作具体分析。

【例 7-2】表 7-2 是某市被调查的 1 000 户居民家庭现有住房面积的分布。从表中可看出，被调查的 1 000 户居民家庭的住房面积在 60 m² 以下的占 3.1%，在 80 m² 以下的占 10.4%，120 m² 及以下的占 57.9%，120 m² 以上的占 42.1%（累计频率分析）。从图 7-3 可看出，样本户现有住房面积的频率分布是近似于正态分布的。即数列的两边小，中间大，基本上是对称分布的。随着居民收入的提高，居民对住房面积和居房条件的改善是日益增长的，假定 120 m² 以下的居民户的住房面积都提高到 120 m² 及以上，则全市现有 57.9% 的居民家庭低于这一水平，因此该市房地产投资和开发仍有较大的市场潜力。

表7-2　样本户现有住房面积分布

| 住房面积/m² | 户数/户 | 频率/% | 累计 户数/人 | 累计 频率/% |
|---|---|---|---|---|
| 40 以下 | 10 | 1.0 | 10 | 1.0 |
| 40～<60 | 21 | 2.1 | 31 | 3.1 |
| 60～<80 | 73 | 7.3 | 104 | 10.4 |

| 住房面积/m² | 户数/户 | 频率/% | 累计 | |
| --- | --- | --- | --- | --- |
| | | | 户数/人 | 频率/% |
| 80 ～<100 | 195 | 19.5 | 299 | 29.9 |
| 100 ～<120 | 280 | 28.0 | 579 | 57.9 |
| 120 ～<140 | 206 | 20.6 | 785 | 78.5 |
| 140 ～<160 | 98 | 9.8 | 883 | 88.3 |
| 160 ～<180 | 65 | 6.5 | 948 | 94.8 |
| 180 及以上 | 52 | 5.2 | 1 000 | 100.0 |
| 合计 | 1 000 | 100.0 | — | — |

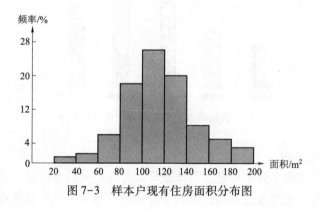

图 7-3　样本户现有住房面积分布图

## 7.2.2　集中度分析

集中度分析又称集中程度或集中趋势分析，其目的在于通过测定变量值的一般水平，来评价数据分布的中心值或一般水平，衡量事物变动的集中趋势。

**1. 品质数列集中度测定**

品质数列的集中度分析在于揭示被调查者回答的集中程度，通常采用最大频数或最大频率对应的类别选项来衡量。例如，表 7-1 中农村消费者对彩电售后服务的满意状态评价的频数最多的选项是"不满意"。

对于顺序量表和等级量表的品质数列，也可用 $x=1，2，3\cdots$ 来代表选项的顺序或等级，$f$ 代表各类别选项的频数，通过计算平均等级来反映被调查者回答的集中程度，即平均等级为

$$\bar{x} = \frac{\sum xf}{\sum f}$$

用此公式可求出表 7-1 中的农村消费者对彩电售后服务的满意状态的评价平均等级为 3.45 级（处在"一般满意"与"不满意"的中间）。

**2. 变量数列集中度测定**

变量数列的集中度是指数据分布的中心值或一般水平。变量数列是以平均数为中心而波动的，故平均数反映了数列分布的集中度或集中趋势。平均数可以比较不同空间、不同时间的

同类现象的一般水平的高低，也可作为判断事物水平高低、质量好坏、效果优劣的数量标准；也可作为抽样推断的重要统计量。集中度测定主要是计算变量数列的平均数、中位数和众数。

（1）平均数。平均数是数列中全部数据的一般水平，常采用算术平均数。算术平均数是数列中所有数据的总和除以数据的个数所得的商数。当数据未分组时，算术平均数为

$$\bar{x} = \frac{\sum x}{n}$$

当数据已分组时，应根据各组的变量值或组中值（$x$）和频数（$f$）或频率（$w$），用加权的方法求算术平均数。

$$\bar{x} = \frac{\sum xf}{\sum f} = \frac{\sum xw}{\sum w}$$

（2）众数。众数是变量数列中出现频数最多的变量值。众数在数列中出现的频率最高，有时利用众数来表示现象的集中趋势。在单项数列中，众数（$M_0$）就是出现频数最多或频率最高的那个变量值。在组距数列中，频数最多的那个组称为众数组。若根据集中分配假设，众数（$M_0$）为众数组的组中值，这样确定的众数为粗众数。事实上众数受众数前后两组次数（$f_{-1}$ 及 $f_{+1}$）的影响，因此计算较为准确的众数可采用下限公式或上限公式，即

$$M_0 = L + \frac{f_{+1}}{f_{-1}+f_{+1}} i \qquad （下限公式）$$

$$= u - \frac{f_{-1}}{f_{-1}+f_{+1}} i \qquad （上限公式）$$

（3）中位数。中位数是变量数列中居于中间位置的变量值，又称二分位数。由于中位数位置居中，其数值不大不小，因而可用来代表数列的一般水平。中位数（$M_e$）的确定方法有3种情形：① 未分组数据时，$n$ 个数值由小到大排列，居中的数值为中位数，即

$$M_e = \begin{cases} x \cdot \dfrac{n+1}{2} & ,n \text{ 为奇数时} \\[2ex] \dfrac{1}{2}\left( x \cdot \dfrac{n}{2} + x \cdot \dfrac{n+1}{2} \right) & ,n \text{ 为偶数时} \end{cases}$$

② 单项数列条件下，中位数是处在（$\sum f + 1$）/2 的位次对应的变量值。③组距数列条件下求中位数，首先采用较小或较大累计制计算各组的累计次数，其次用（$\sum f + 1$）/2 确定中位数的位次（即所处的组别），最后根据均匀分布假设用下列公式求中位数 $M_e$，即

$$M_e = L + \left( \frac{\sum f}{2} - F_{m-1} \right) \frac{i}{f} \qquad （下限公式）$$

$$= U + \left( \frac{\sum f}{2} - F_{m+1} \right) \frac{i}{f} \qquad （上限公式）$$

其中，$L$、$U$ 为中位数组的上、下限，$i$、$f$ 为中位数组的组距和频数。$F_{m-1}$ 为中位数组以下各组的累计次数，$F_{m+1}$ 为中位数组以上各组的累计次数。

## 7.2.3　差异性分析

差异性分析又称离散程度分析，其目的在于测定变量值之间的离散程度或差异程度，评

价平均数代表性的大小，衡量事物变动的均衡性或稳定性。

**1. 品质数列离散程度测定**

一般来说，难以用量化的方法来衡量品质数列中被调查者回答的分散程度或差异程度。但对于顺序量表和等级量表来说，在计算平均等级的同时，也可计算等级标准差、等级标准差系数来衡量数列的离散程度。即

$$等级标准差\ \sigma = \sqrt{\frac{\sum (x - \bar{x})^2 f}{\sum f}}$$

$$标准差系数\ v_\sigma = \frac{\sigma}{\bar{x}}$$

据此，可求出表 7-1 中，等级标准差为 1.21，标准差系数为 35.04%，说明农村消费者对空调售后服务满意状态评价的离散程度比较大。

**2. 变量数列离散程度测定**

测定变量数列离散程度或差异程度，可以评价平均数代表性的大小，衡量事物变动的均衡性或稳定性。变量数列离散程度越小，平均数的代表性越大，事物变动具有较强的均衡性或稳定性。常用的离散程度测度指标如下。

（1）全距。全距是数列中最大变量值与最小变量值之差，又称极差，表示全部数据的变动范围。全距（$R$）越大，平均数的代表性越低；反之，则越高。即

$$R = 最大变量值 - 最小变量值$$
$$R = 最高组上限 - 最低组下限$$

（2）标准差。标准差是最常用的离散程度的测度指标。标准差是各变量值与算术平均数的离差平方的平均数（方差）的平方根，计算公式为

$$\sigma = \sqrt{\frac{\sum (x - \bar{x})^2}{n}}（未分组资料）$$

$$\sigma = \sqrt{\frac{\sum (x - \bar{x})^2 f}{\sum f}}（分组资料）$$

（3）标准差系数。标准差系数是反映变量值之间的相对分散程度的测度指标，它是标准差与算术平均数之比，记作 $v_\sigma$，计算公式为

$$v_\sigma = \frac{\sigma}{\bar{x}}$$

标准差系数反映变量数列变量值之间的相对分散程度，$1 - v_\sigma$，则称为变量数列的相对集中程度或稳定程度。标准差系数越小，平均数的代表性越大，数列的相对集中程度越高。当两个数列或两个总体的均值不同时，应计算标准差系数来比较平均数的代表性大小。

【例 7-3】表 7-3 是某调查机构对甲、乙两市居民家用空调拥有量的调查分组资料（样本量均为 1 000 户）。从表中的频率分布来看，两个样本均呈偏态分布，大部分家庭的空调拥有量为 1 ～ 2 台。为了更好地说明问题，可计算得到表 7-4 的分析指标。据此可得出以下几点结论：① 乙市空调普及率比甲市高；拥有 1 ～ 2 台空调的家庭的频率，乙市也比甲市高；② 甲乙两市的样本平均数分别为 2.146 和 2.224 台/户，乙市略高于甲市，众数

和中位数均为 2 台/户。两个样本的分布均为右偏分布，即 2 台以下的频率大于 2 台以上的频率。③ 甲市样本的全距、标准差、标准差系数均比乙市大，说明甲市空调拥有量分布的离散程度比乙市要大。④ 甲市空调市场的潜力比乙市要大（普及率、户均拥有量均比乙市低）。

表 7-3　甲、乙两市居民家庭空调拥有量分布

| 空调拥有量/ （台/户） | 甲市样本 | | 乙市样本 | |
|---|---|---|---|---|
| | 户数/户 | 频率/% | 户数/户 | 频率/% |
| 0 | 57 | 5.7 | 0 | — |
| 1 | 218 | 21.8 | 228 | 22.8 |
| 2 | 435 | 43.5 | 486 | 48.6 |
| 3 | 156 | 15.6 | 165 | 16.5 |
| 4 | 80 | 8.0 | 76 | 7.6 |
| 5 | 54 | 5.4 | 45 | 4.5 |
| 合计 | 1 000 | 100.0 | 1 000 | 100.0 |

表 7-4　甲、乙两市居民家庭空调拥有量对比分析

| 分析指标 | 甲市样本 | 乙市样本 |
|---|---|---|
| 户普及率/% | 94.3 | 100.0 |
| 1～2 台频率/% | 64.3 | 71.4 |
| 平均数/（台/户） | 2.146 | 2.224 |
| 众数/（台/户） | 2.0 | 2.0 |
| 中位数/（台/户） | 2.0 | 2.0 |
| 全距/（台/户） | 5.0 | 4.0 |
| 标准差/（台/户） | 1.18 | 1.03 |
| 标准差系数/% | 55.0 | 46.3 |

## 7.2.4　增长性分析

增长性分析是分析现象在一定时期内增长变化的程度和快慢，主要分析指标有增长量和平均增长量、发展速度和增长速度、平均发展速度和平均增长速度。

**1. 增长量和平均增长量**

增长量是报告期水平与基期水平之差，用以说明报告期水平比基期水平增加或减少的水平。由于采用的基期不同，分为逐期增长量和累积增长量两种。平均增长量是一定时期平均每期增长的水平，即

$$平均增长量 = \frac{a_n - a_0}{n}$$

$$= 累积增长量/时期数$$

$$= 逐期增长量之和/时期数$$

**2. 发展速度和增长速度**

发展速度是报告期水平与基期水平之比，说明报告期水平为基期水平的多少倍或百分之

几。由于采用的基期不同，可分为环比发展速度和定基发展速度。

增长速度是报告期增长量与基期水平之比或发展速度-1。说明报告期水平比基期水平增长了百分之几或多少倍。由于采用的基期不同，可分为环比增长速度和定基增长速度。

**3. 平均发展速度和平均增长速度**

为了分析现象在较长时期内发展变化的一般速度，需要计算平均速度指标。平均速度指标分为平均发展速度和平均增长速度两种。平均增长速度一般不能直接计算，需先求平均发展速度，再求平均增长速度，即

$$平均增长速度 = 平均发展速度 - 1$$

平均发展速度常采用水平法（几何平均法）计算，其理论根据是在最初水平 $a_0$ 的基础上，用平均发展速度 $\bar{x}$ 推算的最末理论水平等于最末实际水平 $a_n$，即 $a_0 \bar{x}^n = a_n$。则平均发展速度的计算公式为

$$\bar{x} = \sqrt[n]{\frac{a_n}{a_0}}$$
$$= \sqrt[n]{R}$$
$$= \sqrt[n]{x_1 \cdot x_2 \cdot x_3 \cdots x_n} = \sqrt[n]{\prod x_i}$$

其中：$\bar{x}$ 代表平均发展速度；$x_i$ 代表各期环比发展速度，$R$ 代表总发展速度；$a_0$ 代表最初发展水平，$a_n$ 代表最末发展水平；$n$ 代表环比发展速度的项数；$\prod$ 为连乘的符号。

平均发展速度为正值，而平均增长速度则可为正值，也可为负值。正值表明现象在一定发展阶段内逐期平均递增的程度，负值则表明现象逐期平均递减的程度。

**【例7-4】** 表7-5是某市2006—2013年城镇居民人均消费支出的动态分析。可看出，近几年，人均消费支出的逐期增长量和环比增长率均呈加速增长的趋势，人均消费支出的平均增长量为316.86元，平均增长率为7.04%。

表7-5　某市城镇居民人均消费支出动态分析　　　　　　　　　　单位：元/人

| 年 份 | 2006 | 2007 | 2008 | 2009 | 2010 | 2011 | 2012 | 2013 | 平均 |
|---|---|---|---|---|---|---|---|---|---|
| 人均消费支出 | 3 638 | 3 886 | 4 098 | 4 317 | 4 575 | 4 880 | 5 312 | 5 856 | — |
| 逐期增长量 | — | 248 | 212 | 219 | 258 | 305 | 432 | 544 | 316.86 |
| 环比增长率 | — | 6.82 | 5.46 | 5.34 | 5.98 | 6.67 | 8.85 | 10.24 | 7.05 |

## 7.2.5 趋势性分析

趋势性分析在于认识和掌握现象在较长时期内发展变化的总趋势和规律，以便解释和描述现象的长期发展，预测未来的变化。长期趋势分析的方法有以下两类。

**1. 图示分析法**

图示分析法是以时间数列的各期数据作为纵轴（$y$），时间（年、月）作为横轴（$t$），绘制直方图、散点图或动态曲线图，以显示现象在较长时期内发展变化的总趋势，并识别长期趋势的类型。例如，根据表7-5某市2006—2013年城镇居民人均消费支出数据绘制的动态曲线图如图7-4所示，从图可看出其长期趋势是一条向上的增长曲线。

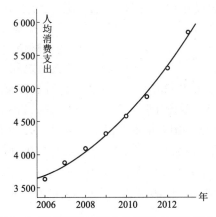

图 7-4　某市城镇居民人均消费支出动态曲线

**2. 趋势方程法**

趋势方程法是用趋势方程（数学方程）来描述时间数列中现象长期发展变化的趋势，并据此进行外推预测。由于现象发展变化的趋势类型多种多样，因而趋势方程也有各种不同的形式。常用的有常数均值方程、直线方程、指数曲线方程、二次曲线方程等。这些趋势方程的估计将在第 10 章作专门的介绍。这些趋势方程的建立，利用一些常用的统计分析软件是很容易得到的，而且能够同时配合几种不同的趋势方程，以便择优应用。例如：由表 7-5 的数据，可求得人均消费支出（$S$）的趋势方程如下。

$$S = 3\ 595.571\ 4 + 72.392\ 9t + 25.369\ 0t^2$$
$$(R = 0.997\ 7 \quad SE = 59.35 \quad 2005\ 年\ t = 0)$$

以上趋势方程的相关系数（$R$）接近于 1，估计标准误差为 59.35 元，相对估计标准误差为 1.30%，说明方程描述的长期趋势是较为严格的，人均消费支出呈二次曲线增长趋势。

## 7.2.6　季节性分析

在一个以月份或季度为顺序而编制的时间数列中，往往存在着季节变动。季节变动是指每年都重复出现的周期性变动，如许多商品销售每年各月或各季都按相似的曲线波动、铁路公路客运量每年重大节假日都是高峰等都是季节变动。季节变动一般以 1 年 12 个月或 4 个季度作为变动周期。测定季节变动一般要求具备连续若干年或至少 3 年的分月或分季的统计数据，以保证所测定的季节变动指标能正确反映季节变动的淡旺季规律。反映和测定季节变动的指标通常有平均季节比重和季节指数。

**1. 平均季节比重法**

平均季节比重法是将历年同月（季）的数值之和与各年数值之和相比，直接求得平均季节比重，计算公式为

$$平均季节比重 = \frac{每年同月（季）数值之和}{各年度数值之和} \times 100\%$$

各月（季）的季节比重之和为 100%，一般地，季节比重大的为旺季。季节比重小的为淡季，季节比重除了能反映季节变化的数量规律外，也可用于预测推算，预测公式如下。

（1）根据年度预测数，用季节比重求月（季）预测数，即

月（季）预测值＝年度预测值×月（季）季节比重

（2）根据年内某几个月的实际数，用季节比重求全年预测数，即

$$年度预测值＝\frac{某几个月（季）的实际值之和}{相应的季节比重之和}$$

【例7-5】表7-6是某地2010-2013年分季的消费品零售额。从平均季节比重来看，第一季度和第四季度为旺季，第二季度平淡，第三季度最淡。近三年消费品零售额大体呈直线变化趋势，用平均增长量可预测2014年消费品零售额为392.5亿元，用表中的平均季节比重可求得各季度的预测值分别为99.62，95.85，91.41和105.62亿元。

若2014年上半年该地实际消费品零售额为197.82亿元，根据表中一、二季度的季节比重之和49.8%，可预计年消费品零售额可达到397.23亿元，第三、四季度零售额则分别为92.51和106.89亿元。

表7-6 某地消费品零售额季节变动分析　　　　　单位：亿元

| 年份 | 一季度 | 二季度 | 三季度 | 四季度 | 全年 |
|---|---|---|---|---|---|
| 2010 | 70.6 | 68.8 | 66.6 | 78.6 | 284.6 |
| 2011 | 80.3 | 77.5 | 74.9 | 85.5 | 318.2 |
| 2012 | 89.4 | 85.6 | 78.6 | 90.4 | 344.0 |
| 2013 | 92.8 | 88.6 | 85.5 | 98.6 | 365.5 |
| 合计 | 333.1 | 320.5 | 305.6 | 353.1 | 1 312.3 |
| 季节比重/% | 25.38 | 24.42 | 23.29 | 26.91 | 100.00 |
| 季平均数 | 83.275 | 80.125 | 76.400 | 88.275 | 82.019 |
| 季节指数/% | 101.53 | 97.69 | 93.15 | 107.63 | 400.00 |

**2. 平均季节比率法**

平均季节比率又称季节指数，它是以历年同月（季）平均数与全时期月（季）总平均数相比，用求得的比较相对数来反映季节变动的数量规律。计算公式为

$$月（季）季节指数＝\frac{各年同月（季）平均数}{全时期月（季）平均数}×100\%$$

各月（季）季节指数之和，季度资料为400%，月度资料为1 200%。一般地，季节指数大于100%为旺季，小于100%为淡季。季节指数与季节比重之间具有转换关系，即季节指数/4（或12）等于季节比重。平均季节比率亦可用于以下预测。

（1）根据年度预测数用季节指数求季（月）预测数，即

$$季（月）预测数＝\frac{年度预测数}{4（或12）}×\frac{季（月）的}{季节指数}$$

（2）根据年内某几个月的实际数，用季节指数求全年预测数，即

$$年度预测数＝\frac{某几个季（月）的实际数之和}{相应的季节指数之和}×4（或12）$$

例如，根据例7-5的数据，预计2014年的消费品零售额可达到

$$\frac{197.82}{101.53\%＋97.69\%}×4＝397.19（亿元）$$

用季节比重法和季节指数法测定季节变动的数量规律，计算简便，容易理解，且能较真

实地反映年度数值在各月（季）之间的分布规律。但这两种方法在测定季节变动时，没有考虑长期趋势的影响，外推预测时，年度趋势预测值需要另行确定。

## 7.2.7　波动性分析

单变量数据波动分析又称周期性分析或循环变动分析，其目的在于揭示单变量动态数据波动是否存在从低到高、再从高到低的循环往复的变动规律，揭示不同时期经济变量波动的过程、形态和周期长度，以及当前的波动走向。单变量数据波动分析的方法主要有环比发展速度或增长率分析法、时间数列分解余值分析法、动态曲线图示法等。

【例 7-6】图 7-5 是根据我国 1978—2006 年社会消费品零售额环比发展速度绘制的波动曲线，显示了社会消费品零售额的环比发展速度的波动存在着周期性的变动规律，1978—2006 年期间共经历了 4 个半周期，1998—2006 年是一个尚未完结的周期，社会消费品零售额的增长正处在扩张的阶段。

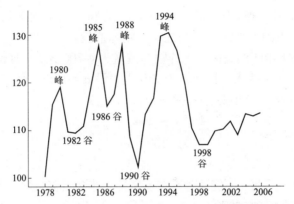

图 7-5　1978—2006 年消费品零售额环比发展速度波动曲线

## 7.2.8　显著性分析

显著性分析又称假设检验，是指以样本统计量来验证假设的总体参数是否成立，借以决定采取适当行动的统计方法。假设是指对总体参数作出的假设，这种假设可能正确，也可能是错误的，假设检验就是要对假设的正确与否作出判断。在市场调查中，许多问题往往需要经过检验，才能得出正确的结论。

在进行假设检验时，如果总体的分布形式已知，仅需对总体的未知参数（总体均值、总体比率等）进行假设检验，则称之为参数假设检验。如果总体分布形式未知，或者解决的问题不符合参数假设检验条件时，通常采用非参数假设检验（又称非参数统计）。

### 1. 总体均值的假设检验

当总体分布为正态分布，并且总体标准差已知时，常采用 $Z$ 分布检验。检验统计量 $Z$ 的计算公式为

$$z = \frac{\bar{x} - \mu_0}{\sigma / \sqrt{n}}$$

由显著水平 $\alpha$，查 $Z$ 分布表，可得 $-Z_{\alpha/2}$，$Z_{\alpha/2}$ 两个临界值。若检验统计量 $Z$ 落在两个临界值之间，则接受原假设（$H_0$）；反之，拒绝原假设。

【例 7-7】某地城镇居民某年人均可支配收入 9 850 元，标准差为 880 元。某项市场调查随机抽取 600 名居民进行调查，结果人均可支配收入为 9 785 元，在 $\alpha = 0.05$ 的条件下，能否认为样本户的人均可支配收入与总体均值没有显著的差别（$H_0: \mu = \mu_0$）。

**解**
$$Z = \frac{9\,785 - 9\,850}{880/\sqrt{600}} = -1.809\,3$$

查 $Z$ 分布表，得 $-Z_{(1-\alpha/2)} = -1.96$，$Z_{(1-\alpha/2)} = 1.96$，由于检验统计量 $Z = -1.809\,3$，落在了两个临界值之间，故接受原假设，即样本均值与总体均值之间没有显著的差别，样本是有代表性的。

若总体为正态分布，总体方差未知，而样本量 $n > 30$ 时，可用样本标准差代替总体标准差，仍采用 $Z$ 分布检验。如果样本量 $n < 30$ 时，应用 $t$ 检验。检验统计量 $t$ 为

$$t = \frac{\bar{x} - \mu_0}{s/\sqrt{n-1}}$$

根据 $\alpha$ 及自由度 $n-1$，查 $t$ 分布表，可得 $-t_{(1-\alpha/2)}$ 和 $t_{(1-\alpha/2)}$ 两个临界值，若检验统计量落在两个临界值之间，则接受原假设；反之，拒绝原假设。

【例 7-8】某商场上半年测量的每天的顾客流量为 4 200 人，9 月份从 16 天构成的随机样本测量的顾客流量为 4 284 人，标准差为 210 人，设 $\alpha = 0.05$，假定顾客流量服从正态分布，能否认为顾客流量比上半年要高一些？（$H_0: \mu > \mu_0$）

**解**
$$t = \frac{4\,284 - 4\,200}{210/\sqrt{16-1}} = 1.549\,2$$

查 $t$ 分布表，当 $\alpha = 0.05$，$n = 15$ 时，得临界值为 $[-1.753, 1.753]$，检验统计量 $t = 1.549\,2$ 落在此区间内，因此，不能认为顾客流量比上半年要高一些，即差异不显著。

**2. 两个总体平均数之差的检验**

在检验两个总体平均数之差是否具有显著性时，无论总体是否服从正态分布，当样本为大样本（$n > 30$）时，来自两个总体的样本平均数之差是趋近于正态分布的，故可采用 $Z$ 检验，其检验统计量为

$$Z = \frac{(\bar{x}_1 - \bar{x}_2) - (u_1 - u_2)}{\sqrt{\dfrac{\sigma_1^2}{n_1} + \dfrac{\sigma_2^2}{n_2}}}$$

当两个总体方差 $\sigma_1^2$、$\sigma_2^2$ 未知，在大样本条件下，可用样本方差 $s_1^2$、$s_2^2$ 代替。公式中的 $u_1 - u_2$ 一般为 0（假设二者相等），可略去。

【例 7-9】据调查，甲市平均每户拥有空调 2.146 台，标准差为 1.18，乙市平均每户拥有空调 2.224 台，标准差为 1.03，$n_1 = n_2 = 1\,000$，在显著水平 $\alpha = 0.05$ 的条件下，能否认为甲、乙两市平均每户空调拥有量是相同的（$H_0: u_1 = u_2$）。

**解**
$$Z = \frac{(2.224 - 2.146) - (u_1 - u_2)}{\sqrt{\dfrac{1.03^2}{1\,000} + \dfrac{1.18^2}{1\,000}}}$$
$$= 1.574\,8$$

当 $\alpha = 0.05$，查 $Z$ 分布表得临界值（$-1.96$，$1.96$），检验统计量 $Z = 1.574\,8$，落在此区

间的，故接受原假设，即甲、乙两市平均每户空调拥有量的差异是不明显的（有差异，但不显著）。

**3. 总体比率的假设检验**

在单个总体比率的假设检验中，当样本单位数 $n>30$，$np$ 和 $n(1-p)$ 均大于 5 时，样本比率 $p$ 的抽样分布近似正态分布，可采用 $Z$ 检验，检验统计量 $Z$ 为

$$Z=\frac{p-p_0}{\sqrt{\dfrac{p_0(1-p_0)}{n}}}$$

其中，$p_0$ 为假设的总体比率，$p$ 为样本比率。

【例 7-10】某企业生产 A 品牌热水器，根据已往统计，A 品牌的市场占有率为 18%，现抽取 800 户居民家庭进行调查，测得 A 品牌的市场占有率为 17.4%，在显著水平为 $\alpha=0.05$ 的条件下，能否认为 A 品牌热水器的市场占有率没有明显的变化（$H_0: p=p_0$）。

**解**

$$Z=\frac{0.174-0.18}{\sqrt{\dfrac{0.18(1-0.18)}{800}}}=-0.441\ 7$$

查 $Z$ 分布表，得临界值（-1.96，1.96），检验统计量-0.441 7 落在此区域内，故可以认为 A 品牌的市场占有率没有明显的变化（有变化，但不明显）。

**4. 两个总体比率之差的检验**

当样本量较大时，来自两个总体的样本比率之差的抽样分布是近似于正态分布的。当两个总体比率 $P$ 大体相同时，可先求两个样本比率的联合估计值

$$\hat{p}=\frac{n_1p_1+n_2p_2}{n_1+n_2}$$

检验统计量为

$$Z=\frac{(p_1-p_2)-(P_1-P_2)}{\sqrt{\dfrac{\hat{p}(1-\hat{p})}{n_1}+\dfrac{\hat{p}(1-\hat{p})}{n_2}}}$$

【例 7-11】据调查，消费者对彩电售后服务的评价，城镇 510 名被调查者的满意率为74.9%，农村 690 名被调查者的满意率为 21.9%，城乡总体满意率为 44.4%，问在 $\alpha=0.05$ 的条件下，城乡满意率是否具有显著的差别（$H_0: P_1=P_2$）。

**解**

$$Z=\frac{(0.749-0.219)-0}{\sqrt{\dfrac{0.444(1-0.444)}{510}+\dfrac{0.444(1-0.444)}{690}}}$$

$$=18.275\ 9$$

查 $Z$ 分布表 $\alpha=0.05$，$Z_{0.975}=1.96$，由于 $Z=18.275\ 9>1.96$，故拒绝原假设（$P_1\neq P_2$），即城乡居民对彩电售后服务的满意度评价具有显著的差异。

**5. 单个样本的吻合性检验**

单个样本的吻合性检验通常采用 $\chi^2$（卡方）检验。在市场分析研究中，常常需要对变量的观察值出现的实际次数（$O_i$）与理论次数（$E_i$）进行比较，以便判别实际的频数分布

形态与期望分布是否一致。$\chi^2$ 的统计量定义为

$$\chi^2 = \sum \frac{(O_i - E_i)^2}{E_i}$$

检验的决策法则为

$$\chi^2 > \chi^2_{(1-\alpha,v)} \qquad 不适合某理论分布(差异显著)$$
$$\chi^2 < \chi^2_{(1-\alpha,v)} \qquad 适合某理论分布(差异不显著)$$

应用时应注意，$\chi^2$ 检验要求实际频数和理论频数必须为绝对频数，不能采用频率；所有观察值的频数需大于等于 5，否则需作合并处理（小频数能扭曲 $\chi^2$ 的结果）。

【例 7-12】某厂选择了三家经营条件大体相同的零售商场，分别经销三种不同包装的同种产品，促销历时 1 个月，共购买量分别为 11 700，12 100，11 780 件。在显著水平 $\alpha = 0.05$ 的条件下，能否认为三种方案的销售效果是相同的（$H_0: E_1 = E_2 = E_3$）？

**解** 理论期望频数 $E = \dfrac{11\ 700 + 12\ 100 + 11\ 780}{3} = 11\ 860$

$$\chi^2 = \frac{(11\ 700 - 11\ 860)^2}{11\ 860} + \frac{(121\ 00 - 11\ 680)^2}{11\ 860} + \frac{(11\ 780 - 11\ 860)^2}{11\ 860} = 7.55$$

由显著水平 $\alpha = 0.05$，自由度 $(k-1) = 2$，查 $\chi^2$ 分布表，得临界值 $\chi^2_{(1-\alpha,v)} = 5.99$，则 $\chi^2 = 7.55 > 5.99$，拒绝原假设，即三种包装方案的销售效果是有显著差异的，其中销售量为 12 100 件的包装方案的销售效果最好。

# 7.3 双变量数据分析

双变量数据分析是通过对两个变量之间的数量关系的分析研究，揭示两个变量之间的依存性、相关性、差异性，挖掘数据中隐含的本质和规律性。双变量数据分析的方法很多，下面分别介绍有关的分析方法。

## 7.3.1 双变量比较分析

双变量比较分析是通过计算两个有联系现象的变量值的比值（$y/x$），来分析现象间的相互联系的数量关系、变化过程和趋势。用以揭示现象的强度、密度、普遍程度、依存关系及其变化。所计算的比值依据两个变量的性质不同而有不同的含义，如人口密度、存货周转率、产品产销率、居民消费倾向、资产报酬率等都是依存性或相关性比例指标。

【例 7-13】表 7-7 是我国某地区城镇居民家庭人均可支配收入和消费支出的基本分析，从中可看出，消费倾向总的趋势是下降的，但在一定的阶段则具有相对的稳定性；边际消费倾向波动较大，总的趋势是围绕边际消费倾向的平均线而上下波动；消费需求的收入弹性波动亦较大，并隐含着周期波动性。因此，在时间序列中，消费倾向和边际消费倾向并非随着居民收入的提高而总是具有不断递减的趋势，而是具有阶段稳定性或周期波动性的特征。

**表 7-7 我国某地区城镇居民家庭人均可支配收入和消费支出基本分析**

| 年份 | 人均可支配收入/元 | 消费支出/元 | 消费倾向/% | 边际消费倾向 | 消费的收入弹性 |
|------|------|------|------|------|------|
| 1998 | 1 510.20 | 1 278.90 | 84.68 | 0.498 5 | 0.565 6 |
| 1999 | 1 700.60 | 1 453.81 | 85.49 | 0.918 6 | 1.084 8 |

| 年份 | 人均可支配收入/元 | 消费支出/元 | 消费倾向/% | 边际消费倾向 | 消费的收入弹性 |
|------|------|------|------|------|------|
| 2000 | 2 026.00 | 1 671.73 | 82.51 | 0.669 7 | 0.783 4 |
| 2001 | 2 577.40 | 2 110.80 | 81.90 | 0.796 3 | 0.965 0 |
| 2002 | 3 496.20 | 2 851.30 | 81.55 | 0.805 9 | 0.984 1 |
| 2003 | 4 283.00 | 3 537.60 | 82.60 | 0.872 3 | 1.069 6 |
| 2004 | 4 838.90 | 3 919.50 | 81.00 | 0.687 0 | 0.831 7 |
| 2005 | 5 160.30 | 4 185.60 | 81.11 | 0.827 9 | 1.022 2 |
| 2006 | 5 425.10 | 4 331.60 | 79.84 | 0.551 4 | 0.679 8 |
| 2007 | 5 854.00 | 4 615.90 | 78.85 | 0.662 9 | 0.830 2 |
| 2008 | 6 280.00 | 4 998.00 | 79.59 | 0.896 9 | 1.137 5 |
| 2009 | 6 859.60 | 5 309.00 | 77.40 | 0.536 6 | 0.674 2 |
| 2010 | 7 702.80 | 6 029.90 | 78.28 | 0.855 0 | 1.104 7 |
| 2011 | 8 472.20 | 6 510.90 | 76.85 | 0.625 2 | 0.798 6 |
| 2012 | 9 421.60 | 7 182.10 | 76.23 | 0.707 0 | 0.919 9 |
| 2013 | 10 493.00 | 7 942.90 | 75.70 | 0.710 1 | 0.931 5 |

## 7.3.2　边际效应分析

边际效应分析通过计算两个变量的增减量的比值，考察两个有联系现象间的数量关系、变化特征和规律。边际效应又称边际水平、边际倾向、增量系数等，它是因变量 $y$ 的增减量 $\Delta y$ 与自变量 $x$ 的增减量 $\Delta x$ 的比例值，用以说明自变量每增加一个单位能引起因变量 $y$ 能增加多少个单位。计算公式为

$$M_i = \frac{\Delta y_i}{\Delta x_i} = \frac{y_i - y_{i-1}}{x_i - x_{i-1}} \quad (i = 1, 2, \cdots, n)$$

以上是逐期边际的计算，而若干期的平均边际的计算可用因变量和自变量的平均增减量对比计算，即

$$\overline{M} = \frac{y_n - y_0}{n} \div \frac{x_n - x_0}{n}$$

$$= \frac{y_n - y_0}{x_n - x_0}$$

从逐期边际的长期变化趋势来看，一般可分区分为边际递减，边际递增，边际稳定，边际周期波动等形态。而每一种形态都是现象间相互联系的数量关系变动规律的客观反映。因此，逐期边际分析可以考察现象间数量关系的变动过程和趋势，而平均边际主要反映一定时期的边际的一般水平。

【例 7-14】某地 2006—2013 年的 GDP、消费品零售额列于表 7-8 中。据此计算的消费品零售额占 GDP 的比率、逐期边际系数和逐期弹性系数均呈下降的趋势，并具有一定的周期波动性。这种变动的趋向性和周期波动性是居民消费倾向和储蓄倾向变动、商品消费与非商品消费结构变动、商品零售市场周期波动的综合反映。

表 7-8　某地 2006-2013 年 GDP 和消费品零售额

| 项目 | 2006 | 2007 | 2008 | 2009 | 2010 | 2011 | 2012 | 2013 |
|---|---|---|---|---|---|---|---|---|
| GDP/亿元 | 844.0 | 896.8 | 992.1 | 1 097.6 | 1 203.3 | 1 358.2 | 1 598.2 | 1 830.9 |
| 消费品零售额 | 333.8 | 356.5 | 391.1 | 430.6 | 481.4 | 525.2 | 595.0 | 671.8 |
| 比率 $y/x$/% | 39.54 | 39.75 | 39.42 | 39.23 | 40.01 | 38.67 | 37.23 | 36.69 |
| 逐期边际系数 | — | 0.430 | 0.363 | 0.374 | 0.481 | 0.283 | 0.291 | 0.330 |
| 逐期弹性系数 | — | 1.087 | 0.913 | 0.950 | 1.225 | 0.707 | 0.752 | 0.887 |

## 7.3.3　弹性系数分析

弹性系数分析法是通过计算两个变量的增减率的比值，考察两个有联系现象间的数量关系、变化特征和规律。弹性系数是指因变量 $y$ 的增减率与自变量 $x$ 的增减率之比，用 $E$ 表示。它能说明自变量 $x$ 每变化百分之一，因变量 $y$ 能相应地变化百分之几。计算公式为

$$E = \frac{y_i - y_{i-1}}{y_{i-1}} \div \frac{x_i - x_{i-1}}{x_{i-1}}$$

$$= \frac{y_i - y_{i-1}}{x_i - x_{i-1}} \cdot \frac{x_{i-1}}{y_{i-1}}$$

$$= \frac{\Delta y}{\Delta x} \cdot \frac{x_{i-1}}{y_{i-1}} \quad (i = 1, 2, 3, \cdots, n)$$

以上是逐期弹性的计算公式。本期弹性也等于本期边际乘以上期水平系数的倒数。若需计算若干期的平均弹性系数 $\overline{E}$，有下列几种方法可供选择。

**1. 水平法**

用因变量和自变量的总增减率对比求 $\overline{E}$。即

$$\overline{E} = \left(\frac{y_n - y_0}{y_0}\right) \div \left(\frac{x_n - x_0}{x_0}\right) = \frac{y_n - y_0}{x_n - x_0} \cdot \frac{x_0}{y_0}$$

**2. 几何法**

用几何法求得的 $x$、$y$ 的平均增长率对比。

$$\overline{E}\left(\sqrt[n]{\frac{y_n}{y_0}} - 1\right) \div \left(\sqrt[n]{\frac{x_n}{x_0}} - 1\right)$$

**3. 函数法**

先确定 $x$、$y$ 两个变量的函数方程式，再求平均弹性；用函数法求平均弹性，通常需要与回归分析相结合。

$$\overline{E} = \frac{\mathrm{d}_y}{\mathrm{d}_x} \cdot \frac{\overline{x}}{\overline{y}} = f'(x)\frac{\overline{x}}{\overline{y}}$$

弹性可按数值大小、取值正负、衡量对象不同进行分类。

（1）按弹性系数的大小，可分为零弹性（$E = 0$）、低弹性或弱效应弹性 $|E| < 1$、等效应弹性 $|E| = 1$、强效应弹性 $|E| > 1$。

（2）按弹性系数取值正负，分为正效应弹性 $E > 0$ 和负效应弹性 $E < 0$。前者说明两个变

量之间同向变动,即正相关;后者说明两个变量之间异向变动,即负相关。

(3)按弹性衡量对象不同,可分为需求弹性、供给弹性、产出弹性等。其中每一类弹性又可细分为不同的弹性,如需求弹性可分为需求的收入弹性、需求的价格弹性、需求的交叉弹性或互价格弹性。产出弹性可分为产出的劳动力弹性、资本弹性、能源弹性等。

【例7-15】某市城镇居民2008—2013年人均可支配收入与人均消费支出列于表7-9。据此用几何法求得各类商品消费的平均收入弹性如表7-9所示,其中消费的收入弹性为0.847 2。说明收入每增长1%,消费支出可增长0.847 2%,消费的增长略慢于收入的增长,说明居民的储蓄倾向增大。在各类商品消费的收入弹性中,食品、家庭设备用品、杂项商品与服务的弹性较弱,而衣着、医疗保健、交通通信、娱乐教育及文化服务、居住均呈现高效应弹性。这说明2008—2013年,该市城镇居民随着收入的增长,消费结构发生了显著的变化,人们的温饱问题解决后,更加注重衣着、医疗保健、交通通信、娱乐教育及文化服务、居住等方面的消费。

表7-9 2008—2013年某市城镇居民消费的收入弹性

| 项 目 | 2008 年 | 2013 年 | 年均增长量 | 年均增长率/% | 边际 $\overline{M}$ | 弹性 $\overline{E}$ |
|---|---|---|---|---|---|---|
| 人均可支配收入/元 | 6 218.7 | 9 524.0 | 661.06 | 8.90 | 1.000 0 | 1.000 0 |
| 人均消费性支出/元 | 5 218.8 | 7 505.9 | 457.42 | 7.54 | 0.691 9 | 0.847 2 |
| 1. 食品 | 1 943.7 | 2 289.4 | 69.14 | 3.33 | 0.104 6 | 0.374 2 |
| 2. 衣着 | 495.2 | 790.7 | 59.10 | 9.81 | 0.089 4 | 1.102 2 |
| 3. 家庭设备用品 | 544.5 | 451.0 | -18.70 | -3.70 | -0.028 3 | -0.415 7 |
| 4. 医疗保健 | 270.2 | 601.3 | 66.22 | 17.35 | 0.100 2 | 1.949 4 |
| 5. 交通通信 | 395.6 | 801.3 | 81.14 | 15.16 | 0.122 7 | 1.703 4 |
| 6. 娱乐教育及文化服务 | 753.8 | 1 338.7 | 116.98 | 12.17 | 0.177 0 | 1.367 4 |
| 7. 居住 | 576.7 | 971.5 | 78.96 | 10.99 | 0.119 4 | 1.234 8 |
| 8. 杂项商品与服务 | 239.1 | 261.2 | 4.42 | 1.78 | 0.006 7 | 0.200 0 |

## 7.3.4 双变量动态分析

双变量动态分析是将两个有联系的变量的动态数据联系起来,考察二者之间的增长是否具有同步性;或者考察两变量发展变化的长期趋势是否具有一致性,发展变化的动态过程是否具有协调性;也可考察两变量的动态数据的波动是否具有某种循环变动的规律性。分析的方法主要有增长率比较法、复式动态曲线图示法、趋势方程比较法等。

【例7-16】图7-6是根据我国1981—2005年按当年价格计算的GDP和全社会固定资产投资年增长率绘制的复式动态曲线(数据见《中国统计年鉴2006》),该图显示了固定资产投资与经济增长具有一定的动态的依存关系,即投资增长与经济增长不是同步的,投资增长领先于经济增长,投资增长对经济增长具有长期的动态推动作用,投资波动是经济增长波动的主要原因之一。

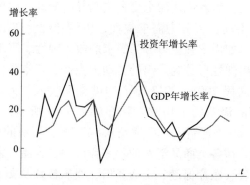

图 7-6   1981—2005 年 GDP 和固定资产投资增长率波动曲线

## 7.3.5   双变量关联分析

双变量关联分析是采用简单相关分析、简单回归分析或自变量滞后分布模型来衡量两个变量之间联系的紧密程度和数量关系。

简单相关分析是通过计算两个变量的相关系数来衡量它们之间联系的紧密程度。相关系数的取值介于 $-1 \leqslant r \leqslant 1$，越接近于 $-1$ 或 $1$，两个变量之间的关系越密切。相关系数计算公式为

$$r = \frac{\sigma_{xy}^2}{\sigma_x \sigma_y} = \frac{\overline{xy} - \bar{x} \cdot \bar{y}}{\sqrt{\overline{x^2} - (\bar{x})^2} \cdot \sqrt{\overline{y^2} - (\bar{y})^2}}$$

简单回归分析是用一元回归方程来描述因变量与一个自变量的数量关系，有一元线性回归分析和一元曲线回归分析之分，常用的是一元线性回归分析。其回归方程为

$$y = a + bx + e$$

其中，$a$、$b$ 为方程的回归系数，$a$ 为截距（常数项），$b$ 为斜率（平均边际），$e$ 是误差项。$a$、$b$ 参数用统计学中的最小二乘法进行估计，$e$ 用估计标准误差 SE 来测度。求解 $a$、$b$ 参数的标准方程组为

$$\begin{cases} \sum y = na + b \sum x \\ \sum xy = a \sum x + b \sum x^2 \end{cases}$$

估计标准误差为

$$\mathrm{SE} = \sqrt{\frac{\sum (y - \hat{y})^2}{n - 2}}$$

$$= \sqrt{\frac{\sum y^2 - a \sum y - b \sum xy}{n - 2}}$$

【例 7-17】表 7-10 是某市某年城镇居民家庭人均月收入和消费的抽样数据。从表中的分析指标可看出：（1）收入越高的家庭消费倾向越低，即储蓄倾向越高；反之则相反；（2）消费边际具有递减的趋势，即随着收入的增加，消费边际递减，储蓄边际递增；（3）从总体上看，消费支出的收入弹性小于 1；（4）居民人均收入决定人均消费的回归方程为

$$y = 73.924\ 3 + 0.796\ 3x$$

$$(R = 0.998\ 6, S_y = 14.46)$$

此方程表明，居民收入每增加1元，消费支出可增加0.7963元（平均消费边际）。相关系数0.9986，表明消费支出与收入的关系非常密切，估计的回归方程具有较强的解释能力。

表 7-10 某市某年城镇居民家庭人均生活费收支分析

| 月人均消费（$y$）元 | 月人均收入（$x$）元 | 消费倾向（%） | 消费边际 | 消费的收入弹性 |
|---|---|---|---|---|
| 360 | 368 | 97.83 | — | — |
| 424 | 435 | 94.47 | 0.9552 | 0.9765 |
| 530 | 548 | 96.72 | 0.9381 | 0.9623 |
| 550 | 630 | 87.30 | 0.2439 | 0.2522 |
| 690 | 762 | 90.55 | 1.0607 | 1.2149 |
| 796 | 905 | 87.96 | 0.7413 | 0.8186 |
| 901 | 1 038 | 86.80 | 0.7895 | 0.8976 |
| 1 088 | 1 276 | 85.27 | 0.7857 | 0.9052 |

在现实生活中，因变量与自变量之间的数量关系不一定是静态的，而是动态的。为此，需要对自变量作滞后分布处理，并用逐步回归或向后回归法来构建滞后分布模型来解释自变量对因变量的动态的数量关系。

【例 7-18】若以我国 1992—2005 年的 $GDP_t$ 为因变量，分别以 $IFA_t$，$IFA_{t-1}$，$\cdots IFA_{t-12}$ 年的全社会固定资产投资总量为自变量（数据见《中国统计年鉴 2006》），用逐步回归得到下列固定资产投资总量决定 GDP 总量的模型。

$$GDP_t = 20\,596.188 + 2.566 IFA_{t-2} + 0.974 IFA_{t-8}$$
$$(9.517) \quad (13.675) \quad (2.873)$$
$$R^2 = 0.995 \quad F = 1\,026.43 \quad SE = 3\,615.52 \quad DW = 1.364$$

模型表明在 1992—2005 年期间，$t-2$ 和 $t-8$ 年的固定资产投资总量对 $t$ 年的 GDP 总量具有显著的长期推动效应，时间跨度长达 8 年左右，这与短期投资项目一般需要 2 年左右、长期投资项目一般需要较长时间才能形成生产能力的现实是相符的。

## 7.3.6 两变量的独立性检验

在市场调查分析研究中，往往有许多两变量交叉分类的数据列表，那么这两个变量或两种分类标准之间是否有联系，如果没有联系，则称两变量间是独立的。两变量之间是否有联系，可采用 $\chi^2$ 检验法。检验统计量为

$$\chi^2 = \sum \frac{(O_{ij} - E_{ij})^2}{E_{ij}}$$

其中，$O_{ij}$ 为交叉分类表中的每格的实际次数；$E_{ij}$ 为交叉分类表中每格的理论次数，$E_{ij} = \dfrac{n_i n_j}{n}$。

当显著水平为 $\alpha$ 时，根据自由度 $(r-1)(c-1)$ 查 $\chi^2$ 分布表，得 $\chi^2_{1-\alpha}$ 临界值，则：

$$\chi^2 > \chi^2_{1-\alpha} \quad 两变量之间有联系（不是独立的）$$
$$\chi^2 < \chi^2_{1-\alpha} \quad 两变量之间是独立的$$

【例 7-19】某市调查公司利用 1 386 户家计调查资料，分别按户主的文化程度与人均年收入进行交叉分类，其数据列于表 7-11（括号内为理论次数）。要求检验人均年收入与文化

程度之间是否有联系。

表 7-11 居民收入水平与文化程度列联表
单位：人

| 收入水平 | 大学以上 | 中学 | 小学及以下 | 合计（$n_i$） |
|---|---|---|---|---|
| 4 000 元以下 | 93 (77.1) | 19 (26.6) | 18 (26.3) | 130 |
| 4 000～<5 000 元 | 114 (97.3) | 27 (33.6) | 23 (33.1) | 164 |
| 5 000～<6 000 元 | 110 (111.5) | 39 (38.5) | 39 (38.0) | 188 |
| 6 000～<7 000 元 | 178 (180.3) | 56 (62.3) | 70 (61.4) | 304 |
| 7 000 元及以上 | 327 (335.8) | 143 (122.9) | 130 (121.2) | 600 |
| 合计 $n_j$ | 822 | 284 | 280 | 1 386 |

**解：** $n = 1\ 386$，$r = 5$，$c = 3$，$(r-1)(c-1) = 8$

（1）求每一格的理论次数 $E_{ij}$，如：

$$E_{11} = \frac{130 \times 822}{1\ 386} = 77.1 \qquad E_{12} = \frac{130 \times 284}{1\ 386} = 26.6$$

依此类推，计算结果见表 7-11 括号内。

（2）计算统计量 $\chi^2$：

$$\chi^2 = \frac{(93-77.10)^2}{77.10} + \frac{(114-97.3)^2}{97.3} + \cdots + \frac{(130-121.2)^2}{21.2}$$
$$= 23.56$$

（3）作 $\chi^2$ 检验。若显著水平 $\alpha = 0.05$，根据自由度 $= 8$，查表 $\chi^2_{0.95}(8) = 15.507$。由于 $\chi^2 > \chi^2_{0.95}$，因此，两个变量之间不是独立的，而是有联系的。

$\chi^2$ 的独立性检验，当两个变量的分类都只有两类时，就形成了 2×2 的列联表，若用 $a$、$b$、$c$、$d$ 分别表示其观察值，则 $\chi^2$ 统计量的简便公式为

$$\chi^2 = \frac{n(ad-bc)^2}{(a+c)(b+d)(c+d)(a+b)}$$

**【例 7-20】** 为了研究女性收入高低与购买化妆品之间是否有联系，某调查公司随机抽取 112 名女性进行调查，数据分类列于表 7-12。要求判别女性收入与化妆品选择之间是否有联系（$\alpha = 0.05$）。

**解**

$$自由度 = (2-1)(2-1) = 1$$
$$\chi^2 = \frac{112(40 \times 28 - 32 \times 12)^2}{52 \times 60 \times 40 \times 72} = 6.752$$

由 $\alpha = 0.05$，自由度 $= 1$，查表得 $\chi^2_{0.95}(1) = 3.841$，由于 $\chi^2 > \chi^2_{0.95}(1)$，所以收入高低与化妆品选择间不是独立的，而是有联系的。

表 7-12 关于收入与化妆品选择的抽样数据

| 收入分类 | 高档化妆品 | 中低档化妆品 | 合计 |
|---|---|---|---|
| 高收入 | 40（a） | 32（b） | 72 |
| 中低收入 | 12（c） | 28（d） | 40 |
| 合计 | 52 | 60 | 112 |

## 7.3.7　两样本的一致性检验

两样本的一致性检验，通常用来判断两个或两个以上的样本的比率是否具有显著的差别，或者说检验两个或两个以上的独立随机样本是否来自一致的总体。检验统计量 $\chi^2$ 计算与独立性检验一样，而决策法则为

$$\chi^2 > \chi^2_{1-\alpha} \quad \text{两样本比率差异显著（不具有一致性）}$$

$$\chi^2 < \chi^2_{1-\alpha} \quad \text{两样本比率差异不显著（具有一致性）}$$

【例 7-21】两家电视收视率调查公司分别对晚间八点档作电话调查得到的两个样本资料如表 7-13 所列，要求检验两家公司调查的结果是否有差异（$\alpha = 0.05$）。

**解**　　　　　　　　$\alpha = 0.05$　自由度 $= (2-1)(4-1) = 3$

（1）各单元格的理论人数　$E_{ij} = \dfrac{n_i n_j}{n}$，分别为

$$84 \quad 77 \quad 72 \quad 39$$
$$72 \quad 66 \quad 62 \quad 33$$

（2）计算检验统计量 $\chi^2$

$$\chi^2 = \frac{(83-84)^2}{84} + \frac{(75-77)^2}{77} + \cdots + \frac{(32-33)^2}{33}$$

$$= 0.3144$$

表 7-13　两家电视收视率调查公司的样本资料

| 公司 | A 视 | B 视 | C 视 | 未开机 | 合计 $n_i$ |
|---|---|---|---|---|---|
| 甲公司 | 83 | 75 | 74 | 40 | 272 |
| 乙公司 | 73 | 68 | 60 | 32 | 233 |
| 合计 $n_j$ | 156 | 143 | 134 | 72 | 505 |

（3）$\alpha = 0.05$，自由度 $= 3$，查表得临界值 $\chi^2_{0.95}(3) = 7.81 > 0.3144$，故差异不显著，表示两公司调查的收视率结果可能没有显著的差异。

【例 7-22】某厂从甲、乙两个城市各抽取 200 户居民家庭对研制的新型洗衣粉进行试用调查，调查结果如表 7-14 所列。其中甲市的喜爱比率为 80%，乙市的喜爱比率为 70%。要求检验这两个样本比率是否一致（$\alpha = 0.05$）。

表 7-14　两市消费者对新型洗衣粉喜爱人数

| 城市 | 喜爱 | 不喜爱 | 合计 |
|---|---|---|---|
| 甲市 | 160 | 40 | 200 |
| 乙市 | 140 | 60 | 200 |
| 合计 | 300 | 100 | 400 |

**解**　　　　　　　$\chi^2 = \dfrac{400\,(160 \times 60 - 40 \times 140)^2}{300 \times 100 \times 200 \times 200} = 5.333$

$\alpha = 0.05$，自由度 $= 1$，临界值 $\chi^2_{0.95}(1) = 3.841 < 5.333$，差异显著，表示甲、乙两市居民的喜爱比率有明显的差异，甲市高于乙市。

# 7.4 多变量数据分析

多变量数据分析是通过对三个或三个以上变量之间的数量关系的分析研究，揭示多个变量之间的依存性、相关性、差异性，挖掘数据中隐含的本质和规律性。多变量数据分析的方法很多，下面分别介绍有关的分析方法。

## 7.4.1 多变量比较分析

多变量比较分析是将有联系的多个变量或指标联系起来，通过计算有关的比例、弹性系数、边际效应等分析指标，揭示现象之间的依存性、差异性和协调性。也可利用增长率比较法、复式动态曲线图示法、趋势方程比较法等方法，考察多变量之间的增长是否具有同步性；或者考察多变量发展变化的长期趋势是否具有一致性，发展变化的动态过程是否具有协调性或循环变动的规律性。

【例7-23】某地城镇居民和农村居民人均收入、人均消费和人均 GDP 如表7-15 所示。根据表中的分析指标可得出如下结论：① 城乡居民人均收入都低于人均 GDP 的年增长率，其协调性不高，其原因是 GDP 使用中积累与消费的比例不合理所致；② 城乡居民人均收入、人均消费存在较大的差异性，2002—2005 年城乡居民人均收入差距呈缩小的趋势，但2006—2013 年则呈扩大的趋势，人均消费也是如此；③ 城乡居民的消费倾向均呈不断下降的趋势，即储蓄倾向不断提高；④ 农村居民的消费倾向高于城镇居民，其原因是农村居民人均收入低于城镇居民。

表7-15 某地城乡居民人均收入、人均消费比较分析

| 年份 | 人均GDP/元 | 城镇居民 | | | 农村居民 | | | 城镇/农村 | |
| --- | --- | --- | --- | --- | --- | --- | --- | --- | --- |
| | | 人均收入/元 | 人均消费/元 | 消费倾向 | 人均收入/元 | 人均消费/元 | 消费倾向 | 收入比值 | 消费比值 |
| 2002 | 2 630 | 3 888 | 3 138 | 80.71 | 1 155 | 1 088 | 94.20 | 3.37 | 2.88 |
| 2003 | 3 359 | 4 699 | 3 886 | 82.70 | 1 425 | 1 367 | 95.93 | 3.30 | 2.84 |
| 2004 | 3 963 | 5 052 | 4 098 | 81.12 | 1 792 | 1 737 | 96.93 | 2.82 | 2.36 |
| 2005 | 4 420 | 5 210 | 4 317 | 82.86 | 2 037 | 1 816 | 89.15 | 2.56 | 2.38 |
| 2006 | 4 667 | 5 434 | 4 371 | 80.44 | 2 064 | 1 889 | 91.52 | 2.63 | 2.31 |
| 2007 | 4 933 | 5 815 | 4 801 | 82.56 | 2 147 | 1 920 | 89.43 | 2.71 | 2.50 |
| 2008 | 5 425 | 6 218 | 5 219 | 83.93 | 2 197 | 1 942 | 88.39 | 2.83 | 2.69 |
| 2009 | 6 120 | 6 781 | 5 546 | 81.79 | 2 299 | 1 990 | 86.56 | 2.95 | 2.79 |
| 2010 | 6 734 | 6 959 | 5 575 | 80.11 | 2 398 | 2 069 | 86.28 | 2.90 | 2.69 |
| 2011 | 7 589 | 7 674 | 6 083 | 79.27 | 2 532 | 2 139 | 84.48 | 3.03 | 2.84 |
| 2012 | 9 165 | 8 618 | 6 885 | 79.89 | 2 838 | 2 472 | 87.10 | 3.04 | 2.79 |
| 2013 | 10 426 | 9 524 | 7 505 | 78.80 | 3 118 | 2 756 | 88.39 | 3.05 | 2.72 |

## 7.4.2　多变量平衡性分析

多变量平衡性或协调性分析有不同的方法，最常见的是利用收支平衡关系编制的平衡表进行平衡状态分析、平衡结构分析、平衡比例关系分析等，用以揭示现象之间的相互联系的数量关系，及其发展变化的协调性和均衡性。

**1. 平衡状态分析**

平衡状态分析是把平衡表中的收支项目联系起来，根据实物指标数据的大小或价值指标的增长率来判断平衡状态是收大于支，还是收小于支，或收支均衡。例如，根据工业企业产品产销平衡表可判断各种产品是产大于销，还是产小于销。根据贸易企业商品购销平衡表，可判断各种商品是购大于销，还是购小于销。

**2. 平衡结构分析**

平衡结构分析是把平衡表中的收支结构联系起来，判断收支结构是否协调。例如，可把产品的生产结构、销售结构、存货结构联系起来，判断生产、存货结构是否与销售结构相适应，以决定是否需要调整生产结构。贸易企业也可分析商品购进和存货结构是否与销售结构相适应，以决定是否需要调整商品采购结构。

**3. 平衡比例关系分析**

平衡比例关系分析是根据平衡表提供的数据，计算某些重要的比率来分析问题和说明问题。例如，根据工业企业产品产销平衡表，可计算产品的销售率，反映产品销售是否顺畅，产品是否存在积压。

【例7-24】表7-16是某啤酒厂某年啤酒产销存分析。从全部产品来看，生产量大于销售量，产品销售率只有95.2%，导致年末存货比年初增加近1倍。从产销结构来看，生产结构与销售结构相比存在着不相适应的地方，如干啤、散装啤酒的生产量过大，导致产品销售率较低，存货成倍增加。因此该厂啤酒产大于销的状态主要是由这两类啤酒产大于销所引起的。

**表 7-16　某啤酒厂啤酒产销存分析**　　　　　　　　　　　　　　单位：吨

| 产品类别 | 年初存量 | 生产量 | | 销售量 | | 产销率/% | 年末存量 |
| --- | --- | --- | --- | --- | --- | --- | --- |
| | | 数量 | 比重/% | 数量 | 比重/% | | |
| 总　计 | 12 | 229 | 100.0 | 218 | 100.0 | 95.2 | 23 |
| 其中：扎啤 | 1 | 35 | 15.28 | 32 | 14.68 | 91.4 | 4 |
| 冰啤 | 5 | 128 | 55.90 | 128 | 58.72 | 100.0 | 5 |
| 干啤 | 6 | 66 | 28.82 | 58 | 26.60 | 87.88 | 14 |
| 其中：瓶装 | 2 | 138 | 60.26 | 136 | 62.39 | 98.60 | 4 |
| 罐装 | 3 | 78 | 34.06 | 76 | 34.86 | 97.44 | 5 |
| 散装 | 7 | 13 | 5.68 | 6 | 2.75 | 46.15 | 14 |

## 7.4.3　多变量综合评价

多变量综合评价即统计综合评价，是运用反映测评对象总体特征的多个变量或指标体系，借助一定的综合评价方法，通过数量对比，求得综合评价值，对测评对象作出明确评定和排序的一种综合分析方法。综合测评的结果可衡量测评对象工作的优劣、质量的好坏、效益的高低，并能排出名次、作出评价结论，提出解决问题的对策或建议。综合评价的方法很多，以下介绍综合等级评价法、综合评分评价法和综合指数评价法。

**1. 综合等级评价法**

综合等级评价法是根据品质属性项目所体现的集中属性程度的大小，划定若干等级，并确定相应的等级标准，然后依据各项目的等级标准对测评单位的各测评项目评定实际等级，然后汇总各测评单位的等级总和，计算出平均等级，据此排定顺序作出综合评价。其平均等级可采用简单平均法，也可根据项目的重要程度采用加权平均法进行确定。设 $T_i$ 为评价项目的等级，$f_i$ 为相应的权数，则平均等级 $\overline{T_i}$ 的计算公式为

$$\overline{T_i} = \frac{\sum T_i f_i}{\sum f_i}$$

【例 7-25】某评价机构组织专家对 6 种品牌空调的质量、功能、包装、外观、噪声等五个项目进行等级排序，排序结果如表 7-17 所示。表中的平均等级是用简单平均法计算的，综合评价的结果为 F 品牌第一名、E 品牌第二名、C 品牌第三名、D 品牌第四名、B 品牌第五名、A 品牌最后一名。

表 7-17　六种空调等级排序测评汇总表

| 品牌 | 质量 | 功能 | 包装 | 外观 | 噪声 | 等级和 $T_i$ | 平均等级 | 名次 |
|---|---|---|---|---|---|---|---|---|
| A | 6 | 6 | 5 | 6 | 5 | 28 | 5.6 | 6 |
| B | 6 | 4 | 6 | 4 | 5 | 25 | 5.0 | 5 |
| C | 1 | 3 | 2 | 3 | 3 | 12 | 2.4 | 3 |
| D | 4 | 5 | 4 | 4 | 5 | 22 | 4.4 | 4 |
| E | 2 | 2 | 1 | 2 | 3 | 10 | 2.0 | 2 |
| F | 2 | 1 | 3 | 1 | 1 | 8 | 1.6 | 1 |

**2. 综合评分评价法**

综合评分评价法是依据制定的各评价项目的评分标准和评分办法，对各测评单位的各测评项目进行打分（常采用百分制计分法），然后汇总各测评单位全部测评项目的总分值，或计算平均分值作为判断优劣、排列名次、作出综合评价的依据。评价的基本步骤与综合等级评价法基本相同。综合评分评价法的关键是评价标准的制定和计分方法的确定。其平均得分值的计算公式为

$$平均得分值 = \frac{\sum (项目分值 \times 权数)}{权数之和}$$

【例 7-26】某评价机构用问卷调查的形式请消费者对 A 品牌的电视机的清晰度、音响效果、外观设计、功能、耗电量五个项目进行打分评价，打分标准为：很满意 100 分，较满意 80 分，基本满意 60 分，不满意 40 分，很不满意 20 分。回收有效问卷 1 000 份。A 品牌的综合质量评分汇总如表 7-18 所示。表中各评价项目的平均得分是用得票数（频数）作权数，用加权平均法求得的。A 品牌电视机的综合平均分可根据各评价项目的平均得分和权

数，用加权平均法求得，即

$$A 品牌综合平均分 = 81×0.3+77×0.2+68×0.1+72×0.3+75.8×0.1$$
$$= 75.68 分$$

表 7-18 **A 品牌电视机综合质量评分汇总表**

| 评价项目 | 权数 | 得票数 | | | | | 平均得分 |
|---|---|---|---|---|---|---|---|
| | | 100 分 | 80 分 | 60 分 | 40 分 | 20 分 | |
| 清晰度 | 0.3 | 500 | 200 | 200 | 50 | 50 | 81.0 |
| 音响效果 | 0.2 | 400 | 250 | 200 | 100 | 50 | 77.0 |
| 外观设计 | 0.1 | 100 | 500 | 200 | 100 | 100 | 68.0 |
| 功能 | 0.3 | 150 | 500 | 200 | 100 | 50 | 72.0 |
| 耗电量 | 0.1 | 250 | 470 | 150 | 80 | 50 | 75.8 |

**3. 综合指数评价法**

综合指数评价法是在确定测评指标体系、标准值和权数的基础上，先将测评单位的评价指标的实际值（$x_1$）与相应的标准值（$x_0$）对比，求出个体指标指数，然后对个体指标指数进行加权，求出综合评价总指数；最后根据各测评单位综合评价总指数的高低做出排序和评价。综合评价总指数的计算公式为

$$k = \frac{\sum \dfrac{x_1}{x_0} w}{\sum w}$$

计算时应注意以下三点。

（1）标准值通常有特定年份的基准值、发展目标值、同行平均值、同行先进值、全国平均值等，用不同标准值计算的综合指数具有不同的含义，因此应根据测评的目的和要求确定标准值。

（2）评价指标的权数（$w$）应根据各评价指标的重要程度确定。

（3）如果评价指标中有逆指标应转换为正指标，其方法是将 $x_1/x_0$ 转换为 $x_0/x_1$。

【例 7-27】某市有 A、B、C、D、E 五家同类型工业企业，确定的 8 项经济效益评价指标（其中资产负债率为逆指标）、权数、标准值及有关数据如表 7-19 所示。经济效益总指数是根据表中的数据用上述计算公式计算的。计算结果表明，综合经济效益最高的是 A 企业，最低的是 D 企业，其顺序是 A、B、E、C、D。

表 7-19 **某市五家工业企业经济效益评价**

| 指标名称 | 标准值 | 权数 | A | B | C | D | E |
|---|---|---|---|---|---|---|---|
| 总资产贡献率/% | 10.8 | 20 | 12.5 | 11.4 | 9.8 | 8.6 | 10.5 |
| 工业增加值率/% | 32.0 | 16 | 28.6 | 29.7 | 29.8 | 27.8 | 29.5 |
| 资产负债率/% | <60 | 12 | 50.4 | 55.4 | 58.8 | 62.4 | 56.2 |
| 流动资产周转次数 | 1.50 | 15 | 1.85 | 1.64 | 1.32 | 1.11 | 1.21 |
| 成本费用利润率/% | 3.75 | 14 | 4.86 | 4.65 | 4.13 | 3.65 | 3.98 |

| 指标名称 | 标准值 | 权数 | A | B | C | D | E |
|---|---|---|---|---|---|---|---|
| 全员劳动生产率/（万元/人） | 1.65 | 10 | 2.48 | 2.35 | 1.60 | 1.52 | 1.76 |
| 产品销售率/% | 98.0 | 13 | 98.5 | 98.0 | 96.4 | 93.8 | 95.6 |
| 经济效益总指数/% | 100 | 100 | 116.5 | 110.0 | 96.4 | 86.8 | 97.3 |

## 7.4.4 方差分析

方差分析是利用方差来判断多个正态总体均值是否相等，或者检验多个样本均值之间的差异是否具有显著性的一种统计分析方法。常用于判断影响某变量的众多因素中，哪些因素起主导作用，哪些因素起次要作用；或者判断不同的方案中哪一种方案最好。以下说明方差分析的基本方法。

若方差分析涉及的因子只有一个，而这个因子又具有多种水平。分析的目的在于判断多种水平之间的差异是否显著，以及哪种水平为最优水平。

【例7-28】表7-20是某广告方案的消费者测评分数统计，表中有三种水平 $A_1$，$A_2$，$A_3$（广告设计方案 $\gamma = 3$），每种水平有 5 个试验数据（$n_1 = n_2 = n_3 = 5$）。

表7-20 广告方案消费者测评分数统计

| 试验 $j$ | $A_1$ 方案 | $A_2$ 方案 | $A_3$ 方案 | 平均分值 $\overline{x}_j$ |
|---|---|---|---|---|
| 1 | 71 | 87 | 98 | 85.33 |
| 2 | 70 | 83 | 92 | 81.67 |
| 3 | 74 | 86 | 89 | 83.00 |
| 4 | 68 | 80 | 95 | 81.00 |
| 5 | 72 | 83 | 88 | 81.00 |
| 平均分值 $\overline{x}_i$ | 71.0 | 83.8 | 92.4 | 82.4 |
| 误差平方和 | 20.00 | 30.80 | 69.20 | 1 279.6 |

其分析的程序和方法如下：

（1）计算全部数据（$n$ 项）的总平均数 $\overline{X}$ 和离差平方和 $Q$；

（2）求各水平的样本平均数 $\overline{x}_i$ 和总误差平方和 $Q_1$；

（3）计算因子影响的离差平方和：$Q_2 = \sum n_i (\overline{x}_i - \overline{x})^2 = Q - Q_1$；

（4）编制单因子方差分析表，格式如表7-21；

（5）计算检验统计量 $F$，作 $F$ 检验。$F = S_2^2 / S_1^2$，若 $F > F_{0.05}$，则差别显著；

（6）计算效应值 $a = \overline{x}_i - \overline{X}$，选择最优水平。

**解**：在表7-20中，$\gamma = 3$，$n = 15$，$n_1 = n_2 = n_3 = 5$

$\overline{x}_1 = 71.0$，$\overline{x}_2 = 83.8$，$\overline{x}_3 = 92.4$，$\overline{X} = 82.4$

各水平的误差平方和分别为：20.00，30.80，69.20

各水平总的误差平方和 $Q_1 = 20 + 30.8 + 69.2 = 120$

因子影响的离差平均和 $Q_2 = n \sum (\bar{x}_i - \bar{X})^2 = 1\ 159.6$

全部数据离差平方和 $Q = Q_1 + Q_2 = 1\ 279.6$

计算检验统计量 $F$，作 $F$ 检验。表 7-21 中 $F = S_2^2/S_1^2 = 579.8/10 = 57.98$，若显著水平 $\alpha = 0.05$，在 $F$ 分布表中查得 $F_{0.05}(2.12) = 3.89$，$F > F_{0.05}$，即三种广告脚本方案的效果是有显著差别的。其中广告脚本方案 $A_3$ 的效果最佳，效应值最大（92.4-82.4=10.0）。

表 7-21 方差分析表

| 方差来源 | 平方和 | 自由度 | 方差 |
|---|---|---|---|
| 因子影响 | 1 159.6 | 2 | 579.8 |
| 随机误差 | 120 | 12 | 10.0 |
| 总　　和 | 1 279.6 | 14 | 91.4 |

## 7.4.5 多变量相关分析

多变量相关分析是利用简单相关系数的计算方法，对多变量数据中的每两个变量的相关程度分别进行测度，从而可得到多变量的相关矩阵，根据此相关矩阵可考察任何一个变量与其他变量之间的相关程度的高低，说明哪些变量影响大，哪些变量影响小。

【例 7-29】表 7-22 是根据我国 1990—2005 年 7 类价格定基指数（数据见《中国统计年鉴 2006》）构建的相关矩阵。此表可考察任何一类价格与其他价格之间的相关程度，例如，作为价格传导源头之一的原材料、燃料和动力价格变动与工业品生产、固定资产投资、农业生产资料、商品零售、居民消费等价格都具有高度的相关性，其价格传导的影响大，而与农产品生产价格具有中度的相关性，即价格传导的影响要小一些。从消费价格来看，除与农产品生产价格中度相关外，而与其他 5 类价格变动都具有高度的相关性，说明各类价格的变动最终都会传导到消费价格变动中。农产品生产价格与商品零售价格具有高度的相关性，说明农产品生产价格对消费价格的传导影响，中间还要经过商品零售环节。

表 7-22 1990—2005 年主要价格指数相关分析

| 价格指数 | 原材料燃料和动力 | 工业品生产 | 固定资产投资 | 农业生产资料 | 农产品生产 | 商品零售 | 居民消费 |
|---|---|---|---|---|---|---|---|
| 原材料燃料和动力 | 1.000 | 0.985 | 0.982 | 0.976 | 0.867 | 0.941 | 0.960 |
| 工业品生产 | 0.985 | 1.000 | 0.971 | 0.980 | 0.915 | 0.982 | 0.977 |
| 固定资产投资 | 0.982 | 0.971 | 1.000 | 0.940 | 0.791 | 0.927 | 0.968 |
| 农业生产资料 | 0.976 | 0.980 | 0.940 | 1.000 | 0.915 | 0.966 | 0.976 |
| 农产品生产 | 0.867 | 0.915 | 0.791 | 0.915 | 1.000 | 0.920 | 0.849 |
| 商品零售 | 0.941 | 0.982 | 0.927 | 0.966 | 0.966 | 1.000 | 0.975 |
| 居民消费 | 0.969 | 0.977 | 0.968 | 0.976 | 0.849 | 0.975 | 1.000 |

## 7.4.6 多变量回归分析

多变量回归分析（多元回归分析）是在相关分析的基础上，利用数学模型（方程）来描述因变量与多个自变量之间的数量关系，模型通过各种统计检验后，即可利用这一模型来解释问题、分析问题，也可进行预测和控制。多元回归分析有多元线性回归、多元非线性回归、时间数列多元自回归等多种形式，本书"定量预测"一章将作介绍。

【例7-30】根据表7-15的数据，利用SPSS统计软件可求得城镇居民和农村居民人均收入形成的二元线性回归模型分别为：

(1) 城镇居民人均可支配收入

$$y_t = 2\,472.198 + 0.553GDP_t + 98.988t$$
$$(17.426) \quad (7.881) \quad (2.261)$$
$$(R = 0.998\,0 \quad SE = 114.32 \quad F = 1\,159.85 \quad DW = 2.162)$$

(2) 农村居民人均纯收入

$$y_t = 700.507 + 0.160GDP_{t-1} + 0.336y_{t-1}$$
$$(5.554) \quad (4.677) \quad (2.458)$$
$$(R = 0.992\,0 \quad SE = 65.94 \quad F = 247.33 \quad DW = 1.939)$$

模型检验具有显著性，模型表明城镇居民人均可支配收入和农村居民人均纯收入的形成是不同的，当年GDP和其他因素决定当年城镇居民人均可支配收入；而农村居民的人均纯收入取决于上年的GDP和上年人均纯收入的自传导效应。

## 7.4.7　多变量聚类分析

多变量聚类分析是研究如何将研究对象按照多个方面的特征进行综合分类的一种多元统计分析方法，可用于解决市场分析中多因素、多指标的综合分类问题。聚类分析中常用的方法有系统聚类法、K-均值聚类法、动态聚类法、模糊聚类法等。读者可参阅有关的多元统计分析书籍。聚类分析由于涉及的变量或指标多、计算复杂，实际使用时是利用多元统计分析软件求解。

【例7-31】表7-23是根据《中国统计年鉴2007》的数据，采用K-均值聚类法对31个省市的人均GDP和三次产业结构进行聚类的结果。从表中可看出，2006年31个省市人均GDP高于全国平均值的只有10个省市，而低于全国平均值的有21个省市，按当年平均汇率（中间价）折合计算，上海为7 237美元，北京为6 331美元，上海和北京都处在发达经济阶段；天津为5 164美元，江苏、浙江、广东平均为3 722美元，这4个省市都处在工业化高级阶段；内蒙古、辽宁、福建、山东这4个省市平均为2 732美元，处在工业化中期的后期阶段；河北、山西、吉林、黑龙江、湖南等16个省市平均为1 640美元，处在工业化中期的起步阶段；安徽、广西、贵州、云南、甘肃等5个省市平均为1 101美元，处在工业化的初期阶段。由此可见，中国工业化发展在不同省市或地区之间是不均衡的，其主要原因在于三次产业结构的差别过大，表7-23显示，人均GDP越高的省市，第一产业的比重越小，第三产业的比重越大，产业非农化率也越高。

表7-23　中国2006年31个省市人均GDP和产业结构聚类

| 聚类中心人均GDP | 省市数/个 | 产业结构% | | | 省市名单 |
|---|---|---|---|---|---|
| | | I | II | III | |
| 57 695 | 1 | 0.90 | 48.50 | 50.60 | 上海 |
| 50 467 | 1 | 1.30 | 27.80 | 70.90 | 北京 |

| 聚类中心人均 GDP | 省市数/个 | 产业结构% | | | 省市名单 |
|---|---|---|---|---|---|
| | | I | II | III | |
| 41 163 | 1 | 2.70 | 57.10 | 40.20 | 天津 |
| 29 673 | 3 | 6.33 | 53.97 | 39.70 | 江苏、浙江、广东 |
| 21 776 | 4 | 11.43 | 51.63 | 36.95 | 内蒙古、辽宁、福建、山东 |
| 13 074 | 16 | 15.26 | 46.75 | 38.29 | 河北、山西、吉林、黑龙江、湖南等 |
| 8 773 | 5 | 17.74 | 42.72 | 39.54 | 安徽、广西、贵州、云南、甘肃 |
| 全国 16 084 | 31 | 11.7 | 48.9 | 39.4 | — |

## 7.4.8 多变量分析的其他方法

### 1. 主成分分析

主成分分析是将多个指标化为少数几个既相互独立，又尽可能多地反映原有指标大量信息的综合性指标，以便更好地、集中地反映各样本之间主要差别的一种多元统计分析方法。主成分分析是对多元数据结构进行简化处理的一种有效方法。但是，主成分分析涉及的变量多、计算复杂，一般仅在调查数据量大、影响指标多的情况下才采用。因此，分析者应根据市场调查分析的实际情况，决定是否有必要进行主成分分析，并利用多元统计分析软件求解。

### 2. 判别分析

判别分析是研究如何根据某个样本的若干个变量的观察数据对所面临的对象进行分类处理的一种多元统计分析方法。判别分析虽然也需要对样本进行分类，但它和聚类分析不同。聚类分析是在不知样本需要分多少类和都有些什么类的情况下，对样本的分类处理；而判别分析是在已知有多少类和有些什么类的情况下，对所观察的样本进行归类处理。

### 3. 因子分析

因子分析是研究某一总体或样本的多个变量或多个指标变动的共同原因和特殊原因，从而达到简化变量结构或对样本进行分类的一种多元统计方法。因子分析是主成分分析的推广，但与主成分分析有很大的不同。主成分分析不需构造分析模型，它实际上是一种变量变换的方法，因子分析却需要构造因子模型，以简化变量系统或对样本进行分类。

# 7.5 市场调研报告

## 7.5.1 市场调研报告的意义

市场调研报告是指用书面表达的方式反映市场调查过程和调查结果的一种分析报告，它是市场调查成果的集中体现。既可以书面方式向管理者或用户报告调研的结果，也可作为口头汇报和沟通调研结果的依据，还可制作成多媒体演示课件，向决策者或用户进行演示、解说和沟通。

市场调研报告是以市场调查资料分析为基础，整合与调研项目有关的信息，以便将调研结果提交给决策者或用户进行阅读、理解和使用。实践证明，无论调研设计多么科学，调查问卷多么周密，样本多么具有代表性，数据收集、质量控制多么严格，数据整理和分析多么恰当，调研过程和调研结果与调查的要求多么一致，如果调研者不能把诸多的调研资料组织成一份清晰的高质量的市场调研报告，就不能与决策者或用户进行有效的信息沟通，决策者或用户就不能有效地采取行动。因此，市场调研报告具有十分重要的作用。它应满足下列目标。

**1. 解释调研原因**

市场调研报告应简要陈述调研的动机，以便决策者或用户了解信息收集、处理和分析的背景。

**2. 陈述调研内容**

市场调研报告应交代调研的内容和主要项目，以及各主要项目调研的目的，以便决策者和用户了解调研设计、执行和对调研结果的分析。

**3. 指明调研方法**

市场调研报告应交代所采用的调研方法，包括调查方式、调查方法和数据分析方法等，以便决策者和用户了解调研的过程，在决策时考虑应在多大程度上依靠调研结果。

**4. 展示调研结果**

市场调研报告应重点把基本的调研结果层次分明、条理清晰地列示出来，以便调研者、决策者和用户能从调研结果中引出结论和启示，思考应采取的行动。

**5. 提出结论和建议**

为使市场调研报告具有可执行性，调研者可在报告中清晰地表达从调研结果中引出的结论、启示和建议，以供决策者和用户参考。但应注意，报告中提出的结论、启示和建议，必须以调研结果为依据，而不能只是调研者自己的观点。

## 7.5.2 市场调研报告的格式

市场调研报告的格式不是千篇一律的，对于一些大型的市场调研项目来说，市场调研报告的写作要求较高，其格式一般由以下几个部分构成。

（1）扉页。扉页是调研报告的封皮，内容包括调研报告的标题，调研单位和提出报告的日期。扉页设计既要规范，又要体现艺术性。

（2）摘要。简要说明调研的目的、调研对象、调研内容、时间、期限、调研范围、方式和方法，以及调研的主要结论。

（3）目录。如果调研报告的内容较多，为了方便读者阅读，应用目录的形式列出调研报告各部分、各层次的标题（或标目）及所在的页码。

（4）序言。序言是调研报告的导语部分（开头），主要提出市场调研的问题，简要说明调研的过程和得出的调研结论。

（5）正文。正文是调研报告的主体部分，正文通常按事理划分为几个大的层次（部分），每个层次再划分为若干个自然段。大层次通常设置分部标题，自然段通常在段首列示小标题，并用序号表示。

（6）结论和建议。结论和建议是调研报告的结尾部分。主要针对正文得出的调研结果和提出的问题，引出调研报告的结尾部分，提出解决问题的建议。

（7）附件。附件主要包括调研方案、抽样技术方案、调研问卷、数据整理表格、数据分析表格和其他支持性材料。

需指出的是，对于一些小型的市场调研项目来说，市场调研报告的格式一般要简化一些，通常只需包括标题、序言、正文、结论和建议等几个部分。

## 7.5.3 市场调研报告撰写步骤

市场调研报告的撰写是建立在市场调查资料分析基础之上的，应遵循以下步骤。

**1. 谋篇构思**

谋篇构思就是根据市场调研的课题、调研材料和分析研究的结果对调研报告的内容和形式进行全面的考虑和构想，包括确立调查结论（观点），确定写作类型，划分全文内容，进行分层思考，列出各层次的分论点和小论点，然后拟定写作提纲。

**2. 选择数据资料**

选择数据资料，即选择表述论点的材料。由于市场调研的所有数据和资料不可能全部纳入调研报告中。因此，根据材料的分析研究而确定观点之后，反过来又要根据观点的需要取舍材料。一般来说，应从各个层次的小观点出发进行材料的选择，因为只有小观点的材料充分准确，才能保证论证充分。全部小观点论证充分了，就能有效地支撑分观点和总观点。材料的选择要注意充分、准确，材料能说明观点，观点能统帅材料，材料必须是经过对比分析的。

**3. 起草表达**

起草表达就是根据写作提纲和选择的已加工分析的材料，在把握观点、立定格局的基础上，运用适当的表达方式和表达技巧，写出调研报告的初稿。表达的顺序应按照标题、导语（序言）、分层分段、结尾的顺序进行写作，重点是分层分段的写作。

**4. 修改定稿**

修改定稿就是对调研报告的初稿进行反复的加工提炼，直至定稿。包括整体修改、层次修改、语言修改等，以保证调研报告具有较高的质量和水平。

**5. 完善要素**

调研报告定稿之后，还应对其他一些相关的要素进行设计和完善，包括扉页、概要、目录、附件等要素的构思、设计与表达。

市场调研报告的写作应注意观点正确、材料恰当、论证充分；要用分析数据和事实说话，用好、用活数据；明确中心，突出重点；结构要合理，层次应分明，条理应清晰；要用好叙述、说明、议论等表达方式，注意语言表述的精炼性和生动性，适当运用各种修辞手法；要注意数据与文字相结合，定量分析与定性分析相结合，实事求是地分析问题和反映问题，切实提高市场调研报告的价值和水平。

思考题

1. 市场调查资料分析有何意义，应遵循哪些规则？
2. 市场调查资料分析的内容有哪些方面？
3. 定量分析法有何特点，有哪些具体的方法？
4. 定量分析法有何特点，有哪些定量分析类型？
5. 定性分析与定量分析为什么要结合运用？怎样结合？

6. 简述市场调查资料分析的程序。

7. 如何进行单变量数据分析？

8. 双变量数据分析有哪些方法？

9. 多变量数据分析有哪些方法？

10. 解析性分析有何特点？有哪些方法？

11. 在市场调研中，为什么要对一些调研项目作假设检验？

12. 假设检验有哪两种类型？各在什么场合应用？

13. 如何利用 $\chi^2$ 检验进行吻合性、独立性、一致性检验？

14. 方差分析的基本思想是什么？主要用于分析什么样的问题？

15. 相关分析与回归分析有何关系？各有哪些方法？

16. 多元统计分析有哪些方法？

17. 市场调研报告有何作用？基本格式和写作步骤怎样？

**案例 7-1　某空调厂产品销售分析**

要求根据第 6 章表 6-12 至表 6-17 提供的数据及下列调查数据，先进行对比研究，然后对某空调厂产品销售调查分析报告进行谋篇构思，包括拟定标题、划分大层次、列出大层次下的小观点、构思调查分析结论与启示等，然后编写某空调厂产品销售分析报告。

1. 2007 年居民家庭空调拥有量和需求量品牌分布（抽样调查）

| 调查项目 | A | B | C | D | E | F | G | 合计 |
|---|---|---|---|---|---|---|---|---|
| 拥有比重/% | 11.7 | 21.1 | 24.6 | 14.1 | 12.9 | 8.3 | 7.3 | 100.0 |
| 需求比重/% | 12.1 | 22.6 | 21.6 | 16.5 | 13.0 | 8.0 | 6.2 | 100.0 |

2. 2007 年居民家庭对 G 空调满意度测评汇总表（抽样调查）

| 测评项目 | 很满意 | 满意 | 较满意 | 不满意 | 很不满意 | 次数合计 |
|---|---|---|---|---|---|---|
| 1. 制冷效果 | 261 | 328 | 486 | 340 | 285 | 1 700 |
| 2. 制热效果 | 272 | 330 | 314 | 386 | 398 | 1 700 |
| 3. 节电效果 | 272 | 330 | 314 | 386 | 398 | 1 700 |
| 4. 噪声大小 | 115 | 230 | 380 | 665 | 310 | 1 700 |
| 5. 外观设计 | 202 | 324 | 860 | 230 | 84 | 1 700 |
| 6. 产品价格 | 212 | 396 | 426 | 285 | 381 | 1 700 |
| 7. 配件质量 | 98 | 283 | 406 | 590 | 323 | 1 700 |
| 8. 送货安装 | 120 | 286 | 698 | 324 | 272 | 1 700 |
| 9. 维修服务 | 120 | 286 | 695 | 326 | 273 | 1 700 |

### 案例 7-2　某市消费者空调购买行为调研分析

要求根据第 6 章案例 6-1 提供的某市消费者空调购买行为调查数据，要求先进行对比研究，然后对调研报告进行谋篇构思，包括拟定标题、划分大层次、列出大层次下的小观点、构思调查结论与启示等，然后编写消费者购买行为调研报告（要求图文并举）。

### 案例 7-3　某宾馆顾客满意度评估分析

要求根据第 6 章案例 6-2 提供的某宾馆对 800 名顾客的问卷调查汇总数据，要求先划分评价构面，然后对评估每个评价构面的满意度和全部项目的满意度进行分析研究，最后对评估报告进行谋篇构思，包括拟定标题、划分大层次、列出大层次下的小观点、构思评估结论与建议等，编写评估分析报告。

### 案例 7-4　某市居民二次置业调研分析

某市场研究公司某年对某市居民的二次置业进行了一次抽样调查，所得资料如下，要求先进行对比研究，概括出各个调查问项的调查结论（小观点），并从中引出调查启示，提出建议。然后编写某市居民二次置业调研报告（要求图文并茂）。

1. 共访问家庭 1 000 户，其中家庭规模 1 人的 14 户，2 人的 119 户，3 人的 374 户，4 人的 258 户，5 人的 162 户，6 人的 52 户，7 人及以上的 21 户。

2. 在访问的 1 000 户中，家庭年收入 5 万元以下的 227 户，5 ～<10 万元的 425 户，10 ～<15 万元的 147 户，15 ～<20 万元的 77 户，20 万元以上的 124 户。

3. 1 000 户家庭中户主为公务员的 180 人、教师 230 人、企业职员 388 人、中高级经理 95 人、私营业主 81 人、自由职业者 26 人。

4. 在访问的 1 000 户中，现有住房总价值 5 万元以下的 86 户，5 ～<10 万元的 161 户，10 ～<20 万元的 186 户，20 ～<30 万元的 212 户，30 ～<40 万元的 115 户，40 ～<50 万元的 100 户，50 ～<80 万元的 98 户，80 万元及以上的 42 户。

5. 在 1 000 户家庭中，已二次置业再次购买住房户的有 476 人，计划近年内二次置业的 344 户，不准备二次置业的 180 户。

6. 在访问的 1 000 户中，现有住房面积 40 m² 以下的 21 户，40 ～<60 m² 的 73 户，60 ～<80 m² 的 205 户，80 ～<100 m² 的 370 户，100 ～<120 m² 的 206 户，120 ～<150 m² 的 106 户，150 m² 及以上的 19 户。

7. 在已经和计划二次置业的 820 户中，再次购买住房原因的类型中，认为现有住房太旧的 81 户，现有住房面积太小的 212 户，现有住房周边环境差的 84 户，现有住房生活设施不配套的 46 户，现有住房已作投资用的 99 户，为子女购买新房的 123 户，再次置业用作投资的 119 户，再次置业自己享用的 56 户。

8. 在已经和计划二次置业的 820 户中，房产信息来自报纸广告的 445 户，电视广告 124 户，网站广告 25 户，展览会宣传 84 户，路牌广告 18 户，汽车广告 4 户，街头派发广告 8 户，亲朋介绍 92 户，其他 20 户。

9. 在已经和计划二次置业的 820 户中，二次置业选择的地域：南区 168 户，北区 88 户，东区 125 户，西区 80 户，近郊 359 户。

10. 在上述 820 户中，选户标准为最重要的条件：地理位置 66 户，价格 147 户，周边环境 223 户，交通条件 145 户，房屋结构与面积 86 户，配套设施 68 户，建筑质量 72 户，物业管理 13 户。

11. 在访问的 344 户计划再次购房总价值为 20 万元以下的 15 户，20 ～<25 万元的 45 户，25 ～<30 万元的 42 户，30 ～<35 万元的 62 户，35 ～<40 万元的 60 户，40 ～<50 万元的 42 户，50 万元及以上的 78 户。

12. 在访问的 344 户计划购住房的面积要求为：60 ～<80 m² 的 16 户，80 ～<100 m² 的 38 户，100 ～<120 m² 的 122 户，120 ～<150 m² 的 81 户，150 m² 及以上的 87 户。

13. 计划再次购房的 344 户中，在付款方式选择上，拟一次付清的 52 户，分期付款的 136 户，银行按揭的 156 户。

14. 计划再次购房的 344 户中，原有住房拟作商业用途的 12 户，转让他人的 15 户，自己留用的 25 户，按市价出售的 49 户，给亲友住居 60 户，出租 183 户。

15. 计划再购房的 344 户的户主年龄分布：25 岁以下的 24 人，25 ～<30 岁的 160 人，30 ～<35 岁的 59 人，35 ～<40 岁的 40 人，40 ～<45 岁的 28 人，45 ～<50 岁的 20 人，50 岁及以上的 3 人。

16. 计划再次购房的 344 户的户主职业分布：公务员 62 人，教师 46 人，企业职员 68 人，中高级经理 82 人，私营业主 56 人，自由职业者 30 人。

案例 7-5　酒类商品需求调查分析

某市副食品公司某年对酒类商品的消费及需求情况作了一次市场调查，有关资料汇总整理如下，要求先作对比研究，然后自拟题目编写一篇调查报告。

1. 近 8 年酒社会零售量（万吨）：14.5　15.8　17.4　18.9　20.8　23.3　25.7　28.8。
城镇可支配收入（元/人）　5 160　5 425　5 854　6 280　6 859　7 703　8 472　9 422
农村人均纯收入（元/人）　2 090　2 162　2 210　2 253　2 366　2 475　2 623　2 936

2. 本公司酒销售量（万吨）：7.25　8.06　8.88　9.85　10.84　12.23　13.02　15.26。

3. 市副食品公司酒类商品销售量的统计资料如下（万吨）：

|  | 去年 | 今年 |
|---|---|---|
| 总计 | 13.02 | 15.26 |
| 白酒 | 3.91 | 4.07 |
| 啤酒 | 6.53 | 8.25 |
| 果酒 | 1.80 | 2.04 |
| 其他酒 | 0.78 | 0.90 |

4. 据城乡家庭调查提供的统计资料，城乡居民各类酒人均消费如下（kg/人）。

|  | 城市 | | 农村 | |
|---|---|---|---|---|
|  | 去年 | 今年 | 去年 | 今年 |
| 总计 | 5.15 | 6.70 | 5.83 | 6.35 |
| 白酒 | 2.33 | 2.01 | 4.43 | 3.36 |
| 啤酒 | 1.93 | 3.36 | 1.04 | 1.96 |
| 果酒 | 0.11 | 0.35 | 0.12 | 0.16 |

其他酒　　　　0.78　　　　0.98　　　　0.24　　　　0.87

5. 酒的需求与消费的季节变动规律是：白酒冬季为旺，节假日销量最大。啤酒夏季6、7、8月为旺，7月销量最大。果酒和其他酒销售平稳，节假日有所增加。

6. 据300户居民家庭问卷调查，常饮白酒的88户，常饮啤酒的142户，常饮其他酒的50户，不饮酒的20户。

7. 据300户居民家庭问卷调查，饮高度酒的84户，中度酒的102户，低度酒的84户，不饮酒的20户。

8. 据300户居民家庭问卷调查，酒的消费总量中，男成人占81.1%，女成人占17.2%，青少年占1%。男成人消费以白酒、啤酒为主，女成人消费以果酒为主。

9. 据300户居民家庭问卷调查，在酒的购买中，自行消费的占52%，请客消费的占48%，送礼品主要以白酒、葡萄酒为主。

10. 据300户居民家庭问卷调查，在酒的购买中，价格选择情况是：低档酒占24%，中档酒占46%，高档酒占30%。高档酒主要用于送礼，低档、中档酒以自行消费为主。

11. 据300户居民家庭问卷调查，居民最喜爱的白酒品牌主要有湘泉、金六福、五粮液、浏阳河、杜康、茅台等；最喜爱的啤酒品牌主要有青岛、金威、白沙等；最喜爱的果酒品牌主要有白兰地、美味思、中国红葡萄等。

12. 据300户居民家庭问卷调查，在酒的购买中，普通瓶装占42%，异形瓶装占22%，仿古瓶装占38%，听装占13%，罐装占8%，散装酒占5%。

# 第8章

# 市场预测基本原理

本章主要阐述市场预测的意义与分类、基本原理、基本步骤、预测内容、预测方法等基本理论和基本知识。为市场预测提供一些理论性的基础知识。

## 8.1 市场预测概述

### 8.1.1 市场预测的特点与作用

#### 1. 市场预测的特点与分类

市场预测是指对未知的市场和市场未来的变化进行预计和推测。市场预测包括两个方面的含义：一是对现有的未知的潜在市场进行预测，目的在于了解现有市场的潜力，更好地进行生产经营决策；二是对未来市场的发展变化进行预测，目的在于把握市场发展变化的趋势，以便更好地决定今后应采取的行动。市场预测通常是指对未来的市场进行预测。

市场预测中，未知市场的估计和市场未来变化的推测，是在一定的理论指导下，以市场发展的历史和现状为基础，以市场调研资料和统计数据为依据，运用定性分析和定量分析方法，在分析和把握市场运行趋势和规律的前提下，对未知的市场或市场未来的发展变化进行科学的估计和推测。市场预测具有如下特点。

（1）预测对象具有不确定性。市场预测是研究市场不确定性事件的，如果未知的未来市场具有确定性，那就不需要预测了。由于市场存在不确定性，为了趋利避害，决定行动的取舍，增强生产经营的预见性和主动性，因而，企业有必要开展市场预测。

（2）市场预测具有目的性。市场预测是为生产经营决策或市场营销决策服务的。决策应是以科学的预测结果作为基础的，并通过分析比较，选取最优方案。因此，预测是决策的先导，是决策科学化的前提，没有准确、科学的预测要取得决策的成功是不可能的。因此，市场预测应从决策的需要出发，有目的地进行有关市场问题的预测。

（3）市场预测具有科学性。市场预测绝不是毫无根据的随心所欲的臆测，它依据收集的大量历史资料和现实资料，运用科学的预测方法，通过分析研究，在探求事物演变的过程、特点、趋势和规律的基础上，有效地预测未来的发展变化。因此，市场预测是一门科学，也是一门艺术。

（4）市场预测具有综合性。市场预测不是简单的估计和推测，它要求运用多种定性分析和定量分析的方法，对大量的预测资料进行综合分析，在把握市场运行趋势和规律的基础上，对市场未来的变化作出综合性的推断，并对预测结果进行多方面的评价和论证，才能确保预测结果的准确性和科学性。

（5）预测误差具有不可避免性。市场未来的发展变化总是具有某种程度的不确定性，未来的发展趋向怎样，规模、水平、结构、速度会发生什么样的变动，往往是不确定的，预先难以完全肯定，更难十分精确地给出定量描述。因此，市场预测的结果与未来的实际很难完全吻合，总是存在一定的误差。预测误差有两种情形：一是量的误差，预测结果与实现结果只是在数量上有一定的偏差；二是质的误差，预测结果与实现结果完全背离，二者的变动方向完全相反。总之，市场预测的误差是客观存在的，是不可避免的。预测者应防止质的误差，并尽量把量的误差降低到较低的程度。

**2. 市场预测的作用**

（1）有利于提高决策的科学性。在市场经济条件下，企业是市场的主体，生产经营什么，生产经营多少，怎样调整生产经营方向、规模和结构，如何制定企业的经营战略和营销策略，都必须由企业根据市场的供求状态来决定。但是，市场具有不可确定性，面对不确定性的市场要提高决策的科学性，必须认真做好市场预测。市场预测可以帮助决策者把握未来市场发展变化的趋势和规律，分析影响市场发展变化的各种影响因素，可以为决策者提供有关未来市场的规模、水平、结构、数量关系等方面的定量预测结果和对策建议，从而使决策者能根据科学的预测结果作出科学的决策，确保决策的正确性、科学性和可行性。

（2）有利于提高企业的竞争力。市场经济是一种竞争经济，企业必须主动了解市场、适应市场，主动参与市场竞争，才能在市场竞争中求得生存和发展。市场预测可以测定市场潜力，发现市场机会，可以把握未来市场供求的变化态势，产品市场的发展走向，消费者需求的变化趋势，及其市场竞争格局的变化等，所有这些预测信息都有助于企业制定市场竞争策略，开拓和占领新的市场，开发新的产品，扩大生产经营能力，从而提高企业的市场适应能力和竞争能力。

（3）有利于提高企业的经济效益。企业全部经济活动的核心是提高经济效益和社会效益，首要的是提高企业的经济效益。市场预测能够使企业及时了解和把握市场供求的变化趋势、消费者需求的潜力和需求的新变化、产品市场的发展趋势，从而使企业适应市场变化，主动调整生产经营结构，合理配置各种资源，扩大适销对路产品的生产和销售，提高市场占有率，加速资金周转，降低成本费用，提高经济效益。

## 8.1.2  市场预测的分类

市场预测按照不同标准可以有不同的分类。常用的有以下几种分类。

**1. 按预测期长短不同，可分为长期预测、中期预测和短期预测。**

（1）长期预测。长期预测是指对五年以上市场发展前景的预测。它是制订中长期计划和经济发展规划的依据，诸如经济发展中的经济政策、经济结构、价格、利率、汇率等因素的变化；技术发展中的新技术、新工艺的发明和使用；人们消费心理和消费观念的改变等；原材料、新能源供应的变化趋势；产品市场的长期变化趋势，以及行业的发展变化等，都可以作为企业长期市场预测的对象。由于长期预测时间跨度大，涉及的因素复杂，而且大部分属于不确定因素，因此，长期预测一般采用以定性预测为主、以定量预测为辅的方法，并不讲究数字的准确性，大致勾画出方向性的目标即可。

（2）中期预测。中期预测是指对一年以上五年以下的市场发展前景的预测。它是制订中期计划和规定经济五年发展任务的依据。和长期预测相比较而言，中期预测对未来的市场变化要提出更加具体、更有说服力的各种数据资料。中期预测在方法上采用定性和定量分析相结合，并以定量分析为主。中长期预测一般在宏观市场预测中运用较多。但是，有些经营管理水平高、竞争意识强的企业，也十分重视中长期预测。

（3）短期预测。短期预测是指对一年以下的市场发展变化的预测，是规定近期市场活动具体任务的依据。这类预测活动在企业经营活动中是大量的、频繁的。通过短期预测有助于企业及时了解市场动态，掌握市场行情变化的有利时机，提高经营决策水平。相比较而言，短期预测要求更具体、更明确。因此要求短期预测有比较准确的数据和结果。这种预测一般采用定性分析和定量分析相结合的方法，而以定量分析为主。短期预测中的月度预测、逐周或逐月预测，称之为近期预测。实践中，市场预测表现为大量的近期预测。

**2. 按预测的范围分类**

按预测的范围不同，可分为宏观市场预测和微观市场预测。

（1）宏观市场预测。宏观市场预测是指以整个国民经济、部门、地区的市场活动为范围进行的各种预测，主要目标是预测市场供求关系的变化和总体市场的运行态势。宏观市场预测一般是中长期市场预测，要求预测人员具有战略眼光，从战略高度认识过去、预测未来，对市场的发展做出科学的勾画。

（2）微观市场预测。微观市场预测是指从事生产、流通、服务等不同产业领域的企业，对其经营的各种产品或劳务市场的发展趋势作出估计和判断，为企业的生产经营决策提供支持。

**3. 按预测的性质分类**

按预测的性质不同，可分为定性预测和定量预测。

（1）定性预测。定性预测是指预测者通过对市场的调查研究，了解实际情况，凭自己的实践经验和理论水平、业务水平，对市场发展前景的性质、方向和程度作出判断预测的方法，也称为判断预测或调研预测。预测目的主要在于判断市场未来发展的性质和方向，也可以在分析研究的基础上提出粗略的数量估计。预测的准确程度，主要取决于预测者的经验、理论、业务水平以及掌握的情况和分析判断能力。这种市场预测综合性强，需要的数据少，能考虑无法定量的因素。在数据不多或者没有数据时，往往采用定性预测。它和定量预测相结合，可以提高市场预测的可靠程度。

（2）定量预测。定量预测是指根据历史和现实的统计数据和市场信息，运用统计方法和数学模型，对市场未来发展的规模、水平、速度和比例关系进行分析测定。

**4. 按预测结果有无附加条件分类**

按预测结果有无附加条件分类，可分为有条件预测和无条件预测。

（1）有条件预测。有条件预测是指市场预测的结果要以其他事件的实现为条件。例如，预测期的居民消费支出增长率的高低，以 GDP 的增长率和消费的比率变动幅度大小为条件，就是有条件预测。

（2）无条件预测。无条件预测是指预测的结果不附加任何条件。如时间数列外推预测，只需考虑现象自身发展变化的趋势和规律，而不考虑有关因素影响，就是一种无条件预测。

### 8.1.3　市场预测的要求

市场预测是一项复杂细致、涉及层面很广的工作。它既要有经过专业培训的人员从事预测分析工作，又要有决策人员的参与，还需要各部门的支持和配合，提供完整有效的资料，才能使市场预测具有可靠的基础，提高预测的准确性和科学性。为使市场预测能真正成为决策者进行科学决策的前提和依据，应注意以下几点要求。

**1. 对预测人员的要求**

市场预测工作是一项经常性、持久性的工作，企业应拥有必要的市场调研与预测人员，并建立健全市场调研和预测机构。预测人员必须具有较高的综合性知识，既要有一定的经济理念和社会科学知识，又要具备一般自然科学知识，懂得市场营销学、统计学、预测学、财务管理、经济活动分析、经营管理、消费心理学等多学科的知识，具有预算、综合、分析、推断等各种能力，并具有一定的市场调研和预测经验，有良好的职业道德和敬业精神。这样的预测人员，才能够胜任市场预测工作。

**2. 对预测资料的要求**

市场预测必须以全面、系统和可靠的数据资料为基础。数据不全或不准确必然影响预测的准确性和可靠性，预测的准确性和可靠性降低到一定的程度时，市场预测就失去了价值。因此，市场预测应重视数据和有关资料的收集整理和分析，完善数据系统，以确保市场预测所需要的各类数据和资料，使预测建立在充分的信息基础之上。

**3. 对预测方法的要求**

市场预测的方法很多，一般来说，应根据预测的要求、数据资料的性质和多少、预测费用的高低等因素选择合适的预测方法。各种预测方法都有自己的应用场合和局限性，为了提高预测的准确性和可靠性，常常把有关的预测方法结合起来，实行组合预测。特别是定性预测与定量预测应结合应用，定性预测应为定量预测的变量选择和现象发展方向的确定提供先导，定量预测的结果应采用定性分析的方法进行评价。

**4. 对预测过程的要求**

市场预测是建立在对数据资料进行分析研究基础之上的，只有充分认识预测对象发展变化的过程、特点、趋势和规律，才能有效地推断未来市场的发展变化前景。因此，市场预测的过程是分析研究的过程，是信息处理和提取的过程。市场预测应重视预测过程，做到先分析，后预测；先把握趋势和规律，后进行预测推断。

**5. 对预测结果的要求**

市场预测的结果总是存在误差的，这种误差应控制在一定的范围内。为此，对预测结果应进行必要的评价，包括误差分析、模型检验、经济理论分析、预测结果可行性评价，等等。若预测结果经评价证实是可行的、可靠的、较为准确的，则应采用市场预测报告的形式反映预测的过程，解释预测结论并提出相应的对策建议。

## 8.2　市场预测原理和要素

### 8.2.1　市场预测的原理

市场预测的原理是预测活动的认识论基础，它阐明人们之所以能够运用各种预测方法对未来客观事物发展趋势作出估计和推断的基本道理、基本规则，它对各个领域的预测均具有普遍的指导意义。唯物辩证法认为，世界上的事物都是发展变化的，而变化是有规律可循的。预测的任务就是要求认识和把握研究对象发展变化的规律，以推断事物未来的发展变化。为此，市场预测与其他预测一样，应遵循以下预测原理。

**1. 可知性原理**

辩证唯物法的认识论认为，客观世界是可知的，客观事物发展变化的规律是可以认识的。人们通过实践、认识、再实践、再认识……这一无限反复的过程，可以克服主观和客观、认识和实践之间的矛盾，不断发现和认识真理，揭示客观事物发展变化的规律性。全部预测活动是建立在可知性原理基础上，人们能否预测事物未来发展趋向，全依赖于能否找出预测目标的演变规律。如果客观规律是不可知的、无法认识的，那就根本谈不上预测。当然，人们认识客观事物的规律性不是一蹴而就的，对于复杂的事物或者受偶然因素影响较大的事物，往往需要有较长时间的反复的认识过程，才能逐步揭示其规律性。在市场预测中，由于市场商品供求变化多端，偶然因素对供求变化产生较大的影响，因而不容易揭示出某些商品供求变动的规律性，使人感到市场似乎变幻莫测。其实，根据可知性原理，尽管市场变化多端，只要我们敢于探索，善于分析，在预测中是可以逐步揭示它的变化规律的，从而提高市场预测的准确性。

**2. 连续性原理**

连续性原理，也称连贯性原理，是指客观事物的发展具有合乎规律的连续性。一切社会经济现象都有它的过去、现在和未来。事物未来的发展会有变化，但在一定条件下，事物的本来面目和它的发展基本趋势会延续下去，不会一下子变得面目全非。事物发展的这种连续性，表明事物发展是按照它本身固有的规律进行的。只要规律赖以发生作用的条件不变，合乎规律的现象必然重复出现，事物未来的发展趋向同过去、现在的发展趋向必然具有一定的联系。依照这个原理预测事物的未来，必须建立在了解事物的过去和现状的基础上，从大量历史的和现实的信息中找出发展变化的规律性，才能据此推断未来。

**3. 相似性原理**

相似性原理，又称类推性原理，是指客观事物之间存在着某种类似的结构和发展模式，人们可以根据已知事物的某种类似的结构和发展模式，类推未来某个预测目标的结构和发展模式。这种类推既适用于同类事物之间的类推，也适用于不同类事物之间的类推。例如，对未来空调家庭普及率趋向的预测，既可参考国外的或国内空调使用较早地区的家庭普及率发展趋向加以类推，也可以参考与空调需求相近的电视机的家庭普及率的发展趋向加以类推。又如，股票行情持续不跌，可能预示着经济不景气将要发生；股票行情看涨，预示着经济发展前景看好。因此，只要掌握其先兆模式，就可类推相关现象的发展模式。

**4. 系统性原理**

系统性原理是指把预测对象看作一个系统，以系统论原理指导预测活动。系统论把关于事物、现象间的普遍联系的辩证思想具体化，它是现代科学技术发展和解决现代社会经济问题的实践需要的产物。系统论认为，每个系统内部各个组成部分之间存在着相互联系、相互作用，它同其他事物系统之间也是相互联系、相互制约的。它强调系统的目的性、整体性和层次性，强调运用系统分析对所要研究的问题加以模式化和定量化。市场预测可以看成一个系统，它存在于社会经济预测这个更大系统之内，同其他预测系统如人口预测、工业预测、农业预测等相互联系、相互制约。它的内部有市场需求预测、市场资源预测、价格预测等子系统，子系统中有更小的系统，可以分成若干层次，它们彼此之间也是相互联系、相互制约的。从系统论观点来看，市场预测活动不是孤立的，不能封闭起来，它必须同其他预测系统密切结合，相辅相成，彼此交流信息。因此，市场预测应把预测对象看作一个由多种要素构成的系统，应注意分析系统内外各种要素的变化，从而作出预测推断。

**5. 因果性原理**

因果性原理，也称相关性原理，是指客观事物、各种现象之间存在着一定的因果关系，人们可以从已知的原因推测未知的后果。因果关系是客观世界无数的事物、现象纵横交错而成的普遍联系网上的一个"纽结"。它从普遍联系网中被抽取出来单独加以考察，表现在事物、现象的更替运动中，作为原因的某种现象一旦发生，作为结果的另一种现象必然会随之出现。原因在前，结果在后；或者原因和结果几乎同时出现。人们如能把握住事物发展变化的原因，就可以推断出必然出现的结果。依据因果性原理，在市场预测中必须重视对影响预测目标各种因素的具体分析，找出预测目标（因变量）与影响因素（自变量）之间的数量变动关系。当自变量为已知时，就可以推断出因变量（预测目标）的预测值。这种数之间的因果关系，既可以表现为确定的函数关系，也可以表现为不确定的统计相关关系。通过因果关系的分析，可以把握影响预测目标诸因素的不同作用，由因推果，预测出市场的必然趋势和偶然因素可能产生的干扰。

**6. 可控制性原理**

可控制性原理，是指人们对所预测的客观社会经济事件的未来发展趋向和进程，在一定程度上是可以控制的。人们在客观规律面前不是无能为力的，认识了客观事物发展的规律性，可以努力创造条件，使预测对象在人们自觉控制下朝着希望的方向发展。例如，依据对人口预测的分析判断，可以自觉采取各种措施，促使人口增长率控制在所希望的一定的比率内，预先较有把握地使其不确定性极小化。依据这个原理，在市场预测中应尽可能利用可以控制的因素，即利用不确定性较小的经济变量，来推测所要预测的市场变量。例如，我国基本建设投资额在正常情况下是可以控制的，如果某种生产资料的需求量同基本建设投资额密切相关，就可以利用两者之间的比例关系或者建立回归方程进行预测。因此，在市场预测中，要特别重视对可控因素的分析。

**7. 必然性原理**

必然性原理是指任何事物的发展变化都有一定的必然性和偶然性，偶然性中隐藏着必然性，必然性是通过对偶然性的大量观察而揭示出来的。市场预测过程也不例外，它是通过对大量数据的对比研究，以消除偶然因素的影响，反映出研究现象发展变化的必然性、数量特征和数量规律，并据此进行预测推断。从偶然中发现必然是有规律可遵循的，这个规律就是运用大量观察法揭示出来的统计规律，例如，从大量的历史数据中，可以揭示出现象发展变化的趋势规律、季节变动规律、周期波动规律，也可揭示出现象之间的必然联系和因果规律。必然性原理要求在市场预测中，应注意运用大量观察对大量数据进行对比研究，先揭示现象发展变化的必然性，然后进行预测推断。

**8. 质量互变原理**

唯物辩证法认为，事物是质和量的统一，事物的发展变化是从量变开始的，当量变积累到一定的程度后，必然会发生质的根本改变，而质的变化，又会带来新的量变。市场预测中的质量互变原理，就是利用质量互变的规律来指导市场预测，它要求预测者应根据事物的数量变化，探寻事物的质的变化，分析现象不同发展阶段有何本质区别，未来的发展与现在相比是否会发生质的改变，而不能简单地利用预测模型进行外推预测，否则就会得出错误的预测结果，产生质的预测误差。例如，产品是有经济寿命周期的，产品在试销期、成长期、成熟期、衰退期是有本质差别的，不同阶段的产品销售量、市场普及率是有质的差别的。为此，必须先分析产品经济寿命周期现在处于何种阶段，未来将进入何种阶段，才能对产品未来的市场需求潜力、销售潜力作出科学的估计。

总之，市场预测的原理是很多的，预测者只有掌握和运用这些原理或规则，就能够有效地认识市场、分析市场和预测市场，就能够不断提高市场预测的准确性和可靠性，最大限度地降低预测误差。

## 8.2.2 市场预测的基本要素

市场预测从确定预测目标、收集整理资料、选定合适的预测方法，到对预测对象的发展变化进行分析、对未来的发展变化态势和前景作出判断，构成了一个完整的预测过程。它包含了4个基本要素，即信息、方法、分析和判断。

**1. 信息要素**

信息是数据、资料、情报、消息的总称。信息按发生的时间可分为过去的信息、现在的信息和未来的信息三种。人们常说过去是未来的指南，通向未来的道路，是以历史和现在的信息为基础构筑的，未来的信息是通过预测求得的。科学的预测是根据历史的和现实的信息，运用科学的分析方法揭示出事物的发展规律，对未来状态所作的科学判断。市场预测必须大量收集社会经济发展的历史统计数据和当前市场的发展动态，进行预测分析和推断。无论是定性预测，还是定量预测，都是以大量的信息为基础的。

**2. 方法要素**

方法要素又称技术要素，是指市场预测所采用的手段。市场预测的质量，不仅依赖于所使用的信息，而且与选用什么样的方法密切相关。预测既是科学又是艺术。预测方法是科学的，但选用哪类哪种方法却是一种艺术。预测科学发展到今天，已积累了许多行之有效的方法，据不完全统计，多达300多种。在预测中，必须解决好预测方法的选择问题。

**3. 分析要素**

市场预测的实质是利用信息和预测方法进行市场分析，预测前后都必须进行分析或作出解释，预测过程就是对预测事件进行分析和解释的过程。在预测前，预测者要对收集到的历史数据进行分析，识别现象发展变化的性质、特点和趋向，借以决定所要采用的预测方法，或检验数据是否符合所建模型的理论前提条件；在预测中，预测者进行综合、比较、计算、估计、推断和论证，以求得出预测结果，本身就是一种分析研究的过程。在预测结果做出之后，预测者还需要进行经济理论分析和假设检验，以评价预测结果的合理性和可靠性，并对预测要发生的事件和机理、原因和结果作出解释。

**4. 判断要素**

判断要素是预测四要素中最重要的要素，它对预测过程有着极其重要的影响。因为预测信息的选用、预测方法的选择、预测结果的推断、预测值的合理性和可靠性的评价等，都需要运用判断要素，没有准确的判断，就没有较为准确的市场预测结果。

# 8.3  市场预测内容和方法

## 8.3.1  市场预测的内容

市场预测的内容是非常广泛的，由于市场的主体不同、市场的性质不同、市场预测的目的不同，致使市场预测的具体内容也就有所不同。例如，市场有商品市场、服务市场、人才市场、资金市场、证券市场、期货市场、技术市场、房地产市场等多种性质的市场，其中商品市场又可按产业或行业类别、产品类别、消费者群体划分为不同类型、不同层次的市场，它们又各有其特殊性。一般来说，任何市场均可围绕市场环境、市场需求、市场供给、市场运行、市场价格、市场竞争等方面开展预测。但不同性质的市场在预测业务、预测范围、预测要求等方面都是存在差别的。从商品市场来看，市场预测的主要内容如下。

**1. 市场环境预测**

市场环境预测是在市场环境调研的基础上，运用因果性原理和定性与定量分析相结合的方法，预测国际国内的社会、经济、政治、法律、政策、文化、人口、科技、自然等环境因素的变化对特定的市场或企业的生产经营活动会带来什么样的影响，包括威胁和机会，并寻找适应环境的对策。例如，人口总量和人口结构的变化，对产品的需求会带来什么样的影响；人口老龄化意味着什么样的商机；宏观经济运行的景气或不景气，对特定的市场和企业的生产经营活动会带来什么样的影响，应采取什么样的对策；产业政策、货币政策、就业政策、能源政策等政策调整，对企业的生产经营活动有什么样的作用，应如何利用这些政策；国际政治经济的动荡、经济危机、地区冲突对国内企业有何冲击，应采取什么样的应对策略等，都是市场环境预测的具体内容。市场环境预测应及时收集外部环境变化的信息、分析环境变化带来的威胁和机会，分析企业的优势与劣势，才能得出较为中肯的预测结论。

**2. 市场需求预测**

市场需求预测是在市场需求调研的基础上，运用定性与定量分析相结合的方法，对特定区域和特定时期内的某类市场或全部市场的需求走向、需求潜力、需求规模、需求水平、需求结构、需求变动因素进行分析预测。由于市场需求的大小决定着市场规模的大小，对企业的投资决策、资源配置和战略研发具有直接的重要影响，因此，市场需求预测是市场预测的重点。市场需求预测既包括对现有市场的需求潜力估计，也包括对未来市场的需求潜力的测定。市场需求预测，首先应对影响市场需求变化的人口、收入、储蓄、投资、信贷、价格、政策、经济增长等因素进行分析研究，然后运用定性与定量分析相结合的预测方法，对未来的市场需求走向、需求潜力、需求规模、需求水平、需求结构等作出推断。市场需求预测有消费品需求预测和生产资料需求预测之分，有全部商品、某类商品、某种商品的市场需求预测三个层次。一般来说，市场性质和市场层次不同，市场需求预测的内容和方法也有所不同。

**3. 市场供给预测**

市场供给预测是指对一定时期和一定范围的市场供应量、供应结构、供应变动因素等进行分析预测。由于市场供给的大小，能够反映市场供应能力的大小，能否满足市场需求的需要，因而，它是决定市场供求状态的重要变量。市场供求预测也是市场预测的重要内容。市场供应量和供应结构的分析预测，也有消费品与生产资料之分，也有全部商品、某类商品、某种商品三个层次。一般来说，应在市场供给调研的基础上，运用合适的预测方法对商品的生产量、国外进口和其他供应量等决定供应总量的变量进行因素分析、趋势分析和相关分析，在此基础上，再对市场供应量和供应结构的变化前景作出预测推断。

### 4. 市场供求状态预测

市场供求状态预测又称市场供求关系变动预测，它是在市场需求与市场供给预测的基础上，将二者结合起来，用以判断市场运行的走向和市场供求总量是否存在总量失衡，总量失衡是属于供不应求，还是属于供大于求；市场供求结构是否存在结构性失衡，哪些商品供大于求，哪些商品供不应求；市场供大于求，是生产能力过剩，还是有效需求不足；市场供不应求，是生产能力不足，还是货币投放过多，或投资过大，等等。市场供求状态预测的目的在于把握市场运行的供求态势，以便从供求两个方面寻找治理对策。

### 5. 消费者购买行为预测

消费者购买行为预测，是在消费者调查研究的基础上，对消费者的消费能力、消费水平、消费结构进行预测分析，揭示不同消费群体的消费特点和需求差异，判断消费者的消费目的、购买习惯、消费倾向、消费嗜好有何变化，研究消费者购买什么、购买多少、何时购买、何地购买、何处购买、由谁购买、如何购买等购买行为及其变化。消费者购买行为预测的目的在于为市场潜力测定、目标市场选择、产品研发和营销策略的制订提供依据。

### 6. 产品市场预测

产品市场预测是利用市场调研资料和现成的资料，对产品的生产能力、生产成本、价格水平、市场占有率、市场覆盖率、技术趋势、竞争格局、产品要素、产品组合、品牌价值等进行预测分析。产品市场预测的目的在于揭示产品的市场发展趋势、市场潜力和竞争能力，为企业确定产品的市场前景及制订有效的营销策略提供依据。

### 7. 产品销售预测

产品销售预测是利用产品销售的历史数据和有关调研资料，对产品销售规模、销售结构、产销存平衡状态、销售变化趋势、销售季节变动规律、产品的市场占有率和覆盖率、销售客户分布、销售渠道变动、销售费用与销售利润变动等作出预测分析和推测，揭示影响销售变动的各种因素，揭示产品销售中存在的问题，寻求扩大产品销售的路径。

### 8. 市场行情预测

市场行情预测是对整个市场或某类商品的市场形势和运行状态进行预测分析，揭示市场的景气状态是处于扩张阶段，还是处于紧缩或疲软阶段；或揭示某类市场是否具有周期波动规律，以及当前和未来周期波动的走向；或揭示某种或某类商品因供求变动而导致价格是上涨、还是下降，等等。市场行情预测的目的在于掌握市场周期波动的规律，判别市场的景气状态和走势，分析价格水平的变动趋向，为企业经营决策提供依据。

### 9. 市场竞争格局预测

市场竞争格局预测是对产品的同类企业的竞争状况进行预测分析，包括对产品产量的分布格局、产品销售量的分布格局、产品行销区域格局，以及产品质量、成本、价格、品牌知名度和满意度、新产品开发、市场开拓等要素构成的竞争格局及其变化态势进行分析、评估和预测。市场竞争格局预测可以从行业的角度进行，也可以从企业的角度进行。

### 10. 企业经营状况预测

企业经营状况预测是利用企业内部的统计数据、财务数据和有关的市场调查资料，对企业的资产、负债、权益、收入、成本费用、利润等方面，以及经营效率、偿债能力、盈利能力的变化趋势进行预测分析。这种预测的目的在于正确把握企业资产配量和经济效益的变化趋势，寻求资源优化配置和提高经济效益的途径，为加强企业的经营管理提供支持。

## 8.3.2　市场预测的方法

市场预测的方法很多，归纳起来可分为定性预测法、定量预测法和组合预测法三大类。

### 1. 定性预测法

定性预测法又称定性判断法，是对未来市场发展的性质进行预测分析和推断。它可以对未来市场发展的方向、性质、趋势及重大转折点等进行预测分析，也可以对未来市场发展的规模、水平、速度、结构、比例等进行判断预测分析。

定性预测主要依靠预测者个人的专门知识、经验和直观材料，对市场发展作出分析判断，以确定未来市场发展的趋势、性质和程度。也可采用集体判断预测，集体预测能集中多数人的智慧，集思广益，克服个人预测中难免存在的主观片面性。集体预测是定性预测方法中的重要方式。

在实际工作中，由于缺乏历史资料或准确的数字，或者影响市场发展的因素错综复杂，难以数量化，有时甚至根本不可能用数量指标表示时，一般采用定性预测方法。在企业市场预测中，企业的战略规划、中长期技术开发、新产品研制、经营环境分析等往往采用定性分析方法。定性预测的具体方法有特尔菲法、头脑风暴法、主观概率法、经验判断法、类推法、因素分析法和简单推算法等。

定性预测法在市场预测中得到广泛的应用。它具有以下几个优点。

（1）经验是感性和理性的综合，它是从实践中摸索和总结出来的，因此，定性判断具有一定的科学性。定性判断法的预测推断结果能否接近于未来的客观实际，在很大程度上取决于预测者的知识、业务水平和分析能力，以及是否掌握有关预测目标的丰富资料。如果具备了这些条件，就能取得较好的预测结果。

（2）简便易行。一般地说，人们可以依据各自的知识、经验，运用定性判断法作出预测。它没有烦琐的计算过程，不需要复杂的计算工具，预测者只要具有较强的综合分析能力和推断能力就能应用。

（3）能综合分析各种影响因素，可以弥补数学预测方法的不足。市场情况的变化十分错综复杂，有的难以计量，有的呈现模糊性。运用数学方法预测比较困难时，可采用定性判断法。就是在运用统计方法建立预测模型时，或者对预测方案进行评价和选择时，也需要运用定性判断法。

定性判断法也存在一些不足之处，主要表现如下。

（1）用于定量往往欠精确。经验判断法，一般用于定性分析预测效果较好。社会经济现象变动是复杂的，对于复杂的数量变动关系直接凭经验较难掌握，如不运用统计分析和数学模型，定量往往不能精确。

（2）运用直观判断法易受心理、情绪影响，产生主观片面性。

（3）个人经验判断有一定的局限性。即使是集体判断也难免有局限性，因为集体判断的基础仍然是个人经验判断。个人经验判断凭借经验和个人的知识，主观随意性过大，因此偏重于主观看法，有一定的局限性。

**2. 定量预测法**

定量预测法是以大量的数据资料为基础，根据预测目标中的经济变量之间的数量关系，建立预测模型进行预测分析和推断，对市场未来发展变化的规模、水平、结构、速度、趋势等从数量上作出预测说明。定量预测法可分为如下两类。

1）时间序列预测法

时间序列预测法是根据按时间顺序排列而构成的一组数据，通过分析研究，揭示现象发展变化的过程、特点、趋势和规律，然后加以延伸，并通过一定的计算方法来预测未来的变化趋势和发展前景，称为时间序列预测法。

时间序列预测法包括各种趋势模型预测法、季节变动预测法、周期波动预测法和时间数列自回归预测法等。

时间序列预测法的主要优点是：只要利用历史统计资料，就能进行预测，因而简便易行，节约费用。但也存在一定的缺点：它只注意预测目标与时间的关系，而忽视其他因素的影响，有一定局限性；另外，预测目标的未来发展趋势是在过去模式基础上进行推断的，而没有考虑未来市场的变化，因而不够准确。为了弥补其缺点，在进行时间序列预测时，可以适当加大近期数据的权数，使预测结果更符合实际情况。

2）因果预测法

因果预测法是利用社会经济现象之间所具有的因果关系，分析研究各种变量之间的数量关系，找出规律性，从已知自变量来推算未知的因变量的方法。市场情况的变化是由许多因素决定的，各种市场变量之间客观上存在着错综复杂的因果关系。利用因果分析预测法预测市场的变化趋势，可以由因求果，比较切合实际。因果分析预测法主要包括回归分析预测法、计量经济模型预测法、多元统计分析预测技术和投入产出法等。

因果预测法的优点是：能够从现象之间的因果关系出发，由因推果，预测结果有根有据，可靠性比较强，预测精度较高。但因果预测法也有局限性，主要表现在模型的估计与检验的工作量大；模型所描述的经济结构关系不能完全等同于未来的经济结构关系，故模型的应变性较差；预测时，模型中的自变量必须首先进行预测，才能据此预测因变量的变化，如果自变量预测不准确，势必影响因变量预测的准确性。

**3. 组合预测法**

组合预测法是将定性判断法、时间数列预测法、因果预测法进行组合运用。在各种预测方法求出的预测结果的基础上，再经过等权组合或者不等权组合求出最终预测结果。目前，不论学术界，还是实际工作者，都十分推崇组合预测法。大量的研究结果表明，采用多种预测方法，且数据来源或样本不同的情况下，组合预测的效果最好。组合预测法有五种情形：一是多种定性预测法的组合；二是多种外推预测法的组合；三是多种因果预测法的组合；四是外推预测法与因果预测法的组合；五是定性预测法、外推预测法、因果预测法的组合。实践研究证明，这些形式的组合预测能极大地提高预测的精度。

组合预测法的优点是：能最大限度地使用较多的预测信息，能消除虚假现象和避免一些不合理的假设，能使不同预测方法产生的预测误差相互抵消一部分，从而降低预测误差，提高预测的准确性。组合预测法的缺点是，预测的工作量大、费时费力，一般来说，对预测结果的精度要求较高时，才采用组合预测法。

## 8.4　市场预测程序和预测误差

### 8.4.1　市场预测的程序

市场预测的过程是以历史和现实的数据和资料为依据，运用选择的预测方法，对特定的市场预测目标的未来发展变化进行分析和推断的过程，具有复杂性、综合性和推断性。为了使市场预测工作顺利进行，提高预测工作的效率和预测结果的可靠性，必须遵循一定的程序，采用科学、严谨的工作步骤。市场预测的程序如下（参见图8-1）。

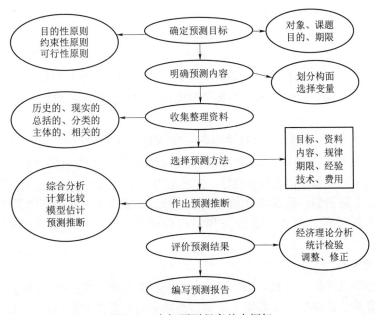

图 8-1　市场预测程序基本框架

**1. 确定预测目标**

预测目标是指市场预测应了解什么问题、解决什么问题、达到什么目的。它是由预测对象、预测课题和预测目的三个基本要素构成的，预测对象是市场预测的目标市场，即预测何种性质和空间范围的市场；预测课题是市场预测的项目，即对市场的什么问题进行预测分析；预测目的是市场预测应满足何种信息需求。预测目标的确定关系到预测内容的界定、预测资料的收集、预测方法的选择、预测精度的确定，因此，市场预测应首先确定预测目标。为此，应遵循以下原则。

（1）目的性原则。市场预测目标的确定应针对生产经营管理决策的信息需求进行选择。为此，应注意研究决策者需要解决什么样的市场决策问题，以及这个问题是否有必要通过市场预测来进行研究。只有这样，才能使市场预测目标的确定具有针对性和价值性。此外，市场调研者也应发挥主观能动性、主动围绕市场经济活动中出现的新情况、新问题、新趋势开展市场预测，主动围绕企业经营目标、经营计划、发展战略、营销策略的制订开展市场预测，为企业的经营管理和决策提供信息支持。

（2）约束性原则。市场预测目标的确定应注意三个约束条件，一是市场边界的约束，即市场预测的空间范围必须明确；二是预测期限的约束，即市场预测的时间属性是短期预测，还是中长期预测；三是预测内容的约束，即市场预测项目的界定。只有明确市场预测目标的地理边界、预测期限和预测项目，才能有效地展开市场预测。

（3）可行性原则。市场预测目标的确定应考虑预测课题的难易程度，预测内容是否明晰，预测资料是否充分，预测所需的技术手段是否具备，以评价预测是否具有可行性。如果预测目标不具备预测所需的条件或超过了预测者的能力和水平，则会导致市场预测难以有效地组织实施，也难以取得预期的效果。

**2. 明确预测内容**

市场预测对象、预测课题、预测目的、预测期限等目标性问题确定之后，应进一步明确预测的具体内容，包括划分预测构面、明确预测变量或指标两个主要方面。

（1）划分预测构面。划分预测构面，即明确应从哪些方面对预测课题展开预测分析。例如，某类市场需求预测可划分为市场需求潜力、需求趋势、需求结构、需求变动影响因素等方面的预测分析。划分预测构面，是为了明确预测项目，便于收集资料、选定方法和展开预测分析。

（2）明确预测变量或指标。明确预测变量或指标，即明确选择什么样的变量或指标来进行预测分析。例如，市场需求预测可选择人均购买量、人均消费支出、消费品零售额（量）等变量或指标来预测市场需求趋势、需求潜力、需求结构的变化。预测变量应根据预测课题的类型是专题预测，还是综合预测作出选择，一般来说专题预测涉及的变量较少，综合预测涉及的变量较多。预测变量的选择不仅应考虑因变量的确定，还应考虑自变量的选择。

**3. 收集整理资料**

市场预测必须以可靠的、充分的数据和有关资料为基础，才能据此进行预测分析得出预测结论。预测资料的数量和质量直接关系到预测结果的可靠性和准确性，当然，影响预测的可靠性和准确性还与计算与判断等因素有关。实践证明，即使预测方法很科学，预测者又具有较好的判断能力，但所依据的数据和有关资料的不准确、不系统、不全面，要取得满意的预测结果是不可能的。因此，应重视市场预测资料的搜集与整理，注意以下几点。

（1）应以市场调查收集整理的数据和有关资料为基础，根据市场预测课题的预测构面和预测变量，从数据库、数据汇编、资料手册中提取历史数据和现实数据。

（2）数据的提取应注意总括性数据与分类数据相结合，动态数据与横截面数据相结合，预测课题的主体数据与相关数据相结合，最大限度地满足市场预测分析对数据的要求。

（3）数据提取的时期跨度（时间样本）应注意适度、够用，以近期数据为主。市场预测所需的数据的时间跨度不是越长越好，也不是越短越好。数据时间跨度过长，会使预测模型难以重点反映近期数据隐含的趋势和规律性；数据时间跨度太短，数据太少，又会导致模型参数估计不准确。一般来说，应本着适度、够用、近期数据为主的原则，对数据的时间跨度作出选择。如一个自变量的预测模型，至少应有 10 年的数据，两个自变量的预测模型至少应有 15 年的数据。

（4）某些预测模型的建立，如果缺少历史数据，可用横截面数据（空间数列）进行模型估计和预测分析。但是，为了保证模型参数估计的准确性，数据的样本量应尽量大一些。

（5）数据收集之后，应进行必要的整理，使之条理化、序列化。同时，可利用图示分析、增量分析、速度分析、比率分析等基本方法对数据进行预测处理，以显示现象发展变化的过程、特点和趋势，为预测方法的选择提供依据。

**4. 选择预测方法**

市场预测方法多种多样，每一种方法都有其特定的原理、特点和适用范围，也有一定的局限性。对同一预测对象进行预测时，往往可以选择不同的预测方法，预测方法不同，预测的结果也就不尽相同。实践证明，市场预测的准确性和科学性在很大程度上取决于预测方法的选择是否恰当，选择合适的预测方法对于提高预测结果的可靠性和准确性具有重要的意义。在市场预测中，选择合适的预测方法需要考虑许多因素，才能作出最终抉择，主要因素如下。

（1）预测目标。预测方法的选择，首先应考虑预测目标的要求，预测目的和要求不同，预测方法的选择是不相同的。例如，市场需求预测的目的在于测定市场需求潜力，则应采用时间数据预测法或者因果预测法；若预测的目的在于把握需求动向、需求结构、购买行为等方面的变化特点，则可采用定性调研预测的方法。

（2）预测资料。预测资料掌握的充分程度是决定预测方法的基础，掌握的数据资料充分，数据的连续性、时序性、关联性、准确性较高，一般可采用定量预测方法；相反，当数据资料不够充分、不够齐全的条件下，或数据变化较大且不稳定时，一般可采用定性预测方法。

（3）预测内容。预测内容涉及的预测范围大小和预测项目的多少，是选择预测方法必须考虑的重要因素。一般来说，专题预测的内容集中、项目较为单一，只需要选择一两种预测方法就可以了；综合预测的范围较大、内容较多，涉及的预测项目或预测变量较多，往往需要选择多种预测方法，分别对不同的预测项目或变量进行预测分析。

（4）数据特征。在市场预测中，若采用定量预测法，则应首先运用统计图示法、速度分析法、增量分析法、结构分析法、比率分析法对数据进行预处理，用以考察数据变化是否具有某种趋势性、周期性、关联性、稳定性，然后根据这种数量规律选择合适的数学模型进行描述，并作出预测推断。实践证明，根据预测对象自身发展变化的数量特点和数量规律选择预测方法，能够保证预测的质量，提高预测的精确度。

（5）预测期限。预测期限的长短，也是预测方法选择必须考虑的因素。一般来说，中长期预测时间较长，未来的不确定因素较多，预测结论难以达到很高的精度，因此预测方法的选择大多采用时间数列趋势外推法和自回归预测法等。短期预测时间较短，目标明确，不确定因素较多，预见性较强，因此预测方法的选择大多采用较为简单的定量预测法和定性预测法。

（6）预测经验。预测方法的选择往往取决于预测者对预测对象变化规律的认识，而这种认识的深刻程度直接影响到预测方法选择是否恰当。人们对客观事物的认识程度，往往受学识、经验观察和分析能力的限制，同时还要受到预测者掌握信息充分程度和完整程度的限制。因此，预测者在选择预测方法时，如果有丰富的预测经验积累，往往能够选择出合适的预测方法。如果预测经验缺乏，则不能凭经验选择预测方法，而应根据预测对象自身变化的特点和趋势作出选择。

（7）预测技术。预测技术（计算技术）手段也是选择预测方法必须考虑的因素之一，许多较为复杂的预测方法，如随机时间序列预测模型、多元回归预测、投入产出分析模型、经济计量模型、多元统计分析技术等，因涉及的变量多，计算的工作量大，往往需要运用计算机技术和统计应用软件进行预测计算和求解。因此，选择预测方法时，如果预测技术手段具备，可选择较为复杂的高级预测技术；反之，则可选择一些较为简单的预测方法。

（8）预测费用。在选择预测方法时，还必须考虑预测费用。如果采用某种方法的预测费用很高，即使它能够提高预测的精确度，但由于提高精确度所获得的效益远远抵不上预测费用的开支，那么，这种预测方法也是不可取的。因此，应选择费用省、准确度又能达到预期要求的预测方法。一般而言，使用定性预测法和简单的预测模型费用较省，使用高级的大型复杂的预测模型费用较高。

需要提出的是，由于预测对象未来的发展变化具有不确定性，使用任何方法进行预测都有一定的局限性。因此，在实际预测工作中，不能简单地、机械地根据某种预测方法的测算得出结果，而应将定性分析和定量分析结合使用，或将几种不同的预测方法结合起来，采用组合预测法，才能提高预测的可靠性和准确性。

**5. 作出预测推断**

预测方法选定之后，即可对预测项目展开预测分析，作出预测推断。此阶段是依据连续性、相似性、系统性、因果性等预测原理，运用选定的预测方法和收集的预测资料，对预测对象的发展变化进行综合分析、计算、判断和推理，以得出预测结果。因此，本阶段是预测的重要阶段，应注意以下两点。

（1）采用定性预测法时，应对预测对象自身的发展变化特点和趋向进行分析，并研究各种因素变动对预测对象的影响，然后通过综合、比较、判断、论证和推理，得出定性预测结果。

（2）采用定量预测法时，应根据选定的预测模型的性质和特点，确定模型的因变量和自变量，选择合适的方法对模型的参数作出估计，并计算有关评价模型优劣的综合指标，如可决系数、估计标准误差等，并对模型进行必要的统计检验，模型通过统计检验之后，则可运用模型求出预测结果。

**6. 评价预测结果**

预测结果得出之后，应对预测结果进行质与量的检验分析，才能将预测结果交付决策者使用。评价预测结果主要是衡量预测结果的合理性、可行性和可靠性。评价要点如下。

（1）评价定性预测结果时，应结合实际情况进行经济理论分析，评价定性是否准确，即对事物发展变化的方向、特点、性质、发展快慢、程度高低的判断是否切合实际。

（2）评价定量预测结果时，应将各种假设检验和经济理论分析相结合，评价模型的合理性和拟合的优度，评价拟合误差或预测误差的大小，评价推断的预测值是否可靠，是否符合事物发展的趋势性、相关性，预测值是否偏高或偏低，是否需要作出调整和修正。

（3）调整和修正预测结果。预测结果经过评价，如果发现预测存在质的误差，即预测结果与事物发展变化的趋向发生根本的背离，或者预测模型的统计检验和经济理论分析通不过，则预测要推断重来。如果预测结果不存在质的误差，而是存在一定的量的误差，若量的误差较小，则可不必进行调整和修正，若量的误差较大，又要求提高预测的精确度，则应采用合适的方法调整或修正预测的估计值。

**7. 编写预测报告**

市场预测的最终目的是为决策服务的，为此，预测结束后，应用书面的方式表达预测的过程和预测的结果，以供决策者阅读和使用。市场预测报告应对预测的目的、过程和方法作简要的交代，重点论述现象未来发展变化的前景、可能出现的结果及其制约未来发展变化的因素；定量预测应重点阐述预测模型建立的变量选择、参数估计、模型检验、预测推断等问题。在市场预测报告中，也可展开必要的对策研究，提出解决问题的路径或对策。

## 8.4.2　预测误差

预测不是神机妙算，由于市场未来的变化具有不确定性，因而，任何预测的结果不可能完全符合未来的客观实际，总会存在一定的误差。所谓预测误差，从量的角度来说是指预测值与实际值的误差。预测误差是一个衡量预测精确度的指标，预测误差的大小与预测的准确程度成反比。预测误差小，表明预测的精确度高；反之，预测的精确度低。

一般说来，预测误差是不可避免的。因为预测对象是未来的不确定事件，这些事件往往受多种因素的影响，因此，要全面地把握这些因素对预测对象影响的方向、形式和程度，并将其量化几乎是不可能的。但预测误差不可能避免，并不意味着人们对未来的事物不能作出预测。相反，人们通过对影响预测对象诸因素的深入分析研究，找出预测对象发展变化的规律性，就能变被动为主动，对预测对象的未来发展作出合乎逻辑的推测。因此，在某项决策、计划实施终了以后，可测定实际的预测误差，分析产生误差的原因，改进预测工作，不断提高预测的准确性。在预测前测定各种预测模型所产生的理论误差，可以为选择合适的预测方法和调整预测值提供依据。

**1. 预测误差的测定**

定量预测的误差一般用绝对数表示，也可以用相对数表示。用绝对数表示的个别预测误差的计算公式为

$$e = y - \hat{y}$$

用相对数表示的个别相对预测误差的计算公式为

$$E = \frac{y - \hat{y}}{y} \times 100\%$$

$$= \frac{e}{y} \times 100\%$$

式中，$e$ 代表预测误差；$y$ 代表预测目标的实际值；$\hat{y}$ 代表预测目标的预测值或理论估计值；$E$ 代表预测误差的相对值，即相对误差。误差和相对误差指标意义明确，计算简便，是计算其他误差指标的基础。

为了比较预测方法的精确度，或者综合考察某个历史时期预测误差的大小，需要利用有代表性的综合指标来测定综合性的、平均的预测误差，通常用平均绝对误差、均方根误差来测定。

（1）平均绝对误差（MAE）。平均绝对误差是各期误差绝对值的算术平均数，用以表明各期实际观察值与各期预测值（或理论值）的平均误差水平。用这个方法，负差与正差都用绝对值计算，可以看出实际平均误差大小。其计算公式为

$$\text{MAE} = \frac{1}{n} \sum_{i=1}^{n} |e_i| = \frac{\sum |y - \hat{y}|}{n}$$

（2）均方根误差（RMSE）。均方根误差是误差平方平均数的平方根，用以表明各期实际观察值与各期预测值（或理论值）的平均误差水平，又称估计标准差。其计算公式为

$$\text{RMSE} = \sqrt{\frac{1}{n} \sum_{i=1}^{n} e_i} = \sqrt{\frac{\sum (y - \hat{y})^2}{n}}$$

均方根误差在数学性质上优于平均绝对误差，应用范围较广。

（3）综合相对误差。综合相对误差是均方根误差与各期实际观察值的平均数（$\bar{y}$）对比而计算的比率值，综合相对误差越小，预测的精确度越高，计算公式为

$$\text{综合相对误差} = \frac{\text{RMSE}}{\bar{y}} \times 100\%$$

**2. 预测误差产生的主要原因**

预测误差是不可避免的，它产生的原因多而复杂，有客观原因，也有主观原因。主要的原因如下。

（1）随机因素的影响。预测与未来有关，与随机性也有关。事物的发展变化是由多个因素的综合作用所决定的。在人们现有的认识能力的条件下，要把握决定事物发展变化的众多因素及其影响的方向、程度、形式及精确地量化是不可能的。在客观事物处于渐变阶段，人们依据事物发展的必然趋势尚能作出切合实际的预测。当事物发生突变或因偶然因素的作用使必然趋势发生偏离时，就难以作出精确的估计。由于大千世界总是存在着人类尚未认识的领域，所以随机因素的影响是不能完全消除的。

（2）预测资料的影响。预测需要大量的资料，有关资料越充分、越真实，预测效果就越好，预测结果也就越准确。但在实际工作中，往往由于资料的限制，有时预测对象资料不全或不实、有"水分"，有的预测对象是新生事物，还没有积累起有关资料，等等。这些也是产生预测误差的一个重要原因。

（3）预测模型本身局限性的影响。在预测中，用于预测的教学模型本身具有局限性，不可能把所有影响预测目标的因素都包括在模型之内。因此，利用数学模型进行预测也会产生不同程度的误差。

（4）预测方法选择不当的影响。预测方法不妥当，或者选择预测方法不当，或在预测计算过程中发生差错等工作上的缺点，也会导致预测误差的产生。

（5）判断推理不准的影响。当运用定性预测法进行判断推理预测时，预测者往往受知识水平有限、经验不丰富、认识不深刻和心理情绪等因素的影响而产生的误差，或者运用定量预测法进行预测时因变量选择判断不当而产生的误差。

（6）预测结果被决策采纳后的影响。预测是决策的基础，而正确的决策又为合理的预测提供实现的机会。如果一个预测的结果为决策所采纳，并采取了实际措施，这时就有可能产生实际结果与预测结果之间的差别。

总之，预测不可避免地会产生误差。在实际工作中，要求预测达到百分之百的准确是不现实的，根据国外经验，预测结果的偏差在±10%以内就算是精确度比较高的预测了。人们只有提高认识能力，深入调查研究，掌握事物发展化的情况以及影响变化的因素，改进预测

工作，才能不断提高预测的精确度。

1. 如何理解市场预测的涵义、特点和作用？
2. 市场预测有哪些分类，有哪些要求？
3. 市场预测有哪些基本原理？有哪些基本要素？
4. 市场预测的内容有哪些主要方面？
5. 市场预测有哪些类别的方法，定性预测和定量预测为何要结合应用？
6. 什么是组合预测？有什么优点？
7. 连续性、相似性、因果性原理在市场预测中如何应用？
8. 市场预测的程序包括哪些基本环节？
9. 预测目标的确定应考虑哪些原则？
10. 预测内容的界定应明确哪两个主要方面？
11. 预测资料的收集整理应注意哪些要点？
12. 如何进行预测推断，怎样评价预测结果？
13. 什么是预测误差？怎样测定？
14. 预测误差产生的主要原因有哪些？应怎样降低预测误差？

### 案例8-1 五种中药材市场预测分析

柴胡、远志、甘草、白芍、丹参是社会需求量很大，易于种植管理的常用中药材，其价格受种植面积、生产周期、社会需求量、国家政策的影响较大。目前，上述几种药材的价格，有的处在低谷，如白芍；有的处在巅峰，如柴胡、远志。今后几年这几种药材的种植和市场会有什么变化呢？

（1）柴胡、远志

柴胡和远志都是多年生草本植物，以根入药。目前，这两种药材的市场价格都很高，并呈上升趋势。原因之一是社会需求量的不断增长；其二是野生资源的日益匮乏，而人工种植的产品短期内没有大的应市量。柴胡和远志的生产周期一般为两年，产量分别为每亩180 kg和120 kg，若按现在的市场价格35 元/kg 和50 元/kg 计算，效益是非常可观的。柴胡人工种植已有十几年的历史，因药农不愿种多种生药材，加上柴胡种发芽对温度要求较严格等因素的影响，一直没有形成大面积种植。远志人工种植近几年才获成功，要满足市场需求，还有待于进一步宣传、发动，扩大种植面积。所以，今后两年内应该大力发展柴胡和远志种植，以满足市场需求。

（2）甘草

甘草是多年生草本植物，以根和根状茎入药，市场需求极大。据亳州市统计，近 5 年来，该市年销量都在 1 000 吨左右。除亳州外，国内还有安国、清平、玉林、舜王城、荷花池等十几处大型交易市场，这些市场甘草的年销量共计 2 000 多吨，全国年销售量在 3 000 吨以上，人工种植的甘草占不到其中的 10%。市场呈供不应求之势。

甘草年销量居高不下的原因有三：一是药用量的稳定增长；二是出口量的逐年增加，在去年为期 12 天的广交会上，甘草成交量就达 170 余吨，且价格高达 16.5 元/kg；三是非医药行业对甘草的开发利用，如卷烟业、食品业等。社会需求的迅速增长和甘草应市量的供不应求，必然拉动市场价格的不断攀升。目前野生甘草资源已濒临枯竭，而人工种植甘草近几年才小有规模，主要分布在河北、山东、河南等地，面积不过万亩，年产量不过 3 000 吨。人工种植甘草生产周期较长，安徽、苏北需两年才能收获，山东、河北需 2～3 年，内蒙古、东北地区需 4 年以上才能收获。如此长的生产周期，就决定了 3 年内人工种植的甘草难以满足市场需求。

（3）白芍

白芍为多年生草本、以肉质根入药，多为人工栽培；主产区在安徽亳州、涡阳等地，全国大多数地区都可栽培。生产周期 3～4 年，最长可达 6 年。全国年销量 10 000 余吨，出口 500～800 吨。其价格受生产周期、人为炒作的影响，上下波动很大，呈周期性变化，目前为 5 元/kg 左右，估计这个价格三年内不会有大的变动。按近几年的物价计算，当白芍价格在 6 元/kg 时，与种其他药材的效益相当；价格在 5 元/kg 时，与种植粮食相当。从主产区调查的结果显示，白芍价格在 6 元/kg 时，药农对种植白芍不感兴趣，不会大面种种植。前两年白芍价格连续下滑，但都在 10 元/kg 以上，药农仍大面积种植。去年价格降至 7.5 元/kg 时，当年秋后的种植面积迅速缩小，种苗价格一下子从每株 0.65 元跌至 0.4 元，并一直持续到现在。

按白芍生长周期计算，去年秋天栽下的白芍最迟在 4 年后应市。今年以后栽种的白芍会有新的价格高峰轮回。因此，今后几年大力发展白芍种植，肯定会有好的效益。

（4）丹参

丹参为多年生草本，以肉质根入药，是世界公认的治疗心脑血管病的首选药物。应市丹参为人工栽培，生产周期为 1 年。近几年，社会需求量都在 15 000 吨左右。其价格主要受种植面积和气候条件的影响，上下变化很大。

在过去的 10 年间，丹参价格两起两落，呈周期性变化。每当市场价格超过 10 元/kg时，就会形成大面积种植的局面，从而导致新一轮价格下滑。按目前物价计算，当产地收购价在 6 元/kg 时，与种其他药材效益相当，收购价在 7.5 元/kg 时，比种其他药材效益好，就会引发大面种植。主产区沂蒙山、太行山区出产的丹参以皮红、质白、有效成分含量高而享誉医药界。现在，这些产区的丹参收购价在 6.5 元/kg 左右，运抵市场的价格在 7.2 元/kg左右，如果这个价格持续到今年新货上市，明年春适时发展丹参种植是很好的时机。

另外，在生产上引进优良品种，改进传统种植技术，提高单位面积产量，是抵御市场风险、获最佳效益的有效途径。

（分析：你认为本项预测采用了哪类预测方法？有何特点？预测分析和论证是否充分、中肯？预测的依据是什么？）

**案例8-2 A市电力消费与需求预测**

2013年A市GDP为336.02亿元,与2006年相比平均年增长23.74%;全社会用电量为45.84亿千瓦时,与2006年相比,年平均增长8.16%,与此同时,亿元GDP的电力消费量由2006年的0.349 9亿千瓦时下降到2013年的0.136 4亿千瓦时。电力消费的年均增长大大低于GDP的增长,亿元GDP的生产消费量大大下降,一方面意味着电力消费的节约,另一方面意味着电力的供应严重滞后于国民经济的发展,近几年,全市电力供求矛盾已日渐突出。本文试图通过对电力消费结构的分析,找出影响电力需求增长的原因,从而正确预测未来电力需求的趋势,为制订电力发展规划提供预测依据。

1. 全市用电分析

(1)用电消费总量随着GDP的增长而增长。从表8-1可看出,2013年用电消费总量为45.84亿千瓦时,比2006年增长了73.18%,年均增长率为8.16%。用电消费总量是随着GDP的增长而增长的,尽管亿元GDP的电力消费呈逐年下降趋势,但是用电消费总量仍呈较快增长的趋势。近三年用电消费总量的增长明显慢于2010年以前的年增长率,在一定程度上也制约了近三年GDP的增长。

**表8-1 GDP与用电消费总量数据** 用电量:亿千瓦时

| 年 份 | 2006 | 2007 | 2008 | 2009 | 2010 | 2011 | 2012 | 2013 |
|---|---|---|---|---|---|---|---|---|
| 1. GDP/亿元 | 75.65 | 89.38 | 114.43 | 151.16 | 197.19 | 246.26 | 290.21 | 336.02 |
| 年增长率/% | — | 18.15 | 24.67 | 35.65 | 30.45 | 24.88 | 17.85 | 15.79 |
| 2. 用电消费量 | 26.47 | 29.07 | 31.73 | 34.43 | 38.64 | 40.32 | 42.25 | 45.84 |
| 年增长率/% | — | 9.82 | 9.15 | 8.51 | 12.23 | 4.35 | 4.78 | 8.50 |
| 3. 亿元GDP电力消费量 | 0.349 9 | 0.325 2 | 0.284 8 | 0.227 8 | 0.196 0 | 0.163 7 | 0.145 6 | 0.136 4 |

(2)第一产业用电总量趋增,用电比重由升趋平。近几年来,第一产业开始改变原有的城郊农业格局,向高产、优质、高效农业方向发展,逐步形成了生态型、园艺型、集约型、设施型的现代都市农业。由表8-2可看出,第一产业的用电量随着第一产业GDP的增长而增长,用电占全社会用电消费量的比重由升趋于平稳,略有下降。因此,在耕地面积趋减,生态型、集约集农业大力发展的双重作用下,第一产业用电量会形成这样的格局:即用电绝对量会保持增长,但增长速度会逐渐减少;随着第一产业占GDP的比重的下降,用电量占全社会用电量的比重也会趋于减少。

**表8-2 第一产业GDP与用电消费量数据** 用电量:亿千瓦时

| 年份 | 2006 | 2007 | 2008 | 2009 | 2010 | 2011 | 2012 | 2013 |
|---|---|---|---|---|---|---|---|---|
| 1. 第一产业GDP/亿元 | 3.26 | 3.34 | 3.42 | 3.82 | 4.86 | 6.17 | 7.16 | 7.58 |
| 年增长率/% | — | 2.45 | 2.40 | 11.70 | 27.23 | 26.95 | 16.05 | 5.87 |
| 占GDP比重/% | 4.31 | 3.74 | 3.07 | 2.53 | 2.46 | 2.51 | 2.47 | 2.25 |
| 2. 第一产业用电量 | 0.72 | 0.80 | 0.86 | 0.88 | 1.15 | 1.39 | 1.49 | 1.53 |
| 年增长率/% | — | 11.11 | 7.50 | 2.33 | 30.68 | 20.87 | 7.19 | 2.68 |
| 占用电总量/% | 2.72 | 2.75 | 2.72 | 2.56 | 2.98 | 3.45 | 3.44 | 3.34 |

（3）第二产业用电量规模大，总量趋增，比重趋降。近几年来，全市第二产业在有市场、有质量、有效益的前提下，大力发展运输设备、电子信息设备、机电设备、家用电器、钢铁、石油化工、精细化工、生物制药、计算机、机电一体化、光电子技术、新型材料等工业，以及大力发展建筑业；同时，在工业结构调整中，关停并转了一批能耗大、环境污染严重的企业，重点扶植低能耗、科技含量高、产品附加值高的具有竞争优势的工业。从而使第二产业GDP呈现较快的增长，用电量虽然总量逐年增加，但用电比重却逐年趋减。随着第二产业GDP占GDP总量的比重下降，用电比重仍将保持下降的态势（见表8-3）。

表8-3　第二产业GDP与用电消费量数据　　　　　　　　　用电量：亿千瓦时

| 年份 | 2006 | 2007 | 2008 | 2009 | 2010 | 2011 | 2012 | 2013 |
|---|---|---|---|---|---|---|---|---|
| 1. 第二产业GDP/亿元 | 48.27 | 55.13 | 67.74 | 90.03 | 114.32 | 140.98 | 158.25 | 175.44 |
| 年增长率/% | — | 14.21 | 22.87 | 32.91 | 26.98 | 23.32 | 12.25 | 10.86 |
| 占GDP比重/% | 63.81 | 61.86 | 60.79 | 59.56 | 57.97 | 57.25 | 54.53 | 52.21 |
| 2. 第二产业用电量 | 22.25 | 24.22 | 26.48 | 28.32 | 30.98 | 31.41 | 32.57 | 34.12 |
| 年增长率/% | — | 8.85 | 9.33 | 6.95 | 9.39 | 1.39 | 3.69 | 4.76 |
| 占用电总量/% | 84.06 | 83.32 | 83.45 | 82.25 | 80.18 | 77.90 | 75.31 | 74.43 |

（4）第三产业用电总量扩张、比重上升。近几年来，全市实施"三、二、一"的长期产业发展战略方针，重点发展金融、商贸、房地产、交通、旅游、服务等行业，从而促使第三产业保持了较快的发展。由表8-4可知，第三产业占GDP的比重逐年扩大，已接近1/2，将赶超第二产业。第三产业用电比重随第三产业GDP的比重上升而上升，用电需求的增长也保持了两位数的速度。因此，第三产业用电的发展趋势，不仅总量扩张，而且比重上升。

表8-4　第三产业GDP与用电消费量数据　　　　　　　　　用电量：亿千瓦时

| 年份 | 2006 | 2007 | 2008 | 2009 | 2010 | 2011 | 2012 | 2013 |
|---|---|---|---|---|---|---|---|---|
| 1. 第三产业GDP/亿元 | 24.12 | 30.91 | 40.27 | 57.31 | 78.01 | 99.11 | 124.80 | 153.00 |
| 年增长率/% | — | 28.15 | 30.28 | 42.31 | 36.12 | 27.05 | 25.92 | 22.60 |
| 占GDP比重/% | 31.88 | 34.58 | 36.14 | 37.91 | 39.56 | 40.25 | 43.00 | 45.53 |
| 2. 第三产业用电量 | 2.06 | 2.45 | 2.56 | 3.10 | 3.85 | 4.49 | 5.71 | 6.39 |
| 年增长率/% | — | 18.93 | 4.49 | 21.09 | 24.19 | 16.62 | 27.17 | 11.91 |
| 占用电总量/% | 7.78 | 8.43 | 8.07 | 9.00 | 9.96 | 11.14 | 13.20 | 13.94 |

（5）居民生活用电迅速增长，用电比重逐年上升。近几年来随着经济的发展，人民生活水平的提高，以及居住条件的改善，特别是空调、微波炉、音响、电视机、电冰箱、取暖器等家用电器迅速普及，使居民生活用电成为用电市场新的增长点。从表8-5可以看出，居民生活用电量年增长率保持在两位数，占用电总量的比重逐年上升。据发达国家居民的人均生活用电量的分析，在低于1 000千瓦时/人年时，居民生活用电量的增长率一般会保持在10%～15%。本市人均生活用电量2013年仍只有291千瓦时，远低于发达国家的水平。因此，本市居民生活用电在未来一段时期内仍将处于高速增长的阶段。

表 8-5 居民生活用电数据

用电量：千瓦时

| 年 份 | 2006 | 2007 | 2008 | 2009 | 2010 | 2011 | 2012 | 2013 |
|---|---|---|---|---|---|---|---|---|
| 1. 总人口/万人 | 128.3 | 128.7 | 129.4 | 129.8 | 129.9 | 130.1 | 130.4 | 130.6 |
| 2. 居民生活用电量 | 1.44 | 1.60 | 1.83 | 2.13 | 2.66 | 3.03 | 3.48 | 3.80 |
| 　年增长率/% | — | 11.11 | 14.38 | 16.39 | 24.88 | 13.91 | 14.85 | 9.20 |
| 　占用电总量比重/% | 5.44 | 5.50 | 5.77 | 6.19 | 6.88 | 7.51 | 8.05 | 8.29 |
| 3. 人均用电量 | 112.2 | 124.3 | 141.4 | 164.1 | 204.8 | 232.9 | 266.9 | 291.0 |
| 　年增长率/% | — | 10.78 | 13.76 | 16.05 | 24.80 | 13.72 | 14.60 | 9.03 |

**2. 全市用电量长期预测**

从以上的用电分析中，可以看出随着国民经济的快速发展，用电总量仍将保持较快的增长。同时，随着产业结构的调整，三次产业用电总量仍呈增长趋势，但用电结构会发生变化。第一、第二产业用电比重趋降，第三产业用电比重趋增。居民生活用量水平大大低于发达国家水平，随着经济的发展和生活水平的提高，生活用电量将会保持高速增长的趋势。根据这些变化趋势，采用趋势模型预测 2014—2019 年的用电量及其结构变化。经过优化选择和模型估计和检验，得到如下模型：

$$用电消费总量 = 25.013\ 3 \times 1.081\ 1^t$$
$$(R = 0.993\ 3 \qquad S_y = 0.914\ 6 \qquad 2005 年\ t = 0)$$

$$第一产业用电量 = 0.514\ 3 + 0.130\ 7^t$$
$$(R = 0.969\ 2 \qquad S_y = 0.087\ 9 \qquad 2005 年\ t = 0)$$

$$第二产业用电量 = 21.171\ 1 + 1.693\ 9^t$$
$$(R = 0.987\ 6 \qquad S_y = 0.713\ 8 \qquad 2005 年\ t = 0)$$

$$第三产业用电量 = 1.672\ 1 \times 1.182\ 1^t$$
$$(R = 0.993\ 3 \qquad S_y = 0.198\ 2 \qquad 2005 年\ t = 0)$$

$$居民生活用电量 = 1.212\ 9 \times 1.159\ 3^t$$
$$(R = 0.995\ 8 \qquad S_y = 0.094\ 3 \qquad 2005 年\ t = 0)$$

从上述模型中，可以看出第一产业和第二产业用电量的长期发展趋势是线性的，用电消费总量、第三产业用电量和居民消费用电量的长期趋势是指数曲线型的。同时各个模型的相关系数都接近于 1，表明这些模型的拟合优度、解释能力和分析能力较强。据此，预测全市2014—2019 年的用电量如表 8-6 所示。

表 8-6 全市用电消费量预测

单位：亿千瓦时

| 年份 | 第一产业 | 第二产业 | 第三产业 | 居民生活用电 | 用电总量 |
|---|---|---|---|---|---|
| 2014 | 1.69 | 36.42 | 7.54 | 4.59 | 50.24 (50.46) |
| 2015 | 1.82 | 38.11 | 8.91 | 5.32 | 54.16 (54.55) |
| 2016 | 1.95 | 39.80 | 10.53 | 6.17 | 58.45 (58.98) |
| 2017 | 2.08 | 41.50 | 12.45 | 7.15 | 63.18 (63.76) |
| 2018 | 2.21 | 43.19 | 14.72 | 8.29 | 68.41 (68.93) |
| 2019 | 2.34 | 44.89 | 17.39 | 9.61 | 74.23 (74.52) |

在表8-6用电总量中，括号内的数字是根据用电需求总量趋势模型预测的结果，这个结果与三个产业和居民生活用电分项预测之和求得的用电需求总量是相差无几的，这说明上述趋势预测模型较好地描述了用电总量。三次产业和居民生活用电需求的趋势及其结构关系，预测结果具有较高的可信度。预测数据充分体现了产业结构调整和居民生活水平提高将带来用电格局的新变化。主要结论如下。

（1）全市第一产业、第二产业、第三产业和居民生活四者用电结构为将由2013年的3.36∶72.49∶15.01∶9.14转变到2019年的3.15∶60.47∶23.43∶12.95。2019年四者的用电量将分别达到2.34，44.89，17.39，9.61亿千瓦时，总用电量达74.23亿千瓦时。

（2）未来6年内，第一产业用电绝对量继续保持增长，但增长速度将逐渐减少，用电比重逐年下降。第二产业用电绝对量仍然扩大，用电比重仍居第一，但会逐年下降。第三产业用电量增幅最大，用电比重大幅度上升。居民生活用电量增幅仅次于第三产业，用电比重亦逐年提高，用电绝对量低于第二产业和第三产业。

（3）从各类用电发展趋势来看，第三产业用电发展速度最快，居民生活用电次之。因此，未来电力市场应在满足第二产业用电大户需求的前提下，重点关注第三产业和居民生活用电日益增长的需要。

（4）目前，全市电力供求矛盾日渐显现出来，主要原因是电力供应赶不上电力需求的增长，本市电力有限，主要靠通过电网的外电输入来解决供求矛盾。因此，未来应重点从电力的生产、输入、供应等方面加强宏观调整，更好地满足三个产业和居民生活用电的需求，促进国民经济持续、快速的发展。

（分析：你认为本项预测采用了哪类预测方法？预测分析过程有何特点？根据提供的数据，你认为还可采用哪些预测方法？本项目的预测内容还可增加哪些内容？）

第 9 章

# 市场定性预测法

本章主要介绍市场预测中的一些常用的定性判断预测方法，主要包括意见综合预测法、经济寿命周期预测法、市场景气预测法、因素分析预测法、直接推算预测法等。这些预测方法运用得当，往往能够收到较好的预测效果。

## 9.1　意见综合预测法

意见综合预测法又称集合判断预测法，是指对某一预测问题先由有关的专业人员和行家分别作出预测，然后综合全体成员所提供的预测信息作出最终的预测结论。许多预测问题只凭预测者个人的知识和经验进行预测往往具有局限性，而意见综合预测法则能集思广益，克服个人预测的局限性，有利于提高预测的质量。意见综合预测法可分为下列 4 种。

### 9.1.1　销售人员意见综合预测法

销售人员意见综合预测法是指企业直接将从事商品销售的经验丰富的人员组织起来，先由预测组织者向他们介绍预测目标、内容、预测期的市场经济形势等情况，要求销售人员利用平时掌握的信息结合提供的情况，对预测期的市场商品销售前景提出自己的预测意见和结果，最后提交给预测组织者进行综合分析，以得出最终的预测结论。

销售人员意见综合预测法的适用范围是：主要用来预测商品需求动向，市场景气状况，商品销售前景，商品采购品种、花色、型号、质量和数量等方面的预测问题。这种方法多在一些统计资料缺乏或不全的情况下采用，对短期市场预测效果好。

销售人员是商品的直接推销者，了解市场，熟悉商品销售情况，因而，预测的结果对编制营销计划和经营决策有较大的参考价值。同时，让销售人员参与市场预测，可激发他们的责任感和工作积极性。但由于职业习惯和知识局限性，销售人员可能对宏观经济的运行态势和市场结构变化不甚了解，容易从局部出发作出预测，其结果带有一定的片面性。预测者的激进或保守，都将影响到预测的准确性。如果最终预测值将作为任务目标时，预测者难免取稳健态度，因而作出的预测值可能偏低。为此，应注意下列几点。

（1）应从各部门选择经验丰富的有预测分析能力的人参与预测。

（2）应要求预测参与者经常搜集市场信息，积累预测资料。

（3）预测组织者应定期将市场总形势和企业的经营情况提供给预测参与者。

（4）预测组织工作应经常化，并对预测成绩显著者给予表彰，以调动他们的积极性。

（5）对销售人员的估测结果，应进行审核、评估和综合。其综合预测值的计算，可采用简单或加权算术平均法。

### 9.1.2 业务主管人员意见综合预测法

业务主管人员意见综合预测法是指预测组织者邀请本企业内部的经理人员和采购、销售、仓储、财务、统计、策划、市场研究等部门的负责人作为预测参与者，向他们提供有关预测的内容、市场环境、企业经营状况和其他预测资料，要求他们根据提供的资料，并结合自己掌握的市场动态提出预测意见和结果，或者用会议的形式组织他们进行讨论，然后由预测组织者将各种意见进行综合，作出最终的预测结论。

由于各部门的业务主管人员都负责主管某个方面的工作，具有比较丰富的市场营销经验，平时掌握了较为详尽的市场信息。因此，他们的预测意见比较接近实际。同时，在集体分析企业内部条件和外界市场环境的基础上，还可以对那些影响未来市场需求与企业发展的因素逐一进行研究，提出本企业应采取的对策。

这种预测方法适用于市场需求、企业销售规模、目标市场选择、经营策略调整、企业投资方向等重要问题的预测性研究。但应注意防止过分依赖业务主管人员的主观判断；防止预测受参与者个人，特别是会议气氛所持的乐观或悲观态度的影响；要注意分析预测意见和结果是否有充足的事实根据。

处理业务主管人员预测结果时，对定性描述的预测结果，应进行综合分析和论证，以消除某些主观因素的影响。对定量描述的预测结果，一般可采用简单或加权平均法求综合预测值。

【例9-1】某啤酒厂为了搞好明年市场啤酒供应，预测组织者事先向各部门负责人提供了历年啤酒社会消费量、居民消费水平，本企业历年啤酒销售量、市场占有率及其资源情况，然后要求他们分别对本企业的销售量作出预测。预测结果见表9-1。

表9-1 某啤酒厂啤酒销售预测综合表
单位：吨

| 预测者 | 最低销售量 | 最可能销售量 | 最高销售量 | 平均销售量 |
|---|---|---|---|---|
| 经理甲 | 8 500 | 9 500 | 11 000 | 9 800 |
| 经理乙 | 8 200 | 9 200 | 11 500 | 9 700 |
| 业务科长 | 8 400 | 9 500 | 11 200 | 9 800 |
| 财务科长 | 8 300 | 9 400 | 12 000 | 10 000 |
| 批发部主任甲 | 8 600 | 9 000 | 11 500 | 9 700 |
| 批发部主任乙 | 8 200 | 9 500 | 10 500 | 9 500 |
| 零售店经理甲 | 8 400 | 9 600 | 11 800 | 10 000 |
| 零售店经理乙 | 8 300 | 9 500 | 11 500 | 9 900 |
| 综合预测值 | 8 400 | 9 400 | 11 400 | 9 800 |

在三种销售量中，最可能的销售量的准确性最高，权数定为0.5，而最低与最高销售量

的准确性较低，权数分别为 0.2 和 0.3。各人的加权平均预测数见表最后一栏。若采用简单平均法求综合预测值，则有

$$\overline{X} = \frac{9\ 800 + 9\ 700 + 9\ 800 + 10\ 000 + 9\ 700 + 9\ 500 + 10\ 000 + 9\ 900}{8}$$

或

$$= \frac{8\ 400 \times 0.2 + 9\ 400 \times 0.5 + 11\ 400 \times 0.3}{0.2 + 0.5 + 0.3} = 9\ 800\ (吨)$$

也可考虑预测者的地位、作用和业务水平不同，可分别给予不同的权数，采用加权平均法求综合预测值。

### 9.1.3　专家会议综合预测法

专家会议综合预测法是由预测组织者召开专家会议，在广泛听取专家预测意见的基础上，综合专家们的预测意见作出最终预测结论。这里所说的专家，是指在某个研究领域或某个方面有专门知识和特长的人员，以及具有丰富的实践经验的推销员、经济师、会计师、统计师、工程师等。

选择专家是专家会议综合预测法的一项重要工作。专家的选择应根据预测内容和任务来确定，既要注意选择精通专业技术的专家，也要注意物色有经验的实际工作者。专家会议的规模要适中，如果人数太少，限制了学科和部门的代表性，使问题得不到全面深入的讨论；如果人数太多，则会议不易组织，会议时间会拖长，对预测结果的处理也比较复杂。会议人数应由主持人根据实际情况的需要与可能而定，一般以 10 人左右为宜。

专家会议综合预测法适用于新产品开发、技术改造、投资可行性研究。为了使会议开得有成效，预测组织者应事先向专家们提供与预测问题有关的资料，以及需要讨论研究的具体题目和要求。在会议上，预测组织者不宜发表影响会议的倾向性意见，只是广泛听取意见，最后综合专家意见确定预测结果。

专家会议综合预测法的种类主要有以下几种。

**1. 交锋式会议法**

交锋式会议法，要求参加会议的专家通过各抒己见、互相争论来预测问题，以求达到一致或比较一致的预测意见。这种方法的局限性是"权威者"可能左右与会者的意见，或者"口才"好的人左右与会者的意见，有些人虽感自己意见欠妥，但不愿收回原意见。因此，最后综合预测意见时难以完全反映与会者的全部正确意见。

**2. 非交锋式会议法**

非交锋式会议法，要求与会者可以充分发表自己的预测意见，也可以对原来提出的预测意见再提出修改或补充意见，但不能对别人的意见提出怀疑和批评。这种非交锋式会议法，国外称之为"头脑风暴法"。它可以克服交锋式会议法的缺点，起到互相启发、开拓思路的作用，但最后处理和综合预测意见比较难。

**3. 混合式会议法**

混合式会议法是交锋式与非交锋式会议法的结合，又称"质疑头脑风暴法"。一般分两阶段进行，第一阶段采用非交锋式会议法，即实行直接头脑风暴法；第二阶段实行质疑头脑风暴法，用交锋式会议法对第一阶段提出的预测意见进行质疑，在质疑过程中又提出新的预测意见或设想，经过不断讨论，最后取得比较一致的预测结论。

### 9.1.4 特尔菲法

特尔菲法是美国兰德公司于 1964 年进行技术预测时创立的一种专家预测法。特尔菲是古希腊传说中的神谕之城，城中有座阿波罗神殿，可以预卜未来，因而借用其名。

特尔菲法是在专家会议意见测验法的基础上发展起来的一种预测方法。它以匿名的方式通过几轮函询征求专家们的预测意见，预测组织者对每一轮意见都进行汇总整理，作为参考资料再寄发给每个专家，供他们分析判断，提出新的预测意见和结果。如此几次反复，专家们的预测意见渐趋一致，预测结论的可靠性越来越大。

特尔菲法具有三大特点：①匿名性，专家用书面形式回答预测问题，不必写名字；②反馈性，通过多次轮回反馈沟通信息；③统计性，即对每次的反馈信息都要进行统计处理。

特尔菲法是系统分析法在意见检验和价值判断领域内的一种有益延伸，能为决策提供可靠的预测方案和依据。它主要用于技术发展、重大工程项目、重要经济问题、长远规划、产业结构调整等问题的预测研究。短期、中期和长期预测，定量与定性预测都可以运用。预测的组织程序如下。

（1）确定预测课题和预测内容，并成立预测负责小组。

（2）设计函询调查表，准备有关材料。调查表的设计应视预测内容而定，力求问题集中，简单明了，用词确切。有关材料应以背景材料为主，力求详细具体，并作必要的说明。

（3）选择预测专家。预测专家一般是与预测领域有关的从事较长时期的技术或专业工作的专门人员。专家人数一般 10～50 人为宜，重大问题预测，专家人数可多一些。

（4）用函询调查表进行反馈调查。第一轮调查表不带任何框框，只提出应预测的事项和基本要求。在规定的时间内收回调查表后，预测组织者应进行汇总整理，归并同类意见，排除次要意见，并设计预测意见一览表，作为第二轮调查表发给每个专家。第二轮由专家对第二轮调查表所列的每个事项的预测意见作出评价，提出自己的预测意见和结果，并阐明理由。调查表反馈回来后，预测组织者又对专家意见进行统计处理。第三轮、第四轮的做法与第二轮相同。反复三至四轮后，专家们的预测意见趋于一致，即可停止反馈调查。

（5）对预测结果进行统计处理。为了得出专家们集中的预测意见，作出最终预测结论，提出预测分析报告，应对预测结果进行统计处理。其处理方法按预测事件不同主要有以下三种。

①对于事件实现时间的预测问题，通过采用中位数代表预测意见的集中度，用上、下四分位数之差表示预测意见的离散度。

【例 9-2】某市计算机公司采用特尔菲法，选定 31 位专家对该市哪一年城镇居民家庭计算机普及率达到 75% 进行预测，经三轮反复后，专家提出的时间答案汇总见表 9-2。确定中位数和上、下四分位数的计算公式为

$$中位数：M_e = \frac{(n+1)}{2} \quad 对应的年份$$

$$下四分位数：Q_1 = \frac{(n+1)}{4} \quad 对应的年份$$

$$上四分位数：Q_2 = \frac{(n+1)}{4} \quad 对应的年份$$

表 9-2　城镇居民家用计算机普及率和需求量预测总表

| 普及率达到 75% 的年份 | 专家人数 | 2012 年计算机需求量/万台 | 专家人数 |
|---|---|---|---|
| 2010 | 3 | 3.0～<3.5 | 3 |
| 2011 | 5 | 3.5～<4.0 | 6 |
| 2012 | 11 | 4.0～<4.5 | 12 |
| 2013 | 8 | 4.5～<5.0 | 7 |
| 2014 | 4 | 5.0～<5.5 | 3 |
| 合　计 | 31 | 合　计 | 31 |

计算公式中，$n$ 为数据总项，如 $n$ 为偶数，取居中两项的中点值作中位数。预测数据应由小到大顺序排列。此例中中位数为 2012 年，下四分位数为 2011 年，上四分位数为 2013 年，上、下四分位数之差为 2 年，说明专家的预测意见集中度大，离散度小。

② 对于预测商品在未来时期的需求量、销售量或生产量，可用算术平均法或主观概率法进行统计归纳，求出平均预测值反映专家预测结果的集中度，用标准差和标准差系数反映专家意见的离散度。如例 9-2 中专家对某市 2012 年计算机需求的平均预测值为 4.27 万台，标准差为 0.55 万台，标准差系数为 0.1288 或 12.88%，表明专家预测意见离散度较大。

③ 对于征询产品品种、花色、规格、质量、包装、新产品开发的预测意见，可采用比重法（专家对某个意见赞成的人数占总人数的比率）进行统计归纳，或者用评分法（如对不同牌号的商品质量给予评分）进行统计归纳。

## 9.2　商品经济寿命周期预测法

### 9.2.1　商品经济寿命周期概述

**1. 商品经济寿命的含义**

商品或产品一般都有使用寿命和经济寿命之分。商品的使用寿命又称自然寿命，是指商品的使用期限，即商品从投入使用到损坏报废为止所经历的时间。

商品的经济寿命又称市场寿命，是指一种商品从投入市场开始到被市场淘汰为止所经历的时间。商品的经济寿命是与商品的更新换代相联系的。

商品的经济寿命与使用寿命是两个不同的概念。有的商品使用寿命较长，但经济寿命可能很短，如家具、耐用品、时装等；有的商品使用寿命很短，但经济寿命却很长，如烟花爆竹、名优食品等。商品的使用寿命只与商品的质量、性质和用途有关，而与市场及产品的更新换代无关。

**2. 商品经济寿命周期的一般形态**

商品经济寿命周期是指商品的产生、发展和衰亡的全过程。此过程大体可分为试销期、成长期、成熟期和衰退期四个阶段。一般形态如图 9-1 所示。

（1）试销期。试销期又称萌芽期，是指新产品研制成功投入市场试销的时期。由于新产品刚上市，人们对它不了解，多数人抱观望态度，不轻易购买。购买者多为猎奇者和较高收入者。因销路尚未打开，销售量增加缓慢。此时期生产经营的策略是：扩大新产品的投资、行销、广告和市场开拓，以期打开销路，提高市场占有率。

（2）成长期。成长期是指新产品经过试销期后，已被市场广泛接受，产品大批量进入市场的畅销期。成长期前期销售对象以"新买"为主，销售量迅速增长；成长期后期销售对象除"新买"者外，出现"弃旧换新"的增买者，销售量继续增长。此时期的生产经营策略是，继续扩大和巩固市场，抓住时机扩大销售，提高经济效益。

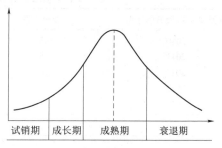

图 9-1　商品经济寿命周期的
一般形态

（3）成熟期。成熟期是指产品经历畅销时期后，开始进入销售增长逐渐减慢的平稳时期，此阶段延续的时间可能很长。成熟期前期商品销售以缓慢的速度增长；成熟期后期商品销售量在一定范围内起伏波动，甚至停滞或下降。此时期以新换旧者为主要购买对象，少数消费者或用户开始转向购买其他产品或替代品。此时期的生产经营策略是挖掘市场潜力，努力促销，把市场上还剩余的价值尽可能赚进来。同时，应投资研制或开发新产品。

（4）衰退期。衰退期是指产品持续滞销，销售量逐年递减的时期。此时期出现第二代产品，并逐步代替原有产品。其生产经营策略是，放弃原产品的生产经营，开发或经营第二代产品，以便企业的商品生产经营适应商品经济寿命周期的变化。

**3. 商品经济寿命周期的特殊形态**

某些商品的经济寿命周期因种种原因而不具备一般形态的 4 个阶段，呈现出某种特殊的形态，大致有下列 6 种特殊形态。

（1）夭折型。夭折型是指某些产品投入市场后，因性能、质量和用途不适应市场需要，还没有进入成长期就被市场淘汰了。

（2）快速型。快速型是指某些产品由于质量、功能和价格等都适应市场需要，一投入市场就被消费者接受，销售量迅速增长，使试销期与成长期合二为一，两者无明显的区别。

（3）缓慢型。缓慢型是指某些产品经试销检验，发现设计上存在缺陷，通过修改设计和改进产品后，虽适应了市场需要，但已错过了成长期的销售机会，或由于价格高或原材料供应不足等原因，导致销售增长缓慢，无明显的成长期和成熟期。

（4）延缓型。延缓型是指某些产品经历试销期、成长期和成熟期，进入衰退期之后，由于替代产品未出现，或替代产品虽然问世，但存在质量问题而未被市场接受，致使原产品经过衰退期前期之后，又出现了一个较长时期的销售平稳期。

（5）双峰型。双峰型是指某些商品经济寿命周期的再循环，即某些产品进入经济寿命周期的衰退期后，由于企业对产品进行改进和革新，使产品又获得了新的生命力，销售量重新赠长，并出现了第二个经济寿命周期。

（6）多峰型。多峰型是指某些商品经济寿命周期的多次反复循环。由于企业对某些产品不断改进，使产品不断具有新的特性和用途，其经济寿命周期连续不断，产品经久不衰。

**4. 影响商品经济寿命周期的因素**

商品经济寿命周期的形态和时间长短，因产品不同而有差异。这种差异是多种因素综合影响的结果。其主要影响因素如下。

（1）商品本身的性质和用途。用以维持人们生存的基本生活消费品的经济寿命周期最长，一般生活消费品次之，实用性小而替代性大的商品经济寿命周期最短。在生产资料中，原材料的经济寿命周期长，加工品的经济寿命周期短。前者如钢材、木材、建材，后者如机械、电子产品等。一般来说，种类商品的经济寿命周期长于品种商品的经济寿命周期，而具体品牌商品的经济寿命周期最短。

（2）消费需求变化。当消费者的收入提高幅度大，生活方式和购买欲望变化快时，商品的经济寿命周期具有缩短的趋势；反之，则使商品经济寿命周期相对延长。

（3）科学技术进步程度。随着科学技术的进步和新产品的不断出现，产品更新换代加快，则老产品的经济寿命周期就缩短；但对产品进行改进，则可延长其经济寿命周期。

（4）市场竞争情况。市场竞争的主要形式可分为价格竞争和非价格竞争。产品品种和质量竞争是非价格竞争的重要形式。一般来说，在市场竞争激烈的时期，商品经济寿命周期具有缩短的趋势。同时，高质量适销对路的品种比其他品种的经济寿命周期会相对延长。

（5）国家政策的制约。国家若鼓励某些行业或产品的生产和消费，则可延长其商品经济寿命周期；若限制某些行业或产品的生产和消费，则会缩短其经济寿命周期。

## 9.2.2　商品经济寿命周期预测方法

商品经济寿命周期预测的关键在于正确判断目前和未来商品经济寿命周期所处的阶段，以便对未来的市场前景作出预测，为制定生产经营策略提供依据。其主要预测方法如下。

### 1. 商品销售状况判断法

商品销售状况判断法是根据商品销售变化过程的趋势来判断商品经济寿命周期所处的阶段，并对未来的市场前景作出预测。其判断的一般原则如下。

（1）试销期：商品销售量小，增长缓慢。

（2）成长期：商品销售量迅速扩大，增长幅度大。

（3）成熟期：前期商品销售量增长减慢，后期商品销售量趋于稳定或徘徊不前。

（4）衰退期：商品销售量逐年下降。

【例 9-3】根据表 9-3 的统计数据绘制的某地 1987—2013 年彩色电视机社会零售量的动态曲线图如图 9-2 所示，可以判断某地彩色电视机经济寿命周期已进入成熟期，未来销售对象主要是以旧换新者，其销售前景在将来一定时期内徘徊不前。若用近五年的平均值作为2014 年的预测值，则为 86.4 万台。

表 9-3　某地历年彩色电视机社会零售量　　　　　　　　　　单位：万台

| 年 份 | 零售量 | 年 份 | 零售量 | 年 份 | 零售量 |
|---|---|---|---|---|---|
| 1987 | 0.05 | 1996 | 3.02 | 2005 | 61.86 |
| 1988 | 0.06 | 1997 | 4.82 | 2006 | 93.06 |
| 1989 | 0.08 | 1998 | 8.46 | 2007 | 105.14 |
| 1990 | 0.11 | 1999 | 14.80 | 2008 | 98.20 |
| 1991 | 0.18 | 2000 | 18.19 | 2009 | 86.63 |
| 1992 | 0.21 | 2001 | 25.96 | 2010 | 80.12 |
| 1993 | 0.38 | 2002 | 36.18 | 2011 | 85.14 |
| 1994 | 0.48 | 2003 | 49.71 | 2012 | 93.86 |
| 1995 | 1.04 | 2004 | 51.69 | 2013 | 86.15 |

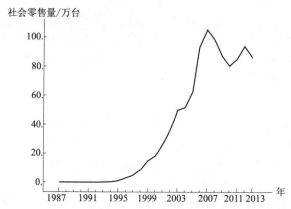

图9-2　某地1987—2013年彩电社会零售量动态曲线图

### 2. 耐用消费品普及率判断法

耐用消费品是指价值高、使用年限较长的消费品。消费者对它的需求数量往往有限，有的户均只需一件，如电冰箱、洗衣机、小汽车等；有的户均可能达到1件（台）以上，如空调、电视机、电话机等；有的人均只需一件，如手表、自行车等。

耐用消费品普及率一般是指一定时空范围内平均每百户家庭拥有某种耐用消费品的数量。通常根据城乡居民家庭收支抽样调查资料进行测算。计算公式为

$$耐用消费品普及率 = \frac{样本户拥有量}{样本户数} \times 100\%$$

在实际工作中，各种耐用消费品普及率可从当地统计局编制的统计年鉴中直接查找，企业也可直接组织抽样调查进行匡算。

耐用消费品普及率与商品经济寿命周期各阶段之间的数量对应关系（假定某种耐用消费品户均只需一件的情形）如下。

（1）试销期：普及率5%以内。

（2）成长期：前期普及率5%～<50%，后期50%～<80%。

（3）成熟期：普及率80%～<90%。达到90%以上时，则市场需求基本满足，商品经济寿命周期转入衰退期。若无新产品替代，则以旧换新者为主要购买对象，销售量将在一定时期内徘徊波动。

（4）衰退期：普及率逐渐递减。因新产品出现，老产品逐渐消亡，消费者转向购买新产品，新产品进入市场的畅销期。

【例9-4】表9-4是某市城镇居民家庭平均每百户耐用消费品年底拥有量，从表中可看出，2013年主要耐用品拥有量中，摩托车25.0辆/百户，处于成长前期；洗衣机95.5台/百户，处于成熟期。电冰箱90.8台/百户，处于成熟期；彩电134.8台/百户，处于成熟期（按平均百户拥有1.5台计算，则普及率为86.2%）；空调80.6台/百户，处于成长期后期；家用计算机33.2台/百户，处于成长前期；电话88.6台/百户，处于成长期后期；家用汽车3.4台/百户，处于市场起步期。因此，摩托车、家用计算机、家用汽车的市场需求潜力很大，电冰箱、空调、电话的市场需求仍有较大的空间；洗衣机和彩电的市场需求为以旧换新为主。

表 9-4 某市城镇居民百户耐用消费品年底拥有量

| 年份 | 2006 | 2007 | 2008 | 2009 | 2010 | 2011 | 2012 | 2013 |
|---|---|---|---|---|---|---|---|---|
| 摩托车/辆 | 13.2 | 15.1 | 18.8 | 20.4 | 22.2 | 23.5 | 24.8 | 25.0 |
| 洗衣机/台 | 90.6 | 91.4 | 91.5 | 92.2 | 92.9 | 93.1 | 93.6 | 95.5 |
| 电冰箱/台 | 76.1 | 77.7 | 80.1 | 81.9 | 87.4 | 88.5 | 89.5 | 90.8 |
| 彩电/台 | 105.4 | 111.6 | 116.6 | 120.5 | 126.4 | 128.5 | 129.3 | 134.8 |
| 空调/台 | 20.0 | 24.5 | 30.8 | 35.8 | 51.1 | 54.4 | 60.6 | 80.6 |
| 家用计算机/台 | 3.8 | 5.9 | 9.7 | 13.3 | 20.6 | 23.4 | 26.8 | 33.2 |
| 电话/台 | 3.3 | 7.1 | 19.5 | 34.0 | 62.9 | 73.4 | 78.6 | 88.6 |
| 家用汽车/辆 | 0.3 | 0.3 | 0.5 | 0.6 | 0.9 | 1.6 | 2.2 | 3.4 |

一般来说，当某类耐用品市场普及率处在较低的阶段时，其市场需求以新买需求（首次购买）为主，其市场需求一般会随居民收入的提高而提高，需求的收入弹性往往大于 1。当某类耐用品市场普及率处在很高的阶段时，市场新买需求会逐年下降，而市场买新需求（以旧换新）会逐年增加。因此，耐用品市场总需求的一般模式可表述为

市场总需求 =（居民新买需求+居民买新需求）÷居民需求占社会需求的比重

其中，新买需求可根据居民家庭新买需求率和居民家庭数量及其增减变化做出估计，买新需求可根据拥有某种耐用品的居民家庭数目和更新率做出估计。其中新买需求预测亦可先估计下期市场普及率，然后用下列公式推算下期市场新买需求量。

$$\text{市场新买需求量} = \frac{\text{居民家庭户数}}{100} \times \left[ \begin{array}{cc} \text{下期} & \text{本期} \\ \text{市场} - \text{市场} \\ \text{普及率} & \text{普及率} \end{array} \right] \begin{array}{c} \text{居民需求量} \\ \div \text{占社会需求} \\ \text{量的比重} \end{array}$$

其中下期与本期市场普及率之差为新买需求率。

买新需求（以旧换新）一般受耐用品使用寿命和经济寿命长短等因素的影响，使用寿命越长的耐用品，以旧换新的时间就越长，而更好的新产品的出现则会缩短其更新换代的时间。由于买新（以旧换新）需求不影响市场普及率的变动，因此，应根据市场调查了解的一定时期居民家庭的耐用品更新率，再对买新需求量作出预测。

例 9-4 中，2013 年城镇彩色电视机普及率 134.8 台/百户；预计 2014 年年底达到 136.3 台/百户；城镇居民家庭为 58.6 万户，年增长率为 0.35%；居民彩电需求均占社会需求量的 87%，另据市场调查现有彩电的家庭计划在 2014 年以旧换新的占 4.5%，则 2014 年彩电社会需求量为

$$\text{社会新买需求量} = \frac{58.6(1 + 0.35\%)}{100} \times (136.3 - 134.8) \div 0.87 = 1.01(\text{万台})$$

$$\text{社会买新需求量} = (134.8 \times 0.045 \times 58.6 \div 100) \div 0.87 = 4.08 (\text{万台})$$

$$\text{彩电社会总需求} = 1.01 + 4.08 = 5.09 (\text{万台})$$

**3. 对比类推法**

由于同一商品不同地区或者相关商品之间具有类似的经济寿命同期曲线，因此，可采用对比类推法推断商品经济寿命周期的变化趋势。对比类推法有以下几种。

1）国际对比类推法

国际对比类推法是指将所要预测的商品或经济指标与国外某些国家的同类商品或经济指

标的发展过程和趋势进行类比，找出某些共同的类似的变化规律，借以类推预测目标的变化趋向。如国外某些产品的经济寿命周期、产品更新换代时间、新产品开发情况，某些商品的消费水平、消费倾向、流行趋势均可作为国内市场预测的参考依据。但应注意区别国情、社会制度、经济条件、发展历史的差异。

2）区际对比类推法

区际对比类推法是指将同类商品或同类事物在国内同其他地区进行类比，找出某些共同的、类似的变化规律或发展变化差异，借以推断本地区预测目标的发展趋向和前景。一般来说，不同地区、不同城市的居民消费水平、消费倾向、消费结构、耐用品普及率、商品经济寿命周期均可采用区际对比类推法。

表 9-5　甲乙两地空调普及率

| 项　目 | 2003 年 | 2013 年 | 年增长率/% |
|---|---|---|---|
| 1. 甲地空调普及率 | 32.9 | 81.6 | 9.5 |
| 乙地空调普及率 | 23.3 | 61.5 | 10.2 |
| 2. 甲地居民年消费水平/元 | 4 860 | 5 274 | 8.5 |
| 乙地居民年消费水平/元 | 3 319 | 3 605 | 8.7 |

【例 9-5】从表 9-5 可知，甲地空调普及率 2013 年已达到 81.6 台/百户，已进入经济寿命周期的成熟期，而乙地处在经济寿命周期的成长期。根据表列资料可推断乙地空调普及率再过 4～5 年即可达到甲地 2013 年的水平，而进入经济寿命周期的成熟期。即达到甲地普及率现有水平所需的时间（n）为

$$n = \frac{81.6 - 61.5}{61.5 - 23.3} = 5.3 \text{（年）}$$

$$\text{或 } n = \frac{\lg \dfrac{5\ 274}{3\ 605}}{\lg 1.087} = 4.6 \text{（年）}$$

3）品际对比类推法

品际对比类推法是指以国内市场上同类或类似产品的发展过程、发展趋势或经济寿命周期，推断某种商品的发展趋向和经济寿命周期。此种方法一般用于相关产品发展趋向预测、耐用品普及率定性分析预测、新产品开发预测等。例如，可对比布匹的需求趋向推断服装花色款式需求趋向；根据药酒深受消费者喜爱，联想到发展药烟、药糖、药膳、药物牙膏、药物肥皂、防菌布、药用饮料等同样会有广阔的市场；根据消费者对某些商品讲究色香味的特点，类推发展香型牙膏、香型纸扇、香型餐纸、香型手帕、香型内衣等同样会受消费者欢迎，等等。

4）产品升级换代类推法

随着科学技术和生产的发展，产品不断更新换代，并且更新换代的时间越来越短。产品升级换代类推法，就是利用产品更新换代的规律，类推预测产品更新换代的时间，探索新产品的发展趋向，预测市场需求变化前景。该法可用于企业新产品开发、设计、试制、试销、占领市场、经营撤退等机会问题的定性分析预测。

# 9.3 市场景气预测法

## 9.3.1 市场景气预测的意义

市场景气通常是指市场运行的状态，表现为市场繁荣与市场萧条的交替出现，即商业循环变化。经济迅速增长会使市场兴旺繁荣，经济衰退会使市场疲软，市场总是按照"扩张—紧缩—扩张"的规律作周期性的运动。市场景气循环是指市场周期性波动的重复再现的运动过程。市场景气循环分析是通过选择若干指标编制市场景气指数来描述市场周期性波动的运动过程，综合判断市场运行的状态，是处在扩张阶段，还是处在收缩阶段，并预告当前的市场形势和未来市场运行的走势，为宏观经济调控提供依据。

市场景气预测法是指对整个市场或某类商品市场的形势和运行状态进行评价和预警，揭示市场周期变动的规律；反映市场形势和运行状态的冷热程度或正常与否，为企业经营决策和宏观经济调控提供依据的一种方法。市场繁荣是企业发展的大好机会，市场疲软会使企业生产经营面临困境，企业应力求避免市场疲软的不利影响。因此，分析预测市场景气状态，有利于企业作出正确的经营决策。对于宏观经济管理来说，市场过热或过冷都不利于宏观经济和市场的正常运行。因此，掌握市场循环变动规律，判别市场的景气状态和走势，有利于加强宏观市场调控，防止市场大起大落。

## 9.3.2 市场景气循环统计指标

为了准确测度市场周期性波动的状态，通常需要确定反映市场周期性波动的核心指标，如社会消费品零售额、批发零售贸易业销售额、消费品零售物价指数等，应根据研究的目的而定。同时应从大量的经济统计指标中选择能灵敏反映市场周期性波动走势的若干指标作为市场景气循环测度的统计指标，并区分为同步指标、先行指标和滞后指标。

**1. 同步经济指标**

同步指标又叫一致性指标，是指周期波动过程、形态和周期长度基本一致的统计指标，即这些统计指标的变动具有同步性的特征。如城乡居民消费额或消费水平、政府公共产品消费支出、国内生产总值、工业增加值、财政收入、就业人数与工时等指标的变动几乎同时发生。由于此类指标的经济周期波动基本同步，因而可佐证和指示市场周期波动的过程和当前所处的阶段。

**2. 先行经济指标**

先行指标又叫领先指标，是指先于经济周期变动的指标，即在相同时间上的波动与市场周期波动不一致，在时间轴上向前平移的指标为先行指标。由于先行指标在市场经济波动到达高峰或低谷前，先行出现高峰或低谷，因而可利用先行指标判断、预警和监测市场运行的景气状况。先行指标通常有城乡居民收入水平、固定资产投资增长率、货币供应量增长率、银行信贷资金额增长率、建筑业生产指数、原材料能源动力价格指数、工业耐用品和原材料新订货量、股票价格指数、利润和利润率、新企业建立数和老企业倒闭数等。

**3. 滞后经济指标**

滞后指标又称落后指标，是指落在市场周期波动后面的指标，即在相同时间上的波动与市场周期波动不一致，在时间轴上向后平移的指标为滞后指标，如存货增加、净出口、国家商品储备变动、利率、长期待业或失业人数、未清偿债务、新增储蓄额等。在经济意义上，滞后指标可作为经济失衡的标志。

上述三类指标的划分是相对的，因为某些经济指标既可作为领先指标，又可作为落后指标，如当年和前几年的固定资产投资对当年的经济增长都有影响。此外，落后指标并不总是从属指标，在某些情况下，又会转化为领先指标，如企业间未清偿债务过多，会形成"三角债"，导致货币流通和经济运行不畅。

市场景气预测的方法很多，主要有景气扩散指数法、景气综合指数法、企业景气调查法、压力指数法等。

### 9.3.3 景气扩散指数法

扩散指数又称广布指数，通常是指研究时期内（月、季、年）的一组领先统计指标中上升的和持平的指标数目占全部指标数目的比重。扩散指数（DI）的计算公式为

扩散指数 =［（上升的指标数目+持平的指标数目×0.5）／全部指标数目］×100%

扩散指数的取值在 0 到 100 之间，其数值大小与经济周期波动的关系一般为：

（1）扩散指数由 50 向 100 上升时，经济加速增长，处在扩张期；

（2）扩散指数由 100 向 50 下降时，经济增长放慢，处在收缩期；

（3）扩散指数由 50 向 0 下降时，经济增长下降，处在萧条期；

（4）扩散指数由 0 向 50 上升时，经济增长回升，进入复苏期。

扩散指数在市场景气状况预测中应用较广泛。如选择若干影响社会消费品零售额变化的指标计算扩散指数，可以反映零售市场行情变化趋势；或用几十个有代表性的大中型零售企业的销售额，组成零售商扩散指数预测商业景气状况；用十几个部门或行业的生产总值，组成工业生产扩散指数，预测工业生产的趋势；计算价格上升的股票数目占股票总数目的比率，反映股市行情变化趋势等。但设计扩散指数时，应注意以下几点。

（1）应选择一组先于经济周期变动的领先指标计算扩散指数，以便用于判断和监测市场或经济运行的景气状况。若领先指标的逐期变化不规则影响扩散指数的预警能力时，扩散指数中也可包括一些同步指标。此外，指标数目应为两位数，以保证指标的代表性。

（2）扩散指数的计算时距有月、季、年之分，采用何种时距取决于预警的目的和期限。当采用月距和季距计算扩散指数时，为了消除季节变动的影响，应考察各指标与上年同期对比的增减变化，然后计算扩散指数。

（3）扩散指数是对现实生活中大量经济指标的抽象，用它进行预警时，一些重大事件的影响可能被忽略。因此，应注意分析其他重要因素或事件的影响。此外，扩散指数只能预警经济周期波动的趋向，不能预测市场或经济周期波动的幅度，它是在定量分析的基础上进行定性预警。

（4）设计若干地区（部门、行业、企业、产品品种、股票种类等）组成的扩散指数，既要注意所选指标的同一性，又要注意地区（部门、行业、企业、产品品种、股票种类等）的代表性。同时，观察数目应尽可能多一些，代表面尽可能大一些。

【例9-6】表9-6是某市消费品零售额环比指数与扩散指数关系分析表，其中扩散指数是根据 GDP、工业增加值、居民人均收入、建筑业生产指数、财政收入、就业人数、货币供应量、银行信贷余额等指标变动情况测定的。扩散指数的变动大约领先消费品零售额指数

变动 1 年，即当年扩散指数的大小直接影响下一年消费品零售额的增减变化。2013 年扩散指数为 88.12%，比上年上升 15.76 个百分点，因而可判断 2014 年消费品零售额的增长将加快。

表 9-6　某市消费品零售额环比指数与扩散指数/%

| 年　份 | 消费品零售额<br>环 比 指 数 | 扩散指数 | 年　份 | 消费品零售额<br>环 比 指 数 | 扩散指数 |
|---|---|---|---|---|---|
| 2000 | 113.75 | 75.00 | 2007 | 97.57 | 50.00 |
| 2001 | 116.93 | 66.63 | 2008 | 103.63 | 66.67 |
| 2002 | 114.82 | 75.00 | 2009 | 112.77 | 75.00 |
| 2003 | 117.46 | 75.00 | 2010 | 119.80 | 83.33 |
| 2004 | 119.10 | 83.33 | 2011 | 125.18 | 66.67 |
| 2005 | 126.71 | 58.33 | 2012 | 110.65 | 72.36 |
| 2006 | 103.92 | 41.67 | 2013 | 112.54 | 88.12 |

## 9.3.4　景气综合指数法

景气综合指数又称合成指数，通常分别计算一致指数、先行指数和滞后指数。编制时，可先计算各指标的环比发展速度或环比增长率，然后用加权平均的方法求得综合指数；也可依据时间数列的乘法模式，先计算各指标的剩余变动的相对量，然后用加权平均的方法求得综合指数。计算和应用合成指数时，应注意以下几点。

（1）一致指数、先行指数和滞后指数所包括的统计指标都应具有重要性、代表性、敏感性、时效性和可操作性，同时，指标数目应具有充分性。

（2）统计价值指标应进行价格因素的调整，使不同时期的统计指标的计价标准一致。

（3）采用月距和季距数据时，为了消除季节变动的影响，应考察各指标与上年同期对比的环比发展速度或环比增长率来计算合成指数。也可用其他方法进行季节调整。

（4）合成指数（HC）的权数 $W_i$ 的确定可采用各统计指标 $d_{it}$ 的相关系数作权数，也可采用专家评分法确定各统计指标的权数。合成指数（HC）的计算公式为

$$HC_t = \frac{\sum d_{it} W_i}{\sum W_i}$$

（5）应以景气综合指数波动的峰和谷的持续时间作为基准循环（基准周期）扩张长度和收缩长度的划分依据，而以峰和谷出现的具体时间作为基准日期。

（6）可借助景气综合指数走势图描述周期波动的过程和形态，确定基准循环和基准日期，测度周期长度和波动幅度，综合判断、预警和监测当前市场或经济运行所处的阶段和未来市场或经济运行的走势。景气综合指数走势图一般有综合景气指数走势图（如图 9-3 所示），先行指数和一致指数走势图（如图 9-4 所示），滞后指数和一致指数走势图（如图 9-5 所示）三种。

（7）根据景气综合指数数值的大小，可将景气状况区分为过热、趋热、稳定、趋降和过冷等 5 个区间（如图 9-3 所示），也可用红灯表示经济过热、用黄灯表示经济趋热或偏

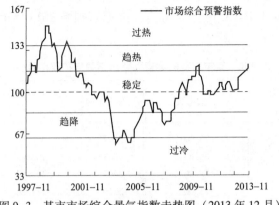

图9-3　某市市场综合景气指数走势图（2013年12月）

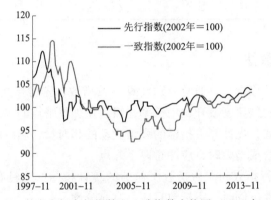

图9-4　某市市场先行指数和一致指数走势图（2013年12月）

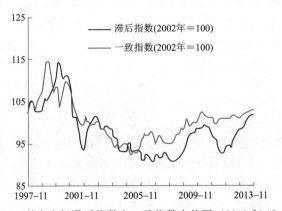

图9-5　某市市场滞后指数和一致指数走势图（2013年12月）

热、用绿灯表示经济稳定、用浅蓝灯表示经济趋降或偏冷、用蓝灯表示经济过冷，进而绘制景气综合指数信号图，借以判断、预警和监测当前市场或经济运行所处的阶段和未来的走势。

（8）利用景气综合指数外推预测，即根据领先指标变化的领先时间和变动方向，推测预测目标未来的变动趋向。预测时应注意：领先指标一般只能用于预示市场行情的走势或转折点，或者说只能指示未来落后指标的变动方向，但不能直接预测变化的幅度。

### 9.3.5　企业景气调查法

企业景气调查起源于 20 世纪 20 年代西方国家，此后在世界范围内得到了迅速推广和应用。我国从 1984 年起，国家统计局开始进行企业景气调查工作，涉及工业、建筑业、交通运输、批发和零售业、房地产业、社会服务业、信息业、餐饮业等行业的景气调查。

企业景气指数是依据企业景气调查而计算的企业综合生产经营的景气指数。企业景气调查是以问卷为调查形式，以定性为主、定量为辅，定性与定量相结合的景气指标为体系，以对宏观经济环境判断和微观经济状况判断相结合的意向调查为主要内容。通过对问卷数据汇总处理，计算有关景气指数来反映本期的实际景气状况和下期的景气状况的走势。

企业景气指数又称为企业景气度。它是对企业景气调查中的定性指标通过定量方法加工汇总，综合反映某一特定调查群体对某一社会经济现象所处的状态或发展趋势所作的综合判断的一种综合指标。主要有下列两种指数。

#### 1. 企业家信心指数

企业家信心指数又称"宏观经济景气指数"，是根据企业家对企业外部市场经济环境与宏观政策的认识、看法、判断与预期（通常为对"乐观""一般""不乐观"的选择）而编制的指数，用以综合反映企业家对宏观经济环境的感受与信心。

#### 2. 企业景气指数

企业景气指数也称"企业综合生产经营景气指数"，是根据企业家对本企业综合生产经营情况的判断与预期（通常为对"好""一般""不佳"的选择）而编制的综合指数，用以综合反映企业的生产经营状况。

企业家信心指数和企业景气指数的计算，通常将好或乐观、一般、不佳或不乐观的标准值分别定为 200、100、0，然后用问卷调查得到的频率作权数，采用加权平均法计算综合指数。

景气指数用纯正数的形式表示，其取值范围在 0%～200%，100 为景气指数的临界值；当景气指数大于 100 时，表明经济状况趋于上升或改善，处于景气状态；当景气指数小于 100 时，表明经济状况趋于下降或恶化，处于不景气状态。

【例 9-7】某地某年对 1 200 名工业企业家进行第三季度和第四季度的企业外部宏观经济环境判断调查，通过问卷资料汇总处理，得到表 9-7 的数据。

表 9-7　1 200 名企业家对宏观经济环境判断次数分布

| 宏观经济环境 | 好 | 一般 | 差 | 合计 |
|---|---|---|---|---|
| 上（三）季实际（人） | 720 | 430 | 50 | 1 200 |
| 频率/% | 60.00 | 35.83 | 4.17 | 100.0 |
| 本（四）季预计（人） | 950 | 226 | 24 | 1 200 |
| 频率/% | 79.17 | 18.83 | 2.00 | 100.0 |

由表 9-7 可知，1 200 名企业家认为第四季度的宏观经济环境好的频率为 79.17%，比第三季度提高 19.17 个百分点；认为一般的频率为 18.83%，比第三季度减少 17 个百分点；

认为差的频率为 2.0%，比第三季度减少 2 个百分点。因此，企业家们对第四季度宏观经济环境的信心大大增强。若计算企业家信心指数，则好、一般、差的标准值分别为 200、100、0，用频率作权数，则有

$$\frac{第三季度企业}{家信心指数} = \frac{(200 \times 60) + (100 \times 35.83 \times 0 \times 4.17)}{100} = 155.83$$

$$\frac{第四季度企业}{家信心指数} = \frac{(200 \times 79.17) + (100 \times 18.83 \times 0 \times 2.0)}{100} = 177.17$$

计算结果表明，第四季度企业家信心指数与第三季度相比提高 21.34 点，开创新高。需要指出的是，企业景气指数的编制比企业家信心指数要繁杂一点。因为调查的项目较多，编制企业景气指数时，应首先计算各项目的景气指数，然后用简单平均或加权平均（须规定各项目的权重）的方法求得综合企业景气指数。设 $K$ 为各项目的个体景气指数，$W$ 为权数，则综合企业景气指数为

$$\frac{综合企业}{景气指数} = \frac{\sum KW}{\sum W}$$

## 9.3.6　压力指数法

压力指数是两个有联系的统计指标的比率，其数值的大小反映了经济关系的变动，因而可作为市场预测的指南。常用的压力指数如下。

**1. 需求对供给的压力指数**

需求对供给的压力指数是指一定时期内的商品需求量占商品可供量的比率，用以量度需求对供给的压力。一般地，比率越大，则求大于供，价格趋于上涨；比率越小，则求小于供，价格趋于下跌；比率为 100% 时，则供求平衡，价格趋于均衡。计算公式为

$$\frac{需求对供给}{的压力指数} = \frac{商品需求量}{商品可供量} \times 100\%$$

**2. 需求对生产的压力指数**

需求对生产的压力指数是指一定时期的商品需求量占供给量中的生产量的比率，用以衡量需求对生产的压力。比率越大，则生产不足，价格趋于上涨；比率越小，则生产过剩，价格趋于下跌。此压力指数对农产品市场行情预测尤为合适。计算公式为

$$\frac{需求对生产}{的压力指数} = \frac{商品需求量}{商品生产量} \times 100\%$$

**3. 零售市场对农业生产的压力指数**

零售市场对农业生产的压力指数是指用一定时期的社会消费品零售额占农业总产值的比率来测定零售市场对农业生产的压力。比率越小，则市场农产品供应充足，物价总水平趋于稳定；比率越大，则市场农产品供应不足，市场压力大，物价总水平趋于上升。计算公式为

$$\frac{零售市场对农业}{生产的压力指数} = \frac{社会消费品零售额}{农业总产值} \times 100\%$$

**4. 结余购买力对零售市场的压力指数**

结余购买力对零售市场的压力指数是指一定时期内结余购买力占社会消费品零售额的比

率，用以评价结余购买力对零售市场的压力。比率值越大，市场压力越大；比率值越小，市场压力越小。特别是每百元零售额分摊的结余购买力过大，则意味着有较多的货币停留在流通中，物价总水平趋于上涨，通货膨胀较严重。计算公式为

$$\frac{结余购买力对零}{售市场压力指数} = \frac{居民储蓄余额 + 手存现金}{社会消费品零售额} \times 100\%$$

**5. 结余购买力对商品存货的压力指数**

结余购买力对商品存货的压力指数是指一定时期末的结余购买力占社会商业商品存货的比率，用以反映商品存货对结余购买力的保证程度。比率越小，结余购买力对商品存货的压力越小；比率越大，结余购买力对商品存货的压力越大。计算公式为

$$\frac{结余购买力对商品}{存货的压力指数} = \frac{居民储蓄余额 + 手存现金}{社会商业商品存货额} \times 100\%$$

此外，还有一些其他的压力指数，如耐用品生产对非耐用品生产的压力指数，家庭总户数增长率对可供住房单位面积增长率压力指数，股票收益对公司债券收益的压力指数，等等。压力指数虽不能预测变动幅度，但可作为事物变化的预兆，并可指示未来变化的方向。如果与其他预测方法配合使用，压力指数不失为有效的预测辅助手段。

# 9.4 因素分析预测法

因素分析预测法是凭借经济理论与实践经验，通过分析影响预测目标的各种因素的作用大小与方向，对预测目标未来的发展变化作出推断。因素分析预测法具有 3 个独特的作用：一是能够综合各种因素的影响而作出预测推断，使预测结论更为可靠；二是能够揭示经济现象之间的变动关系，在经济现象间的相互联系中作出有效的预测判断；三是能够采用一定的标准和方法，将诸多因素指标合并为一个综合性的指标，用以评价和预测各地市场需求的大小。

## 9.4.1 因素列举归纳法

因素列举归纳法是指将影响预测目标变动的因素逐一列举，并分析各种因素对预测目标作用的大小和方向，区分经济因素与非经济因素、可控因素与不可控因素、内部因素与外部因素、有利因素和不利因素，然后加以综合、归纳，推断预测目标未来的变化趋向。因素列举归纳法的基本程序如下。

（1）列举能观察到的影响预测目标变化的各种主要因素，并搜集有关资料。

（2）分析评价各种因素作用的大小、方向和程度，区分各种因素的性质，判断哪些因素导致预测目标变化趋于扩张，哪些因素导致预测目标变化趋于收缩，有利因素与不利因素谁居主导地位，等等。

（3）归纳推断预测目标未来变化的趋向。当有利因素居主导地位时，则未来前景看好，或需求上升，经济持续增长；若不利因素居主导地位时，则未来前景暗淡，或市场疲软，需求不振，或经济回升乏力，徘徊不前等。

例如，通过列举和分析国家方针政策、工农业生产、投资、职工工资、居民货币收支、储蓄存款、货币流通、财政收支、物价水平等因素的变化，可推断未来市场的变化趋向是景气，还是滑坡。

又如，通过列举和分析本年粮食总产量、年末生猪存栏和母猪存栏量、饲料供应、生猪购销价格、猪肉市场需求、养猪成本与收益、生猪流通等因素的变动，可推断下一年生猪市场的行情变化：是出栏增加，市场供应看好；还是出栏下降，市场供应趋紧。

## 9.4.2　相关因素推断法

经济现象之间的相互变动关系，在时间上有先行、后行关系与平行关系之分，在变动方向上有顺相关系与逆相关系之分。相关因素推断法是根据经济现象间的相互联系和相互制约关系，由相关因素的变动方向判断预测目标的变动趋向的一种预测方法。

**1. 顺相关系判断法**

顺相关系是指两个现象间的变动方向为同增同减的关系。如婴儿出生人数与婴儿用品需求量，结婚人数与结婚用品需求量，在校学生人数与文化用品需求量，汽车社会拥有量与汽油需求量，皮鞋销售量与皮鞋油销售量，洗衣机社会拥有量与洗衣粉需求量之间均属于同向变动的相关关系。利用顺相关系可以由相关现象的增加或减少，推断预测目标也会相应增加或减少。

**2. 逆相关系判断法**

逆相关系是指两个现象间的变动方向表现为此长彼消或一增一减的关系。例如，耐用品需求量与普及率，洗衣粉与肥皂，彩色电视机与黑白电视机，自动洗衣机与机械洗衣机，一般商品与中高档商品，以及同类商品中不同小类、规格、质量、包装的商品销售量之间，往往均表现为此长彼消的关系。利用逆相关系，可由相关现象的增加或减少，推断预测目标会向相反的方向变动。

相关因素推断法一般用于预测事物变动的趋向。如果要预测事物变动的数值或幅度，则可测算相关现象间的比例关系，由相关现象的数值推算预测目标的数值。

## 9.4.3　因素分解推断法

因素分解推断法，是指将预测目标按照一定的联系形式分解为若干因素指标，然后分别研究各种因素未来变动的方向、程度和结果，最后综合各种因素变动的结果，求出预测目标的总变动趋向和结果。

例如，农作物收获量可分解为播种面积和单位面积产量的乘积，在掌握播种面积资料的基础上，可通过单位面积产量的典型水平来预测农作物的收获量。

又如，一般商品需求量可分解为人均购买量（或消费量）与总人口两个因素指标的乘积，当掌握了人口和人均购买量资料时，则可预测一般商品的需求总量。预测计算式为

$$Q = \frac{C \cdot P_t \cdot (1 + P')}{W}$$

式中：$Q$——需求总量；

$C$——人均购买量或消费水平；

$P_t$——预测前期年末人口；

$P'$——人口自然增长率；

$W$——居民需求占社会需求的比重。

【例 9-8】某市本年年末人口为 124.582 万人，人口自然增长率为 3.5‰，猪肉人均消

费量为 20.5 kg。由于牛羊肉、水产品、家禽、鲜蛋消费趋增，猪肉消费水平呈减少趋势，预测明年为 18.5 kg，而居民猪肉需求量占社会需求量的比重约为 85%。据此预测该市明年猪肉需求总量为

$$Q = \frac{18.5 \times 124.582 \times (1 + 8.5‰)}{85\%} = 2\,734.5\,(\text{万 kg})$$

当预测目标因素指标的联系形式表现为各因素指标相加等于预测目标的总量指标，且能较容易预测各因素指标未来的增长率时，则可利用下列公式确定预测值。

$$Y_{t+1} = Y_t(1 + \frac{\sum X'W}{\sum W})$$

式中：$Y_t$——预测目标的本期实际值；

$Y_{t+1}$——下期预测值；

$X'$——因素指标下期增长率；

$W$——因素指标占预测目标数值的比重。

【例 9-9】某市本年消费品零售额为 83.7 亿元，其中城市零售额占 55%，农村零售额占 45%。据预测明年城市零售额将增长 15.8%，农村零售额将增长 13.6%，则明年消费品零售总额为

$$\hat{y}_{t+1} = 83.7 \times (1 + \frac{15.8 \times 55 + 13.6 \times 45}{100}) = 96.1\,(\text{亿元})$$

此外，有些因素指标与预测目标之间的联系表现为各因素指标相减等于预测目标，如企业利润总额等于企业总收入抵减成本、费用、税金等各项支出的余额。因此；采用因素分解综合推断法进行预测时，必须注意采用合适的联系形式将预测目标分解为若干因素指标，必须注意各因素指标的预测分析应力求准确，才能保证预测的最终预测结果的准确性。

## 9.4.4　购买力区域指数法

购买力区域指数是衡量不同地区需求程度的综合性评价指标，又称市场潜在需求指数。它的计算过程是：选择若干相互联系又相互独立的能决定市场需求潜力大小的因素指标，如各地总户数或总人口、各地居民收入或国内生产总值、各地商品零售额等，采用一定的标准和核算方法，将各因素指标合并为一个综合性的指标，即购买力区域指数。它既可用于判断各地市场需求潜力的大小，又可用于推算各地的市场需求潜力。购买力区域指数按照因素指标合并的标准和方法不同，可分为以下两种。

### 1. 比重法购买力区域指数

比重法购买力区域指数，通常是以各地区的总户数、居民收入或国内生产总值、商品零售额的比重指标为基础，采用加权平均法合并为一个综合性的指数来作为购买力区域指数。权数一般为：总户数为 2，收入性指标为 5，商品零售额为 3。

【例 9-10】用比重法计算购买力区域指数如表 9-8 所示，其中 A 市购买力指数计算如下。

$$\text{A 市购买力指数} = \frac{12.18 \times 2 + 43.44 \times 5 + 33.99 \times 3}{10} = 34.353\%$$

其他市的购买力指数计算方法相同。从表中可看出 A 市购买力最高，其次是 D 市和 E 市，C 市的购买力最弱。若已知汽车在该地区的总需求量为 44 千台，则可用购买力指数推算各市的销售潜量，如表最右一栏。

表 9-8　某地购买力区域指数计算表

| 地区 | 总户数比重/% | 国内生产总值比重/% | 商品零售额比重/% | 购买力区域指数/% | 汽车潜在需求量/千台 |
|---|---|---|---|---|---|
| A 市 | 12. 18 | 43. 44 | 33. 99 | 24. 353 | 15. 12 |
| B 市 | 15. 81 | 8. 24 | 11. 65 | 10. 777 | 4. 74 |
| C 市 | 8. 65 | 6. 93 | 10. 36 | 8. 303 | 3. 65 |
| D 市 | 14. 95 | 12. 17 | 11. 22 | 12. 441 | 5. 47 |
| E 市 | 15. 06 | 11. 15 | 12. 27 | 12. 298 | 5. 42 |
| F 市 | 14. 40 | 10. 97 | 10. 26 | 11. 433 | 5. 03 |
| G 市 | 18. 95 | 7. 10 | 10. 15 | 10. 385 | 4. 57 |
| 合计 | 100. 00 | 100. 00 | 100. 00 | 100. 00 | 44. 00 |

### 2. 比较法购买力区域指数

比较法购买力区域指数，是以比较相对数表示不同区域的购买力大小。计算时，通常将选择的若干反映购买力大小的因素指标区分为质因素和量因素两大类，并以某典型地区的水平作为基准，通过计算比较相对数来构造综合性的购买力指数。其中质因素主要是一些平均指标，如人均国内生产总值、职工年均工资、农民年均收入、人均储蓄余额及人均商品零售额等。量因素主要是反映消费规模的因素指标，如总人口或家庭总户数。

【例 9-11】表 9-9 是某地区比较法购买力指数计算表，其中以甲县作为对比的基准（购买力指数定为 100%），其他地区的购买力指数计算公式为

$$购买力指数 = 质因素平均值 \times 占甲县人口百分率$$

若要预测某一商品在各地的市场需求潜量，即以各地的购买力指数分别乘商品在甲地的估计需求量即可。如甲县某商品的估计需求量为 8 500 吨，则其他各县潜在需求量分别为 8 066.5 吨、5 744.3 吨、8 857 吨。

表 9-9　某地购买力区域指数计算表

| 因素 | 甲县 | 乙县 | 丙县 | 丁县 |
|---|---|---|---|---|
| 1. 人均国内生产总值/元 | 4 470 | 8 319 | 5 271 | 4 659 |
| 　　占甲县/% | 100. 00 | 186. 11 | 117. 92 | 104. 23 |
| 2. 职工年均工资/元 | 11 396 | 12 756 | 10 804 | 12 448 |
| 　　占甲县/% | 100. 00 | 111. 93 | 94. 81 | 109. 23 |
| 3. 农民年均收入/元 | 3 021 | 4 149 | 3 252 | 3 042 |
| 　　占甲县/% | 100. 00 | 137. 34 | 107. 65 | 100. 70 |
| 4. 人均储蓄金额/元 | 3 612 | 3 822 | 2 316 | 1 866 |
| 　　占甲县/% | 100. 00 | 211. 63 | 128. 24 | 103. 32 |
| 5. 人均商品零售额/元 | 1 434 | 2 070 | 1 992 | 1 542 |
| 　　占甲县/% | 100. 00 | 144. 35 | 138. 91 | 107. 53 |

| 因　素 | 甲县 | 乙县 | 丙县 | 丁县 |
|---|---|---|---|---|
| 质因素相对数平均值 | 100.00 | 158.27 | 117.51 | 105.00 |
| 量因素：总人口/万人 | 131.78 | 79.02 | 75.79 | 130.78 |
| 占甲县/% | 100.00 | 59.96 | 57.51 | 99.24 |
| 购买力指数/% | 100.00 | 94.90 | 67.58 | 104.20 |

# 9.5　直接推算预测法

直接推算预测法是带有定量性质的定性预测方法，即利用有关指标之间的相互关系，在分析研究的基础上，作出有根据的数量化的判断预测。直接推算预测法的意义主要表现在 3 个方面：① 能够根据生产经营的实际进程，判断和预报经营目标能否实现，以便采取调控措施；② 能够根据局部与总体之间或现象之间的数量关系，由已知指标数值推测未知现象的数值及其变化；③ 可以利用有关经济指标之间的平衡关系，由已知指标的数值预测所需的指标数值。直接推算法的具体方法很多，主要有以下几类。

## 9.5.1　进度判断预测法

进度判断预测法是根据生产经营的进度，通过分析今后的发展趋势、有利因素与不利因素，对今后和全时期的生产经营情况作出预测。它又可分为以下几种。

**1. 增减趋势推算法**

增减趋势推算法是在前段实际水平的基础上，综合分析后段各种变化因素，判断变化趋势以确定后段的增减率，进而预测后段和全期可能达到的总水平，并判断经营目标能否实现的一种预测方法。

【例 9-12】某企业某年商品销售目标为 5 100 万元，1—3 季度累计实现销售额为 3 850 万元，其中第 3 季度为 1 280 万元。预计第 4 季度商品销售处于旺季，将比第 3 季度增长 3%。据此判断全年销售目标的完成程度为

$$预计销售目标完成程度 = \frac{3\,850 + 1\,280 \times (1 + 3\%)}{5\,100} \times 100\% = 101.34\%$$

**2. 序时平均法**

序时平均法是先计算前段时期的实际（日、月、季）平均数，然后分析后期各种变化因素的影响，在前期序时平均数的基础上预计后期可能达到的序时平均水平，根据剩余时间推算后期及全期可能达到的总水平的一种预测方法。

【例 9-13】某企业某月销售目标为 800 万元，全月 30 个营业日，1-20 日累计销售额 540 万元，日平均销售额 27 万元。根据有关资料分析，现有商品存货不足，因运输问题商品采购又不能及时到货，下旬日销售将减少 3 万元。据此推算预计销售目标完成程度为

$$预计销售目标完成程度 = \frac{540 + (27 - 3) \times 10}{800} \times 100\% = 97.5\%$$

**3. 季节比重推算法**

季节比重推算法的预测过程是：当生产经营活动具有季节性时，可先计算本年内前期实

际累计数，再根据历史资料分析已往同期累计数占已往全时期实际数的比重（季节比重），最后用前期实际累计数除以季节比重，即可预测全时期可能达到的总水平及经营目标的实现程度。

**【例 9-14】** 某企业某年商品销售目标为 8 500 万元，1—3 季度累计销售额 5 985 万元，据历史资料分析，1—3 季度销售额约占全年的 69.5%，因而可预计

$$\frac{\text{全年销售目标}}{\text{预计完成程度}} = \frac{5\ 985 \div 69.5\%}{8\ 500} = 101.31\%$$

$$\text{第 4 季度销售额} = \frac{5\ 985}{69.5\%} - 5\ 985 = 2\ 626.5(\text{万元})$$

进度判断预测法主要用于判断一定时期内经营目标能否实现，是一种近期预测。预测的准确性主要取决于对后段水平的推算是否接近实际。因此，必须综合各种因素的影响，对后段情况作出较为切合实际的判断预测。

## 9.5.2 比重推算法

比重推算法是利用总体中局部数值占总体数值的比重，根据总体的数值推算局部的数值，或根据局部数值推算总体数值，也可根据总体中各组比重变化推断现象发展趋向的一种预测方法。在市场预测中，比重推算法主要应用于以下 4 个方面。

**1. 需求构成预测**

利用比重推算法预测需求构成，即利用社会消费品购买力或社会消费品零售额的商品类别构成的统计特性，在分析判断未来需求构成变化趋向的基础上，根据预测期的社会消费品购买力推算各类商品购买力投向。也可利用比重推算法，由大类商品总需求推算小类商品需求，由小类商品需求推算具体商品需求。

**【例 9-15】** 某县预测期消费品购买力 30 亿元。根据历史资料分析，预测期各类商品购买力的比重将分别为：食品类 55.0%、衣着类 18.5%、用品类 21.2%、燃料类 2.1%、药品类 3.2%。据此推算各类商品购买力分别为 16.5、5.55、6.36、0.63 和 0.96 亿元。

**2. 市场占有率预测**

市场占有率是指一个企业的商品销售额（量）在一定范围的市场销售中所占的比重。比重越大，企业的市场占有率越高，市场竞争力越强；反之，则不然。计算公式为

$$\text{市场占有率} = \frac{\text{本企业商品销售额（量）}}{\text{市场商品销售总额（量）}} \times 100\%$$

利用市场占有率进行预测，又称转导预测法，即根据已有的有关宏观市场的预测值，或政府机关发布的有关预测指标作为企业销售预测的基础，利用企业的市场占有率推算本企业的销售预测值。预测时，首先应根据历史资料分析本行业或本企业市场占有率的变化趋向，结合预测期的市场竞争情况，确定合适的市场占有率以用于预测推算。

**【例 9-16】** 某市经测算明年社会消费品购买力为 12.18 亿元，而某综合零售商店的销售额一般占社会消费品购买力的 2.8%。经分析该商店明年将扩大经营品种，改善购物环境，加大推销力度，市场占有率将上升到 3.0%。因而推算该商店明年的商品销售额为

$$\text{某商店明年商品销售额} = 12.18 \times 3.0\% = 0.365\ 4\ (\text{亿元})$$

**【例 9-17】** 某市本年度社会消费品零售额 18.5 亿元，预计明年将比本年增长 12%。根

据已往年度的数据分析，食品类零售额占 55%，而市副食品公司销售额占食品类零售额的 12%，某副食品商店的销售额占副食品公司销售额的 18%。据此推算该副食品商店的销售潜量为

$$某副食品商店销售潜量 = 18.5 \times （1+12\%）\times 55\% \times 12\% \times 18\%$$
$$= 0.246\ 154（亿元）$$

**3. 以销定进构成预测**

以销定进构成预测是指贸易企业根据以销定进的原则，平时对某类商品或某种商品的销售量按品种、规格、牌号等标志进行分组统计，并计算其比重，然后根据既定的进货总量按销售构成推算各品种、规格、牌号等具体商品的进货数量。由此而推算的商品进货分布量，既能较好地反映市场的不同需求，又能尽量减少盲目进货导致的商品积压。对于工业企业来说，可采用以销定产或以需定产的方法进行预测分析。

**4. 总体结构变动趋向预测**

总体内部结构变动往往具有此长彼消的统计规律，即某些类别的比重上升，则另一些类别的比重下降。例如，随着居民收入的递增，居民食物支出占总支出的比重（恩格尔系数）减少，而日用品、交通通信和娱乐用品的支出比重上升。随着农村经济的发展和农民收入的提高，农村零售额占社会商品零售额的比重上升，城镇零售额所占比重下降，等等。

用比重推算法判断总体结构的变动趋向，一般应搜集历年的具有多种分组的统计数据，并计算每一分组的比重指标，然后从历年比重的动态变化中，判断现象总体结构中各组成部分的此长彼消的变动趋向。

## 9.5.3　比例推算法

比例推算法是根据有关指标或有关现象之间的比例关系，由已知指标数值推算预测对象数值的方法。预测时应注意：一是应根据历史资料并结合预测期有关因素确定合适的比例值；二是作为推算基础指标的数值应是已知的，或者应比预测对象的数值容易确定。比例推算法的具体方法如下。

**1. 结构性比例法**

结构性比例法是利用总体中局部与局部之间的比例关系，由已知部分的数值推算其他部分及其总体数值的一种预测方法。

【例 9-18】某企业预测明年本企业商品零售额为 1 258 万元，而批发与零售的比例一般为 1.25∶1，因而预测批发销售额为 1 573 万元，商品销售总额为 2 831 万元。

**2. 相关性比例法**

相关性比例法是利用有关现象之间的相关关系形成的比例，从已知现象数值推测另一现象数值的一种预测方法。

【例 9-19】某市国内生产总值与社会商品零售额的关系很密切，二者的比例一般为 1∶0.33～1∶0.38，据预测明年国内生产总值可达 169.8 亿元。据此推算明年社会商品零售额为 56.03～64.52 亿元。

【例 9-20】某地汽油、柴油、润滑油的销售比例一般为 1.5∶1∶0.12，而预测明年柴油销售量为 53 180 吨，据此可推算

$$汽油销售量 = 53\ 180 \times 1.5 = 79\ 770（吨）$$

$$润滑油销售量 = 53\ 180 \times 0.12 = 6\ 381.6\ （吨）$$

**3. 比例联测法**

比例联测法是以某地市场需求观测为基础，运用比例法推算其他地区的市场需求量的一种预测方法。推算公式为

$$乙地需求量 = 甲地需求量 \times \frac{乙地销售量}{甲地销售量}$$

$$= 甲地需求量 \times 乙地占甲地销售的比例$$

**【例9-21】**本年度甲地汽车销售量为43 880辆，乙地销售量为41 379辆，丙地销售量为37 520辆。据预测明年甲地汽车销售量为46 250辆，用比例联测法预测乙、丙两地明年汽车销售量为

$$乙地销售量 = 46\ 250 \times \frac{41\ 397}{43\ 880} = 43\ 614（辆）$$

$$丙地销售量 = 46\ 250 \times \frac{37\ 520}{43\ 880} = 39\ 546（辆）$$

## 9.5.4　消耗水平推算法

消耗水平推算法，主要是利用工农业生产中某些生产资料的单位消耗量来推算预测期的生产资料需求量。

**【例9-22】**根据预测期棉纱生产和重点纺织企业的棉纱单位耗棉量，可推算预测期的棉花需求量。根据预测期原煤生产总量和重点煤炭企业的单位原煤的坑木、火药、钢材、电力的消耗量，推算原煤生产所需的各种生产资料。如某棉纺企业拥有棉纺机180台，每台410锭，棉纺锭设备利用率95%，设备日工作16小时，年工作300天，每千锭时平均产纱量22.8 kg，每吨棉纱用棉量为1 080 kg。预测期设备总数不变，但设备利用率可提高到96%，每吨棉纱用棉量可降低到1 070 kg。据此可预测

$$棉纱年产量 = 180 \times 410 \times 96\% \times 16 \times 300 \times \frac{22.8}{1000} = 7\ 753.6\ （吨）$$

$$棉花需要量 = 7\ 753.6 \times 1.08 = 8\ 373.9\ （吨）$$

农业生产资料需求预测，可根据历史资料计算单位耕地或播种面积的生产资料额、化肥量、化学农药量、农用柴油量、农用薄膜量等消耗水平，在分析未来变化因素的基础上，确定预测期的消耗水平，则可用耕地或播种面积乘以消耗水平推算农业生产资料的需求量。

## 9.5.5　平衡推算法

平衡推算法是利用有关经济指标之间的平衡关系，来推算所要预测的指标数值。一般程序是先搜集和整理与预测指标有关的各种经济指标的数值，编制平衡表，如居民货币收支平衡表、商品产销平衡表、商品购销存平衡表、企业财务收支平衡表，然后根据所编制的平衡表及其平衡关系，由已知指标的数据来预测所需的指标数值。

**【例9-23】**某大型超市年末商品存货为1 880万元，经分析存货规模过大，要求今年压缩存货380万元，即各月月末存货控制在1 500万元左右；上年度商品销售利润率为5.4%，预计今年保持不变；目标利润今年定为980万元。另据测算上年度商品综合进销差率（毛

利率）为 15.4%，今年也维持不变，要求预测今年的商品销售额和商品采购额。

$$年商品销售额 = \frac{目标利润}{商品销售利润率} = \frac{980}{0.054} = 18\ 148.15（万元）$$

$$年商品采购额 = 年末存货额 + [商品销售额 ×（1-综合毛利率）] - 年初储存额$$
$$= 1\ 500 + [18\ 148.15 ×（1 - 15.4\%）] - 1\ 880$$
$$= 14\ 973.33（万元）$$

## 9.5.6　均衡点分析法

均衡点分析法是利用收支平衡的原理，测定经济现象中收支均衡的数量界限，作为预测决策的依据。一般来说，收入、支出、盈余之间具有下列 3 种关系。

（1）收>支：盈余为正数（盈利）。

（2）收<支：盈余为负数（亏损）。

（3）收=支：盈余为 0（盈亏临界点）。

收支均衡点分析的基本原理就是利用以上关系，用以测定收等于支的数量界限。如保本销售额、保本储存期、经济进货批量等，都是利用这一基本原理而测定的。

**1. 保本保利销售额（量）分析**

保本保利销售额（量）分析又称量、本、利分析，是通过保本销售额（量）和保利销售额（量）进行预测决策的一种均衡分析法。一般来说，企业的商品销售额、固定成本、变动成本和利润之间具有如下关系。

$$利润 = 商品销售额 - 固定成本 - 变动成本$$
$$= 商品销售额 - 固定成本 -（商品销售额 × 变动成本率）$$

令利润=0，则保本商品销售额为

$$保本商品销售额 = \frac{固定成本}{1 - 变动成本率}$$

保本商品销售额就是保持不盈不亏的商品销售额。测算时，应将经营成本分为变动成本和固定成本。其中变动成本是随商品销售额变动而成比例变动的成本，如商品销售进价成本、经营费用、销售税金及附加、资金利息等；固定成本是不随商品销售额变动而变动的成本，包括各项管理费用和一次性财务费用等。

保利销售额就是在既定的目标利润的前提下，企业应实现的最低限度的商品销售额。计算公式为

$$保利销售额 = \frac{固定成本 + 目标利润}{1 - 变动成本率}$$

**【例 9-24】** 某企业本年度商品销售额 5 760 万元，变动成本 4 896 万元，固定成本 760 万元，预测明年固定成本将增加 80 万元，目标利润定为 150 万元，求保本、保利销售额。

**解**
$$保本销售额 = \frac{760 + 80}{1 - \left(\dfrac{4\ 896}{5\ 760}\right)} = 5\ 600\ 万元$$

$$保利销售额 = \frac{760 + 150}{1 - \left(\dfrac{4\ 896}{5\ 760}\right)} = 6\ 627\ 万元$$

在实际工作中，也可测算具体商品的保本销售量和保利销售量，具体计算时，可根据上述公式先求出具体商品的保本、保利销售额、再除以商品单价即可，或用下列公式计算

$$保本销售量 = \frac{固定成本}{销售单价 - 单位商品变动成本}$$

$$保利销售量 = \frac{固定成本 + 目标利润}{销售单价 - 单位商品变动成本}$$

### 2. 商品储存保本保利期分析

商品储存保本保利期分析，是指在商品购、销价格既定的条件下，按照商品储存期间平均每日开支的利息、保管费等，测算商品从购进到销售保持不盈不亏本的最长储存期（保本期）和实现目标利润的商品储存期（保利期），作出对商品储存进行控制的预测与决策。

商品储存保本期是指商品从购进到销售保持不盈不亏的最长储存期。一般来说，商品在储存环节的费用可分为固定费用（工资、福利费、修理费、折旧、税金等）和变动费用（保管费、资金利息等），商品毛利额减去这两大费用就是商品储存创利额。

$$\frac{商品储存}{创利额} = \frac{商品毛}{利额} - \frac{固定}{费用} - \left( \frac{商品储}{存期} \times \frac{日变动}{费用} \right)$$

令商品储存创利额＝0，则商品储存保本期为

$$\frac{商品储存}{保本期} = \frac{商品毛利额 - 固定费用}{日变动费用}$$

$$= \frac{商品毛利率 - 固定费用率}{日变动费用率}$$

商品储存保本期是最长储存期，商品在保本期内销售掉，就能取得一定的利润，超过保本期销售就会发生亏损。而商品储存保利期是指为了实现一定的目标利润，商品从购进到销售的商品储存天数，如果商品在保利期内销售掉就能实现既定的利润；反之，则不然。计算公式为

$$\frac{商品储存}{保利期} = \frac{毛利额 - 固定费用 - 目标利润}{日变动费用}$$

$$= \frac{毛利率 - 固定费用率 - 目标利润率}{日变动费用率}$$

【例 9-25】某企业购进某商品 400 台，进价 250 元/台，销售价 295 元/台，毛利额为 1 800 元，毛利率为 15.25%，据有关资料测算，固定费用一般占销售额的 4.5%，日变动费用率为 0.178%，目标利润率为 4%，求商品储存保本、保利期。

**解**　　　$$商品储存保本期 = \frac{0.1525 - 0.045}{0.00178} = 60 （天）$$

$$商品储存保利期 = \frac{0.1525 - 0.045 - 0.04}{0.00178} = 38 （天）$$

### 3. 经济采购批量分析

经济采购批量是指采购费用和储存费用最低的每次进货数量，又称最优批量。当期内商品进货总量 $U$。既定的条件下，采购费用与进货批量（$E$）成反比，即进货批量越大，采购次数越少，总采购费用就少。而储存费用与进货批量成正比，即进货批量越大，支付的储存

费用就高。设 $C_1$ 为每次采购费用，$C_2$ 为单位商品储存费用，则总费用为

$$\text{总费用} = \text{采购费用} + \text{储存费用}$$

$$= \frac{U}{E}C_1 + \frac{E}{2}C_2$$

其中，$E/2$ 表示平均储存量，即每次采购到货时，储存量达到最高，随后逐步减少到 "0"，故有 $E/2$。由于采购费用和储存费用均为采购批量的函数，这两个函数的相交点（均衡点）是采购费用＝储存费用。即

$$\frac{U}{E}C_1 = \frac{E}{2}C_2$$

解得

$$E = \sqrt{\frac{2C_1U}{C_2}}$$

这就是经济采购批量的计算公式。在这一批量进货模型中，商品本身的单价与进货量无关。但在很多时候，当进货批量达到一定数量时，而供货方往往给予一定的折扣优惠，为此，需要确定价格折扣的优惠批量。

设 $E'$ 为享受价格折扣的进货批量，$P$ 为商品单价，$P'$ 为折扣后的单价，则不享受价格折扣的进货批量的总费用成本 $Z(E)$ 为

$$Z(E) = UP + \frac{U}{E}C_1 + \frac{E}{2}C_2$$

而享受价格折扣的进货批量的总费用成本 $Z(E')$ 为

$$Z(E') = UP' + \frac{U}{E'}C_1 + \frac{E'}{2}C_2$$

若 $Z(E') < Z(E)$，则 $E'$ 为可行的进货批量；若 $Z(E') > Z(E)$，则 $E$ 为可行的进货批量。

【例9-26】某单位经营某商品，月销售量约需1 200件，根据已往资料，每次采购费用 $C_1 = 30$ 元，每件商品每月储存费用 $C_2 = 0.2$ 元。商品进价为10元，若一次购进1 200件，价格可降低5%，即9.5元，试确定进货批量。

$$E = \sqrt{\frac{2 \times 1\ 200 \times 30}{0.2}} = 600 \text{ 件／次}$$

$$Z(E) = 10 \times 1\ 200 + \frac{1\ 200}{600} \times 30 + \frac{600}{2} \times 0.2$$

$$= 12\ 120 \text{（元）}$$

$$Z(E') = 1\ 200 \times 9.5 + \frac{1\ 200}{1\ 200} \times 30 + \frac{1\ 200}{2} \times 0.2$$

$$= 11\ 550 \text{（元）}$$

由于 $Z(E') < Z(E)$，即 11 550<12 120，所以 $E'$ 是可行的进货量，即作出享受价格折扣的决策，即每次购进1 200件，每月只进货一次。

1. 销售人员和业务主管人员意见综合预测法有何异同？
2. 专家会议法有哪些种类？应注意什么问题？
3. 特尔菲有何特点？预测程序怎样？如何处理预测结果？
4. 商品经济寿命周期的一般形态怎样？有哪些特殊形态？影响因素有哪些？
5. 判断商品经济寿命周期所处的阶段有哪些方法？
6. 市场景气预测有何意义？有哪些预测方法？
7. 什么是企业家信心指数和企业景气指数？
8. 因素分析预测法有哪些具体方法？
9. 直接推算法有哪些具体方法？
10. 均衡点分析法的基本原理是什么？有哪些具体方法？

### 案例9-1  某地彩电市场需求预测分析

设某地有关彩色电视机市场需求的有关资料如下，要求先对明年的彩电市场需求进行预测分析，然后编写一篇有关彩色电视机市场需求的预测报告。

1. 去年年末城乡居民家庭单位分别为23.8和98.8万户；近5年年均增长率分别为2.8‰和3.2‰。

2. 近8年城乡居民家庭彩电拥有量（台/百户）为：

| 城镇： | 65.6 | 69.7 | 73.2 | 75.5 | 77.6 | 79.4 | 81.2 | 82.8 |
| 农村： | 3.23 | 6.82 | 9.10 | 11.2 | 14.4 | 17.6 | 20.9 | 24.7 |

3. 据统计，居民彩电需求占社会总需求的80%。

4. 据问卷调查；城乡居民购买彩电规格选择分布如下。

| 规格（寸）： | 20以下 | 21 | 25 | 29 | 34 | 38 | 43 | 50 |
| 城镇（%）： | 0 | 10.0 | 17.8 | 25.4 | 36.6 | 10.2 | 6.4 | 3.8 |
| 农村（%）： | 18.2 | 23.6 | 38.8 | 10.2 | 6.8 | 2.4 | 0.0 | 0.0 |

5. 据问卷调查，城乡居民购买彩电品牌选择分布如下。

| 品牌： | TCL | LG | 海尔 | 康佳 | 创维 | 其他 | 进口品牌 |
| 城镇（%）： | 23.6 | 8.4 | 24.1 | 16.2 | 7.7 | 8.6 | 11.4 |
| 农村（%）： | 28.3 | 8.4 | 32.2 | 14.8 | 8.2 | 8.1 | 0.0 |

6. 据问卷调查，城乡居民购买彩电平面选择如下。

| 类型： | 纯平 | 背投 | 超平 | 直角平面 | 其他 |

| 城镇（%）: | 21.6 | 18.8 | 25.8 | 23.8 | 10.0 |

7. 据问卷调查，城乡居民购买彩电价格选择分布如下。

| 价格: | 1 000元<br>以下 | 1 000～<br><2 000元 | 2 000～<br><3 000元 | 3 000～<br><5 000元 | 5 000元<br>及以上 |
| --- | --- | --- | --- | --- | --- |
| 城镇（%）: | 5.7 | 21.8 | 43.5 | 18.6 | 10.4 |
| 农村（%）: | 9.8 | 48.6 | 32.8 | 8.8 | 0.0 |

8. 据问卷调查，城乡居民购买彩电关注的因素分布如下。

| 因素: | 质量 | 服务 | 价格 | 功能 | 其他 |
| --- | --- | --- | --- | --- | --- |
| 城镇（%）: | 38.6 | 43.4 | 8.3 | 5.4 | 4.3 |
| 农村（%）: | 32.4 | 35.8 | 20.4 | 8.6 | 2.8 |

9. 明年彩电需求扩大的主要因素有：

（1）城乡居民收入可望保持持续增长，预计增长率将保持10.2%左右；

（2）彩电供大于求，价格下调可望刺激彩电需求，特别是农村需求；

（3）城镇彩电普及率虽高，但许多家庭已进入以旧换新的购买期；

（4）厂商的市场竞争，宣传与推广力度加大，有利于扩大市场需求；

（5）随着农民收入提高，电网改造到位，消费设施的完善，农村彩电需求将不断扩大。

**案例9-2 某市食品市场需求预测分析**

设某市近8年的有关食品市场需求的统计资料如下。要先作预测分析，然后编写一篇食品市场需求预测分析报告。

| | | | | | | | | |
| --- | --- | --- | --- | --- | --- | --- | --- | --- |
| 总人口（万人） | 98.9 | 104.5 | 109.7 | 114.9 | 118.6 | 121.5 | 124.8 | 128.2 |
| 可支配收入（元/人） | 12 577 | 13 496 | 14 283 | 14 838 | 15 160 | 15 425 | 15 854 | 16 280 |
| 消费性支出（元/人） | 11 131 | 11 851 | 12 538 | 13 920 | 13 186 | 13 332 | 13 616 | 13 998 |
| 其中：食品 | 4 258 | 4 422 | 4 766 | 4 905 | 4 943 | 4 927 | 4 932 | 4 988 |
| 粮食（kg/人） | 97.8 | 101.7 | 97.0 | 88.6 | 86.7 | 84.9 | 88.6 | 82.3 |
| 鲜菜（kg/人） | 120.6 | 120.7 | 116.5 | 118.5 | 113.3 | 113.8 | 114.9 | 114.7 |
| 食用植物油：（kg/人） | 7.1 | 7.5 | 7.2 | 7.1 | 7.3 | 7.6 | 7.8 | 8.2 |
| 猪肉：（kg/人） | 17.4 | 17.1 | 17.2 | 17.1 | 15.3 | 15.9 | 16.6 | 16.7 |
| 牛羊肉：（kg/人） | 3.4 | 3.1 | 3.2 | 3.3 | 3.7 | 3.3 | 3.1 | 3.3 |
| 家禽：（kg/人） | 3.7 | 4.1 | 4.0 | 4.0 | 4.9 | 4.7 | 4.9 | 4.8 |
| 鲜蛋：（kg/人） | 8.9 | 9.6 | 9.7 | 9.6 | 11.1 | 10.8 | 11.5 | 11.8 |
| 水产品：（kg/人） | 8.2 | 8.5 | 9.2 | 9.3 | 9.3 | 9.8 | 10.3 | 11.7 |
| 食糖：（kg/人） | 1.8 | 1.9 | 1.7 | 1.8 | 2.1 | 1.9 | 1.8 | 1.9 |
| 酒：（kg/人） | 9.7 | 10.0 | 9.9 | 9.7 | 9.6 | 9.7 | 9.6 | 10.0 |

其他市场调查资料如下。

1. 居民食品需求约占整个社会食品消费需求的75%。

2. 粮食消费需求中，居民对细粮、杂粮需求比重有所上升，对普通米、普通面粉需求比重有所减少。

3. 蔬菜消费需求中，居民对无公害蔬菜、反季节蔬菜需求大。

4. 食用植物油需求中，居民对精炼茶油、菜油、豆油、花生油等需求扩大。

5. 猪肉消费需求中，居民对不含激素的瘦肉制品、香肠需求大。

6. 牛羊肉消费需求中，黄牛肉及其制品、黑山羊肉及其制品销售走俏。

7. 家禽消费需求中，居民喜爱土鸡、土鸭及其制品。

8. 蛋品消费需求中，居民喜爱土鸡蛋、土鸭蛋及其蛋制品。

9. 水产品消费需求中，居民对海水产品、特种淡水产品需求扩大。

10. 酒类消费需求中，啤酒、果酒需求比重升，白酒需求比重下降；高度酒需求比重趋降，中低度酒需求比重趋增；名酒需求比重扩大，非名酒需求比重缩减。

11. 食糖消费需求中，居民对名优白砂糖、赤砂糖、冰糖需求相对稳定，名优糖果销售走势好。

# 第 10 章

# 市场定量预测法

本章主要介绍市场预测中常用的一些定量预测方法和模型的识别、估计、检验和预测应用的基本知识和基本方法。常用的定量预测方法主要有时间序列预测法、回归分析预测法、经济计量模型预测法等。

## 10.1 时间序列预测法

### 10.1.1 时间序列预测法概述

时间序列预测法是根据预测目标自身的时间序列的分析处理，揭示其自身发展变化的特征、趋势和规律，建立预测模型外推预测事物未来可能达到的规模、水平或速度。

时间序列中各项发展水平的变化是由多种因素共同作用的结果，不同性质的因素所起的作用不同，其运动变化的形式也不同。通常将时间序列（$Y$）按各种因素作用的效果不同分为下列 4 种变动形式。

**1. 长期趋势（$T$）**

长期趋势是指现象在较长时期内的总的变化趋向。它是长期的连续的有规律可循的变动，表现为数列各期的水平、增量或速度具有某种统计特性。长期趋势是各个时期普遍的、持续的、决定性的基本因素作用的结果。

**2. 季节变动（$S$）**

季节变动是指一年或更短的时间内现象受自然和社会因素的影响而引起的周期性变动。一般以一年 12 个月，或 4 个季度，或一个星期作为变动周期，周期效应是可预见的。

**3. 循环变动（$C$）**

循环变动是指现象以若干年为周期的变动。与季节变动不同，引起循环变动的原因是错综复杂的，变动的周期长度不同，上下波动的幅度也不相同。

**4. 随机波动（$I$）**

随机波动是指现象受意外和偶然因素而引起的无规律可循的波动，如水灾、旱灾、意外事故、突发性事件、测度误差等引起的波动。

上述 4 种变动中，长期趋势和季节变动都是有数量规律可循的变动，两者又合称常态变动；循环变动和随机波动一般难以预见，有时将两者作为剩余变动来处理。

时间序列预测法是设法消除随机波动的影响，揭示长期趋势、季节变动和循环变动的规律，因而形成了长期趋势分析，季节变动分析和循环变动测定等一系列的时序分析预测方法。基本原理是将原数列 $Y$ 的数值分解为长期趋势、季节变动、循环变动和随机波动，然后进行预测分析。按照这 4 种变动的数值结合形式不同，有下列 3 种模式。

$$乘法模式：Y = T \times S \times C \times I$$

$$加法模式：Y = T + S + C + I$$

$$混合模式：Y = T \times S + C \times I$$

在乘法模式中，$T$ 采用与原数列 $Y$ 一致的单位，$S$、$C$、$I$ 均以比率的形式与 $T$ 相乘。在加法模式中，4 种变动均采用原数列 $Y$ 的单位。在混合模式中，$S$ 采用比率，$T$、$CI$ 采用与原数列一致的单位。若时间数列为年度数据时，则上述模式中不存在季节变动 $S$。

利用上述模式进行预测分析，一般依次分析预测 $T$、$S$、$C$、$I$ 的数值，然后进行综合，求得 $Y$ 的预测值。当数列波动较小时，通常将 $C$、$I$ 作为剩余变动（误差项）处理，不再分解和预测，只综合趋势预测和季节变动预测的结果，作为现象近似的预测值。当数列波动较大时，则应考虑剩余变动的影响，调整趋势和季节变动的预测结果或建立预测区间。

## 10.1.2　趋势分析预测法

趋势分析预测法是指通过识别时间序列长期趋势的类型，建立趋势预测模型进行外推预测。它是假定在预测期限内随机变动较小，并且有理由认为过去和现在的历史演变趋势将继续发展到未来时，所作的历史延伸预测。趋势分析预测法按照长期趋势的类型不同，可分为下列一些预测模式。

### 1. 常数均值模型

如果现象的时间序列的各期观察值大体上呈水平式变化，即各期数据围绕水平线上下波动，则时间序列的变化形态属于水平型。其数列的变化是由常数均值和剩余变动两部分构成，其常数均值模型的基本形式为

$$y_t = 常数均值 + 剩余变动 = \bar{y} + e_t$$

此模型表明，当数列呈水平式变化时，各期数据总是围绕常数均值（数列平均值）上下波动。当剩余变动（$e_t = CI$）影响较小，且难以估计时，可直接用常数均值作为下期预测值。若剩余变动具有倾向性或周期性，则应从中提取有用的信息，修正常数均值预测值。

常数均值模型预测的程序如下。

（1）识别数列是否属于常数均值型。在现实中，一些现象的绝对量或平均量、增减量、相对量的长期变动，往往具有水平式波动的形态。识别现象的时间序列是否属于常数均值模型，有两种方法：一是直观判断法，即各期数值大体接近，无明显的递增或递减趋势，就是常数均值形态；二是绘制散点图进行判断，若各散点几乎围绕一条水平线上下波动，就可认为数列呈常数均值型，如图 10-1 所示。

（2）选择合适的方法估计常数均值。常数均值估计的方法通常有算术平均法、加权算术平均法、几何平均法、移动平均法、简单指数平滑法等。一般来说，近期数据包含的信

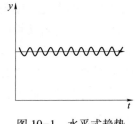

图 10-1　水平式趋势

息对外推预测更为重要时，采用加权平均法较为合适；几何平均法适合计算平均速度或平均比率。

（3）计算数列的标准差（$S_y$）和标准差系数（$V_s$），评价数列的波动程度，衡量数列的稳定性和预测的可靠性。一般地，标准差系数越小，数列的平稳性越好，常数均值形态越严格，外推预测越可靠。计算公式为

$$S_y = \sqrt{\frac{\sum (y - \bar{y})^2}{n - 1}}$$

$$V_s = S_y / \bar{y}$$

$$数列稳定度 = 1 - V_s$$

（4）外推预测。当数列的标准差较小，稳定性较高时，可直接用常数均值作为下期的预测值，亦可考虑标准差，在一定的概率保证程度下，构建预测区间。

【例 10-1】某市 2013 年年末总人口为 138.5 万人，人口年增长率为 5.45‰，居民鲜菜消费占社会消费的 86%。而居民 2006—2013 年人均鲜菜消费量的抽样统计数据，如表 10-1 所示，要求预测 2012 年人均鲜菜消费量及鲜菜需求总量。

表 10-1　某市居民人均鲜菜消费量　　　　　　　　　　单位：kg/人

| 年份 | 2006 | 2007 | 2008 | 2009 | 2010 | 2011 | 2012 | 2013 |
|---|---|---|---|---|---|---|---|---|
| 年序（$t$） | 1 | 2 | 3 | 4 | 5 | 6 | 7 | 8 |
| 人均消费量（$y$） | 142 | 138 | 144 | 138 | 139 | 145 | 142 | 144 |

从表中各年人均消费量可以看出，数列的常数均值形态是较为明显的。采用简单平均计算的有关指标如下。

$$人均消费量 \quad \bar{y} = \frac{1}{n} \sum y = 141.5 \, (\text{kg})$$

$$标准差 \quad S_y = \sqrt{\frac{\sum (y - \bar{y})^2}{n - 1}} = 2.83 \, (\text{kg})$$

$$标准差系数 \quad V_s = S_y / \bar{y} = 0.02$$

若用年序 $t$ 作权数，采用加权平均法计算的有关指标如下。

$$人均消费量 \quad \bar{y} = \frac{\sum yt}{\sum t} = 142 \, (\text{kg})$$

$$标准差 \quad S_y = \sqrt{\frac{\sum (y - \bar{y}) t}{\sum t - 1}} = 2.61 \, (\text{kg})$$

$$标准差系数 \quad V_s = S_y / \bar{y} = 0.018 \, 4$$

两种方法计算的标准差系数都较小，前者为 2.0%，后者为 1.84%，说明数列的常数均值形态是较为严格的，用数列平均值作为预测值是可靠的。若用加权平均法求出的人均消费量作为预测值，则 2014 年鲜菜需求量预测结果为

人均需求量：142 kg

$$全市需求总量 = 142×138.5（1+5.45‰）÷86\%$$
$$= 22\ 993.24（万\ kg）$$

【例 10-2】某市 2006—2013 年某商场商品销售额及一阶差分（逐年增减量）如表 10-2 所示。要求预测 2014 年的商品销售额。

表 10-2　某市某商场 2006—2013 年商品销售额　　　　　单位：百万元

| 年　份 | 2006 | 2007 | 2008 | 2009 | 2010 | 2011 | 2012 | 2013 |
|---|---|---|---|---|---|---|---|---|
| 年　序（$t$） | 0 | 1 | 2 | 3 | 4 | 5 | 6 | 7 |
| 商品销售额（$y$） | 27.9 | 31.0 | 33.8 | 36.4 | 39.3 | 42.3 | 44.8 | 47.6 |
| 一阶差分（$\Delta$） | — | 3.1 | 2.8 | 2.6 | 2.9 | 3.0 | 2.5 | 2.8 |

从表中一阶差分的变化趋势来看，没有明显的上升或下降趋势，大体上是呈水平式波动的。因此，可采用常数均值模型先确定平均年增长量，再预测明年的商品销售额。采用加权平均法计算的有关指标如下

$$平均增长量 \quad \overline{\Delta} = \frac{\sum \Delta t}{\sum t} = 2.775$$

$$标准差 \quad S_{\Delta} = \sqrt{\frac{\sum (\Delta - \overline{\Delta})^2 t}{\sum t - 1}} = 0.189\ 8$$

$$标准差系数 \quad V_s = \overline{\Delta}/s_{\Delta} = 0.068\ 4$$

标准差系数为 0.068 4，（$S_{\Delta}/\overline{y} = 0.005$），表明一阶差分的常数均值形态是较为平稳的，因此，可用平均增长量预测 2014 年的商品销售额：

$$y_{2014} = 47.6 + 2.775 = 50.38（百万元）$$

【例 10-3】表 10-3 是某市城乡储蓄存款的统计资料，其储蓄存款的绝对额数列不是常数均值形态的，但环比发展速度大体上是呈常数均值形态变化的。这说明某些绝对量时间序列虽不是常数均值形态的，但通过变量转换（计算环比速度、比率、人均值等）可化为常数均值形态用于预测分析。

表 10-3　某市城乡储蓄存款环比速度

| 年份 | 2005 | 2006 | 2007 | 2008 | 2009 | 2010 | 2011 |
|---|---|---|---|---|---|---|---|
| 年序（$t$） | 1 | 2 | 3 | 4 | 5 | 6 | 7 |
| 储蓄存款/亿元 | 22.8 | 270 | 31.8 | 38.3 | 45.6 | 53.9 | 63.5 |
| 环比速度/% | — | 118.4 | 117.8 | 120.4 | 119.1 | 118.2 | 117.8 |

此例若采用简单几何平均法外推预测，则平均发展速度预测值为

$$\overline{y} = \sqrt[6]{1.184 × 1.178 × 1.204 × 1.191 × 1.182 × 1.178} = 1.186\ 或\ 118.6\%$$

$$S_y = \sqrt{\frac{\sum (y - \overline{y})^2}{n - 1}}$$

$$= \sqrt{\frac{(1.184 - 1.186)^2 + (1.178 - 1.186)^2 + \cdots + (1.178 - 1.186)^2}{6 - 1}}$$

$= 0.01$ 或 $1\%$

$$V_s = \frac{0.01}{1.186} = 0.008\ 4\ 或\ 0.84\%$$

由于标准差系数只有 $0.84\%$，说明历年城乡储蓄存款的环比发展速度波动幅度小，具有良好的平稳性，因此，可推断 2014 年该市储蓄存款将比 2013 年增长 18.6%，其中储蓄存款额可达：

$$63.5 \times 1.186 = 75.31\ （亿元）$$

**2. 直线趋势模型**

如果现象的时间序列的各期数据大体上呈直线趋势变化，即数列的逐期增量（一阶差）分大体相同，则时间数列是由直线趋势和剩余变动两部分构成，即

$$y_t = 直线趋势 + 剩余变动$$

直线趋势是数列中的确定性部分，可用直线方程进行描述；剩余变动是数列中的不确定性部分，一般用 $e_t$ 表示，因此直线趋势模型的基本形式为

$$y_t = (a + bt) + e_t$$

式中，$a$——截距（基数或初始水平）；

$b$——斜率或平均增量。

直线趋势模型预测的一般程序如下。

（1）识别现象的变化趋势是否呈直线趋势形态。有两种识别方法：一是数量特征识别法，即数列逐期增减量（一阶差分）大体相同时，则数列的变化趋势为直线型；二是散点图识别法，即数据的散点分布于一条直线的两侧时，则数列的变化趋势为直线型。直线趋势如图 10-2 所示。

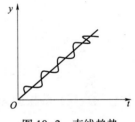

图 10-2　直线趋势

（2）估计模型参数建立直线趋势模型。直线趋势模型 $a$、$b$ 参数估计的方法主要有半数平均法、两点加权平均法、二次移动平均法、双重指数平滑法、最小二乘法等，（这些方法可参阅有关预测学书籍）其中应用最多的是最小二乘法。最小二乘法是以数列的数据作为因变量（$y$），以时间变量（$t = 1, 2\cdots, n$）作为自变量，用下列方程组求解 $a$、$b$ 参数：

$$\begin{cases} \sum y = Na + b \sum t \\ \sum ty = a \sum t + b \sum t^2 \end{cases}$$

（3）评价预测误差大小，衡量直线趋势模型拟合的优良度。主要评价指标如下。

剩余标准差：
$$S_y = \sqrt{\frac{\sum (y - \bar{y})^2}{N - 2}}$$

剩余标准系数：
$$v_s = \frac{S_y}{\bar{y}}$$

预测估计准确度：
$$1 - \frac{S_y}{\bar{y}}$$

相关系数：
$$r = \sqrt{1 - \frac{\sum (y - \hat{y})^2}{\sum (y - \bar{y})^2}}$$

其中：
$$\sum (y - \hat{y}) = \sum y^2 - a\sum y - b\sum ty$$

$$\sum (y - \bar{y}) = \sum y^2 - \frac{1}{n}(\sum y)^2$$

一般地，在直线型趋势条件下，相关系数越高，剩余标准差系数越小，直线趋势越严格，预测越可靠。

（4）利用直线趋势模型外推预测。当数列直线趋势较严格时，可用直线方程求趋势值作预测值。当数列各期数据围绕直线波动较大时，则应考察剩余变动是否具有周期性或倾向性，从中提取有用的信息修正趋势预测值，或利用剩余标准差构造预测区间。

【例 10-4】某县 2004—2013 年生猪出栏量的统计数据如表 10-4。现采用直线趋势模型预测 2014 年的生猪出栏量。根据表中计算的各项数据的总和（实际上这些数据可用函数型计算器直接计算而不必列表），代入参数估计标准方程组，即

$$\begin{cases} 325.4 = 10a + 55b \\ 1\,852.7 = 55a + 385b \end{cases}$$

解得 $b = 0.763\,6$，$a = 28.340\,3$

$$S_y = \sqrt{\frac{10\,640.18 - 325.4 \times 28.340\,3 - 1\,852.7 \times 0.763\,6}{10 - 2}}$$

$$= 0.663\,8$$

$$v_s = \frac{0.6638}{32.54} = 0.020\,4$$

$$r = \sqrt{1 - \frac{3.5247}{51.6640}} = 0.965\,3$$

拟合的直线趋势模型为

$$\hat{y} = 28.340\,3 \times 0.763\,6t$$

$$(S_y = 0.663\,8 \quad r = 0.965\,3,\ 2003 年 t = 0)$$

剩余标准差系数为 2.04%，说明拟合的直线趋势模型较优良。若预测 2014 年生猪出栏量，将 t = 11 代入此模型，可求得预测值为 36.74 万头。此预测值只是趋势估计值，与未来的实际值存在一定的误差。从表 10-4 的误差项可看出，存在着 2 年起伏相间的循环变动，要提高点值预测的准确性，则应考虑此因素的变动影响。也可用下列公式建立预测置信区间

$$\hat{y}_0 \pm t_{\alpha/2(n-1)} \cdot S_y$$

其中，$t_{\alpha/2}(n-2)$ 是在给定的置信水平 $\alpha$（一般取 $\alpha = 0.05$）和自由度 $n-2$ 时的 $t$ 分布临界值。此例取 $\alpha = 0.05$，自由度 $= 10-2 = 8$，查 $t$ 分布得 $t_{\alpha/2}(n-2) = 2.306$，则预测置信区间为

$$36.74 \pm 2.306 \times 0.663\,8$$

即 2014 年生猪出栏量在 35.21 万 ～ 38.27 万头。

表 10-4　最小二乘法算例

| 年份 | $t$ | $y_t$ | $t^2$ | $ty$ | $y_t^2$ | $\hat{y}_t$ | $e_t$ |
|------|-----|-------|-------|------|---------|-------------|-------|
| 2004 | 1 | 29.4 | 1 | 29.4 | 864.36 | 29.1 | 0.3 |
| 2005 | 2 | 30.1 | 4 | 60.2 | 906.01 | 29.9 | 0.2 |
| 2006 | 3 | 29.9 | 9 | 89.7 | 894.01 | 30.6 | -0.7 |
| 2007 | 4 | 30.7 | 16 | 122.8 | 942.49 | 31.4 | -0.7 |
| 2008 | 5 | 33.1 | 25 | 165.5 | 1 095.61 | 32.2 | 0.9 |
| 2009 | 6 | 33.7 | 36 | 202.2 | 1 135.69 | 32.9 | 0.8 |
| 2010 | 7 | 32.8 | 49 | 229.6 | 1 075.84 | 33.7 | -0.9 |
| 2011 | 8 | 34.2 | 64 | 273.6 | 1 169.64 | 34.4 | -0.2 |
| 2012 | 9 | 35.3 | 81 | 317.7 | 1 246.09 | 35.2 | 0.1 |
| 2013 | 10 | 36.2 | 100 | 362.0 | 1 310.44 | 36.0 | 0.2 |
| $\sum$ | 55 | 325.4 | 385 | 1 852.7 | 10 640.18 | 325.4 | 0 |

### 3. 曲线趋势模型

当预测目标的时间数列各期观察值大体呈某种曲线形态的变动趋势时，则应建立曲线趋势模型进行外推预测。其模型的基本形式为

$$Y_t = 曲线趋势 + 剩余变动$$

其中：曲线趋势是数列中的确定性部分，可用某种曲线方程加以描述；剩余变动又称误差项，一般包括循环变动和随机变动两部分，是曲线趋势不能解释的部分。

曲线趋势模型识别的关键是识别数列是否呈曲线趋势变动以及怎样选择相应的曲线方程。有 3 种方法可供选择。

（1）数量特征识别法。数量特征识别法是根据数列观察值的变化特征来决定相应的曲线趋势方程的。如数列的二级增长量大体接近，可采用二次抛物线；数列的环比速度大体接近，可采用指数曲线；数列逐期增量的环比速度大体接近，可选择修正指数曲线，等等。

（2）图示分析识别法。图示分析识别法是通过绘制时间数列的散点图或动态曲线图，参考已知的曲线图像，选择与散点图或动态曲线图最相似的曲线，以描述数列的长期变动趋势，从而来决定相应的曲线趋势方程。这是选择曲线趋势方程的常用方法。

（3）剩余标准误差择优法。当数列的散点图或动态曲线分别与几条已知曲线相似而无法确定时，可分别拟合模型，并计算其剩余标准差，然后选择剩余标准差最小的作为最优模型。剩余标准差的一般计算式为

$$S_y = \sqrt{\frac{\sum (y - \hat{y})^2}{N - m}} = \sqrt{\frac{\sum e^2}{N - m}}$$

其中，$N$ 为数列项数，$m$ 为曲线方程的参数个数。剩余标准误差系数则为 $S_y / \bar{y}$，其数值越小，由数列的曲线趋势越严格。一些统计应用软件均具有时间回归分析功能，可同时输出同一时序数据的直线和各种曲线趋势模型，以供择优应用。

曲线趋势模型预测的一般程序是：

（1）搜集历史数据，编制时间序列；

（2）识别数列变动的曲线趋势形态；

（3）拟合曲线趋势模型；

（4）评价曲线趋势模型拟合的优良度；

（5）用曲线趋势模型外推预测。

曲线趋势模型很多，有的可化为直线方程的形式，有的则不能，因而曲线方程的拟合方法也有所不同。以下择其常用的曲线趋势模型加以介绍。

1）指数曲线趋势模型

指数曲线通常用于描述近似于等速增长或等速递减的长期发展趋势，亦即数列的环比速度大体接近。具体应用于两种情形，如图 10-3 所示。

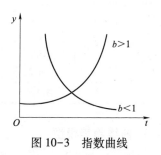

图 10-3　指数曲线

（1）近似等速增长的时间数列，其动态曲线为一条向上递增的曲线。

（2）近似等速递减的时间数列，其动态曲线为一条向下递降的动态曲线。

指数曲线方程为

$$y_t = ab^t$$

其中，$a$，$b$ 为方程参数，$a$ 又称基数，$b$ 为一般发展速度。对上式取对数，则有

$$\lg y_t = \lg a + t\lg b$$

此式类似于直线方程的形式，因而可用最小二乘法先求出 $\lg a$ 和 $\lg b$，再取反对数，可求得原方程的 $a$，$b$ 值。

【例 10-5】表 10-5 是某企业商品销售额的预测分析。若用最小二乘法估计指数曲线方程参数，用函数型计算器不难算出

$$\sum \lg y = 26.1668 \qquad \sum t = 45$$
$$\sum t\lg y = 134.7059 \qquad \sum t^2 = 285$$

代入下列标准方程组

$$\sum \lg y = N\lg a + \sum t\lg b$$
$$\sum t\lg y = \sum t\lg a + \sum t^2\lg b$$

可求得
$$\lg b = 0.064\ 53, b = 1.160\ 2$$
$$\lg a = 2.584\ 76, a = 384.379\ 3$$

得到的指数曲线模型为

$$y_t = 384.379\ 3 \times 1.160\ 2^t$$
$$(S_y = 27.422\ 6 \qquad 2004\ 年\ t = 0)$$

其中，$S_y$ 是根据表中的误差项计算的。将 $t = 10$ 代入此模型，则 2014 年商品销售额的预测值为 1 698.58 万元。若进行区间预测，则可根据给定的置信水平 $\alpha$ 及自由度 $N-1$，查 $t_{\alpha/2}$ 分布表的临界值，在点预测值的基础上建立预测区间。其方法与直线趋势预测相同。

表 10-5　某企业商品销售预测分析　　　　　　　　　　　单位：万元

| 年份 | $t$ | $y_t$ | 增长率/% | $\hat{y}_t$ | $e_t$ |
|---|---|---|---|---|---|
| 2005 | 1 | 469.8 | — | 445.96 | 23.84 |
| 2006 | 2 | 494.6 | 5.28 | 517.40 | −22.80 |
| 2007 | 3 | 557.9 | 12.80 | 600.29 | −42.39 |
| 2008 | 4 | 713.6 | 27.91 | 696.45 | 17.15 |
| 2009 | 5 | 842.4 | 18.02 | 808.02 | 34.18 |
| 2010 | 6 | 955.0 | 13.39 | 937.47 | 17.53 |
| 2011 | 7 | 1 083.0 | 13.40 | 1 087.65 | −4.65 |
| 2012 | 8 | 1 265.0 | 16.81 | 1 261.89 | 3.11 |
| 2013 | 9 | 1 440.0 | 13.83 | 1 464.04 | −24.04 |

误差平方和 $\sum e_t^2 = 5\,264.009\,7$　　$S_y = 27.422\,6$

2）对数曲线趋势模型

对数曲线通常用来描述时间数列不断增加但增长量或增长速度不断递减的变化趋势。对数曲线的数量特征是：数列观察值的一级增长量的倒数之差是一个固定常数。其动态曲线为一条单调递增的曲线，如图 10-4 所示。

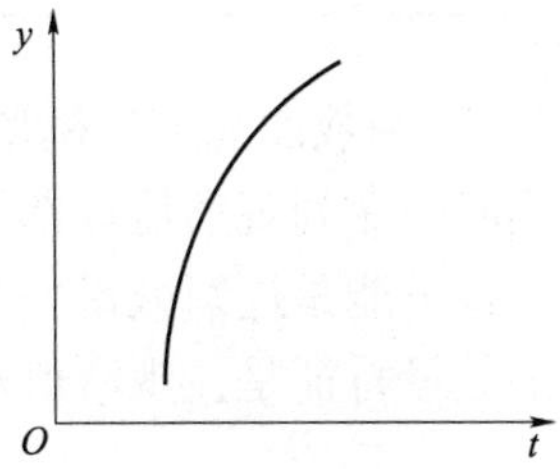

图 10-4　对数曲线

这种情形正适合描述那种不断增加，但增长速度逐渐减慢的有关现象的变化趋势和规律。对数曲线的表达式为

$$y_t = a + b\lg t$$

此式类似于直线方程的形式，只要对时间变量 t 取对数，则可利用直线方程的最小二乘法估算 a，b 参数值

$$\begin{cases} \sum y = Na + b\sum \lg t \\ \sum y\lg t = a\sum \lg t + b\sum \lg^2 t \end{cases}$$

其剩余标准差可由下列公式给出

$$S_y = \sqrt{\frac{\sum y^2 - a\sum y - b\sum y\lg t}{N-2}}$$

【例 10-6】表 10-6 是某市食糖销售量预测分析。若用对数曲线来研究其发展趋势，根据表中的 $y$，$t$ 数据可求出

$$\sum y = 2\,844 \qquad \sum \lg t = 5.559\,76$$

$$\sum y^2 = 905\,920 \qquad \sum \lg^2 t = 4.215\,16$$

$$N = 9$$

$$\sum y\lg t = 1\,831.849\,4$$

代入参数估算方程组，可求出 $a$，$b$ 值，进而可计算剩余标准差，得到下列模型

$$\hat{y}_t = 256.675\,0 + 96.033\,9\lg t$$

$$(S_t = 1.54 \qquad 2004\,年\,t = 0)$$

将剩余标准差 1.54 吨与原数列平均值 316 吨对比，剩余标准差系数为 0.5%，说明原数列的对数曲线趋势较严格。将 $t=10$ 代入模型中，则 2014 年食糖销售预测值为 352.7 吨。

表 10-6　某市食糖销售量预测分析　　　　　　　　单位：吨

| 年份 | t | $y_t$ | 对数曲线 | | 幂函数 | |
|---|---|---|---|---|---|---|
| | | | $e_t$ | $e_t$ | $\hat{y}_t$ | $e_t$ |
| 2005 | 1 | 258 | 256.7 | 1.3 | 258.7 | −0.7 |
| 2006 | 2 | 284 | 285.6 | −1.6 | 284.6 | −0.6 |
| 2007 | 3 | 303 | 302.5 | 0.5 | 300.9 | 2.1 |
| 2008 | 4 | 315 | 314.5 | 0.5 | 313.1 | 1.9 |
| 2009 | 5 | 322 | 323.8 | −1.8 | 322.9 | −0.9 |
| 2010 | 6 | 331 | 331.4 | −0.4 | 331.1 | −0.1 |
| 2011 | 7 | 336 | 337.8 | −1.8 | 338.2 | −2.2 |
| 2012 | 8 | 345 | 343.4 | 1.6 | 344.5 | 0.5 |
| 2013 | 9 | 350 | 348.3 | 1.7 | 350.1 | −0.1 |
| 误差平方和 $\sum e_t^2$ | | | − | 16.84 | − | 14.79 |

3）幂函数曲线趋势模型

当时间序列观察值逐期增加时，其增长速度并不一定保持在同一水平上，有可能是越来越慢，也可能是逐渐减慢。为了描述这种变化趋势，可以拟合幂函数曲线趋势模型。幂函数曲线的数量特征是：观察值对数的一级增长量之差为固定常数。其曲线方程为

$$y_t = at^\beta$$

幂函数曲线的图形如图 10-5 所示，有三种状况。

（1）当 $\beta > 1$ 时，为一条单调递增的增长幅度逐渐加大的曲线；

（2）当 $0 > \beta > 1$ 时，为一条单调递增的增长幅度逐渐减小的曲线；

（3）当 $\beta = 1$ 时，为一条过坐标原点的曲线。

幂函数曲线的这几种形式正好符合数列增加的几种变化规律。此外，幂函数也可用来描述单递调减的变化趋势。

将幂函数曲线两边取对数，可转化为

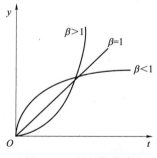

图 10-5　幂函数曲线

$$\lg y_t = \lg \alpha + \beta \lg t$$

据此可利用线性模型的普通最小二乘法估算参数 $\lg \alpha$ 和 $\beta$，然后取反对数可求出 $\alpha$ 值，从而确定幂函数曲线模型。参数估算方程组为

$$\sum \lg y = N \lg \alpha + \beta \sum \lg t$$

$$\sum \lg t \cdot \lg y = \lg \alpha \sum \lg t + \beta \sum \lg^2 t$$

【例 10-7】对表 10-6 中的食糖销售量若用幂函数进行描述，则可计算出

$$\sum \lg y = 22.480\ 60 \qquad \sum \lg t = 5.559\ 76$$

$$\sum \lg t \cdot \lg y = 13.994\ 87 \qquad \sum \lg^2 t = 4.215\ 16$$
$$N = 9$$

代入参数估算方程组，可求得

$$\lg \alpha = 2.412\ 78\ ,\quad \alpha = 258.69$$
$$\beta = 0.137\ 7$$

拟合的幂函数曲线模型为

$$\hat{y}_t = 258.69 t^{0.137}$$
$$(S_y = 1.45 \quad 2004\ 年\ t = 0)$$

其中 $S_y = 1.45$ 是根据例 10-6 中的误差项计算的，它小于对数曲线趋势模型的估计标准误差，说明幂函数能更好地描述该数列的变化趋势。若预测 2014 年食粮销售量，则为

$$\hat{y}_{10} = 258.69 t^{0.137\ 7} = 355.2\ （吨）$$

4）双曲线趋势模型

双曲线常用来描述渐近递增或渐近递减的数列变化趋势。具体应用于两种情形：① 描述某些现象的增长逐渐接近饱和水平的变化趋势；② 描述某些商品的单位成本、费用水平等逐渐减少到一定程度后就相对稳定的变化趋势。如图 10-6 所示。

双曲线趋势模型为

$$y_t = a + b/t$$

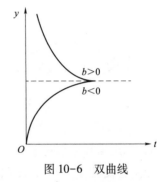

图 10-6　双曲线

双曲线的数量特征是各期观察值的逐期增减量的二级增长量为一固定常数。其图形有两种情形：

（1）当 $b>0$ 时，为一条单调递减的曲线，并以 $y=a$ 为水平渐近线；

（2）当 $b<0$ 时，为一条单调递增的曲线，并以 $y=a$ 为水平渐近线。

若将双曲线方程中的时间变量 $t$ 的倒数 $1/t$ 看作一个变量，则该曲线可转化为线性模型的形式，可利用求解线性模型的普通最小二乘法拟合双曲线。参数估计方程组为

$$\begin{cases} \sum y = Na + b \sum \dfrac{1}{t} \\ \sum \dfrac{1}{t} y = a \sum \dfrac{1}{t} + b \sum \dfrac{1}{t^2} \end{cases}$$

估算出参数后，可用下式求

$$S_y = \sqrt{\dfrac{\sum y^2 - a \sum y - b \sum \dfrac{1}{t} y}{N - 2}}$$

【例 10-8】表 10-7 是某企业历年的商品流通费用水平。由于经营效率的提高，费用水平呈递减趋势，但由于固定成本的作用，费用水平不可能无限递减下去，而是在降低到一定程度后就会相对稳定。因而可用双曲线描述其变化趋势。

表 10-7　某企业商品流通费用水平

| 年份 | 2005 | 2006 | 2007 | 2008 | 2009 | 2010 | 2011 | 2012 | 2013 |
|------|------|------|------|------|------|------|------|------|------|
| $t$ | 1 | 2 | 3 | 4 | 5 | 6 | 7 | 8 | 9 |
| $y_t$/% | 7.38 | 6.52 | 6.10 | 5.85 | 5.75 | 5.65 | 5.64 | 5.60 | 5.56 |

根据表中数据可计算出

$$\sum y = 54.08 \qquad \sum \frac{1}{t} = 2.828\ 97$$

$$\sum y^2 = 327.815\ 4 \qquad \sum \frac{1}{t^2} = 1.539\ 77$$

$$N = 9 \qquad \sum \frac{1}{t} y = 18.355\ 99$$

代入参数估算方程组求出 $a$，$b$ 值后，进而可估算出 $S_y$，从而得到双曲线趋势模型为

$$\hat{y} = 5.352\ 2 + 2.086\ 0\ \frac{1}{t}$$

$$(S_y = 0.058\ 2 \qquad 2004 \text{ 年 } t = 0)$$

若预测该企业 2014 年商品流通费用水平，则

$$\hat{y}_{10} = 5.352\ 2 + 2.086\ 0 \times \frac{1}{10}$$

$$= 5.56\ (\%)$$

5）二次曲线趋势模型

二次曲线又称二次抛物线，适用于描述时间数列二级增长量大体接近的变化趋势。具体应用有两种情形（如图 10-7 所示）。

（1）预测目标的增长逐渐加快，呈扩张的发展趋势，其图形为一条向上的抛物曲线；

（2）预测目标呈先上升后下降的变化趋势，即现象的增长达到一定程度后转向递减，其图形为一条向下的抛物曲线。

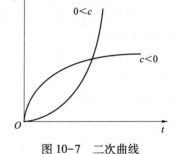

图 10-7　二次曲线

二次曲线趋势模型为

$$y_t = a + bt + ct^2$$

其中，$a$、$b$、$c$ 为方程参数，通常采用最小二乘法估计，其标准方程组为

$$\sum y = Na + b \sum t + c \sum t^2$$

$$\sum ty = a \sum t + b \sum t^2 + c \sum t^3$$

$$\sum t^2 y = a \sum t^2 + b \sum t^3 + c \sum t^4$$

若取数列中间年份为原点，以时间离中差作时间变量 $t$，令 $\sum t = 0$，$\sum t^3 = 0$，则有

$$\begin{cases} \sum y = na + c\sum t^2 \\ \sum ty = b\sum t^2 \\ \sum t^2 y = a\sum t^2 + c\sum t^4 \end{cases}$$

由于在估算参数时有关数据已算出，可用下式计算剩余标准误差为

$$S_y = \sqrt{\frac{\sum y^2 - a\sum y - b\sum ty - c\sum t^2 y}{N - 3}}$$

【例 10-9】表 10-8 是某市消费品零售额的预测分析表。由于随着居民收入的不断增长，市场需求呈扩张趋势，因而可建立二次曲线趋势模型进行预测。根据表中数据，可计算出

$$\sum y = 896.39 \qquad\qquad \sum t^4 = 1\ 958.0$$

$$\sum y^2 = 85\ 238.532\ 1 \qquad \sum ty = 1\ 106.3$$

$$N = 11 \qquad\qquad\qquad \sum t^2 y = 9\ 849.4$$

$$\sum t^2 = 110$$

代入参数估计方程组，可求出 $a$，$b$，$c$ 之值，进而可计算出 $S_y$，从而得到

$$\hat{y} = 71.169\ 0 + 10.057\ 3t + 1.032\ 1t^2$$

$$(S_y = 4.35\ 2008\ \text{年}\ t = 0)$$

将剩余标准差 4.35 亿元与原数列 $Y$ 的平均值 81.49 亿元对比，剩余标准差系数为 5.34%，数列二次曲线趋势模型能解释原数列变动的 94.66%。

表 10-8　某市消费品零售额预测分析

| 年份 | $y_t$/亿元 | $t$ | $\hat{y}_t$ | $y_t - \hat{y}_t$ | $y_t - \hat{y}_t$ |
|------|-----------|-----|-------------|-------------------|-------------------|
| 2003 | 46.06 | −5 | 46.69 | −0.63 | 0.986 5 |
| 2004 | 47.27 | −4 | 47.45 | −0.18 | 0.996 2 |
| 2005 | 49.95 | −3 | 50.29 | −0.34 | 0.993 2 |
| 2006 | 53.73 | −2 | 55.18 | −1.45 | 0.973 7 |
| 2007 | 63.90 | −1 | 62.14 | 1.76 | 1.028 3 |
| 2008 | 75.20 | 0 | 71.17 | 4.03 | 1.056 6 |
| 2009 | 85.48 | 1 | 82.26 | 3.22 | 1.039 1 |
| 2010 | 93.45 | 2 | 95.41 | −1.96 | 0.979 5 |
| 2011 | 105.17 | 3 | 110.63 | −5.46 | 0.950 6 |
| 2012 | 121.90 | 4 | 127.91 | −6.01 | 0.953 0 |
| 2013 | 154.28 | 5 | 147.26 | 7.02 | 1.047 7 |

表 10-8 中，剩余变动的绝对数和相对数均表明数列除了具有二次曲线趋势外，还具有稳性循环变动，表现在正负误差项呈现有倾向性的起伏波动。这主要是不同时期的市场供应、居民收入、消费水平、价格变动不同等多种因素综合作用的结果，也是多种商品循环变动的综合反映。因此利用上述模型外推预测时，应尽量估计循环变动的影响，调整趋势预测

值，或者利用剩余标准差在点预测的基础上做出区间估计。表中 2013 年的实际值高于趋势值，预示着零售市场结束了前 3 年的低速增长期，开始进入新的一轮扩张期。若 2014 年循环波动值取 1.05，则该市 2014 年消费品零售额预测值为

$$\hat{y} = （71.169\ 0+10.057\ 3\times6+1.032\ 1\times6^2）\times1.05$$
$$=177.10（亿元）$$

6）修正指数曲线趋势模型

修正指数曲线又称饱和曲线。当预测目标各期观察值的逐期增量的环比系数接近于某一常数时，可采用修正指数曲线描述变化趋势。其数学模型为

$$y_t = k + ab^t$$

其中，$k$，$a$，$b$ 为模型的参数，由于它们的取值不同，修正指数曲线有不同的形状。其中最典型的是单调递增的曲线，如图 10-8 所示，其递增的速度逐渐减慢，最终以 $y=k$ 为渐近线。这种情形适合于那种销售不断增加，但增长速度大体呈等比递减，销售量逐渐达到饱和水平的趋势分析和预测。

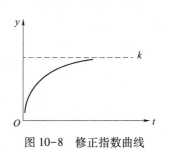

图 10-8　修正指数曲线

修正指数曲线有 3 个参数，可用 3 段总和法求解。即将数列分为 3 段（要求 $N$ 能被 3 整除），每段有 $r=N/3$ 项数据，设 $\sum_1 y$，$\sum_2 y$，$\sum_3 y$ 分别为各段 $y_t$ 的总和，则参数估算式为

$$b = \sqrt[r]{\frac{\sum_3 y - \sum_2 y}{\sum_2 y - \sum_1 y}}$$

$$a = \left(\sum_2 y - \sum_1 y\right) \times \frac{b-1}{(b^r-1)^2}$$

$$k = \frac{1}{r}\left(\sum_1 y - \frac{b^r-1}{b-1} \times a\right)$$

此法估算的模型，其原点在数列最初一期。

【例 10-10】表 10-9 是某市空调销售量预测分析表。其逐年增长量前期逐步增大，后期开始减小，因而可用修正指数曲线描述其变化趋势。将表中数据分为 3 段，则

$$r = 3 \qquad\qquad \sum_2 y = 104.4$$
$$\sum_1 y = 79.7 \qquad \sum_3 y = 125.4$$

代入上述参数估算式，可估算出 $k$，$a$，$b$ 的值，得到下列模型：

$$\hat{y}_t = 81.486\ 9 - 57.918\ 9 \times 0.947\ 3^t$$
$$(S_y = 1.63 \quad 2005 年 t=0)$$

其中剩余标准差是根据表中的误差项计算的。其 $S_y/\bar{y}$ 为 4.74%，表明该模型描述的变化趋势较严格，其稳定性为 95.25%。同时，该模型表明该地空调最大销售量为 81.489 6 万辆。若预测 2014 年该市空调销售量，将 $t=9$ 代入此模型得：

$$\hat{y}_9 = 81.486\ 9 - 57.918\ 9 \times 0.947\ 3^9$$
$$=45.91（万台）$$

应用修正指数曲线预测应注意：它一般不适用描述那种已呈饱和状态的商品销售趋势，而主要用于预测销售量还比较大，但已开始出现销售增长递减状态的变化趋势及其饱和水平的估计。此外，修正指数曲线也可用于预测单调递减或迅速增长等形态的变化趋势。

表 10-9　某地空调销售预测分析

| 年份 | $y_t$（万辆） | $t$ | $\Delta t$ | $\hat{y}_t$ | $y_t - \hat{y}_t$ |
|---|---|---|---|---|---|
| 2005 | 25.2 | 0 | — | 23.57 | 1.63 |
| 2006 | 26.8 | 1 | 1.6 | 26.62 | 0.18 |
| 2007 | 27.7 | 2 | 0.9 | 29.51 | −1.81 |
| 2008 | 30.4 | 3 | 2.7 | 32.25 | −1.85 |
| 2009 | 34.3 | 4 | 3.9 | 34.85 | −0.55 |
| 2010 | 39.7 | 5 | 5.4 | 37.30 | 2.40 |
| 2011 | 40.1 | 6 | 0.4 | 39.63 | 0.47 |
| 2012 | 41.4 | 7 | 1.7 | 41.84 | −0.44 |
| 2013 | 43.9 | 8 | 2.5 | 43.93 | −0.03 |

7）戈伯兹曲线趋势模型

戈伯兹曲线是一条不对称的 $S$ 型曲线。当时间数列观察值的对数的逐期增减量的环比系数接近于某一常数时，可用戈伯兹曲线描述其变化趋势。其数学模型为

$$y_t = ka^{b^t}$$

其中，$k$，$A$，$B$ 为模型的参数，由于它们的取值不同，戈伯兹曲线有不同的形状，并适用于不同的场合。其中最典型的是一条不对称的 $S$ 型成长曲线，如图 10-9 所示。其特征是数列的初期增长缓慢，中期增长迅速，后期增长减慢，并逐渐趋向于饱和水平 $k$（增长极限）。例如，商品从萌芽期、成长期到成熟期的商品销售数列往往表现为这种变化趋势。

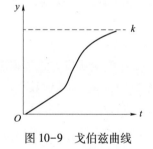

图 10-9　戈伯兹曲线

戈伯兹曲线可转化为下列对数表达式

$$\lg y_t = \lg k + (\lg a) b^t$$

此式类似于修正指数数曲线的形式，因而可参照拟合修正指数曲线的方法，用对数三和法求解 $\lg k$，$\lg a$ 和 $b$。计算公式为

$$b = \sqrt[r]{\frac{\sum_3 \lg y - \sum_2 \lg y}{\sum_2 \lg y - \sum_1 \lg y}}$$

$$\lg a = \left(\sum_2 \lg y - \sum_1 \lg y\right) \frac{b-1}{(b^r - 1)^2}$$

$$\lg k = \frac{1}{r}\left(\sum_1 \lg y - \frac{b^r - 1}{b - 1}\lg a\right)$$

【例 10-11】表 10-10 是某市取暖器销售预测分析。数列初期增长较慢，中期增长较快，近期增长趋于减慢，说明该市取暖器市场已从成长期开始转入成熟期，因而，可用戈伯兹曲线描述其变化趋势。

表 10-10　某市取暖器销售预测分析

| 年份 | $t$ | $y_t$ | $\lg y_t$ | $\hat{y}_t$ | $e_t$ |
|------|-----|-------|-----------|-------------|-------|
| 2005 | 0 | 3.98 | 0.599 88 | 4.08 | -0.10 |
| 2006 | 1 | 5.58 | 0.746 63 | 5.44 | 0.14 |
| 2007 | 2 | 6.68 | 0.824 78 | 6.69 | -0.01 |
| 2008 | 3 | 7.88 | 0.896 53 | 7.77 | 0.11 |
| 2009 | 4 | 8.55 | 0.931 97 | 8.65 | -0.10 |
| 2010 | 5 | 9.32 | 0.969 41 | 9.35 | -0.03 |
| 2011 | 6 | 9.92 | 0.996 51 | 9.89 | 0.03 |
| 2012 | 7 | 10.21 | 1.009 03 | 10.29 | -0.08 |
| 2013 | 8 | 10.65 | 1.027 35 | 10.60 | 0.05 |

表中共有 9 项数据，分为 3 段：

$$r = N/3 = 9/3 = 3 \qquad \sum_2 \lg y = 2.797\ 91$$

$$\sum_1 \lg y = 2.171\ 29 \qquad \sum_3 \lg y = 3.032\ 89$$

代入参数估算式可求得

$$b = 0.721\ 12$$

$$\lg a = -0.447\ 35 \quad (a = 0.357\ 0)$$

$$\lg k = 1.057\ 95 \quad (k = 11.427\ 5)$$

戈伯兹曲线趋势模型为

$$\hat{y}_t = 11.427\ 5 \times 0.357\ 0^{0.721\ 2^t}$$

$$(S_y = 0.102\ 1 \quad 2005\ 年\ t = 0)$$

其中剩余标准差是根据表中的误差项计算的。原数列的均值为 8.085 6，因而剩余标准差系数为 1.3%，数值较小，说明原数列的戈伯兹曲线较严格。若预测 2014 年该市取暖器销售量，则：

$$\hat{y}_9 = 11.427\ 5 \times 0.357\ 0^{0.721\ 2^9}$$

$$= 10.82（万台）$$

戈伯兹曲线除了用于描述单调递增的呈 S 形的变化趋势外，也可用于描述单调递减的呈 S 形的下降趋势。此外，当现象在一定基础上呈现扩张的增长趋势，或者现象呈递减并逐渐逼近某一稳定状态时，亦可用戈伯兹曲线描述其变化趋势，并进行预测分析。

8）逻辑曲线趋势模型

逻辑曲线又称逻辑斯谛曲线，所描述的发展趋势与戈伯兹曲线大体相同，即要求数列初期变化缓慢，中期增长迅速，达到一定程度后增长减慢，并逐渐逼近饱和水平。两者不同的是，逻辑曲线达到最高点的时间比戈伯兹曲线要长，同时，逻辑曲线是一条对称的 S 形长曲线，如图 10-10 所示。

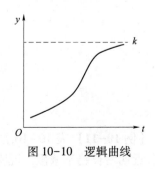

图 10-10　逻辑曲线

从数量变化特征来考察，逻辑曲线适合描述数列各期观察值倒数的逐期增量的环比系数大体接近的变化趋势。逻辑

曲线方程的形式有多种，最简单的形式是

$$\frac{1}{y} = k + ab^t$$

若用 $y'$ 代替 $\frac{1}{y}$，则上类似于修正指数曲线的形式，可采用拟合修正指数的方法（倒数三和法）拟合上述形式的逻辑曲线。通常逻辑曲线表述为

$$y_t = \frac{k}{1 + be^{-at}}$$

式中，$k$ —— $y$ 的增长极限（饱和水平）；

　　$a$，$b$ —— 参数；

　　e —— 自然对数的底（e = 2.718 281 8）。

求解 $k$，$a$，$b$ 参数有多种方法可供选择，以下介绍两种方法。

（1）选点法。选点法从数列首、中、尾各部分各选一个有代表性的距离的点值。$y_0$，$y_1$，$y_2$，且点与点之间的距离为 $r$，则有

$$k = \frac{2y_0y_1y_2 - y_1^2(y_0 + y_2)}{y_0y_2 - y_1^2}$$

$$b = \frac{k - y_0}{y_0}$$

$$a = -\frac{1}{r}\left[\ln\frac{y_0(k - y_1)}{y_1(k - y_0)}\right]$$

（2）倒数三和法。它是将数列分为首、中、尾三段，分别求各段的倒数和 $\sum_1 \frac{1}{y}$，$\sum_2 \frac{1}{y}$，$\sum_3 \frac{1}{y}$，且 $r = \frac{N}{3}$，然后用下列公式估算

$$D_1 = \sum_1 \frac{1}{y} - \sum_2 \frac{1}{y}$$

$$D_2 = \sum_2 \frac{1}{y} - \sum_3 \frac{1}{y}$$

$$a = \frac{1}{r}[\ln D_1 - \ln D_2]$$

$$k = \frac{r}{S_1 - D_1^2/(D_1 - D_2)} \qquad (S_1 = \sum_1 \frac{1}{y})$$

$$b = \frac{D_1^2}{D_1 - D_2} \cdot \frac{k(1 - e^{-a})}{e^{-a}(1 - e^{ra})}$$

用上述方法估算参数应注意，数列的项数应能被 3 整除，时间变量 $t$ 从 0 开始顺序，计算公式中的对数应取自然对数。

【例 10-12】表 10-11 是某市电视机普及率的预测分析。数列中的普及率初期增长慢，中期增长快，后期增长趋于减缓，这意味着电视机的普及率不可能无限地增长，达到一定程度后，将保持较为稳定的水平。因而，可用逻辑曲线描述其变化趋势。

表中共有 12 项数据，分为三段，每段 $r = 4$ 项数据，各段倒数总和分别为

$$\sum_1 \frac{1}{y} = 0.076\,0665$$

$$\sum_2 \frac{1}{y} = 0.032\,6563$$

$$\sum_3 \frac{1}{y} = 0.019\,8578$$

代入参数估算式，可求得下列逻辑曲线趋势模型

$$\hat{y}_t = \frac{275.731\,8}{1 + 8.595\,3e^{-0.305\,34t}}$$

（ $S_y = 1.893\,4$ ，2001 年 $t = 0$ ）

模型中的剩余标准差是根据表中的误差项计算的，其剩余标准差系数为 1.47%，这意味着原数列的逻辑曲线趋势较严格。此模型表明，该市电视机最大普及率可能为 275.731 8 台/百户。若预测该市 2014 年电视机普及率，则有

$$\hat{y}_{13} = \frac{275.731\,8}{1 + 8.595\,3e^{-0.305\,34\times13}}$$

$$= 237.23 \text{（台/百户）}$$

这个普及率与本年普及率之差，则为下年度电视机需求率预测值。根据这个需求率和该市居民家庭总户数可对预测年度的电视机需求总量作出估计。

**表 10-11　某市电风扇普及率预测分析**

| 年 份 | $t$ | $y_t$（台/百户） | $1/y_t$ | $\hat{y}_t$ | $e_t$ |
|---|---|---|---|---|---|
| 2002 | 0 | 37.5 | 0.026 666 7 | 37.60 | −0.10 |
| 2003 | 1 | 48.5 | 0.020 618 6 | 48.65 | −0.15 |
| 2004 | 2 | 60.4 | 0.016 556 3 | 62.12 | −1.72 |
| 2005 | 3 | 81.8 | 0.012 224 9 | 78.02 | 3.78 |
| 2006 | 4 | 95.8 | 0.010 438 4 | 96.16 | −0.36 |
| 2007 | 5 | 118.2 | 0.008 460 2 | 116.05 | 2.15 |
| 2008 | 6 | 135.8 | 0.007 363 8 | 136.91 | −1.11 |
| 2009 | 7 | 156.4 | 0.006 393 9 | 157.82 | −1.42 |
| 2010 | 8 | 176.7 | 0.005 659 3 | 177.83 | −1.13 |
| 2011 | 9 | 195.2 | 0.005 123 0 | 196.16 | −0.96 |
| 2012 | 10 | 214.3 | 0.004 666 4 | 212.28 | 2.02 |
| 2013 | 11 | 226.8 | 0.004 409 1 | 225.96 | 0.84 |

以上介绍了 8 种曲线趋势模型，其中具有渐近线的曲线有双曲线、修正指数曲线、戈伯兹曲线、逻辑曲线 4 种。它们都适合描述某些商品的销售量的逐渐接近饱和水平的变化趋势，但应用的具体场合有所不同。这 4 种曲线又称为成长曲线，其中戈伯兹曲线和逻辑曲线又是 S 形曲线。戈伯兹曲线、逻辑曲线和修正指数曲线中的增长极限（饱和水平）$k$，除了用上述方法估计外，也可通过分析预测目标的变化规律和有关因素的影响，事先进行确定，然后对原方程加以变换，借以估算出方程的其他参数。在实际预测工作中，这种逻辑推理和

历史数据估计相结合的方法，是定性预测和定量预测的结合运用，得到的预测结果更使人信服。

## 10.1.3　季节变动预测

许多社会经济现象，由于受自然条件和社会条件的影响，在一个年度内往往会出现季节性的变动，如农产品产量、农产品购销量、商品销售量、货运量、客运量等时间数列中，都可以见到有淡旺季之分的季节变动。

季节变动是指每年重复出现的有规则的周期性变动。季节变动的特点是，每年各月或各季都按相似的曲线波动，具有淡旺季变化规律；一般以一年 12 个月或 4 个季度作为变化的周期，而周期效应是能够预见的。此外，某些商品的销售在一个月或一个星期之内也有销售高峰或非高峰之分，这也是一种季节变动。

季节变动预测是指对预测目标的季节变动规律和数量分布进行分析的推断。其目的在于掌握季节变动的数量规律，然后依据这种数量规律进行预测推断，如根据年度预测值推算各月（季）的预测值，或根据年内某几个月（季）的实际数预报全年可能达到的总水平。

季节变动预测的基本要求是：为了比较正确地观察季节变动的数量规律，测定季节变动时，一般应搜集连续若干年的或至少三年的分月（季）的历史数据。

季节变动分析预测的方法主要有季节比重法、季节指数法、趋势与季节模型法等。前两种方法第 7 章已作介绍，下面主要介绍趋势与季节模型法。

趋势与季节模型预测法，是将趋势变动预测和季节变动预测结合起来进行综合外推预测。一般的计算程序和方法如下。

### 1. 测定数列的长期趋势

测定数列的长期趋势，即从原数列中消除季节变动和剩余变动的影响，使长期趋势从原数列中分解出来。

【例 10-13】表 10-12 是某市消费品零售额的长期趋势和季节指数计算表。用最小二乘法拟合直线趋势模型（计算过程略）为

$$T_t = 67.989\,8 + 1.649\,0t$$

（2009 年第 4 季度 $t = 0$）

**表 10-12　趋势与季节模型预测算例**

| 年 季 | | $y_t$ | $t$ | $T_t$ | $y_t/T_t$ | $S_R$ | $CI$ |
|---|---|---|---|---|---|---|---|
| 2010 | 1 季度 | 70.6 | 1 | 69.6 | 1.046 | 1.046 | 2.20 |
| | 2 季度 | 68.8 | 2 | 71.3 | 0.965 | 0.987 | -0.57 |
| | 3 季度 | 66.4 | 3 | 72.9 | 0.911 | 0.922 | -0.81 |
| | 4 季度 | 78.6 | 4 | 74.6 | 1.054 | 1.045 | 0.64 |
| 2011 | 1 季度 | 80.3 | 5 | 76.2 | 1.054 | 1.046 | 0.59 |
| | 2 季度 | 77.5 | 6 | 77.9 | 0.995 | 0.987 | 0.61 |
| | 3 季度 | 74.9 | 7 | 79.5 | 0.942 | 0.922 | 1.60 |
| | 4 季度 | 85.5 | 8 | 81.2 | 1.053 | 1.045 | 0.65 |

续表

| 年 季 | | $y_t$ | $t$ | $T_t$ | $y_t/T_t$ | $S_R$ | $CI$ |
|---|---|---|---|---|---|---|---|
| 2012 | 1 季度 | 89.4 | 9 | 82.8 | 1.079 | 1.046 | 2.79 |
| | 2 季度 | 85.6 | 10 | 84.5 | 1.013 | 0.987 | 2.20 |
| | 3 季度 | 78.6 | 11 | 86.1 | 0.913 | 0.922 | −0.78 |
| | 4 季度 | 90.4 | 12 | 87.8 | 1.030 | 1.045 | −1.35 |
| 2013 | 1 季度 | 92.8 | 13 | 89.4 | 1.038 | 1.046 | −0.71 |
| | 2 季度 | 88.6 | 14 | 91.1 | 0.973 | 0.987 | −1.32 |
| | 3 季度 | 85.5 | 15 | 92.7 | 0.922 | 0.922 | 0.03 |
| | 4 季度 | 98.6 | 16 | 94.4 | 1.044 | 1.045 | 0.05 |

由于按月（季）编制的时间数列中包含了 $T$，$S$，$C$，$I$ 4 种变动，故此模型中的长期趋势用 $T_t$ 表示，将时间变量 $t$ 值代入此模型，求得的各季的趋势值如表所示。

**2. 测定季节指数**

先将数列的实际值除以趋势值，求得 $y/T$ 的比率，即 $S_{CI}$ 的比率值。然后将所求得的 $S_{CI}$ 的比率，重新按月（季）平均，消除剩余变动（$CI$）的影响求得平均的季节比率，见表10—13。由于所求得的平均季节比率相加，月度资料应为12，季度资料应为4，如果大于或小于此数，应求出较正系数调整各月（季）的平均季节比率，即为季节指数。此例各季的平均季节比率之和为4，故各季的平均季节比率即为季节指数。

表 10-13　季节指数计算表

| 年 份 | 1 季度 | 2 季度 | 3 季度 | 4 季度 | 合 计 |
|---|---|---|---|---|---|
| 2010 | 1.014 | 0.965 | 0.911 | 1.054 | — |
| 2011 | 1.054 | 0.995 | 0.942 | 1.053 | — |
| 2012 | 1.079 | 1.013 | 0.913 | 1.030 | — |
| 2013 | 1.038 | 0.973 | 0.922 | 1.044 | — |
| 平均比率 | 1.046 | 0.987 | 0.922 | 1.045 | 4.00 |
| 季节指数 $S_R$ | 1.046 | 0.987 | 0.922 | 1.045 | 4.00 |

**3. 评价趋势与季节模型的可靠性**

将以上测定的趋势预测模型与季节指数结合起来即为趋势与季节预测模型。本例为

$$\hat{y}_t = T_t \cdot S_R$$
$$= (67.989\ 8 + 1.649\ 0t) S_R$$
（2009 年第 4 季度 $t = 0$）

模型中 $S_R$ 代表季节指数，$S_1 = 1.046$，$S_2 = 0.987$，$S_3 = 0.922$，$S_4 = 1.045$，应根据预测的季度不同考虑季节指数的不同取值。

为了评价趋势与季节模型预测的可靠性或拟合优度，可计算剩余变动的绝对数或相对数，计算公式为

$$绝对数：CI = y_t - T_T S_R$$

$$相对数：(CI)' = \frac{y_t}{T_t S_R}$$

一般地剩余变动的相对数在 1 上下波动，其平均值趋于 1，剩余变动的绝对数有正负之分，其总和趋于 0。为了评价剩余变动的大小可利用下列计算剩余标准差

$$S_y = \sqrt{\frac{\sum (y - \hat{y})^2}{N - 2}} \quad ( \hat{y} = T_t S_R )$$

根据表 10-12 的剩余变动（$CI$）的数值，可求得 $S_y$ 为 1.45 亿元，与原数列 $y_t$ 的平均值 82 亿元对比，剩余标准差系数为 1.8%，说明建立的趋势与季节模型具有较强的可靠性。

**4. 利用趋势与季节模型进行预测**

一般地，当剩余变动影响较小时，可只综合长期趋势和季节变动预测值作为数例 $y$ 的估计值。如本例预测 2014 年各季和全年消费品零售额如下

$$\hat{y}_{17} = (67.989\,8 + 1.649\,0 \times 17) \times 1.046$$
$$= 100.44 \ （亿元）$$
$$\hat{y}_{18} = (67.989\,8 + 1.649\,0 \times 18) \times 0.987$$
$$= 99.40 \ （亿元）$$
$$\hat{y}_{19} = (67.989\,8 + 1.649\,0 \times 19) \times 0.922$$
$$= 91.57 \ （亿元）$$
$$\hat{y}_{20} = (67.989\,8 + 1.649\,0 \times 20) \times 1.045$$
$$= 105.51 \ （亿元）$$
$$全年预测值 = 100.44 + 96.40 + 91.57 + 105.51$$
$$= 393.92 \ （亿元）$$

在趋势与季节模型中，由于长期趋势的表现形态和测定方法不同，所建立的预测模型也不同，如分月（委）的时间数列具有非线性趋势时，则应建立非线性趋势与季节模型进行外推预测。

需要指出的是，趋势与季节模型中的季节指数，是建立在长期趋势测定基础之上的，其作用在于调整月（季）的趋势值，使之符合季节变动的结果。这种季节指数不能反映年度数值在月（季）之间的分布状况，因而不能利用这种季节指数由月（季）的实际值预报全年可能达到的总水平。

## 10.1.4 循环变动分析预测

### 1. 循环变动分析预测的意义

循环变动又称商业循环或经济周期，是指现象以若干年为周期的涨落起伏相间的周而复始的变动。或者说，是一种周期较长的有一定规律的从低到高，再从高到低的循环往复的变动。例如，农产品产量中的丰年、平年、歉年相继出现，市场景气与疲软交替出现，经济迅速增长与低速运行交替进行，都是循环变动。

循环变动有显性循环和隐性循环之分，前者表现为现象数列绝对水平的波动，后者表现为数列相对水平（如增长率）的波动。循环变动按周期长度不同，一般分为短周期循环变动（5 年以下）、中周期循环变动（5 ～<10 年）、长期循环变动（10 年及以上）。循环变动是经济波动的主要成分。一般地，当剩余变动直接显示出现象具有明显的起伏相间的波动的，则随机波动影响不大，剩余变动基本上就直接显露了循环变动的规律。

一个完整的循环变动是由"谷底、峰值、谷底"3个要点，上升期和下降期两大阶段，复苏期、扩张期、收缩期、萧条期4个小阶段构成的，如图10-11所示。

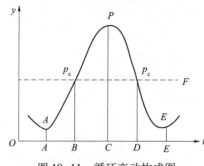

图 10-11　循环变动构成图

上升期是指从循环变动从谷底到峰值的时期如图中的 *AC* 区间。下降期是指从循环变动的峰值到另一个谷底的时期如图中的 *CE* 区间。上升期与下降期的时间长度不一定相等，而二者的时间长度之和就是循环变动的周期长度。

若以数列的平均水平（如平均速度）作为均衡线 *F*，则一个完整的循环变动可划分为4个小阶段。

（1）复苏期。用 *AB* 区间表示，此时各期水平在 *F* 之下，经济低速运行，前一周期的谷底就是本周期的复苏转折点。

（2）扩张期。用 *BC* 区间表示，此时各期水平高于平均水平 *F*，呈加速增长，期间达到均衡值 $P_c$ 的时刻为扩张转折点。

（3）收缩期。收缩期即图中的 *CD* 区间，此时各期水平仍高于均衡水平 *F*，增长速度虽高，但已逐期递减，其峰值 *P* 的时刻为收缩的转折点。

（4）萧条期。萧条期即图中 *DE* 区间，此时周期水平已低于均衡水平 *F*，回落到均衡 $P_c$ 的时刻为萧条转折点。当周期水平降低谷底 *E* 时，本周期结束，下一周期开始。

复苏期和扩张期统称为上升期，此段时期内经济形势看好，经济水平呈加速增长趋势。收缩期和萧条期统称为下降期，此段时期内经济气候转阴，经济水平的增长不断减慢，甚至出现负增长。

**2. 循环变动测定方法**

循环变动是社会经济运行波动的数量特征和规律的反映，要认识这种数量特征和规律，必须运用统计方法进行测定。

1）直接观察法

当某经济变量的绝对水平、相对水平或平均水平围绕水平线呈现大起大落的显性循环变动时，可直接把最小值（谷底）到最大值（峰顶）的时期称为上升期，最大值到另一个最小值的时期定为下降期，将原数列的观察值（*y*）除以数列的平均值（$\bar{y}$）作为循环变动的振幅（周期比率）。如果数列存在随机波动，可对 $y/\bar{y}$ 的比率取3项数据移动平均，以求得不含随机变动因素的周期比率。

【例10-14】表10-14是某地油茶籽产量的循环变动分析，从原数列不难看出油茶籽产量是按照"丰年—歉年—丰年"的规律循环的。2003—2013年期间已经历了两个循环，每个周期长度约 5 年。油茶籽产量之所以存在循环变动，是因为油茶的生长本身具有生物周期，在油茶种植面积既定地条件下，其产量会随生物周期和气候变化而变化。

表 10-14　某地油茶籽产量循环变动分析

| 年份 | 产量 y/万吨 | $\bar{y}$ | $CI = y/\bar{y}$ | C | 峰或谷 |
|------|------------|-----------|------------------|-------|--------|
| 2003 | 49.0 | 53.1 | 0.922 8 | — | - |
| 2004 | 65.4 | 53.1 | 1.231 6 | 1.028 3 | 峰 |
| 2005 | 49.4 | 53.1 | 0.930 3 | 0.993 7 | |
| 2006 | 43.5 | 53.1 | 0.819 2 | 0.917 6 | 谷 |
| 2007 | 53.6 | 53.1 | 1.009 4 | 0.998 1 | |
| 2008 | 61.9 | 53.1 | 1.165 7 | 1.000 0 | 峰 |
| 2009 | 43.8 | 53.1 | 0.824 9 | 0.988 7 | |
| 2010 | 51.8 | 53.1 | 0.975 5 | 0.890 8 | 谷 |
| 2011 | 46.3 | 53.1 | 0.871 9 | 1.034 5 | |
| 2012 | 66.7 | 53.1 | 1.256 1 | 1.037 6 | 峰 |
| 2013 | 52.3 | 53.1 | 0.984 9 | — | - |

2）发展速度分析法

由于经济变量的循环变动大都表现为经济增长率的波动，因此，可计算数列的环比发展速度来测定隐性循环变动。当环比发展速度数列具有明显的循环变动时，可把最小发展速度（谷底）到最大发展速度（峰值）的时期称为上升期，把最大速度到另一个最小速度（谷底）的时期称为下降期，则可观察到循环变动的过程、形态和周期长度。若要考察循环变动的振幅，则可用环比发展速度除以平均发展速度求得周期比率。如果这个比率中含有随机波动，可取 3 项数据移动平均，以消除随机波动影响，求得不含随机波动的周期比率。

【例 10-15】表 10-15 是某市农村零售市场循环变动分析。其环比发展速度明显地呈现出了该市零售市场是按照"收缩—扩张—收缩"的规律循环的。1998—2013 年间共经历了两个中周期，周期长度为 7～8 年左右，其收缩期和扩张期的时间长度各不相等，表现为 3～5 年不等。最大振幅为平均发展速度的 112.59%，最小振幅为平均发展速度的 92.32%。农村市场之所以存在隐性循环变动，是因为不同时期的农业生产、收入、供求、价格水平等因素的变化不同而共同作用的结果。

表 10-15　某地农村零售额的循环变动分析

| 年份 | $y_t$ /亿元 | 环比速度/% | 平均速度/% | 周期比率/% | 峰或谷 |
|------|------------|-----------|-----------|-----------|--------|
| 1998 | 12.03 | — | — | — | - |
| 1999 | 13.24 | 110.06 | 112.06 | 98.22 | - |
| 2000 | 14.30 | 108.01 | 112.06 | 96.39 | 谷 |
| 2001 | 16.70 | 116.78 | 112.06 | 104.21 | |
| 2002 | 19.99 | 119.70 | 112.06 | 106.82 | |

| 年 份 | $y_t$ /亿元 | 环比速度/% | 平均速度/% | 周期比率/% | 峰或谷 |
|---|---|---|---|---|---|
| 2003 | 25.17 | 125.91 | 112.06 | 112.59 | 峰 |
| 2004 | 27.69 | 110.01 | 112.06 | 98.17 | - |
| 2005 | 30.43 | 109.09 | 112.06 | 98.07 | - |
| 2006 | 31.48 | 103.45 | 112.06 | 92.32 | 谷 |
| 2007 | 33.32 | 105.84 | 112.06 | 94.95 | - |
| 2008 | 36.64 | 109.96 | 112.06 | 98.13 | - |
| 2009 | 41.04 | 112.01 | 112.06 | 99.96 | - |
| 2010 | 48.84 | 119.01 | 112.06 | 106.20 | 峰 |
| 2011 | 52.86 | 108.23 | 112.06 | 96.58 | - |
| 2012 | 56.50 | 106.88 | 112.06 | 95.38 | 谷 |
| 2013 | 66.38 | 117.49 | 112.06 | 104.85 | - |

3）时间数列分解法

时间数列分解法是测定长期趋势、季节变动、循环变动和随机变动的传统方法。其程序是首先用合适的数学模型描述数列的长期趋势和季节变动，并求出各期的趋势值和季节指数。其次用数列的实际值（$y$）减去或除以趋势值与季节指数的乘积（$TS$），求出剩余变动的绝对量或相对量。再次观察剩余变动有无明显的循环变动，如果明显，则剩余变动基本上属于循环变动；如果不明显，应采用短期移动平均的方法消除随机变动的影响。最后把循环变动的绝对量或相对量从小到大增加的时期称为扩张阶段，把从大到小减少的时期称为收缩阶段，即可观察到循环变动的过程和形态。具体分解方法，可参见表10-4至表10-12。在这些分析表中，其剩余变动有的直接显示了循环变动，有的则需要进一步消除随机波动，才能观察到循环变动。

**3. 循环变动预测应用**

测定经济变量的循环变动，不仅要考察经济变量本身的循环变动过程和形态，而且要注意分析经济变量之间的联系，借以认识引起循环变动的具体原因和经济变量间的相互影响。循环变动的形态和性质，因分析对象不同而不同。例如，具体商品的循环变动，取决于不同时期的市场供求关系、商品经济寿命周期及其他因素的影响。而整个市场的循环变动，则是众多商品、众多因素综合作用的结果。因此，应根据具体情况做出具体分析。

测定循环变动的目的，不仅是为了认识和掌握它的数量变动规律，更重要的是用于市场预测。其应用主要有以下几个方面。

（1）判断市场未来的基本走向。即根据现象目前所处的循环变动的阶段，推断未来将进入循环变动的何种阶段。

（2）根据循环变动的规律和变动的周期比率，调整长期趋势预测值或趋势与季节变动的预测结果，使预测结果接近于客观实际。

（3）根据市场循环变动的规律和具体原因，建立市场景气预测系统，及时预报市场动态。

（4）根据循环变动的周期长度，为自回归分析预测提供自变量取值的递推期。

（5）根据循环变动的过程和规律，调控生产经营活动，采取必要的防范措施，克服循环变动产生的影响和危害，弱化循环变动的不利影响，防止经济运行大起大落。

# 10.2　回归分析预测法

回归分析预测法是利用预测目标（因变量）与影响因素（自变量）之间的相关关系，通过建立回归模型，由影响因素的数值推算预测目标的数值。回归分析预测法是一种因果分析预测法，可分为因回归预测法和自回归预测法两类。因回归预测是利用因变量（$y$）与自变量（$x$）之间的相关关系（因相关），建立回归模型进行预测分析；自回归预测是利用因变量（$y$）的时间数列中不同时间的取值存在自身相关关系（自相关），建立回归模型进行预测分析。以下先分别介绍因回归中的一元线性回归、多元线性回归和曲线回归，最后介绍时间数列自回归。

## 10.2.1　一元线性回归

如果因变量（$y$）与某一个主要影响因素（自变量）之间存在着较为密切的线性相关关系，则可用一元线性回归模型来描述它们之间的数量关系

$$y = a + bx + e$$

其中，$a$、$b$ 为模型参数（回归系数），$a$ 为回归直线的截距，$b$ 为回归直线的斜率（又称边际，即 $x$ 每增加一个单位，$y$ 能增加多少个单位），$e$ 为误差项。模型的 $a$、$b$ 参数，通常采用最小二乘法估计，求解 $a$、$b$ 参数的标准方程组为

$$\sum y = na + b \sum x$$

$$\sum xy = a \sum x + b \sum x^2$$

一元线性回归模型的参数估计之后，所建立的回归模型还应通过评价与检验，才能应用于预测分析。主要有以下几个方面的评价与检验。

**1. 拟合程度评价**

因变量 $y$ 的各个观察值点聚集在回归直线周围的紧密程度，称为回归直线对样本数据点的拟合程度。通常用可决系数 $r^2$ 来衡量，计算公式为

$$r^2 = 1 - \frac{\sum (y - \hat{y})^2}{\sum (y - \bar{y})^2}$$

$$= 1 - \frac{\sum y^2 - a \sum y - b \sum xy}{\sum y^2 - \frac{1}{n} (\sum y)^2}$$

其中，$\sum (y - \hat{y})^2$ 称为残差平方和（剩余平方和），$\sum (y - \bar{y})^2$ 称为离差平方和。

显然残差平方和占离差平方和的比重越小，可决系数 $r^2$ 越大，回归直线的拟合程度越强。可决系数 $r^2$ 的取值区间为 $[0, 1]$，实际上，可决系数 $r^2$ 是线性相关关系 $r$ 的平方，因此相关系数又可用下列公式求得

$$r = \pm \sqrt{r^2}$$

$r$ 的正负号与回归系数 $b$ 的正负号相同，$|r|$ 越接近于 1，则因变量与自变量的线性相关关系越密切，回归直线拟合程度越高。

### 2. 估计标准误差

估计标准误差又称剩余标准差，是评价回归直线代表性大小或实际值与估计值的标准误差大小的综合指标。计算公式为

$$S_y = \sqrt{\frac{\sum e^2}{n-2}} = \sqrt{\frac{\sum (y-\hat{y})^2}{n-2}}$$

$$= \sqrt{\frac{\sum y^2 - a\sum y - b\sum xy}{n-2}}$$

相对标准误差：

$$V_s = S_y/\overline{y}$$

### 3. 回归系数 $b$ 的显著性检验

回归系数 $b$ 是一个估计值，若 $y$ 与 $x$ 之间不存在线性相关关系，则回归系数 $b$ 不具有显著性，所建立的回归方程是不能利用的。通常采用 $t$ 检验，其统计量为

$$t_b = \frac{b}{s_b}$$

$$= \frac{b}{s_y^2/\sum (x-\overline{x})^2}$$

由选择的显著水平 $\alpha$ 和自由度 $(n-2)$ 查 $t$ 分布表，可得临界值 $t_{\alpha/2}$，若 $t_b > t_{\alpha/2}$，则回归系数 $b$ 具有显著性，反之，则不具有显著性。

### 4. 回归方程的显著性检验

回归方程的显著性检验即检验整个回归方程是否具有显著性，判别 y 与 x 之间是否存在真实的线性相关，亦即对相关系数 r 进行检验。采用 F 检验，统计量为

$$F = \frac{\sum (\hat{y}-\overline{y})^2/1}{\sum (y-\hat{y})^2/n-2}$$

$$= \frac{r^2}{1-r^2}(n-2)$$

由选择的显著水平 $\alpha$ 和自由度 $(1, n-2)$ 查 F 分布表，得临界值 $F\alpha$，若 $F > F\alpha$，则回归方程具有显著性，反之，则相反。对于一元线性回归方程而言，因为只有一个自变量，故 $t$ 检验和 $F$ 检验是等价的，只需作一个检验即可。

### 5. DW 检验

当回归模型是根据动态数据建立的，则误差项 e 也是一个时间序列，若误差序列诸项之间相互独立，则误差序列各项之间没有相关关系，若误差序列之间存在密切的相关关系，则建立的回归模型就不能表述自变量与因变量之间的真实变动关系。DW 检验就是误差序列的自相关检验。首先计算误差序列统计量 $d$（DW 值），公式为

$$d = \frac{\sum (e_i - e_{i-1})^2}{\sum e_i^2} \qquad (0 \leqslant d \leqslant 4)$$

然后根据给定的显著水平 $\alpha$，自变量个数 $k$ 和样本数据个数 $n$，查 DW 分布表，得到下限值 $d_1$ 和上限值 $d_u$，用下列原则做出判别：

（1）$d_1 < d < 4-d_u$ 无自相关；

（2）$0<d<d_1$存在自相关；

（3）$4-d_1<d\leq4$存在负相关；

（4）$d_1\leq d\leq d_u$难以判定；

（5）$4-d_u\leq d\leq4-d_1$，难以判定。

需要说明的是，一元线性回归模型的估计评价与检验，利用统计应用软件，如 SPSS、SAS 等，能够很快得到模型估计与检验的结果。

一元线性回归模型通过各种检验评价之后，则可利用回归模型进行有关问题的分析、预测和控制。其应用有以下几个方面。

**1. 边际分析和弹性分析**

一元线性回归模型中的回归系数 $b$ 就是平均边际变化率，它能说明 $x$ 增加一个单位 $y$ 能增加多少个单位。而要说明 $x$ 增减 1%，$y$ 能增减百分之几，则可用下列公式测定平均弹性系数（$E$）。

$$E=b\cdot\frac{\bar{x}}{y}$$

**2. 临界点或平衡点分析**

当一元线性回归模型中的 $x$、$y$ 是一种收支关系时，并且是根据横截面样本数据建立的回归模型，则可用来测定收支相等的临界点。即 $y=a+bx$ 令 $x=y$，则

$$x=y=\frac{a}{1-b}$$

**3. 利用回归模型进行预测**

将自变量的预测值 $x_0$ 代入回归模型可求出因变量的预测值 $\hat{y}_0$。作为与 $x_0$ 相对应的 $\hat{y}_0$ 的预测值就是点预测。亦可用剩余标准差 $S_y$ 和一定的置信概率进行区间预测。

当 $y$ 为正态分布，$n$ 较大，自变量 $x$ 的预测值 $x_0$ 离样本均值 $\bar{x}$ 不远时，可用 $\hat{y}_0\pm zS_y$ 构建预测区间（概率为 95%，$z$ 为 1.96；概率为 95.45%，$z$ 为 2）。

当 $n$ 较小（$n<30$）时，并且 $x_0$ 不远离 $\bar{x}$ 时，需用 $t$ 分布构建预测区间。即 $\hat{y}_0\pm tS_y$。（概率为 95%，$t$ 为 2；概率为 99%，$t$ 为 3）。

**4. 利用回归模型进行控制**

所谓控制，是指预测的反问题，就是说，如果要求 $y$ 在确定范围内取值，那么应该把自变量 $x$ 控制在什么数值上或什么取值范围内。

**【例 10-16】** 表 10-16 是某市近 15 年社会消费品零售额，人均 GDP 的数据。经分析，当年社会消费品零售额与当年人均 GDP 的相关系数为 0.994 6，与上年人均 GDP 的相关系数为 0.997 9，两种情形的线性相关关系都很高，为了预测的方便，我们选择上年人均 GDP 作为自变量 $x$ 来预测社会消费品零售额（$y$）。经计算，可求得如下回归模型

$$\hat{y}=16.862\ 8+0.047\ 8X_{t-1}$$
$$(4.264)\quad(56.082)$$
$$(R^2=0.996\quad F=3\ 145.23\quad S_y=7.51\quad DW=1.102)$$

根据此模型提供的检验统计量，该回归模型的各项检验均能通过，表明模型的拟合程度较高，解释能力较强。此模型表明，上年人均 GDP 每增加 1 元，社会消费品零售额可增加 0.047 8 亿元。将本年人均 GDP=7 988 元代入模型中，可求得下年社会消费品零售额的预测值为

$$\hat{y}_{16} = 16.862\ 8 + 0.047\ 8 \times 7\ 988$$
$$= 398.69\ （亿元）$$

表 10-16　某市社会消费品零售额和人均 GDP 数据

| 年序<br>（T） | 社会消费品零售额 y/<br>亿元 | 人均 GDP/<br>（元/人） | 上年人均 GDP/<br>（元/人） |
|---|---|---|---|
| 1 | 74.5 | 1 356 | 1 104 |
| 2 | 81.1 | 1 513 | 1 356 |
| 3 | 83.3 | 1 634 | 1 513 |
| 4 | 94.2 | 1 880 | 1 634 |
| 5 | 109.9 | 2 286 | 1 880 |
| 6 | 124.6 | 2 930 | 2 286 |
| 7 | 162.7 | 3 923 | 2 930 |
| 8 | 206.2 | 4 854 | 3 923 |
| 9 | 247.7 | 5 576 | 4 854 |
| 10 | 273.0 | 6 054 | 5 576 |
| 11 | 291.6 | 6 308 | 6 054 |
| 12 | 311.4 | 6 552 | 6 308 |
| 13 | 341.6 | 7 086 | 6 552 |
| 14 | 366.5 | 7 654 | 7 086 |
| 15 | 383.5 | 7 988 | 7 654 |

## 10.2.2　多元线性回归模型

一元线性回归是用一个主要影响因素作为自变量来解释因变量的变化，在现实问题研究中，因变量的变化往往受几个重要因素的影响，此时就需要用两个或两个以上的影响因素作为自变量来解释因变量的变化，这就是多元回归亦称多重回归。当多个自变量与因变量之间是线性关系时，所进行的回归分析就是多元性回归。

设 $y$ 为因变量，$x_1$，$x_2$，$\cdots$，$x_k$ 为自变量，并且自变量与因变量之间为线性关系时，则多元线性回归模型为

$$y = b_0 + b_1 x_1 + b_2 x_2 + \cdots + b_k x_k + e$$

其中，$b_0$ 为常数项，$b_1$，$b_2 \cdots$，$b_k$ 为回归系数，$b_1$ 为 $x_2$，$x_3$，$\cdots$，$x_k$ 固定时，$x_1$ 每增加一个单位对 $y$ 的效应，即 $x_1$ 对 $y$ 的偏回归系数；同理 $b_2$ 为 $x_1$，$x_3$，$\cdots$，$x_k$ 固定时，$x_2$ 每增加一个单位对 $y$ 的效应，即 $x_2$ 对 $y$ 的偏回归系数，等等。如果两个自变量 $x_1$，$x_2$ 同一个因变量 $y$ 呈线相关时，可用二元线性回归模型描述

$$y = b_0 + b_1 x_1 + b_2 x_2 + e$$

建立多元线性回归模型时，为了保证回归模型具有优良的解释能力和预测效果，应首先注意自变量的选择，其准则是：

（1）自变量对因变量必须有显著的影响，并呈密切的线性相关；

（2）自变量与因变量之间的线性相关必须是真实的，而不是形式上的；

（3）自变量之间应具有一定的互斥性，即自变量之间的相关程度不应高于自变量与因变量之间的相关程度；

（4）自变量应具有完整的统计数据，其预测值容易确定。

多元线性回归模型的参数估计，同一元线性回归方程一样，也是在要求误差平方和（$\sum e^2$）为最小的前提下，用最小二乘法求解参数。以二元线性回归模型为例，求解回归参数的标准方程组为

$$\begin{cases} \sum y = nb_0 + b_1 \sum x_1 + b_2 \sum x_2 \\ \sum x_1 y = b_0 \sum x_1 + b_1 \sum x_1^2 + b_2 \sum x_1 x_2 \\ \sum x_2 y = b_0 \sum x_2 + b_1 \sum x_1 x_2 + b_2 \sum x_2^2 \end{cases}$$

解此方程可求得 $b_0$，$b_1$，$b_2$ 的数值。亦可用下列矩阵法求解

$$\boldsymbol{B} = (\boldsymbol{x}^{\mathrm{T}} \boldsymbol{x})^{-1} \cdot (\boldsymbol{x}^{\mathrm{T}} \boldsymbol{y})$$

亦即

$$\begin{bmatrix} b_0 \\ b_1 \\ b_2 \end{bmatrix} = \begin{bmatrix} n & \sum x_1 & \sum x_2 \\ \sum x_1 & \sum x_1^2 & \sum x_1 x_2 \\ \sum x_2 & \sum x_1 x_2 & \sum x_2^2 \end{bmatrix}^{-1} \cdot \begin{bmatrix} \sum y \\ \sum x_1 y \\ \sum x_2 y \end{bmatrix}$$

多元线性回归模型与一元线性回归模型一样，在得到参数的最小二乘法的估计值之后，也需要进行必要的检验与评价，以决定模型是否可以应用。

**1. 拟合程度的测定**

与一元线性回归中可决系数 $r^2$ 相对应，多元线性回归中也有多重可决系数 $R^2$，它是在因变量的总变化中，由回归方程解释的变动（回归平方和）所占的比重，$R^2$ 越大，回归方程对样本数据点拟合的程度越强，所有自变量与因变量的关系越密切。计算公式为

$$R^2 = \frac{\sum (\hat{y} - \bar{y})^2}{\sum (y - \bar{y})^2}$$

$$= 1 - \frac{\sum (y - \hat{y})^2}{\sum (y - \bar{y})^2}$$

其中：$\sum (y - \hat{y})^2 = \sum y^2 - (b_0 \sum y + b_1 \sum x_1 y + b_2 \sum x_2 y + \cdots + b_k \sum x_k y)$

$\sum (y - \bar{y})^2 = \sum y^2 - \dfrac{1}{n} (\sum y)^2$

**2. 估计标准误差**

估计标准误差是因变量 $y$ 的实际值与回归方程求出的估计值 $\hat{y}$ 之间的标准误差，估计标准误差越小，回归方程拟合程度越强。

$$S_y = \sqrt{\frac{\sum (y - \hat{y})^2}{n - k - 1}}$$

$$V_s = S_y / \bar{y}$$

其中 $k$ 为多元线性回归方程中的自变量的个数。

**3. 回归方程的显著性检验**

回归方程的显著性检验是检验整个回归方程的显著性，或者说评价所有自变量与因变量

的线性关系是否密切。通常采用 F 检验，F 统计量的计算公式为

$$F = \frac{\sum (\hat{y} - \bar{y})^2 / k}{\sum (y - \hat{y})^2 / n - k - 1}$$

$$= \frac{R^2 / k}{(1 - R^2) / n - k - 1}$$

根据给定的显著水平 $\alpha$，自由度 $(k, n-k-1)$ 查 F 分布表，得到相应的临界值 $F_\alpha$，若 $F > F_\alpha$，则回归方程具有显著意义，回归效果显著；$F < F_\alpha$，则回归方程无显著意义，回归效果不显著。

**4. 回归系数的显著性检验**

在一元线性回归中，回归系数显著性检验（t 检验）与回归方程的显著性检验（F 检验）是等价的，但在多元线性回归中，这个等价不成立。t 检验是分别检验回归模型中各个回归系数是否具有显著性，以便使模型中只保留那些对因变量有显著影响的因素。检验时先计算统计量 $t_i$，然后根据给定的显著水平 $\alpha$，自由度 $n-k-1$ 查 t 分布表，得临界值 $t_\alpha$ 或 $t_{\alpha/2}$，$t > t_\alpha$ 或 $t_{\alpha/2}$，则回归系数 $b_i$ 与 0 有显著差异；反之，则与 0 无显著差异。统计量 t 的计算公式为

$$t_i = \frac{b_i}{S_y \sqrt{C_{ij}}} = \frac{b_i}{S_{bi}}$$

其中 $C_{ij}$ 是多元线性回归方程中求解回归系数矩阵的逆短阵 $(x^T x)^{-1}$ 的主对角线上的第 $j$ 个元素。对二元线性回归而言，可用下列公式计算

$$C_{11} = \frac{S_{22}}{S_{11} S_{22} - S_{12}^2}$$

$$C_{22} = \frac{S_{11}}{S_{11} S_{22} - S_{12}^2}$$

其中

$$S_{11} = \sum (x_1 - \bar{x}_1)^2 = \sum x_1^2 - \frac{1}{n} \left( \sum x_1 \right)^2$$

$$S_{22} = \sum (x_2 - \bar{x}_2)^2 = \sum x_2^2 - \frac{1}{n} \left( \sum x_2 \right)^2$$

$$S_{12} = \sum (x_1 - \bar{x}_1)(x_2 - \bar{x}_2) = S_{21}$$

$$= \sum x_1 x_2 - \frac{1}{n} \left( \sum x_1 \right) \left( \sum x_2 \right)$$

**5. 多重共线性判别**

若某个回归系数的 t 检验通不过，可能是这个系数相对应的自变量对因变量的影响水平不显著所致，此时，应从回归模型中剔除这个自变量，重新建立更为简单的回归模型或者更换自变量。也可能是自变量之间有共线性所致，此时应设法降低共线性的影响。

多重共线性是指在多元线性回归方程中，自变量之间有较强的线性关系，这种关系若超过了因变量与自变量的线性关系，则回归模型的稳定性受到破坏，回归系数估计不准确。需要指出的是，在多元回归模型中，多重共线性是难以避免的，只要多重共线性不太严重就行了。判别多元线性回归方程是否存在严重的多重共线性，可分别计算每两个自变量之间的可

决系数 $r^2$，若 $r^2 > R^2$ 或接近于 $R_2$，则应设法降低多重共线性的影响。也可计算矩阵 $X^T X$ 的特征根 $\lambda_i$ 和其中最大特征根 $\lambda_m$ 的条件数 $k$ 进行判别，计算公式为

$$k = \sqrt{\frac{\lambda_m}{\lambda_i}}$$

通常认为 $0 < k < 10$，自变量之间不存在多重共线性；$10 \leqslant k < 100$，自变量之间存在较强的多重共线性；$k \geqslant 100$，自变量之间存在严重的多重共线性。条件数 $k_i$ 的计算通常可利用 SPSS 等统计分析软件作回归模型估计的同时进行估计和检验。

降低多重共线性的办法可转换自变量的取值，如变绝对数为相对数或平均数，或更换其他的自变量，或增大数据样本量，或剔除不重要的自变量。

**6. DW 检验**

当回归模型是根据动态数据建立的，则误差项 e 也是一个时间序列，若误差序列诸项之间相互独立，则误差序列各项之间没有相关关系，若误差序列之间存在密切的相关关系，则建立的回归模型就不能表述自变量与因变量之间的真实变动关系。DW 检验就是误差序列的自相关检验。检验的方法与一元线性回归相同。

多元性回归模型通过检验评价之后，可应用于以下几个方面。

1）因素分析

因素分析是多元性回归模型的一个重要应用，利用多元线性回归模型可以进行多因素分析。这种分析一是利用回归系数揭示变量间的结构关系，并能揭示主次因素；二是利用弹性系数揭示各个自变量的变动对因变量的影响程度，利用多元线性回归模型测定弹性系数 $E_{x_i}$ 的计算公式为

$$E_{x_i} = b_i \frac{\overline{x_i}}{\overline{y}} \qquad (i = 1, 2, \cdots, k)$$

2）预测分析

利用多元线性回归模型进行预测，首先应确定各个自变量的预测值，然后代入回归模型中求因变量的点预测值或预测区间，其预测区间的建立与一元线性回归模型相同。

3）控制分析

由于回归模型揭示了变量间的因果关系，因而，可以考虑通过给定被解释变量（因变量）的目标值来控制解释变量（自变量）的取值。如企业目标利润确定之后，可利用回归模型确定企业应达到的收入，以及应控制的成本费用等。又如，通过通货膨胀的回归模型，可以由通货膨胀率的控制目标，确定货币发行量、银行存贷利率等，这些都是对经济变量的控制。

**【例 10-17】** 根据表 10-16 的数据，以社会消费品零售额作因变量 $y$，上年人均 $GDP_{t-1}$ 和时间变量 $t$ 作为自变量，建立二元线性回归模型作预测分析，估计的模型如下

$$y_t = 15.319 + 0.041 \text{人均} GDP_{t-1} + 3.396t$$

$$\qquad (3.881) \qquad (9.279) \qquad (1.443)$$

$$R^2 = 0.997 \quad F = 1\,704.49 \quad S_y = 7.22 \quad DW = 1.145$$

此模型有关评价检验说明如下。

（1）可决系数为 0.997 8，$F$ 统计量为 1 704.49 $> F_{0.05}$（2，12）= 3.89，F 检验通过，表明回归线对样本数据点拟合程度很高，回归模型具有显著性。

（2）估计标准误差为 7.22，相对标准误差为 3.43%，模型估计的误差程度很小。

（3）经计算 $t_1 = 9.279$，$t_2 = 1.443$，在显著水平 $\alpha = 0.05$ 的条件下，$t_{0.05}$（12）$= 1.782$，$b_1$ 具有显著性，$b_2$ 不具有显著性。但在 $\alpha = 0.10$ 的条件下，$t_{0.10}$（12）$= 1.356$，两个参数均具有显著性。说明人均 $GDP_{t-1}$ 对社会消费品零售额影响较大，时间变量影响次之。

（4）条件数 $k = 26.80 < 100$，表明回归方程存在一定的多重共线性，但并不严重。

（5）DW 统计量为 1.145，在显著水平 $\alpha = 0.05$，$n = 15$，$k = 2$ 的条件下，$d_1 = 0.95$，$d_u = 1.54$，由于 $0.95 < DW < 4 - d_u$。DW 检验通过，表明误差序列无自相关。

由上可知，所建立的二元回归模型通过了所有的统计检验，表明用人均 $GDP_{t-1}$ 和时间变量 $t$ 来解释社会消费品零售额的变化是合适的。将本年度的人均 GDP = 7 988 元和下年度的时间变量 $t = 16$，代入上述二元线性回归模型，可求得社会消费品零售额的预测值为

$$\hat{y}_{16} = 15.319 + 0.041 \times 7988 + 3.396 \times 16$$
$$= 397.16 （亿元）$$

## 10.2.3  非线性回归模型

在实际问题研究中，变量之间的关系不一定都是线性关系，而是表现为某种曲线关系。这种非线性关系称为曲线相关，据此配合的曲线模型称为曲线回归模型或非线性回归模型。许多非线性回归模型经过适当变换，可以转化为线性回归模型的形式，同样可以采用最小二乘法求其回归曲线。常见的主要非线性回归模型如下。

（1）指数曲线：$y = ae^{bx}$。

两边取对数得：

$$\lg y = \lg a + (b \lg e) x$$

（2）对数曲线：$y = a + b \lg x$

（3）双曲线：$\dfrac{1}{y} = a + b \dfrac{1}{x}$

令 $y' = \dfrac{1}{y}$，$x' = \dfrac{1}{x}$，则

$$y' = a + bx'$$

（4）幂函数：$y = ab^b$

两边取对数得

$$\lg y = \lg a + b \lg x$$

（5）高次曲线：$y = a + bx + cx^2 + dx^3 + \cdots$

令 $x_1 = x$，$x_2 = x^2$，$x_3 = x^3$，$\cdots$，则可转化为多元线性回归形式：$y = b_0 + b_1 x_1 + b_2 x_2 + b_3 x_3 + \cdots$

（6）柯柏—道格拉斯函数：$y = \alpha x_1^{\beta_1} x_2^{\beta_2}$，

两边取对数得

$$\lg y = \lg \alpha + \beta_1 \lg x_1 + \beta_2 \lg x_2$$

（7）S 曲线：$y = \dfrac{1}{a + be^{-x}}$

令 $y' = \dfrac{1}{y}$，$x' = e^{-x}$，则 $y' = a + bx'$

非线性回归模型一般不能进行有关的统计检验，因为许多统计检验都是建立在线性统计模型基础上的。但是为了评价非线性回归模型的拟合程度及其估计误差的大小，可以计算下列评价指标。

（1）可决系数 $R^2$：

$$R^2 = 1 - \frac{\sum (y - \hat{y})^2}{\sum (y - \bar{y})^2}$$

（2）相关指数 $R$：

$$R = \sqrt{1 - \frac{\sum (y - \hat{y})^2}{\sum (y - \bar{y})^2}} = \sqrt{R^2}$$

（3）估计标准误差：

$$S_y = \sqrt{\frac{\sum (y - \hat{y})^2}{n - k - 1}}$$

以上公式中，$\sum (y - \bar{y})^2$ 为离差平方和。

$\sum (y - \hat{y})^2$ 为剩余平方和，即 $\sum e_i^2$。

【例 10-18】某企业近 10 年年产品产量（$x$）与单位产品成本的统计资料如表 10-17。根据生产实际考察，一般单位产品成本与产量之间成反比例关系，两者大致呈双曲线相关的形式，因而可配合双曲线回归模型

$$y = a + b \frac{1}{x}$$

（1）采用最小二乘法估计模型参数，即

$$\begin{cases} \sum y = na + b \sum \frac{1}{x} \\ \sum \frac{1}{x} y = a \sum \frac{1}{x} + b \sum \frac{1}{x^2} \end{cases}$$

有关数据计算后，代入上述标准方程组

$$\begin{cases} 24.2 = 10a + 4.052\,4b \\ 15.831\,1 = 4.054\,2a + 3.066\,5b \end{cases}$$

解得：$b = 4.230\,9$，$a = 0.704\,7$，$\hat{y} = 0.704\,7 + 4.230\,9 \frac{1}{x}$

（2）计算可决系数 $R^2$：

$$R^2 = 1 - \frac{\sum (y - \hat{y})^2}{\sum (y - \bar{y})^2}$$

$$= 1 - \frac{1.1387}{26.616} = 0.9572$$

$$R = \sqrt{0.9572} = 0.9784$$

（3）计算估计标准误差：

$$S_y = \sqrt{\frac{\sum (y - \hat{y})^2}{n - 2}}$$

$$= \sqrt{\frac{1.1387}{8}} = 0.377$$

表 10-17　单位成本与产品产量双曲线回归计算表

| 年 份 | 单位成本 $y$ / (千元/台) | 产品产量 $x$ / (万台) | $\hat{y}$ | $e$ |
|---|---|---|---|---|
| 1 | 6.4 | 0.7 | 6.75 | -0.35 |
| 2 | 4.5 | 1.5 | 3.53 | 0.97 |
| 3 | 2.7 | 2.1 | 2.72 | -0.02 |
| 4 | 2.1 | 2.9 | 2.16 | -0.06 |
| 5 | 1.8 | 3.4 | 1.95 | -0.15 |
| 6 | 1.5 | 4.3 | 1.69 | -0.19 |
| 7 | 1.4 | 5.5 | 1.47 | -0.07 |
| 8 | 1.3 | 6.4 | 1.37 | -0.07 |
| 9 | 1.3 | 6.9 | 1.32 | -0.02 |
| 10 | 1.2 | 7.8 | 1.25 | -0.05 |

（4）模型应用。由于可决系数为 0.957 2，估计标准差为 0.377，相对标准差只有 1.56%，表明双曲线回归模型拟合优度很高，单位产品成本与总产量之间的双曲线相关关系密切。因而模型可应用于预测和控制。若第 11 年总产量计划 8.5 万台，则单位产品成本预测值为

$$\hat{y} = 0.704\,7 + 4.230\,9\,\frac{1}{8.5} = 1.202\,5\,(千元/台)$$

若单位产品成本控制在 1 000 千元/台，则总产量应达到

$$1 = 0.704\,7 + 4.230\,9\,\frac{1}{x}$$

$$x = 14.33\,(万台)$$

## 10.2.4　时间数列自回归模型

时间数列自回归是根据时间数列自相关用回归模型来描述同一时间数列前后不同时期数据之间的相互关系，并用于预测分析。自回归模型有线性与非线性之分，有一元回归与多元回归之分，其中最常用的线性自回归模型。现简述如下。

（1）一元线性自回归为

$$y_t = a + by_{t-i}$$

当 $i$ 取 1 时，称为一阶一元线性自回归，当 $i$ 取 2 时，称为二阶一元线性回归。究竟应取哪一期的 $y$ 的数据作为自变量，则应分期计算自相关系数来确定。一般来说，本年数据与上年数据关系最密切，本季（月）数据与上年同季（月）的数据关系最密切。

（2）多元线性自回归，又称多阶多元线性自回归，其一般模型为

$$y_t = a + b_1 y_{t-1} + b_2 y_{t-2} + \cdots + b_k x_{t-k} + e$$

自回归模型的参数估计一般采用最小二乘法估计。其参数估计的标准方程组的形式同前几节介绍的基本相同，只要令自回归模型中的 $y_{t-i} = x$ 即可。

自回归模型的评价，亦可计算可决系数 $R^2$ 或自相关系数 $R$，剩余标准差 $S_y$ 评价模型配合的优良程度。必要时也可进行各种统计检验。

【例 10-19】表 10-18 是某市近 15 年社会消费品零售额与滞后 1～6 年的消费品零售额自相关数列。同时，表中列出 $y_t$ 与前一年、二年、三年、四年、五年、六年的消费品零售额的自相关系数。这些相关系数由高到低逐步衰减，但是否会继续衰减下去，却需要更多的数据进行分析。表中 6 个相关系数都比较高，其中尤以近期的自相关系数最大。这表明当一个时间序列具有不断增长的趋势时，一般本期数据与前一、二期的数据的关系更为密切。因为最近时期的发展趋势及其所包含的信息对外推预测更有代表性。

若建立一阶自回归模型，经计算，可得到

$$\hat{y}_t = 14.797\ 4 + 1.036\ 5 y_{t-1}$$
$$(2.307) \qquad (34.831)$$

$$R^2 = 0.989\ 4 \qquad F = 1\ 213.23 \qquad S_y = 12.06 \qquad DW = 0.717$$

若建立二阶自回归模型，经计算，可得到

$$\hat{y}_t = 8.413\ 8 + 1.708\ 3\ y_{t-1} - 0.718\ 6\ y_{t-2}$$
$$(1.529) \qquad (7.516) \qquad (-2.972)$$

$$R^2 = 0.994 \qquad F = 976.45 \qquad S_y = 9.52 \qquad DW = 1.520$$

以上两个自回归模型均能通过 t 检验、F 检验和 DW 检验，多重共线性也不严重。表明两个自回归模型均具有优良的拟合程度、解释能力和预测能力。将本年消费品零售额 383.50 亿元代入一阶自回归模型，可求得下一年消费品零售额的预测值为 412.30 亿元。将本年和上年消费品零售额 383.5 亿元和 366.5 亿元代入二阶自回归模型，可求得下一年消费品零售额的预测值为 400.18 亿元。简单平均组合预测值为 406.24 亿元。

**表 10-18　某市近 15 年社会消费品零售额自相关数列**

| 年序 | $y_t$ | $y_{t-1}$ | $y_{t-2}$ | $y_{t-3}$ | $y_{t-4}$ | $y_{t-5}$ | $y_{t-6}$ |
|---|---|---|---|---|---|---|---|
| 1 | 74.50 | 58.40 | 49.50 | 43.20 | 33.80 | 28.50 | 25.70 |
| 2 | 81.10 | 74.50 | 58.40 | 49.50 | 43.20 | 33.80 | 28.50 |
| 3 | 83.30 | 81.10 | 74.50 | 58.40 | 49.50 | 43.20 | 33.80 |
| 4 | 94.20 | 83.30 | 81.10 | 74.50 | 58.40 | 49.50 | 43.20 |
| 5 | 109.90 | 94.20 | 83.30 | 81.10 | 74.50 | 58.40 | 49.50 |
| 6 | 124.60 | 109.90 | 94.20 | 83.30 | 81.10 | 74.50 | 58.40 |
| 7 | 162.70 | 124.60 | 109.90 | 94.20 | 83.30 | 81.10 | 74.50 |
| 8 | 206.20 | 162.70 | 124.60 | 109.90 | 94.20 | 83.30 | 81.10 |
| 9 | 247.70 | 206.20 | 162.70 | 124.60 | 109.90 | 94.20 | 83.30 |
| 10 | 273.00 | 247.70 | 206.20 | 162.70 | 124.60 | 109.90 | 94.20 |
| 11 | 291.60 | 273.00 | 247.70 | 206.20 | 162.70 | 124.60 | 109.90 |
| 12 | 311.40 | 291.60 | 273.00 | 247.70 | 206.20 | 162.70 | 124.60 |
| 13 | 341.60 | 311.40 | 291.60 | 273.00 | 247.70 | 206.20 | 162.70 |
| 14 | 366.50 | 341.60 | 311.40 | 291.60 | 273.00 | 247.70 | 206.20 |
| 15 | 383.50 | 366.50 | 341.60 | 311.40 | 291.60 | 273.00 | 247.70 |
| 与 $y_t$ 的相关系数 r | | 0.994 7 | 0.982 4 | 0.967 0 | 0.950 1 | 0.934 9 | 0.928 4 |

需要指出的是，如果年度时间序列中存在着循环变动，则自变量的取值应以循环变动的周期长度为准做出选择。对于有季节变动的时间序列来说，则应取历史上同季（或同月）的数据作为自变量，建立自回归模型进行预测。

【例10-20】根据例10-13（表10-12）的数据，采用自回归模型进行预测。其一阶自相关数列为（取上年同季数据作为自变量）：

| $y_t$: | 80.3 | 77.5 | 74.9 | 85.5 | 89.4 | 85.6 | 78.6 | 90.4 | 92.8 | 88.6 | 85.5 | 98.6 |
| $y_{t-4}$: | 70.6 | 68.8 | 66.4 | 78.6 | 80.3 | 77.5 | 74.9 | 85.5 | 89.4 | 85.6 | 78.6 | 90.4 |

用最小二乘法估计的一阶自回归模型如下

$$\hat{y}_t = 19.3642 + 0.8402 y_{t-1}$$
$$(3.524) \quad (12.107)$$
$$R^2 = 0.913 \quad F = 104.65 \quad S_y = 2.131 \quad DW = 1.346$$

此模型表明本季消费品零售额与上年同季消费品零售额的自相关系十分密切，模型的配合优良度较高。因此，可用本年各季零售额外推预测下年度各季零售额，即

$$\hat{y}_{1季度} = 19.3642 \times 0.8042 \times 92.8 = 97.33(亿元)$$
$$\hat{y}_{2季度} = 19.3642 \times 0.8042 \times 88.6 = 93.81(亿元)$$
$$\hat{y}_{3季度} = 19.3642 \times 0.8042 \times 85.5 = 91.20(亿元)$$
$$\hat{y}_{4季度} = 19.3642 \times 0.8042 \times 98.6 = 102.21(亿元)$$

全年消费品零售额：384.55（亿元）

# 10.3　经济计量模型预测法

经济计量模型预测法，是利用经济变量之间的相互依存关系，通过经济分析，找出其相互间的因果联系，建立经济计量模型来描述经济关系，并运用模型进行预测分析。

## 10.3.1　经济计量模型的变量类型

经济计量模型是通过经济变量来描述和解释经济关系。例如，某商品供求计量模型为

$$\begin{cases} D_t = a_0 + a_1 p_t + a_2 w_t \\ S_t = b_0 + b_1 S_{t-1} + b_2 I_t \\ D_t = S_t \end{cases}$$

式中，$D_t$为当年需求量，$P_t$为当年价格，$W_t$为当年人均收入，$S_t$为当年供应量，$S_{t-1}$为上年供应量，$I_t$为当年进口量。$a_0$，$a_1$，$a_2$，$b_0$，$b_1$，$b_2$为模型的参数，$D_t = S_t$为均衡条件。此模型其包括6个变量，根据它们在模型中的作用，可分为如下类型。

**1. 内生变量**

内生变量是由所研究的系统内部确定的变量，又称被解释变量。上述模型中，$D$、$S$均为内生变量，它们是由模型所决定的经济变量。其中$S_{t-1}$为滞后的内生变量，即前期的内生变量。

**2. 外生变量**

外生变量是由所研究的系统外部确定的变量，又称解释变量。上述模型中$P$、$W$、$I$均

为外生变量，它们的变化影响系统的变化，但不受系统变化的影响。

**3. 前定变量**

前定变量包括外生变量、滞后外生变量和滞后内生变量。上述模型中，$P_t$、$W_t$、$I_t$、$S_{t-1}$均为前定变量。前定变量是已知的，或者说是可以预先确定的变量。

**4. 虚拟变量**

是一种用来表示定性项目的变量，又称假变量。例如，研究农产品供求模型时，对于天气状况，可用虚拟变量表示，气候条件好记为 1，一般记作 0，较差记作 −1。虚拟变量是外生变量的一种。

## 10.3.2　经济计量模型的方程类型

经济计量模型是由若干方程构成的，其方程类型如下。

**1. 行为方程**

行为方程是反映经济系统中各种行为的方程，用以描述行为关系。这种方程是建立在政府和居民的消费活动的理论基础之上的，大都表现为消费函数。例如 GDP 决定最终消费的模型为

$$C_t = a_0 + a_1 \text{GDP}_t + a_2 \text{GDP}_{t-1}$$

**2. 技术方程**

技术方程是反映物质生产技术关系的方程。大都表现为生产函数和利润函数。例如，怎样搭配投入的资本（$K$）和劳动（$L$）的比例，以便产出一个最大的产品数量（$Y$），就是一个生产技术关系。常用的生产函数是柯柏—道松拉斯函数：

$$y = AL^a K^\beta$$

**3. 制度方程**

由政府规定的制度、法律、法令所决定的关系，称之为制度关系。描述制度关系的方程，则为制度方程。例如，营业税（$T$）等于销售收入（$S$）乘以税率 $r$：

$$T = r \cdot S$$

**4. 定义方程**

是按照某种定义或规定而建立的方程。例如，流动资产周转率等于商品销售收入除以平均流动资产余额；资产负债率等于负债总额除以全部资产余额；商品销售收入（$S$）等于商品销售量（$Q$）乘以价格（$P$）：

$$S = Q \cdot P$$

**5. 平衡关系式**

反映系统内部的平衡状况或普遍认可的平衡体系，称为平衡关系式或平衡方程，如销售收入（$S$），销售进价成本（$C$），销售费用（$F$），销售税金（$T$）和销售利润（$M$）之间具有如下平衡关系：

$$S = C + F + T + M$$

## 10.3.3　经济计量模型的分类

**1. 宏观经济计量模型与微观经济计量模型**

经济计量模型按描述的经济关系所涵盖的范围不同，可分为宏观经济计量模型和微观经

济计量模型。宏观经济计量模型概括反映全社会经济总量而不考虑个体之间差异的宏观经济关系；微观经济计量模型着眼于反映个别经济单位（一个厂商、一个家庭或个人）的个别数量关系，而把全社会总量当作已知的、既定的条件下的微观经济关系。例如，消费函数，如果从会社会总量或全社会人均的角度进行描述，就是宏观经济计量模型；如果从个别家庭或个人的角度进行描述，就是微观经济计量模型。

**2. 静态经济计量模型和动态经济计量模型**

经济计量模型按描述的经济关系所发生的时间不同，可分为静态经济计量模型和动态经济计量模型。静态经济计量模型中的经济变量的数值都是在同一期间发生的，所描述的是静态经济关系。静态经济计量模型中的经济变量的数值是在不同时间发生的，所描述的是动态经济关系。例如，消费函数中的当期消费量如果只取决于当期的可支配收入，就是一个静态关系；如果当期消费量不仅取决于当期可支配收入，而且还受过去时期可支配收入的影响，就是一个动态关系。

**3. 单一方程模型和联立方程模型**

经济计量模型按包括的方程数目的多少不同，可分为单一方程模型和联立方程模型。单一方程模型是描述一种经济关系的模型，如单一的消费函数或生产函数，它可以是线性的，也可以是非线性的；可以是一元的，也可以是多元的。联立方程模型是描述某一社会经济系统内多种经济关系的模型，又称结构式模型，通常是由一系列的结构方程（包括行为方程、技术方程、制度方程）和定义方程（或平衡方程式）组成的联立方程组。联立方程模型小的有几个方程，大的有几十个，几百个或几千个方程，取决于研究系统涵盖面及研究的深广度。例如，下面的 GDP 决定消费（$C$）、积累（$S$）和净出口（$I$）的模型，就是一个联立方程模型

$$\begin{cases} C_t = a_0 + a_1 \text{GDP}_t + a_2 \text{GDP}_{t-1} & (1) \\ S_t = b_0 + b_1 \text{GDP}_t + b_2 T & (2) \\ I_t = c_0 + c_1 \text{GDP}_t & (3) \\ \text{GDP} = C_t + S_t + I_t & (4) \end{cases}$$

## 10.3.4　经济计量模型的预测程序

**1. 模型设计**

设计经济计量模型，首先应考虑作为研究对象的经济体系范围大小和研究任务的要求，找出经济体系中主要经济变量，包括内生变量和外生变量，决定经济计量模型包括的方程和变量数量；然后，按照经济理论，用合适的方程来描述经济体系中的各种经济关系。其方程可以是线性的，也可以是非线性的；可以是一元的，也可以是多元的；可以是静态的经济关系，也可以是动态的经济关系。一般来说，经济体系中有多少个内生变量，就设计多少个方程，从而构成一个完整的经济计量模型。

**2. 模型识别**

模型的识别是指判别模型的结构参数能否根据统计数据作出唯一的估计，也即联立方程能否有解，以及解的个数是否唯一的问题的判断。设 $G$ 为模型中方程的个数，$m$ 为需要识别方程中内生变量的个数，$k$ 为模型中前定变量的个数，$R$ 为需要识别方程中前定变量的个

数。识别的法则一般为：

（1）$k-R=m-1$　　　方程为恰好识别；

（2）$k-R>m-1$　　　方程为过度识别；

（3）$k-R<m-1$　　　方程为不可识别。

上述识别法则称为可识别性的阶条件，通常能足以保证方程的可识别性。恰好识别和过度识别的方程中的参数都是能估计的，二者均为可识别的。不可识别的方程是无法估计结构参数的，因此，模型设计时，应考虑模型中所有的方程都是可识别的。

例如，上述 GDP 决定消费、积累和净出口的模型中，共有 3 个结构方程，前定变量共有 3 个（$k=3$）；消费方程有 1 个内生变量，2 个前定变量；积累方程有 1 个内生变量，2 个前定变量；净出口方程有 1 个内生变量，1 个前定变量。用以上法则判别，三个方程都是可识别的，且为过度识别。

**3. 模型估计**

模型的全部方程都是可识别的，则可利用统计数据（时序数据或横截面数据）采用一定的估计方法，对模型中各结构方程的结构参数做出估计。估计的方法分为单一方程估计法和方程组法两大类。

（1）单一方程估计法，又称有限信息法，它是个别地估计联立方程组中的每一个方程，它仅考虑对该方程的约束（如对某些变量的排除），而不考虑对其他方程的约束。单一方程估计法包括普通最小二乘法、间接最小二乘法、二阶最小二乘法等。

（2）方程组法，又称完全信息法，它是同时地估计模型中的全部方程，它需要考虑因某些变量排除而对方程组造成的全部约束。方程组法包括三阶最小二乘法和完全信息最大似然法。方程组法计算过程复杂，计算量很大，而且某个方程有误或有偏，则误差将传至其他方程，从而影响全体，因此，在实践中方程组法运用很少，常常采用单一方程法。

下面介绍几种单一方程估计法。

1）普通最小二乘法（OLS）

普通最小二乘法是单独对联立方程模型中每个方程进行最小二乘法估计，估计的方法见 10.1 节、10.2 节。由于联立方程模型中存在着错综复杂的因果关系，单个方程估计不能考虑全部内、外生变量的差别和相互制约和影响，因而它往往不符合标准线性模型的假设，估计的结果从理论上说是有偏差的。如果建立经济计量模型的目的在于预测未来，而不在于准确地解释经济结构关系，那么，采用最小二乘法估计也是可行的。

**表 10-19　某市城镇居民人均收支与 GDP 数据**

| 年序 | 人均可支配收入/元 | 人均消费支出/元 | 当年人均储蓄/元 | GDP/亿元 | 消费额/亿元 | 上年消费额/亿元 | 积累额/亿元 |
|---|---|---|---|---|---|---|---|
| 1 | 901 | 799 | 102 | 101.3 | 65.4 | 57.7 | 38.5 |
| 2 | 1 002 | 884 | 118 | 117.8 | 74.5 | 65.4 | 43.2 |
| 3 | 1 180 | 1 104 | 76 | 147.0 | 93.6 | 74.5 | 55.0 |
| 4 | 1 374 | 1 211 | 163 | 164.7 | 105.6 | 93.6 | 61.0 |
| 5 | 1 510 | 1 279 | 231 | 183.2 | 113.7 | 105.6 | 64.4 |
| 6 | 1 701 | 1 454 | 247 | 212.8 | 131.5 | 113.7 | 75.2 |
| 7 | 2 027 | 1 672 | 355 | 258.6 | 159.5 | 131.5 | 96.4 |

| 年序 | 人均可支配收入/元 | 人均消费支出/元 | 当年人均储蓄/元 | GDP/亿元 | 消费额/亿元 | 上年消费额/亿元 | 积累额/亿元 |
|---|---|---|---|---|---|---|---|
| 8 | 2 577 | 2 111 | 466 | 345.0 | 201.8 | 159.5 | 150.0 |
| 9 | 3 496 | 2 851 | 645 | 466.9 | 268.0 | 201.8 | 192.6 |
| 10 | 4 283 | 3 538 | 745 | 585.1 | 336.4 | 268.0 | 238.8 |
| 11 | 4 839 | 3 920 | 918 | 683.3 | 400.0 | 336.4 | 268.7 |
| 12 | 5 160 | 4 186 | 974 | 748.9 | 435.8 | 400.0 | 284.6 |
| 13 | 5 425 | 4 332 | 1 093 | 790.0 | 464.1 | 435.8 | 295.5 |
| 14 | 5 854 | 4 616 | 1 238 | 826.7 | 487.2 | 464.1 | 307.0 |
| 15 | 6 280 | 4 998 | 1 282 | 893.4 | 546.0 | 487.2 | 325.0 |
| 16 | 6 860 | 5 309 | 1 551 | 985.9 | 589.3 | 546.0 | 374.6 |
| 17 | 7 702 | 6 030 | 1 672 | 1 065.5 | 620.6 | 589.3 | 419.5 |

【**例 10-21**】某市近 17 年的城镇居民人均收、支、余及 GDP 的有关数据如表 10-19 所示。若把 $GDP_t$ 看作是影响居民人均可支配收入（$S$）、人均消费支出（$C$）的重要变量，则有如下模型：

$$\begin{cases} S_t = a_0 + a_1 GDP_t & (1) \\ C_t = b_0 + b_1 S_t & (2) \end{cases} \quad （模型 \text{I}）$$

采用普通最小二乘法估计的结果如下（括号内的数据为参数的统计检验量 $t$）

$$\hat{S}_t = 229.895\ 9 + 6.793\ 6 GDP_t$$
$$\qquad\quad (5.377) \qquad (95.484)$$
$$R^2 = 0.998\ 4,\ F = 9\ 117.19,\ S_s = 95.78,\ DW = 1.239$$

$$\hat{C}_t = 150.017\ 2 + 0.767\ 9 St$$
$$\qquad\quad (6.132) \qquad (134.28)$$
$$R^2 = 0.999\ 2,\ F = 18\ 031.94,\ S_c = 52.34,\ DW = 1.328$$

2）间接最小二乘法（ILS）

间接最小二乘法适用于估计恰好识别模型的结构参数。运用时，首先应根据方程组推导出简化方程（又称诱导方程），其次，用普遍最小二乘法估计简化型方程的结构参数，最后，则简化方程的结构参数及某一方程估计的结果，推导出另一方程的结构参数。

例如，例 10-21 建立的模型 I，经识别为恰好识别模型。若将（1）式代入（2）式，可得如下简化方程

$$\begin{aligned} C_t &= b_0 + b_1 s_t \\ &= b_0 + b_1(a_0 + a_1 GDP_t) \\ &= \beta_0 + \beta_1 GDP_t \end{aligned}$$

其中：$\beta_0 = b_0 + a_0 b_1$，$\beta_1 = a_1 b_1$，根据表 10-19 的数据，用最小二乘法估计的简化型方程为

$$\hat{C}_t = 326.101\ 0 + 5.218\ 0\ GDP_t$$
$$\qquad\quad (8.736) \qquad (83.998)$$
$$R^2 = 0.997\ 8,\ F = 7\ 055.67,\ S_c = 83.626\ 9,\ DW = 1.739$$

由前面估计的人均可支配收入方程的 $a_0$、$a_1$ 参数，求解人均消费支出方程的 $b_0$、$b_1$ 参数：

$$a_0 = 229.895\ 9 \qquad\qquad a_1 = 6.793\ 6$$
$$\text{由}\ \beta_1 = a_1 b_1 \quad \text{得} \quad b_1 = 0.768\ 1$$
$$\text{由}\ \beta_0 = b_0 + a_0 b_1 \quad \text{得} \quad b_0 = 149.518\ 0$$

用间接最小二乘法估计的人均消费支出方程为

$$\hat{C}_t = 149.5180 + 0.7681 S_t$$

也可直接使用简化型方程，由 $\text{GDP}_t$ 解释和预测人均消费支出。

比较一下用普通最小二乘法和间接最小二乘法估计的人均消费支出方程的估计结果，不难发现两者的差别是较小的。在许多场合下，二者的估计往往存在较大的差别，普通最小二乘法（OLS）不适当地被应用于联立方程的参数估计，往往会歪曲真实的经济结构关系。然而，对预测来说，很难说明哪种估计方法对未来的预测更准确，因为未来的变化本身具有不确定性。

3）二阶最小二乘法（2SLS）

这种估计适用于估计过度识别模型的结构参数，它可以克服某个重要的内生变量（$Y_i$）和误差项（$e_i$）之间的可能的相关性带来的不利影响。具体估计时，需分两步走。第一步，先求内生变量（$Y_i$）对整个方程组中的全部前定变量的回归方程，并给出一组 $Y_i$ 的估计值（$\hat{Y}_i$）；第二步，将内生变量的估计值（$\hat{Y}_i$）与方程所包括的其他前定变量作为解释变量，再运用最小二乘法估计原方程的结构参数。

【例 10-22】根据表 10-19 提供的数据，为了更好地应用 GDP 中的消费额（$x_1$）、积累额（$x_2$）解释城镇居民人均收入、支出、余额是如何决定的，设计下列模型：

$$\begin{cases} S_t = a_0 + a_1 x_1 + a_2 x_2 & (1) \\ C_t = b_0 + b_1 S_t + b_2 x_{1t-1} & (2) \\ I_t = r_0 + r_1 S_t + r_2 x_{1t-1} & (3) \\ S_t = C_t + I_t & (4) \end{cases} \quad （模型 \text{II}）$$

（$I_t$ 为当年储蓄）

经识别，模型中的三个结构方程均为过度识别，宜采用 2SLS 估计模型的结构参数。$S_t$ 为重要的内生变量，它与模型中全部前定变量的回归方程为

$$S_t = \beta_0 + \beta_1 x_1 + \beta_2 x_{1t-1} + \beta_3 x_2$$

用最小二乘法估计的结果为

$$\hat{S}_t = 215.435\ 1 + 4.296\ 0x_1 + 1.370\ 0x_{1t-1} + 9.247\ 0x_2$$
$$\qquad (4.697) \qquad (1.986) \qquad (0.984) \qquad (5.045)$$
$$R^2 = 0.998\ 8,\ F = 3\ 746.76,\ S_s = 86.28,\ \text{DW} = 1.976$$

由此方程可求得一组估计值 $\hat{S}_t$。然后将 $\hat{S}_t$ 的估计值分别与方程（1）、（2）、（3）的有关变量一起，第二次运用最小二乘法估计原方程的结构参数，可得到

$$\hat{S}_t = 191.795\ 7 + 6.156\ 5x_1 + 8.376\ 5x_2$$
$$\qquad (18.662) \qquad (22.247) \qquad (19.841)$$
$$R^2 = 0.999\ 9,\ F = 81\ 221.54,\ S_s = 22.70,\ \text{DW} = 1.379$$

$$\hat{C}_t = 116.909\ 4 + 0.859\ 0\hat{S}_1 - 1.126\ 1x_{1t-1}$$

$$(2.656) \quad (12.249) \quad (-1.308)$$

$$R^2 = 0.998\ 3, \quad F = 4\ 145.60, \quad S_c = 77.16, \quad DW = 2.399$$

$$\hat{I}_t = -116.809\ 4 + 0.140\ 6\hat{S}_1 + 1.129\ 7x_{1t-1}$$

$$(-3.952) \quad (2.986) \quad (1.954)$$

$$R^2 = 0.991\ 7, \quad F = 849.78, \quad S_i = 51.81, \quad DW = 1.247$$

$$\hat{S}_t = \hat{C}_t + \hat{I}_t$$

为了便于比较，下面列出的是普通最小二乘法（OLS）估计的结果

$$\hat{S}_t = 191.765\ 7 + 6.156\ 5x_1 + 8.376\ 5x_2$$

$$(4.914) \quad (5.858) \quad (5.225)$$

$$R^2 = 0.998\ 8, \quad F = 5\ 632.28, \quad S_s = 86.18, \quad DW = 1.899$$

$$\hat{C}_t = 120.619\ 1 + 0.850\ 0S_1 - 1.015\ 8x_{1t-1}$$

$$(4.483) \quad (20.277) \quad (-1.973)$$

$$R^2 = 0.999\ 3, \quad F = 10\ 756.38, \quad S_c = 47.93, \quad DW = 1.425$$

$$\hat{I}_t = -120.541\ 0 + 0.149\ 8S_1 + 1.0187x_{1t-1}$$

$$(-4.476) \quad (3.569) \quad (1.977)$$

$$R^2 = 0.992\ 9, \quad F = 982.13, \quad S_i = 47.79, \quad DW = 1.417$$

**4. 模型检验**

模型的结构参数估算出来以后，还应对估算的结果进行评价和检验。评价和检验的内容主要包括模型的经济意义分析，配合优良度测定、误差分析、总体相关系数的 F 检验，结构参数的 t 检验，误差序列相关的 DW 检验，多重共线性程度的判别等，这些评价检验方法已在 10.2 节作了介绍。经过检验，如果发现估计的结果存在严重的问题，就应怀疑建模依据的经济理论假设是否正确，并且应对模型进行全部或部分调整与修正，或改变全部或部分方程的估算方法，或者推倒模型进行重新设计。以上建立的模型Ⅰ和模型Ⅱ，基本上都能通过各项检验，读者若感兴趣，可自行进行各种检验。

**5. 模型使用**

建造模型、估算参数、检验估算结果，最终都是为了使用模型。模型的使用分为三大项，即经济结构分析、预测未来和规划政策。对预测来说，首先应确定模型中所有前定变量的数值，然后代入模型中求内生变量的预测值。如例 10-22 中，预测下一年度（$t = 18$）的 GDP 为 1 166.2 亿元，消费总额为 676.4 亿元（本年消费总额 620.6 亿元），资本积累总额为 460.6 亿元，用模型Ⅰ和模型Ⅱ预测人均可支配收入、人均消费支出额、人均当年储蓄额，其结果如表 10-20 所示。

表 10-20　不同模型和不同估计方法预测比较

| 项目 | 模型Ⅰ | | 模型Ⅱ | |
| --- | --- | --- | --- | --- |
| | OLS | ILS | 2SLS | OLS |
| 人均可支配收入 | 8 152.59 | 8 152.59 | 8 213.85 | 8 213.82 |
| 人均消费支出额 | 6 410.39 | 6 411.52 | 6 473.75 | 6 471.96 |
| 人均当年储蓄额 | 1 742.20 | 1 741.07 | 1 740.1 | 1 741.86 |

1. 时间序列通常可分解为哪些变动？有哪些分解模式？

2. 时间序列中的长期趋势类型如何识别？有哪些趋势模型？

3. 如何选择最优的长期趋势模型？怎样进行趋势模型组合预测？

4. 季节变动分析预测有哪些方法？

5. 循环变动分析预测有哪些方法？研究循环变动有何意义？

6. 时间序列自回归分析预测与传统的时间序列分解预测模式有何不同？

7. 怎样进行一元线性回归分析预测？

8. 多元线性回归模型应进行哪些方面的评价和检验？

9. 多元线性回归模型有哪些应用？

10. 常用的非线性回归模型有哪些？

11. 自回归与因回归有何异同？自回归分析预测有何优点？

12. 投入产出表的基本结构如何？如何测定直接消耗系数和完全消耗系数？

13. 怎样利用直接消耗系数和完全消耗系数进行投入产出预测？

14. 经济计量模型中的变量和方程可有哪些类型？

15. 经济计量模型预测的程序怎样？

16. 如何识别经济计量模型？怎样估计模型的结构参数？

17. 怎样评价经济计量模型的优劣？

18. 经济计量模型有哪些方面的应用？

### 案例 10-1    A 市电力需求预测

根据案例 8-2 提供的数据资料，要求采用回归分析预测法或者经济计量模型法进行 A 市电力需求的中期预测，并撰写预测报告。

### 案例 10-2    某市肉食品市场供求预测分析

设某市近 8 年猪肉、牛肉、羊肉的生产和居民人均年消费量等资料如下，要求分别预测未来 5 年内猪肉、牛肉、羊肉的市场供求情况，并编写预测分析报告。

1. 近 8 年城乡人口（万人）统计数据：

| 市镇人口： | 1 356.6 | 1 551.0 | 1 607.0 | 1 629.0 | 1 684.0 | 1 724.0 | 1 952.2 | 2 031.5 |
| 乡村人口： | 4 946.0 | 4 841.0 | 4 821.1 | 4 836.0 | 4 818.0 | 4 808.0 | 4 609.8 | 4 564.3 |
| 总人口： | 63.206 | 6 392.0 | 6 428.1 | 6 465.0 | 6 502.0 | 6 532.0 | 6 562.0 | 6 595.8 |

2. 近 8 年猪肉生产量（万吨）、城乡居民消费量（kg/人、年）

| 猪肉生产量： | 338.8 | 354.2 | 366.3 | 379.8 | 406.2 | 400.1 | 414.7 | 428.9 |
|---|---|---|---|---|---|---|---|---|
| 城镇居民消费量： | 23.4 | 22.3 | 22.1 | 20.2 | 19.8 | 19.2 | 20.1 | 19.5 |
| 农村居民消费量： | 18.2 | 19.4 | 18.0 | 17.2 | 17.8 | 17.7 | 18.3 | 18.5 |

（注：城乡居民猪肉消费占社会消费总量的 80%，生产量中出口占 32%）。

3. 近 8 年牛肉生产量（万吨），城乡居民消费量（kg/人、年）：

| 牛肉生产量： | 10.28 | 11.04 | 12.48 | 12.95 | 13.10 | 13.34 | 13.86 | 14.43 |
|---|---|---|---|---|---|---|---|---|
| 城镇居民消费量： | 1.12 | 1.28 | 1.40 | 1.53 | 1.65 | 1.83 | 1.85 | 2.14 |
| 农村居民消费量： | 0.31 | 0.33 | 0.32 | 0.48 | 0.61 | 0.53 | 0.63 | 0.88 |

（注：城乡居民牛肉消费占社会消费总量的 70%，生产量中出口占 30%）。

4. 近 8 年羊肉生产量（万吨），城乡居民消费量（kg/人、年）：

| 羊肉生产量： | 5.84 | 6.04 | 6.58 | 6.92 | 7.11 | 7.54 | 7.97 | 8.73 |
|---|---|---|---|---|---|---|---|---|
| 城镇居民消费量： | 1.39 | 1.48 | 1.43 | 1.48 | 1.56 | 1.60 | 1.68 | 1.68 |
| 农村居民消费量： | 0.11 | 0.15 | 0.18 | 0.21 | 0.25 | 0.28 | 0.30 | 0.38 |

（注：城乡居民羊肉消费占社会消费总量的 70%，生产量中出口占 28%）。

5. 其他有关资料

（1）本省生猪生产中，优质品率近几年维护在 40% 左右；生猪的产业化，集约化经营虽有发展，但步伐较慢；生猪产品的深加工，精加工比率较低。

（2）近几年牛、羊生产虽然较快发展，但市场供求缺口大，主要靠外省市输入牛羊肉解决供求缺口。

（3）随着城乡居民收入水平的提高，居民对猪牛羊肉的消费需求不断增长，特别是对牛肉、羊肉的需求将增长更快。

（4）据市场调查，瘦肉型猪肉，不含生长激素的猪肉制品，黄牛肉、黑山羊肉的需求不断扩大。

（5）据城乡居民生活收支抽样调查资料分析，城乡居民食品消费结构中，主食消费比重下降，猪牛羊等副食品消费比重上升。

## 案例 10-3  我国综合能源供求的变化趋势预测分析

我国 1990—2007 年综合能源可供消费总量、一次性能源生产量等数据如下（2007 年以后的数据请自行更新和补充）。要求对综合能源供求趋势、结构演变等进行预测分析，并提出治理能源国内供求不均衡的对策（预测方法可采用长期趋势模型或自回归分析预测模型或回归分析预测模型）。

1. 中国主要年份能源生产结构（%）

| 类别 | 1990 | 1995 | 2000 | 2005 | 2006 | 2007 |
|---|---|---|---|---|---|---|
| 1. 能源生产量 | 100.0 | 100.0 | 100.0 | 100.0 | 100.0 | 100.0 |
| 原煤 | 74.2 | 75.3 | 72.0 | 76.5 | 76.7 | 76.6 |
| 原油 | 19.0 | 16.6 | 18.1 | 12.6 | 11.9 | 11.3 |
| 天然气 | 2.0 | 1.9 | 2.8 | 3.2 | 3.5 | 3.9 |
| 水核风电 | 4.8 | 6.2 | 7.2 | 7.7 | 7.9 | 8.2 |
| 2. 电力生产量 | 100.0 | 100.0 | 100.0 | 100.0 | 100.0 | 100.0 |
| 水电 | 20.3 | 19.0 | 16.5 | 15.9 | 15.2 | 14.8 |
| 火电 | 79.4 | 80.2 | 82.7 | 81.9 | 82.7 | 83.0 |
| 核电 | – | 1.3 | 1.2 | 2.2 | 1.9 | 1.9 |

2. 中国主要年份能源消费品种结构（%）

| 类别 | 1990 | 1995 | 2000 | 2005 | 2006 | 2007 |
|---|---|---|---|---|---|---|
| 煤炭 | 76.2 | 74.6 | 67.8 | 69.1 | 69.4 | 69.5 |
| 石油 | 16.6 | 17.5 | 23.3 | 21.0 | 20.4 | 19.7 |
| 天然气 | 2.1 | 1.8 | 2.4 | 2.8 | 3.0 | 3.5 |
| 水、核、风电 | 5.1 | 6.1 | 6.7 | 7.1 | 7.2 | 7.3 |
| 合 计 | 100.0 | 100.0 | 100.0 | 100.0 | 100.0 | 100.0 |

3. 1990—2007 年我国综合能源可供消费总量（单位：万吨标准煤）

| 年 份 | 可供消费能源总量 | 一次性能源生产量 | 回收量 | 进口量 | 出口量（−） | 年初年末库存差额（+） | GDP/亿元 |
|---|---|---|---|---|---|---|---|
| 1990 | 96 138 | 103 922 | – | 1 310 | 5 875 | −3 219 | 18 667.8 |
| 1991 | 100 195 | 104 844 | – | 2 022 | 5 819 | −852 | 21 781.5 |
| 1992 | 104 880 | 107 256 | – | 3 334 | 5 633 | −77 | 26 923.5 |
| 1993 | 111 620 | 111 059 | – | 5 492 | 5 341 | 410 | 35 333.9 |
| 1994 | 117 967 | 118 729 | – | 4 342 | 5 772 | 668 | 48 197.9 |
| 1995 | 129 535 | 129 034 | 2 312 | 5 456 | 6 776 | −491 | 60 793.7 |
| 1996 | 134 433 | 132 616 | 1 891 | 6 837 | 7 529 | 618 | 71 176.6 |
| 1997 | 133 724 | 132 410 | 467 | 9 964 | 7 663 | −1 453 | 78 973.0 |
| 1998 | 128 368 | 124 250 | 1 920 | 8 474 | 7 153 | 878 | 84 402.3 |
| 1999 | 115 829 | 109 126 | 1 694 | 9 513 | 6 477 | 1 974 | 89 677.1 |
| 2000 | 136 535 | 128 978 | 1 760 | 14 334 | 9 633 | 1 097 | 99 214.6 |
| 2001 | 125 310 | 120 900 | 1 859 | 13 471 | 11 145 | 225 | 109 655.2 |
| 2002 | 144 319 | 138 369 | 1 908 | 15 769 | 11 017 | −710 | 120 332.7 |
| 2003 | 172 219 | 163 842 | 2 043 | 20 048 | 12 898 | −841 | 135 822.8 |
| 2004 | 203 344 | 187 341 | 2 508 | 26 593 | 11 646 | −1 452 | 159 878.3 |
| 2005 | 223 213 | 205 876 | 2 840 | 26 952 | 11 447 | −1 008 | 183 217.4 |
| 2006 | 244 101 | 221 056 | 2 903 | 31 171 | 10 925 | −104 | 211 923.5 |
| 2007 | 261 111 | 235 445 | 3 057 | 34 904 | 10 298 | −1 997 | 249 529.9 |

4. 我国 1990—2007 年综合能源消费总量（单位：万吨标准煤）

| 年 份 | 能源消费总量 | 农业 | 工业 | 建筑业 | 交通运输邮政业 | 贸易业餐饮业 | 其他行业 | 生活消费量 |
|---|---|---|---|---|---|---|---|---|
| 1990 | 98 703 | 4 852 | 67 578 | 1 213 | 4 541 | 1 247 | 3 473 | 17 799 |
| 1991 | 103 783 | 5 099 | 71 413 | 1 278 | 4 756 | 1 269 | 3 975 | 15 993 |
| 1992 | 109 170 | 5 022 | 76 279 | 1 392 | 5 058 | 1 434 | 4 361 | 15 636 |
| 1993 | 115 993 | 4 781 | 81 223 | 1 317 | 5 587 | 1 910 | 5 444 | 15 731 |
| 1994 | 122 737 | 5 105 | 87 855 | 1 349 | 5 625 | 1 847 | 5 543 | 15 413 |
| 1995 | 131 176 | 5 505 | 96 191 | 1 335 | 5 863 | 2 018 | 4 519 | 15 745 |
| 1996 | 138 948 | 5 717 | 100 322 | 1 449 | 5 994 | 2 268 | 5 484 | 17 714 |
| 1997 | 138 173 | 5 905 | 100 080 | 1 179 | 7 543 | 2 394 | 4 703 | 16 368 |
| 1998 | 132 214 | 5 790 | 94 409 | 1 612 | 8 245 | 2 552 | 5 213 | 14 394 |
| 1999 | 130 119 | 5 832 | 90 797 | 1 381 | 9 243 | 2 812 | 5 502 | 14 552 |
| 2000 | 138 533 | 6 045 | 95 443 | 2 143 | 10 067 | 3 039 | 5 852 | 15 965 |
| 2001 | 130 297 | 5 787 | 89 634 | 1 433 | 9 916 | 2 893 | 5 722 | 14 912 |
| 2002 | 134 915 | 6 233 | 92 347 | 1 453 | 10 257 | 3 165 | 6 034 | 15 427 |
| 2003 | 174 990 | 6 716 | 121 771 | 2 860 | 12 819 | 4 180 | 6 819 | 19 827 |
| 2004 | 203 227 | 7 680 | 143 244 | 3 259 | 15 104 | 4 820 | 7 839 | 21 281 |
| 2005 | 224 682 | 7 978 | 159 492 | 3 411 | 16 629 | 5 031 | 8 691 | 23 450 |
| 2006 | 246 270 | 8 395 | 175 137 | 3 715 | 18 583 | 5 522 | 9 530 | 25 388 |
| 2007 | 265 583 | 8 245 | 190 167 | 4 031 | 20 643 | 5 962 | 9 744 | 26 790 |

### 案例 10-4 中国社会消费品零售额预测分析

中国 1978—2010 年社会消费品零售额（亿元）如下，要求分析社会消费品零售额发展变化的特点、趋势和周期波动的表现，建立时间序列趋势模型、自回归模型进行预测分析。

1 559  1 800  2 140  3 250  2 570  2 849  3 376  4 305  4 950  5 820  7 440  8 101  8 300  9 416  10 994
14 270  18 623  23 614  28 360  31 253  33 378  35 648  39 106  43 055  48 136  52 516  59 501  67 177  76 410
89 210  114 830  132 678  156 998

### 案例 10-5 某市社会消费品零售额预测分析

设某地近 10 年社会消费品零售额（亿元）及有关资料如下，要求选用合适的方法对未来 5 年内社会消费品零售额及其构成做出预测分析和推断，并编写预测分析报告。

| | | | | | | | | | | |
|---|---|---|---|---|---|---|---|---|---|---|
| 社会消费品零售额 | 109.9 | 124.6 | 162.6 | 206.2 | 247.7 | 273.0 | 291.5 | 311.3 | 341.5 | 376.0 |
| 其中：市 | 54.7 | 72.2 | 96.6 | 123.8 | 149.5 | 166.5 | 178.3 | 190.9 | 211.1 | 235.4 |
| 县 | 16.9 | 20.4 | 24.1 | 29.2 | 32.8 | 35.0 | 36.8 | 38.9 | 42.2 | 45.8 |
| 县以下 | 38.3 | 32.0 | 41.9 | 53.2 | 65.4 | 71.5 | 76.4 | 81.5 | 88.2 | 94.8 |
| 其中：贸易业 | 79.2 | 87.3 | 110.4 | 138.0 | 162.1 | 181.1 | 191.9 | 205.5 | 230.4 | 255.1 |
| 餐饮业 | 5.9 | 8.0 | 11.8 | 15.8 | 20.2 | 24.3 | 28.1 | 32.0 | 37.5 | 43.7 |
| 其他行业 | 24.8 | 29.3 | 40.4 | 52.4 | 65.4 | 67.6 | 71.5 | 73.8 | 73.6 | 77.2 |
| 商品零售价格指数/% | 100.0 | 113.2 | 137.7 | 158.1 | 167.8 | 169.1 | 164.7 | 159.8 | 157.4 | 156.1 |
| GDP/亿元 | 266.4 | 346.3 | 467.6 | 584.8 | 678.8 | 744.6 | 783.4 | 820.7 | 894.4 | 959.3 |
| 年末总人口/万人 | 1 172 | 1 185 | 1 199 | 1 211 | 1 224 | 1 236 | 1 248 | 1 259 | 1 267 | 1 276 |

# 附录 A  常用统计数表

表 A-1  标准正态概率表

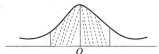

| $t$ | $F(t)$ | $t$ | $F(t)$ | $t$ | $F(t)$ | $t$ | $F(t)$ |
|------|---------|------|---------|------|---------|------|---------|
| 0.00 | 0.000 0 | 0.33 | 0.258 6 | 0.66 | 0.490 7 | 0.99 | 0.677 8 |
| 0.01 | 0.008 0 | 0.34 | 0.266 1 | 0.67 | 0.497 1 | 1.00 | 0.682 7 |
| 0.02 | 0.016 0 | 0.35 | 0.273 7 | 0.68 | 0.503 5 | 1.0l | 0.687 5 |
| 0.03 | 0.023 9 | 0.36 | 0.281 2 | 0.69 | 0.509 8 | 1.02 | 0.692 3 |
| 0.04 | 0.031 9 | 0.37 | 0.288 6 | 0.70 | 0.516 1 | 1.03 | 0.697 0 |
| 0.05 | 0.039 9 | 0.38 | 0.296 1 | 0.71 | 0.522 3 | 1.04 | 0.701 7 |
| 0.06 | 0.047 8 | 0.39 | 0.303 5 | 0.72 | 0.528 5 | 1.05 | 0.706 3 |
| 0.07 | 0.055 8 | 0.40 | 0.310 8 | 0.73 | 0.534 6 | 1.06 | 0.710 9 |
| 0.08 | 0.063 8 | 0.41 | 0.318 2 | 0.74 | 0.540 7 | 1.07 | 0.715 4 |
| 0.09 | 0.071 7 | 0.42 | 0.325 5 | 0.75 | 0.546 7 | 1.08 | 0.719 9 |
| 0.10 | 0.079 7 | 0.43 | 0.332 8 | 0.76 | 0.552 7 | 1.09 | 0.724 3 |
| 0.11 | 0.087 6 | 0.44 | 0.340 1 | 0.77 | 0.558 7 | 1.10 | 0.728 7 |
| 0.12 | 0.095 5 | 0.45 | 0.347 3 | 0.78 | 0.564 6 | 1.11 | 0.733 0 |
| 0.13 | 0.103 4 | 0.46 | 0.354 5 | 0.79 | 0.570 5 | 1.12 | 0.737 3 |
| 0.14 | 0.111 3 | 0.47 | 0.361 6 | 0.80 | 0.576 3 | 1.13 | 0.741 5 |
| 0.15 | 0.119 2 | 0.48 | 0.368 8 | 0.81 | 0.582 1 | 1.14 | 0.745 7 |
| 0.16 | 0.127 1 | 0.49 | 0.375 9 | 0.82 | 0.587 8 | 1.15 | 0.749 9 |
| 0.17 | 0.135 0 | 0.50 | 0.382 9 | 0.83 | 0.593 5 | 1.16 | 0.754 0 |
| 0.18 | 0.142 8 | 0.51 | 0.389 9 | 0.84 | 0.599 1 | 1.17 | 0.758 0 |
| 0.19 | 0.150 7 | 0.52 | 0.396 9 | 0.85 | 0.604 7 | 1.18 | 0.762 0 |
| 0.20 | 0.158 5 | 0.53 | 0.403 9 | 0.86 | 0.610 2 | 1.19 | 0.766 0 |
| 0.21 | 0.166 3 | 0.54 | 0.410 8 | 0.87 | 0.615 7 | 1.20 | 0.769 9 |
| 0.22 | 0.174 l | 0.55 | 0.417 7 | 0.88 | 0.621 1 | 1.21 | 0.773 7 |
| 0.23 | 0.181 9 | 0.56 | 0.424 5 | 0.89 | 0.626 5 | 1.22 | 0.777 5 |
| 0.24 | 0.189 7 | 0.57 | 0.431 3 | 0.90 | 0.631 9 | 1.23 | 0.781 3 |
| 0.25 | 0.197 4 | 0.58 | 0.438 1 | 0.91 | 0.637 2 | 1.24 | 0.785 0 |
| 0.26 | 0.205 1 | 0.59 | 0.444 8 | 0.92 | 0.642 4 | 1.25 | 0.788 7 |
| 0.27 | 0.212 8 | 0.60 | 0.451 5 | 0.93 | 0.647 6 | 1.26 | 0.792 3 |
| 0.28 | 0.220 5 | 0.61 | 0.458 1 | 0.94 | 0.652 8 | 1.27 | 0.795 9 |
| 0.29 | 0.228 2 | 0.62 | 0.464 7 | 0.95 | 0.657 9 | 1.28 | 0.799 5 |
| 0.30 | 0.235 8 | 0.63 | 0.471 3 | 0.96 | 0.662 9 | 1.29 | 0.803 0 |
| 0.31 | 0.243 4 | 0.64 | 0.477 8 | 0.97 | 0.668 0 | 1.30 | 0.806 4 |
| 0.32 | 0.251 0 | 0.65 | 0.484 3 | 0.98 | 0.672 9 | 1.31 | 0.809 8 |

| $t$ | $F(t)$ | $t$ | $F(t)$ | $t$ | $F(t)$ | $t$ | $F(t)$ |
|---|---|---|---|---|---|---|---|
| 1.32 | 0.813 2 | 1.65 | 0.901 1 | 1.98 | 0.952 3 | 2.62 | 0.991 2 |
| 1.33 | 0.816 5 | 1.66 | 0.903 1 | 1.99 | 0.953 4 | 2.64 | 0.991 7 |
| 1.34 | 0.819 8 | 1.67 | 0.905 1 | 2.00 | 0.954 5 | 2.66 | 0.692 2 |
| 1.35 | 0.823 0 | 1.68 | 0.907 0 | 2.02 | 0.956 6 | 2.68 | 0.992 6 |
| 1.36 | 0.826 2 | 1.69 | 0.909 0 | 2.04 | 0.958 7 | 2.70 | 0.993 1 |
|  |  |  |  |  |  |  |  |
| 1.37 | 0.829 3 | 1.70 | 0.910 9 | 2.06 | 0.960 6 | 2.72 | 0.993 5 |
| 1.38 | 0.832 4 | 1.71 | 0.912 7 | 2.08 | 0.962 5 | 2.74 | 0.993 9 |
| 1.39 | 0.835 5 | 1.72 | 0.914 6 | 2.10 | 0.964 3 | 2.76 | 0.994 2 |
| 1.40 | 0.838 5 | 1.73 | 0.916 4 | 2.12 | 0.966 0 | 2.78 | 0.994 6 |
| 1.41 | 0.841 5 | 1.74 | 0.918 1 | 2.14 | 0.967 6 | 2.80 | 0.994 9 |
|  |  |  |  |  |  |  |  |
| 1.42 | 0.844 4 | 1.75 | 0.919 9 | 2.16 | 0.969 2 | 2.82 | 0.995 2 |
| 1.43 | 0.847 3 | 1.76 | 0.921 6 | 2.18 | 0.970 7 | 2.84 | 0.995 5 |
| 1.44 | 0.850 1 | 1.77 | 0.923 3 | 2.20 | 0.972 2 | 2.86 | 0.995 8 |
| 1.45 | 0.852 9 | 1.78 | 0.924 9 | 2.22 | 0.973 6 | 2.88 | 0.996 0 |
| 1.46 | 0.855 7 | 1.79 | 0.926 5 | 2.24 | 0.974 9 | 2.90 | 0.996 2 |
|  |  |  |  |  |  |  |  |
| 1.47 | 0.858 4 | 1.80 | 0.928 1 | 2.26 | 0.976 2 | 2.92 | 0.996 5 |
| 1.48 | 0.861 1 | 1.81 | 0.929 7 | 2.28 | 0.977 4 | 2.94 | 0.996 7 |
| 1.49 | 0.863 8 | 1.82 | 0.931 2 | 2.30 | 0.978 6 | 2.96 | 0.996 9 |
| 1.50 | 0.866 4 | 1.83 | 0.932 8 | 2.32 | 0.979 7 | 2.98 | 0.997 1 |
| 1.51 | 0.869 0 | 1.84 | 0.934 2 | 2.34 | 0.980 7 | 3.00 | 0.997 3 |
|  |  |  |  |  |  |  |  |
| 1.52 | 0.871 5 | 1.85 | 0.935 7 | 2.36 | 0.981 7 | 3.20 | 0.998 6 |
| 1.53 | 0.874 0 | 1.86 | 0.937 1 | 2.38 | 0.982 7 | 3.40 | 0.999 2 |
| 1.54 | 0.876 4 | 1.87 | 0.938 5 | 2.40 | 0.983 6 | 3.60 | 0.999 68 |
| 1.55 | 0.878 9 | 1.88 | 0.939 9 | 2.42 | 0.984 5 | 3.80 | 0.999 86 |
| 1.56 | 0.881 2 | 1.89 | 0.941 2 | 2.44 | 0.985 3 | 4.00 | 0.999 94 |
|  |  |  |  |  |  |  |  |
| 1.57 | 0.883 6 | 1.90 | 0.942 6 | 2.46 | 0.986 1 | 4.50 | 0.999 993 |
| 1.58 | 0.885 9 | 1.91 | 0.943 9 | 2.48 | 0.986 9 | 5.00 | 0.999 999 |
| 1.59 | 0.888 2 | 1.92 | 0.945 1 | 2.50 | 0.987 6 |  |  |
| 1.60 | 0.890 4 | 1.93 | 0.946 4 | 2.52 | 0.988 3 |  |  |
| 1.61 | 0.892 6 | 1.94 | 0.947 6 | 2.54 | 0.988 9 |  |  |
|  |  |  |  |  |  |  |  |
| 1.62 | 0.894 8 | 1.95 | 0.948 8 | 2.56 | 0.989 5 |  |  |
| 1.63 | 0.896 9 | 1.96 | 0.950 0 | 2.58 | 0.990 1 |  |  |
| 1.64 | 0.899 0 | 1.97 | 0.951 2 | 2.60 | 0.990 7 |  |  |

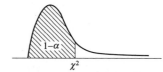

表 A-2 $\chi^2$ 分布

| 自由度 | 机率 1-α | | | | | | | |
|---|---|---|---|---|---|---|---|---|
| | 0.05 | 0.10 | 0.025 | 0.050 | 0.950 | 0.975 | 0.990 | 0.995 |
| 1 | — | — | 0.001 | 0.004 | 3.84 | 5.02 | 6.63 | 7.88 |
| 2 | 0.01 | 0.02 | 0.05 | 0.10 | 5.99 | 7.38 | 9.21 | 10.60 |
| 3 | 0.07 | 0.11 | 0.22 | 0.35 | 7.81 | 9.35 | 11.34 | 12.84 |
| 4 | 0.21 | 0.30 | 0.48 | 0.71 | 9.49 | 11.14 | 13.28 | 14.86 |
| 5 | 0.41 | 0.55 | 0.83 | 1.15 | 11.07 | 12.83 | 15.09 | 16.75 |
| 6 | 0.68 | 0.87 | 1.24 | 1.64 | 12.59 | 14.45 | 16.81 | 18.55 |
| 7 | 0.99 | 1.24 | 1.69 | 2.17 | 14.07 | 16.01 | 18.48 | 20.28 |
| 8 | 1.34 | 1.65 | 2.18 | 2.73 | 15.51 | 17.53 | 20.09 | 21.96 |
| 9 | 1.73 | 2.09 | 2.70 | 3.33 | 16.92 | 19.02 | 21.67 | 23.59 |
| 10 | 2.16 | 2.56 | 3.25 | 3.94 | 18.31 | 20.48 | 23.21 | 25.19 |
| 11 | 2.60 | 3.05 | 3.82 | 4.57 | 19.68 | 21.92 | 24.72 | 26.76 |
| 12 | 3.07 | 3.57 | 4.40 | 5.23 | 21.03 | 23.34 | 26.22 | 28.30 |
| 13 | 3.57 | 4.11 | 5.01 | 5.89 | 22.36 | 24.74 | 27.69 | 29.82 |
| 14 | 4.07 | 4.66 | 5.63 | 6.57 | 23.68 | 26.12 | 29.14 | 31.32 |
| 15 | 4.60 | 5.23 | 6.26 | 7.26 | 25.00 | 27.49 | 30.58 | 32.80 |
| 16 | 5.14 | 5.81 | 6.91 | 7.96 | 26.30 | 28.85 | 32.00 | 34.27 |
| 17 | 5.70 | 6.41 | 7.56 | 8.67 | 27.59 | 30.19 | 33.41 | 35.72 |
| 18 | 6.26 | 7.01 | 8.23 | 9.39 | 28.87 | 31.53 | 34.81 | 37.16 |
| 19 | 6.84 | 7.63 | 8.91 | 10.12 | 30.14 | 32.85 | 36.19 | 38.58 |
| 20 | 7.43 | 8.26 | 9.59 | 10.85 | 31.41 | 34.17 | 37.57 | 40.00 |
| 21 | 8.03 | 8.90 | 10.28 | 11.59 | 32.67 | 35.48 | 38.93 | 41.40 |
| 22 | 8.64 | 9.54 | 10.98 | 12.34 | 33.92 | 36.78 | 40.29 | 42.80 |
| 23 | 9.26 | 10.20 | 11.69 | 13.09 | 35.17 | 38.08 | 41.64 | 44.18 |
| 24 | 9.89 | 10.86 | 12.40 | 13.85 | 36.42 | 39.36 | 42.98 | 45.56 |
| 25 | 10.52 | 11.52 | 13.12 | 14.61 | 37.65 | 40.65 | 44.31 | 46.93 |
| 26 | 11.16 | 12.20 | 13.84 | 15.38 | 38.89 | 41.92 | 45.64 | 48.29 |
| 27 | 11.81 | 12.88 | 14.57 | 16.15 | 40.11 | 43.19 | 46.96 | 49.64 |
| 28 | 12.46 | 13.56 | 15.31 | 16.93 | 41.34 | 44.46 | 48.28 | 50.99 |
| 29 | 13.12 | 14.26 | 16.05 | 17.71 | 42.56 | 45.72 | 49.59 | 52.34 |
| 30 | 13.79 | 14.95 | 16.79 | 18.49 | 43.77 | 46.98 | 50.89 | 53.67 |
| 40 | 20.71 | 22.16 | 24.43 | 26.51 | 55.76 | 59.34 | 63.69 | 66.77 |
| 50 | 27.99 | 29.71 | 32.36 | 34.76 | 67.50 | 71.42 | 76.15 | 79.49 |
| 60 | 35.53 | 37.48 | 40.48 | 43.19 | 79.08 | 83.30 | 88.38 | 91.95 |
| 70 | 43.28 | 45.44 | 48.76 | 51.74 | 90.53 | 95.02 | 100.43 | 104.22 |
| 80 | 51.17 | 53.54 | 57.15 | 60.39 | 101.88 | 106.63 | 112.33 | 116.32 |
| 90 | 59.20 | 61.75 | 65.65 | 69.13 | 113.14 | 118.14 | 124.12 | 128.30 |
| 100 | 67.33 | 70.06 | 74.22 | 77.93 | 124.34 | 129.56 | 135.81 | 140.17 |

表 A-3  F 分布

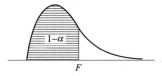

$1-\alpha = 0.95$

| $u_2$ \ $u_1$ | 1 | 2 | 3 | 4 | 5 | 6 | 7 | 8 | 9 |
|---|---|---|---|---|---|---|---|---|---|
| 1 | 161.45 | 199.50 | 215.71 | 224.58 | 230.16 | 233.99 | 236.77 | 238.88 | 240.54 |
| 2 | 18.513 | 19.000 | 19.164 | 19.247 | 19.296 | 19.330 | 19.353 | 19.371 | 19.385 |
| 3 | 10.128 | 9.5521 | 9.2766 | 9.1172 | 9.0135 | 8.9406 | 8.8868 | 8.8452 | 8.8123 |
| 4 | 7.7086 | 6.9443 | 6.5914 | 6.3883 | 6.2560 | 6.1631 | 6.0942 | 6.0410 | 5.9988 |
| 5 | 6.6079 | 5.7861 | 5.4095 | 5.1922 | 5.0503 | 4.9503 | 4.8759 | 4.8183 | 4.7725 |
| 6 | 5.9874 | 5.1433 | 4.7571 | 4.5337 | 4.3874 | 4.2839 | 4.2066 | 4.1468 | 4.0990 |
| 7 | 5.5914 | 4.7374 | 4.3468 | 4.1203 | 3.9715 | 3.8660 | 3.7870 | 3.7257 | 3.6767 |
| 8 | 5.3177 | 4.4590 | 4.0662 | 3.8378 | 3.6875 | 3.5806 | 3.5005 | 3.4381 | 3.3881 |
| 9 | 5.1174 | 4.2565 | 3.8626 | 3.6331 | 3.4817 | 3.3738 | 3.2927 | 3.2296 | 3.1789 |
| 10 | 4.9646 | 4.1028 | 3.7083 | 3.4780 | 3.3258 | 3.2172 | 3.1355 | 3.0717 | 3.0204 |
| 11 | 4.8443 | 3.9823 | 3.5874 | 3.3567 | 3.2039 | 3.0946 | 3.0123 | 2.9480 | 2.8962 |
| 12 | 4.7472 | 3.8853 | 3.4903 | 3.2592 | 3.1059 | 2.9961 | 2.9134 | 2.8486 | 2.7964 |
| 13 | 4.6672 | 3.8056 | 3.4105 | 3.1791 | 3.0254 | 2.9153 | 2.8321 | 2.7669 | 2.7144 |
| 14 | 4.6001 | 3.7389 | 3.3439 | 3.1122 | 2.9582 | 2.8477 | 2.7642 | 2.6987 | 2.6458 |
| 15 | 4.5431 | 3.6823 | 3.2874 | 3.0556 | 2.9013 | 2.7905 | 2.7066 | 2.6408 | 2.5876 |
| 16 | 4.4940 | 3.6337 | 3.2389 | 3.0069 | 2.8524 | 2.7413 | 2.6572 | 2.5911 | 2.5377 |
| 17 | 4.4513 | 3.5915 | 3.1968 | 2.9647 | 2.8100 | 2.6987 | 2.6143 | 2.5480 | 2.4943 |
| 18 | 4.4139 | 3.5546 | 3.1599 | 2.9277 | 2.7729 | 2.6613 | 2.5767 | 2.5102 | 2.4563 |
| 19 | 4.3808 | 3.5219 | 3.1274 | 2.8951 | 2.7401 | 2.6283 | 2.5435 | 2.4768 | 2.4227 |
| 20 | 4.3513 | 3.4928 | 3.0984 | 2.8661 | 2.7109 | 2.5990 | 2.5140 | 2.4471 | 2.3928 |
| 21 | 4.3248 | 3.4668 | 3.0725 | 2.8401 | 2.6848 | 2.5757 | 2.4876 | 2.4205 | 2.3661 |
| 22 | 4.3009 | 3.4434 | 3.0491 | 2.8167 | 2.6613 | 2.5491 | 2.4638 | 2.3965 | 2.3419 |
| 23 | 4.2793 | 3.4221 | 3.0280 | 2.7955 | 2.6400 | 2.5277 | 2.4422 | 2.3748 | 2.3201 |
| 24 | 4.2597 | 3.4028 | 3.0088 | 2.7763 | 2.6207 | 2.5082 | 2.4226 | 2.3551 | 2.3002 |
| 25 | 4.2417 | 3.3852 | 2.9912 | 2.7587 | 2.6030 | 2.4904 | 2.4047 | 2.3371 | 2.2821 |
| 26 | 4.2252 | 3.3690 | 2.9751 | 2.7426 | 2.5868 | 2.4741 | 2.3883 | 2.3205 | 2.2655 |
| 27 | 4.2100 | 3.3541 | 2.9604 | 2.7278 | 2.5719 | 2.4591 | 2.3732 | 2.3053 | 2.2501 |
| 28 | 4.1960 | 3.3404 | 2.9467 | 2.7141 | 2.5581 | 2.4453 | 2.3593 | 2.2913 | 2.2360 |
| 29 | 4.1830 | 3.3277 | 2.9340 | 2.7014 | 2.5454 | 2.4324 | 2.3463 | 2.2782 | 2.2229 |
| 30 | 4.1709 | 3.3158 | 2.9223 | 2.6896 | 2.5336 | 2.4205 | 2.3343 | 2.2662 | 2.2107 |
| 40 | 4.0848 | 3.2317 | 2.8387 | 2.6060 | 2.4495 | 2.3359 | 2.2490 | 2.1802 | 2.1240 |
| 60 | 4.0012 | 3.1504 | 2.7581 | 2.5252 | 2.3683 | 2.2540 | 2.1665 | 2.0970 | 2.0401 |
| 120 | 3.9201 | 3.0718 | 2.6802 | 2.4472 | 2.2900 | 2.1750 | 2.0867 | 2.0164 | 1.9588 |
| ∞ | 3.8415 | 2.9957 | 2.6049 | 2.3719 | 2.2141 | 2.0986 | 2.0096 | 1.9384 | 1.8799 |

续表

$1-\alpha = 0.95$

| $u_2$ \ $u_1$ | 10 | 12 | 15 | 20 | 24 | 30 | 40 | 60 | 120 | ∞ |
|---|---|---|---|---|---|---|---|---|---|---|
| 1 | 241.88 | 243.91 | 245.95 | 248.01 | 249.05 | 250.09 | 251.14 | 252.20 | 253.25 | 254.32 |
| 2 | 19.396 | 19.413 | 19.429 | 19.446 | 19.454 | 19.462 | 19.471 | 19.479 | 19.487 | 19.496 |
| 3 | 8.7855 | 8.7446 | 8.7029 | 8.6602 | 8.6385 | 8.6166 | 8.5944 | 8.5720 | 8.5494 | 8.5265 |
| 4 | 5.9644 | 5.9117 | 5.8578 | 5.8025 | 5.7744 | 5.7459 | 5.7170 | 5.6878 | 5.6581 | 5.6281 |
| 5 | 4.7351 | 4.6777 | 4.6188 | 4.5581 | 4.5272 | 4.4957 | 4.4638 | 4.4314 | 4.3984 | 4.3650 |
| 6 | 4.0600 | 3.9999 | 3.9381 | 3.8742 | 3.8415 | 3.8082 | 3.7743 | 3.7398 | 3.7047 | 3.6688 |
| 7 | 3.6365 | 3.5747 | 3.5108 | 3.4445 | 3.4105 | 3.3758 | 3.3404 | 3.3043 | 3.2674 | 3.2298 |
| 8 | 3.3472 | 3.2840 | 3.2184 | 3.1503 | 3.1152 | 3.0794 | 3.0428 | 3.0053 | 2.9669 | 2.9276 |
| 9 | 3.1373 | 3.0729 | 3.0061 | 2.9365 | 2.9005 | 2.8637 | 2.8259 | 2.7872 | 2.7475 | 2.7067 |
| 10 | 2.9782 | 2.9130 | 2.8450 | 2.7740 | 2.7372 | 2.6996 | 2.6609 | 2.6211 | 2.5801 | 2.5379 |
| 11 | 2.8536 | 2.7876 | 2.7186 | 2.6464 | 2.6090 | 2.5705 | 2.5309 | 2.4901 | 2.4480 | 2.4045 |
| 12 | 2.7534 | 2.6866 | 2.6169 | 2.5436 | 2.5055 | 2.4663 | 2.4259 | 2.3842 | 2.3410 | 2.2962 |
| 13 | 2.6710 | 2.6037 | 2.5331 | 2.4589 | 2.4202 | 2.3803 | 2.3392 | 2.2966 | 2.2524 | 2.2064 |
| 14 | 2.6021 | 2.5342 | 2.4630 | 2.3879 | 2.3487 | 2.3082 | 2.2664 | 2.2230 | 2.1778 | 2.1307 |
| 15 | 2.5437 | 2.4753 | 2.4035 | 2.3275 | 2.2878 | 2.2468 | 2.2043 | 2.1601 | 2.1141 | 2.0658 |
| 16 | 2.4935 | 2.4247 | 2.3522 | 2.2756 | 2.2354 | 2.1938 | 2.1507 | 2.1058 | 2.0589 | 2.0096 |
| 17 | 2.4499 | 2.3807 | 2.3077 | 2.2304 | 2.1898 | 2.1477 | 2.1040 | 2.0584 | 2.0107 | 1.9604 |
| 18 | 2.4117 | 2.3421 | 2.2686 | 2.1906 | 2.1497 | 2.1071 | 2.0629 | 2.0166 | 1.9681 | 1.9168 |
| 19 | 2.3779 | 2.3080 | 2.2341 | 2.1555 | 2.1141 | 2.0712 | 2.0264 | 1.9796 | 1.9302 | 1.8780 |
| 20 | 2.3479 | 2.2776 | 2.2033 | 2.1242 | 2.0825 | 2.0391 | 1.9938 | 1.9464 | 1.8963 | 1.8432 |
| 21 | 2.3210 | 2.2504 | 2.1757 | 2.0960 | 2.0540 | 2.0102 | 1.9645 | 1.9165 | 1.8657 | 1.8117 |
| 22 | 2.2967 | 2.2258 | 2.1508 | 2.0707 | 2.0283 | 1.9842 | 1.9380 | 1.8895 | 1.8380 | 1.7831 |
| 23 | 2.2747 | 2.2036 | 2.1282 | 2.0476 | 2.0050 | 1.9605 | 1.9139 | 1.8649 | 1.8128 | 1.7570 |
| 24 | 2.2547 | 2.1834 | 2.1077 | 2.0267 | 1.9838 | 1.9390 | 1.8920 | 1.8424 | 1.7897 | 1.7331 |
| 25 | 2.2365 | 2.1649 | 2.0889 | 2.0075 | 1.9643 | 1.9192 | 1.8718 | 1.8217 | 1.7684 | 1.7110 |
| 26 | 2.2197 | 2.1479 | 2.0716 | 1.9898 | 1.9464 | 1.9010 | 1.8533 | 1.8027 | 1.7488 | 1.6906 |
| 27 | 2.2043 | 2.1323 | 2.0558 | 1.9736 | 1.9299 | 1.8842 | 1.8361 | 1.7851 | 1.7307 | 1.6717 |
| 28 | 2.1900 | 2.1179 | 2.0411 | 1.9586 | 1.9147 | 1.8687 | 1.8203 | 1.7689 | 1.7138 | 1.6541 |
| 29 | 2.1768 | 2.1045 | 2.0275 | 1.9446 | 1.9005 | 1.8543 | 1.8055 | 1.7537 | 1.6981 | 1.6377 |
| 30 | 2.1646 | 2.0921 | 2.0148 | 1.9317 | 1.8874 | 1.8409 | 1.7918 | 1.7396 | 1.6835 | 1.6223 |
| 40 | 2.0772 | 2.0035 | 1.9245 | 1.8389 | 1.7929 | 1.7444 | 1.6928 | 1.6373 | 1.5766 | 1.5089 |
| 60 | 1.9926 | 1.9174 | 1.8364 | 1.7480 | 1.7001 | 1.6491 | 1.5943 | 1.5343 | 1.4673 | 1.3893 |
| 120 | 1.9105 | 1.8337 | 1.7505 | 1.6587 | 1.6084 | 1.5543 | 1.4952 | 1.4290 | 1.3519 | 1.2539 |
| ∞ | 1.8307 | 1.7522 | 1.6664 | 1.5705 | 1.5173 | 1.4591 | 1.3940 | 1.3180 | 1.2214 | 1.0000 |

$1-\alpha = 0.99$

| $u_2$ \ $u_1$ | 1 | 2 | 3 | 4 | 5 | 6 | 7 | 8 | 9 |
|---|---|---|---|---|---|---|---|---|---|
| 1 | 4052.2 | 4999.5 | 5403.3 | 5624.6 | 5763.7 | 5859.0 | 5928.3 | 5981.6 | 6022.5 |
| 2 | 98.503 | 99.000 | 99.166 | 99.249 | 99.299 | 99.332 | 99.356 | 99.374 | 99.388 |
| 3 | 34.116 | 30.817 | 29.457 | 28.710 | 28.237 | 27.911 | 27.672 | 27.489 | 27.345 |
| 4 | 21.198 | 18.000 | 16.694 | 15.977 | 15.522 | 15.207 | 14.976 | 14.799 | 14.659 |
| 5 | 16.258 | 13.274 | 12.060 | 11.392 | 10.967 | 10.672 | 10.456 | 10.289 | 10.158 |
| 6 | 13.745 | 10.925 | 9.7795 | 9.1483 | 8.7459 | 8.4661 | 8.2600 | 8.1016 | 7.9761 |
| 7 | 12.246 | 9.5466 | 8.4513 | 7.8467 | 7.4604 | 7.1914 | 6.9928 | 6.8401 | 6.7188 |
| 8 | 11.250 | 8.6491 | 7.5910 | 7.0060 | 6.6318 | 6.3707 | 6.1776 | 6.0289 | 5.9106 |
| 9 | 10.561 | 8.0215 | 6.9919 | 6.4221 | 6.0569 | 5.8018 | 5.6129 | 5.4671 | 5.3511 |
| 10 | 10.044 | 7.5594 | 6.5523 | 5.9943 | 5.6363 | 5.3858 | 5.2001 | 5.0567 | 4.9424 |
| 11 | 9.6460 | 7.2057 | 6.2167 | 5.6686 | 5.3160 | 5.0692 | 4.8861 | 4.7445 | 4.6315 |
| 12 | 9.3302 | 6.9266 | 5.9526 | 5.4119 | 5.0643 | 4.8206 | 4.6395 | 4.4994 | 4.3875 |
| 13 | 9.0738 | 6.7010 | 5.7394 | 5.2053 | 4.8616 | 4.6204 | 4.4410 | 4.3021 | 4.1911 |
| 14 | 8.8616 | 6.5149 | 5.5639 | 5.0354 | 4.6950 | 4.4558 | 4.2779 | 4.1399 | 4.0297 |
| 15 | 8.6831 | 6.3589 | 5.4170 | 4.8932 | 4.5556 | 4.3183 | 4.1415 | 4.0045 | 3.8948 |
| 16 | 8.5310 | 6.2262 | 5.2922 | 4.7726 | 4.4373 | 4.2016 | 4.0259 | 3.8896 | 3.7804 |
| 17 | 8.3997 | 6.1121 | 5.1850 | 4.6690 | 4.3359 | 4.1015 | 3.9267 | 3.7910 | 3.6822 |
| 18 | 8.2854 | 6.0129 | 5.0919 | 4.5790 | 4.2479 | 4.0146 | 3.8406 | 3.7054 | 3.5971 |
| 19 | 3.1850 | 5.9259 | 5.0103 | 4.5003 | 4.1708 | 3.9386 | 3.7653 | 3.6305 | 3.5225 |
| 20 | 8.0960 | 5.8489 | 4.9382 | 4.4307 | 4.1027 | 3.8714 | 3.6987 | 3.5644 | 3.4567 |
| 21 | 8.0166 | 5.7804 | 4.8740 | 4.3688 | 4.0421 | 3.8117 | 3.6396 | 3.5056 | 3.3981 |
| 22 | 7.9454 | 5.7190 | 4.8166 | 4.3134 | 3.9880 | 3.7583 | 3.5867 | 3.4530 | 3.3458 |
| 23 | 7.8811 | 5.6637 | 4.7649 | 4.2635 | 3.9392 | 3.7102 | 3.5390 | 3.4057 | 3.2986 |
| 24 | 7.8229 | 5.6136 | 4.7181 | 4.2184 | 3.8951 | 3.6667 | 3.4959 | 3.3629 | 3.2560 |
| 25 | 7.7698 | 5.5680 | 4.6755 | 4.1774 | 3.8550 | 3.6272 | 3.4568 | 3.3239 | 3.2172 |
| 26 | 7.7213 | 5.5263 | 4.6366 | 4.1400 | 3.8183 | 3.5911 | 3.4210 | 3.2884 | 3.1818 |
| 27 | 7.6767 | 5.4881 | 4.6009 | 4.1056 | 3.7848 | 3.5580 | 3.3882 | 3.2558 | 3.1494 |
| 28 | 7.6356 | 5.4529 | 4.5681 | 4.0740 | 3.7539 | 3.5276 | 3.3581 | 3.2259 | 3.1195 |
| 29 | 7.5976 | 5.4205 | 4.5378 | 4.0449 | 3.7254 | 3.4995 | 3.3302 | 3.1982 | 3.0920 |
| 30 | 7.5625 | 5.3904 | 4.5097 | 4.0179 | 3.6990 | 3.4735 | 3.3045 | 3.1726 | 3.0665 |
| 40 | 7.3141 | 5.1785 | 4.3126 | 3.8283 | 3.5138 | 3.2910 | 3.1238 | 2.9930 | 2.8876 |
| 60 | 7.0771 | 4.9774 | 4.1259 | 3.6491 | 3.3389 | 3.1187 | 2.9530 | 2.8233 | 2.7185 |
| 120 | 6.8510 | 4.7865 | 3.9493 | 3.4796 | 3.1735 | 2.9559 | 2.7918 | 2.6629 | 2.5586 |
| ∞ | 6.6349 | 4.6052 | 3.7816 | 3.3192 | 3.0173 | 2.8020 | 2.6393 | 2.5113 | 2.4073 |

续表

$1-\alpha = 0.99$

| $u_1$ / $u_2$ | 10 | 12 | 15 | 20 | 24 | 30 | 40 | 60 | 120 | ∞ |
|---|---|---|---|---|---|---|---|---|---|---|
| 1 | 6 055.8 | 6 106.3 | 6 157.3 | 6 208.7 | 6 234.6 | 6 260.7 | 6 286.8 | 6 313.0 | 6 339.4 | 6 366.0 |
| 2 | 99.399 | 99.416 | 99.432 | 99.449 | 99.458 | 99.466 | 99.474 | 99.483 | 99.491 | 99.501 |
| 3 | 27.229 | 27.052 | 26.872 | 26.690 | 26.598 | 26.505 | 26.411 | 26.316 | 26.221 | 26.125 |
| 4 | 14.546 | 14.374 | 14.198 | 14.020 | 13.929 | 13.838 | 13.745 | 13.652 | 13.558 | 13.463 |
| 5 | 10.051 | 9.888 3 | 9.722 2 | 9.552 7 | 9.466 5 | 9.379 3 | 9.291 2 | 9.202 0 | 9.111 8 | 9.020 4 |
| 6 | 7.874 1 | 7.718 3 | 7.559 0 | 7.395 8 | 7.312 7 | 7.228 5 | 7.143 2 | 7.056 8 | 6.969 0 | 6.880 1 |
| 7 | 6.620 1 | 6.469 1 | 6.314 3 | 6.155 4 | 6.074 3 | 5.992 1 | 5.908 4 | 5.823 6 | 5.737 2 | 5.649 5 |
| 8 | 5.814 3 | 5.666 8 | 5.515 1 | 5.359 1 | 5.279 3 | 5.198 1 | 5.115 6 | 5.031 6 | 4.946 0 | 4.858 8 |
| 9 | 5.256 5 | 5.111 4 | 4.962 1 | 4.808 0 | 4.729 0 | 4.648 6 | 4.566 7 | 4.483 1 | 4.397 8 | 4.310 5 |
| 10 | 4.849 2 | 4.705 9 | 4.558 2 | 4.405 4 | 4.326 9 | 4.246 9 | 4.165 3 | 4.081 9 | 3.996 5 | 3.909 0 |
| 11 | 4.539 3 | 4.397 4 | 4.250 9 | 4.099 0 | 4.020 9 | 3.941 1 | 3.859 6 | 3.776 1 | 3.690 4 | 3.602 5 |
| 12 | 4.296 1 | 4.155 3 | 4.009 6 | 3.858 4 | 3.780 5 | 3.700 8 | 3.619 2 | 3.535 5 | 3.449 4 | 3.360 8 |
| 13 | 4.100 3 | 3.960 3 | 3.815 4 | 3.664 6 | 3.586 8 | 3.507 0 | 3.425 3 | 3.341 3 | 3.254 8 | 3.165 4 |
| 14 | 3.939 4 | 3.800 1 | 3.655 7 | 3.505 2 | 3.427 4 | 3.347 6 | 3.265 6 | 3.181 3 | 3.094 2 | 3.004 0 |
| 15 | 3.804 9 | 3.666 2 | 3.522 2 | 3.371 9 | 3.294 0 | 3.214 1 | 3.131 9 | 3.047 1 | 2.959 5 | 2.868 4 |
| 16 | 3.690 9 | 3.552 7 | 3.408 9 | 3.258 8 | 3.180 8 | 3.100 7 | 3.018 2 | 2.933 0 | 3.844 7 | 2.752 8 |
| 17 | 3.593 1 | 3.455 2 | 3.311 7 | 3.161 5 | 3.083 5 | 3.003 2 | 2.920 5 | 2.834 8 | 2.745 9 | 2.653 0 |
| 18 | 3.508 2 | 3.370 6 | 3.227 3 | 3.077 1 | 2.999 0 | 2.918 5 | 2.835 4 | 2.749 3 | 2.659 7 | 2.566 0 |
| 19 | 3.433 8 | 3.296 5 | 3.153 3 | 3.003 1 | 2.924 9 | 2.842 2 | 2.760 8 | 2.674 2 | 2.583 9 | 2.489 3 |
| 20 | 3.368 2 | 3.231 1 | 3.088 0 | 2.937 7 | 2.859 4 | 2.778 5 | 2.694 7 | 2.607 7 | 2.516 8 | 2.421 2 |
| 21 | 3.309 8 | 3.172 9 | 3.029 9 | 2.879 6 | 2.801 1 | 2.720 0 | 2.635 9 | 2.548 4 | 2.456 8 | 2.360 3 |
| 22 | 3.257 6 | 3.120 9 | 2.978 0 | 2.827 4 | 2.748 8 | 2.667 5 | 2.583 1 | 2.495 1 | 2.402 9 | 2.305 5 |
| 23 | 3.210 6 | 3.074 0 | 2.931l | 2.780 5 | 2.701 7 | 2.620 2 | 2.535 5 | 2.447 1 | 2.354 2 | 2.255 9 |
| 24 | 3.168 1 | 3.031 6 | 2.888 7 | 2.738 0 | 2.659 1 | 2.577 3 | 2.492 3 | 2.403 5 | 2.309 9 | 2.210 7 |
| 25 | 3.129 4 | 2.993 1 | 2.850 2 | 2.699 3 | 2.620 3 | 2.538 3 | 2.453 0 | 2.363 7 | 2.269 5 | 2.169 4 |
| 26 | 3.094 1 | 2.957 9 | 2.815 0 | 2.664 0 | 2.584 8 | 2.502 6 | 2.417 0 | 2.327 3 | 2.232 5 | 2.131 5 |
| 27 | 3.061 8 | 2.925 6 | 2.782 7 | 2.631 6 | 2.552 2 | 2.469 9 | 2.384 0 | 2.293 8 | 2.198 4 | 2.096 5 |
| 28 | 3.032 0 | 2.895 9 | 2.753 0 | 2.601 7 | 2.522 3 | 2.439 7 | 2.353 5 | 2.262 9 | 2.167 0 | 2.064 2 |
| 29 | 3.004 5 | 2.868 5 | 2.725 6 | 2.574 2 | 2.494 6 | 2.411 8 | 2.325 3 | 2.234 4 | 2.137 8 | 2.034 2 |
| 30 | 2.979 1 | 2.843 1 | 2.700 2 | 2.548 7 | 2.468 9 | 2.386 0 | 2.299 2 | 2.207 9 | 2.110 7 | 2.006 2 |
| 40 | 2.800 5 | 2.664 8 | 2.521 6 | 2.368 9 | 2.288 0 | 2.203 4 | 2.114 2 | 2.019 4 | 1.917 2 | 1.804 7 |
| 60 | 2.631 8 | 2.496 1 | 2.352 3 | 2.197 8 | 2.115 4 | 2.028 5 | 1.936 0 | 1.836 3 | 1.726 3 | 1.600 6 |
| 120 | 2.472 1 | 2.336 3 | 2.191 5 | 2.034 6 | 1.950 0 | 1.860 0 | 1.762 8 | 1.655 7 | 1.533 0 | 1.380 5 |
| ∞ | 2.320 9 | 2.184 8 | 2.038 5 | 1.878 3 | 1.790 8 | 1.696 4 | 1.592 3 | 1.473 0 | 1.324 6 | 1.000 0 |

表 A-4　t 分布

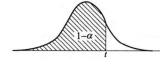

| 自由度 | 机率 1-α | | | | |
|---|---|---|---|---|---|
| | 0.90 | 0.95 | 0.975 | 0.99 | 0.995 |
| 1 | 3.078 | 6.314 | 12.706 | 31.821 | 63.657 |
| 2 | 1.886 | 2.920 | 4.303 | 6.965 | 9.925 |
| 3 | 1.638 | 2.353 | 3.182 | 4.541 | 5.841 |
| 4 | 1.533 | 2.132 | 2.776 | 3.747 | 4.604 |
| 5 | 1.476 | 2.015 | 2.571 | 3.365 | 4.032 |
| 6 | 1.440 | 1.943 | 2.447 | 3.143 | 3.707 |
| 7 | 1.415 | 1.895 | 2.365 | 2.998 | 3.499 |
| 8 | 1.397 | 1.860 | 2.306 | 2.896 | 3.355 |
| 9 | 1.383 | 1.833 | 2.262 | 2.821 | 3.250 |
| 10 | 1.372 | 1.812 | 2.228 | 2.764 | 3.169 |
| 11 | 1.363 | 1.796 | 2.201 | 2.718 | 3.106 |
| 12 | 1.356 | 1.782 | 2.179 | 2.681 | 3.055 |
| 13 | 1.350 | 1.771 | 2.160 | 2.650 | 3.012 |
| 14 | 1.345 | 1.761 | 2.145 | 2.624 | 2.977 |
| 15 | 1.341 | 1.753 | 2.131 | 2.602 | 2.947 |
| 16 | 1.337 | 1.746 | 2.120 | 2.583 | 2.921 |
| 17 | 1.333 | 1.740 | 2.110 | 2.567 | 2.898 |
| 18 | 1.330 | 1.734 | 2.101 | 2.552 | 2.878 |
| 19 | 1.328 | 1.729 | 2.093 | 2.539 | 2.861 |
| 20 | 1.325 | 1.725 | 2.086 | 2.528 | 2.845 |
| 21 | 1.323 | 1.721 | 2.080 | 2.518 | 2.831 |
| 22 | 1.321 | 1.717 | 2.074 | 2.508 | 2.819 |
| 23 | 1.319 | 1.714 | 2.069 | 2.500 | 2.807 |
| 24 | 1.318 | 1.711 | 2.064 | 2.492 | 2.797 |
| 25 | 1.316 | 1.708 | 2.060 | 2.485 | 2.787 |
| 26 | 1.315 | 1.706 | 2.056 | 2.479 | 2.779 |
| 27 | 1.314 | 1.703 | 2.052 | 2.473 | 2.771 |
| 28 | 1.313 | 1.701 | 2.048 | 2.467 | 2.763 |
| 29 | 1.311 | 1.699 | 2.045 | 2.462 | 2.756 |
| 30 | 1.310 | 1.697 | 2.042 | 2.457 | 2.750 |
| 40 | 1.303 | 1.684 | 2.021 | 2.423 | 2.704 |
| 60 | 1.296 | 1.671 | 2.000 | 2.390 | 2.660 |
| 120 | 1.290 | 1.661 | 1.984 | 2.358 | 2.626 |
| ∞ | 1.282 | 1.645 | 1.960 | 2.326 | 2.576 |

表 A-5　*t* 监界值

| df (n) | 单尾检验的显著水准 | | | | | |
|---|---|---|---|---|---|---|
| | .10 | .05 | .025 | .01 | .005 | .000 5 |
| | 双尾检验的显著水准 | | | | | |
| | .20 | .10 | .05 | .02 | .01 | .001 |
| 1 | 3.078 | 6.314 | 12.706 | 31.821 | 63.657 | 636.619 |
| 2 | 1.886 | 2.920 | 4.303 | 6.965 | 9.925 | 31.598 |
| 3 | 1.638 | 2.353 | 3.182 | 4.541 | 5.841 | 12.941 |
| 4 | 1.533 | 2.132 | 2.776 | 3.747 | 4.604 | 8.610 |
| 5 | 1.476 | 2.015 | 2.571 | 3.365 | 4.032 | 6.859 |
| 6 | 1.440 | 1.943 | 2.447 | 3.143 | 3.707 | 5.959 |
| 7 | 1.415 | 1.895 | 2.365 | 2.998 | 3.499 | 5.405 |
| 8 | 1.397 | 1.860 | 2.306 | 2.896 | 3.355 | 5.041 |
| 9 | 1.383 | 1.833 | 2.262 | 2.821 | 3.250 | 4.781 |
| 10 | 1.372 | 1.812 | 2.228 | 2.764 | 3.169 | 4.587 |
| 11 | 1.363 | 1.796 | 2.201 | 2.718 | 3.106 | 4.437 |
| 12 | 1.356 | 1.782 | 2.179 | 2.681 | 3.055 | 4.318 |
| 13 | 1.350 | 1.771 | 2.160 | 2.650 | 3.012 | 4.221 |
| 14 | 1.345 | 1.761 | 2.145 | 2.624 | 2.977 | 4.140 |
| 15 | 1.341 | 1.753 | 2.131 | 2.602 | 2.947 | 4.073 |
| 16 | 1.337 | 1.746 | 2.120 | 2.583 | 2.921 | 4.015 |
| 17 | 1.333 | 1.740 | 2.110 | 2.567 | 2.898 | 3.965 |
| 18 | 1.330 | 1.734 | 2.101 | 2.552 | 2.878 | 3.922 |
| 19 | 1.328 | 1.729 | 2.093 | 2.539 | 2.861 | 3.883 |
| 20 | 1.325 | 1.725 | 2.086 | 2.528 | 2.845 | 3.850 |
| 21 | 1.323 | 1.721 | 2.080 | 2.518 | 2.831 | 3.819 |
| 22 | 1.321 | 1.717 | 2.074 | 2.508 | 2.819 | 3.792 |
| 23 | 1.319 | 1.711 | 2.069 | 2.500 | 2.807 | 3.767 |
| 24 | 1.318 | 1.711 | 2.064 | 2.492 | 2.797 | 3.745 |
| 25 | 1.316 | 1.708 | 2.060 | 2.485 | 2.787 | 3.725 |
| 26 | 1.315 | 1.706 | 2.056 | 2.479 | 2.779 | 3.707 |
| 27 | 1.314 | 1.703 | 2.052 | 2.473 | 2.771 | 3.690 |
| 28 | 1.313 | 1.701 | 2.048 | 2.467 | 2.763 | 3.674 |
| 29 | 1.311 | 1.699 | 2.045 | 2.462 | 2.756 | 3.659 |
| 30 | 1.310 | 1.697 | 2.042 | 2.457 | 2.750 | 3.646 |
| 40 | 1.303 | 1.684 | 2.021 | 2.423 | 2.704 | 3.551 |
| 60 | 1.296 | 1.671 | 2.000 | 2.390 | 2.660 | 3.460 |
| 120 | 1.289 | 1.658 | 1.980 | 2.358 | 2.617 | 3.373 |
| ∞ | 1.282 | 1.645 | 1.960 | 2.326 | 2.576 | 3.291 |

## 表 A-6　DW 检验监界值表

$\alpha = 0.01$

| n | q = 1 | | q = 2 | | q = 3 | | q = 4 | | q = 5 | |
|---|---|---|---|---|---|---|---|---|---|---|
| | $d_L$ | $d_U$ | $d_L$ | $d_U$ | $d_L$ | $d_U$ | $d_L$ | $d_U$ | $d_L$ | $d_U$ |
| 15 | 0.8l | 1.07 | 0.70 | 1.25 | 0.59 | 1.46 | 0.49 | 1.70 | 0.39 | 1.96 |
| 16 | 0.84 | 1.09 | 0.74 | 1.25 | 0.63 | 1.44 | 0.53 | 1.66 | 0.44 | 1.90 |
| 17 | 0.87 | 1.10 | 0.77 | 1.26 | 0.67 | 1.43 | 0.57 | 1.63 | 0.48 | 1.35 |
| 18 | 0.90 | 1.12 | 0.80 | 1.26 | 0.71 | 1.42 | 0.6l | 1.60 | 0.52 | 1.80 |
| 19 | 0.93 | 1.13 | 0.83 | 1.26 | 0.74 | 1.41 | 0.65 | 1.58 | 0.56 | 1.77 |
| 20 | 0.95 | 1.15 | 0.86 | 1.27 | 0.77 | 1.41 | 0.68 | 1.57 | 0.60 | 1.74 |
| 21 | 0.97 | 1.16 | 0.89 | 1.27 | 0.80 | 1.41 | 0.72 | 1.55 | 0.63 | 1.7l |
| 22 | 1.00 | 1.17 | 0.9l | 1.28 | 0.83 | 1.40 | 0.75 | 1.54 | 0.66 | 1.69 |
| 23 | 1.02 | 1.19 | 0.94 | 1.29 | 0.86 | 1.40 | 0.77 | 1.53 | 0.70 | 1.67 |
| 24 | 1.04 | 1.20 | 0.96 | 1.30 | 0.88 | 1.41 | 0.80 | 1.53 | 0.72 | 1.66 |
| 25 | 1.05 | 1.21 | 0.98 | 1.30 | 0.90 | 1.41 | 0.83 | 1.52 | 0.75 | 1.65 |
| 26 | 1.07 | 1.22 | 1.00 | 1.3l | 0.93 | 1.41 | 0.85 | 1.52 | 0.78 | 1.64 |
| 27 | 1.09 | 1.23 | 1.02 | 1.32 | 0.95 | 1.41 | 0.88 | 1.51 | 0.8l | 1.63 |
| 28 | 1.10 | 1.24 | 1.04 | 1.32 | 0.97 | 1.41 | 0.90 | 1.5l | 0.83 | 1.62 |
| 29 | 1.12 | 1.25 | 1.05 | 1.33 | 0.99 | 1.42 | 0.92 | 1.51 | 0.85 | 1.61 |
| 30 | 1.13 | 1.26 | 1.07 | 1.34 | 1.01 | 1.42 | 0.94 | 1.51 | 0.88 | 1.61 |
| 31 | 1.15 | 1.27 | 1.08 | 1.34 | 1.02 | 1.42 | 0.96 | 1.51 | 0.90 | 1.60 |
| 32 | 1.16 | 1.28 | 1.10 | 1.35 | 1.04 | 1.43 | 0.98 | 1.5l | 0.92 | 1.60 |
| 33 | 1.17 | 1.29 | 1.11 | 1.36 | 1.05 | 1.43 | 1.00 | 1.5l | 0.94 | 1.59 |
| 34 | 1.18 | 1.30 | 1.13 | 1.36 | 1.07 | 1.43 | 1.0l | 1.51 | 0.95 | 1.59 |
| 35 | 1.19 | 1.31 | 1.14 | 1.37 | 1.08 | 1.44 | 1.03 | 1.5l | 0.97 | 1.59 |
| 36 | 1.21 | 1.32 | 1.15 | 1.38 | 1.10 | 1.44 | 1.04 | 1.51 | 0.99 | 1.59 |
| 37 | 1.22 | 1.32 | 1.16 | 1.38 | 1.11 | 1.45 | 1.06 | 1.51 | 1.00 | 1.58 |
| 38 | 1.23 | 1.33 | 1.18 | 1.39 | 1.12 | 1.45 | 1.07 | 1.52 | 1.02 | 1.58 |
| 39 | 1.24 | 1.34 | 1.19 | 1.39 | 1.14 | 1.45 | 1.09 | 1.52 | 1.03 | 1.58 |
| 40 | 1.25 | 1.34 | 1.20 | 1.40 | 1.15 | 1.46 | 1.10 | 1.52 | 1.05 | 1.58 |
| 45 | 1.29 | 1.38 | 1.24 | 1.42 | 1.20 | 1.48 | 1.16 | 1.53 | 1.11 | 1.58 |
| 50 | 1.32 | 1.40 | 1.28 | 1.45 | 1.24 | 1.49 | 1.20 | 1.54 | 1.16 | 1.59 |
| 55 | 1.36 | 1.43 | 1.32 | 1.47 | 1.28 | 1.51 | 1.25 | 1.55 | 1.2l | 1.59 |
| 60 | 1.38 | 1.45 | 1.35 | 1.48 | 1.32 | 1.52 | 1.28 | 1.56 | 1.25 | 1.60 |
| 65 | 1.41 | 1.47 | 1.38 | 1.50 | 1.35 | 1.53 | 1.31 | 1.57 | 1.28 | 1.61 |
| 70 | 1.43 | 1.49 | 1.40 | 1.52 | 1.37 | 1.55 | 1.34 | 1.58 | 1.31 | 1.61 |
| 75 | 1.45 | 1.50 | 1.42 | 1.53 | 1.39 | 1.56 | 1.37 | 1.59 | 1.34 | 1.62 |
| 80 | 1.47 | 1.52 | 1.44 | 1.54 | 1.42 | 1.57 | 1.39 | 1.60 | 1.36 | 1.62 |
| 85 | 1.48 | 1.53 | 1.46 | 1.55 | 1.43 | 1.58 | 1.41 | 1.60 | 1.39 | 1.63 |
| 90 | 1.50 | 1.54 | 1.47 | 1.56 | 1.45 | 1.59 | 1.43 | 1.61 | 1.4l | 1.64 |
| 95 | 1.51 | 1.55 | 1.49 | 1.57 | 1.47 | 1.60 | 1.45 | 1.62 | 1.42 | 1.64 |
| 100 | 1.52 | 1.56 | 1.50 | 1.58 | 1.48 | 1.60 | 1.46 | 1.63 | 1.44 | 1.65 |

$\alpha = 0.05$

| $n$ | $q=1$ | | $q=2$ | | $q=3$ | | $q=4$ | | $q=5$ | |
|---|---|---|---|---|---|---|---|---|---|---|
| | $d_L$ | $d_U$ | $d_L$ | $d_U$ | $d_L$ | $d_U$ | $d_L$ | $d_U$ | $d_L$ | $d_U$ |
| 15 | 1.08 | 1.36 | 0.95 | 1.54 | 0.82 | 1.75 | 0.69 | 1.97 | 0.56 | 2.21 |
| 16 | 1.10 | 1.37 | 0.98 | 1.54 | 0.86 | 1.73 | 0.74 | 1.93 | 0.62 | 2.15 |
| 17 | 1.13 | 1.38 | 1.02 | 1.54 | 0.90 | 1.71 | 0.78 | 1.90 | 0.67 | 2.10 |
| 18 | 1.16 | 1.39 | 1.05 | 1.53 | 0.93 | 1.69 | 0.82 | 1.87 | 0.71 | 2.06 |
| 19 | 1.18 | 1.40 | 1.08 | 1.53 | 0.97 | 1.68 | 0.86 | 1.85 | 0.75 | 2.02 |
| 20 | 1.20 | 1.41 | 1.10 | 1.54 | 1.00 | 1.68 | 0.90 | 1.83 | 0.79 | 1.99 |
| 21 | 1.22 | 1.42 | 1.13 | 1.54 | 1.03 | 1.67 | 0.93 | 1.81 | 0.83 | 1.96 |
| 22 | 1.24 | 1.43 | 1.15 | 1.54 | 1.05 | 1.66 | 0.96 | 1.80 | 0.86 | 1.94 |
| 23 | 1.26 | 1.44 | 1.17 | 1.54 | 1.08 | 1.66 | 0.99 | 1.79 | 0.90 | 1.92 |
| 24 | 1.27 | 1.45 | 1.19 | 1.55 | 1.10 | 1.66 | 1.01 | 1.78 | 0.93 | 1.90 |
| 25 | 1.29 | 1.45 | 1.21 | 1.55 | 1.12 | 1.66 | 1.04 | 1.77 | 0.95 | 1.89 |
| 26 | 1.30 | 1.46 | 1.22 | 1.55 | 1.14 | 1.65 | 1.06 | 1.76 | 0.98 | 1.88 |
| 27 | 1.32 | 1.47 | 1.24 | 1.56 | 1.16 | 1.65 | 1.08 | 1.76 | 1.01 | 1.86 |
| 28 | 1.33 | 1.48 | 1.26 | 1.56 | 1.18 | 1.65 | 1.10 | 1.75 | 1.03 | 1.85 |
| 29 | 1.34 | 1.48 | 1.27 | 1.56 | 1.20 | 1.65 | 1.12 | 1.74 | 1.05 | 1.84 |
| 30 | 1.35 | 1.49 | 1.28 | 1.57 | 1.21 | 1.65 | 1.14 | 1.74 | 1.07 | 1.83 |
| 31 | 1.36 | 1.50 | 1.30 | 1.57 | 1.23 | 1.65 | 1.16 | 1.74 | 1.09 | 1.83 |
| 32 | 1.37 | 1.50 | 1.31 | 1.57 | 1.24 | 1.65 | 1.18 | 1.73 | 1.11 | 1.82 |
| 33 | 1.38 | 1.51 | 1.32 | 1.58 | 1.26 | 1.65 | 1.19 | 1.73 | 1.13 | 1.81 |
| 34 | 1.39 | 1.51 | 1.33 | 1.58 | 1.27 | 1.65 | 1.21 | 1.73 | 1.15 | 1.81 |
| 35 | 1.40 | 1.52 | 1.34 | 1.58 | 1.28 | 1.65 | 1.22 | 1.73 | 1.16 | 1.80 |
| 36 | 1.41 | 1.52 | 1.35 | 1.59 | 1.29 | 1.65 | 1.24 | 1.73 | 1.18 | 1.80 |
| 37 | 1.42 | 1.53 | 1.36 | 1.59 | 1.31 | 1.66 | 1.25 | 1.72 | 1.19 | 1.80 |
| 38 | 1.43 | 1.54 | 1.37 | 1.59 | 1.32 | 1.66 | 1.26 | 1.72 | 1.21 | 1.79 |
| 39 | 1.43 | 1.54 | 1.38 | 1.60 | 1.33 | 1.66 | 1.27 | 1.72 | 1.22 | 1.79 |
| 40 | 1.44 | 1.54 | 1.39 | 1.60 | 1.34 | 1.66 | 1.29 | 1.72 | 1.23 | 1.79 |
| 45 | 1.48 | 1.57 | 1.43 | 1.62 | 1.38 | 1.67 | 1.34 | 1.72 | 1.29 | 1.78 |
| 50 | 1.50 | 1.59 | 1.46 | 1.63 | 1.42 | 1.67 | 1.38 | 1.72 | 1.34 | 1.77 |
| 55 | 1.53 | 1.60 | 1.49 | 1.64 | 1.45 | 1.68 | 1.41 | 1.72 | 1.38 | 1.77 |
| 60 | 1.55 | 1.62 | 1.51 | 1.65 | 1.48 | 1.69 | 1.44 | 1.73 | 1.41 | 1.77 |
| 65 | 1.57 | 1.63 | 1.54 | 1.66 | 1.50 | 1.70 | 1.47 | 1.73 | 1.44 | 1.77 |
| 70 | 1.58 | 1.64 | 1.55 | 1.67 | 1.52 | 1.70 | 1.49 | 1.74 | 1.46 | 1.77 |
| 75 | 1.60 | 1.65 | 1.57 | 1.68 | 1.54 | 1.71 | 1.51 | 1.74 | 1.49 | 1.77 |
| 80 | 1.61 | 1.66 | 1.59 | 1.69 | 1.56 | 1.72 | 1.53 | 1.74 | 1.51 | 1.77 |
| 85 | 1.62 | 1.67 | 1.60 | 1.70 | 1.57 | 1.72 | 1.55 | 1.75 | 1.52 | 1.77 |
| 90 | 1.63 | 1.68 | 1.61 | 1.70 | 1.59 | 1.73 | 1.57 | 1.75 | 1.54 | 1.78 |
| 95 | 1.64 | 1.69 | 1.62 | 1.71 | 1.60 | 1.73 | 1.58 | 1.75 | 1.56 | 1.78 |
| 100 | 1.65 | 1.69 | 1.63 | 1.72 | 1.61 | 1.74 | 1.59 | 1.76 | 1.57 | 1.78 |

# 参 考 文 献

［1］ HAIR T F Jr. 市场调查：面对不断变化的信息环境．北京：中国统计出版社，2003．

［2］ 迈克丹尼尔．市场调研精要．范秀成，等，译．北京：电子工业出版社，2002．

［3］ 陆军．市场调研．北京：电子工业出版社，2003．

［4］ 柯惠新，丁立宏．市场调查与分析．北京：中国统计出版社，1999．

［5］ 龚曙明．市场调查和预测．长沙：中南工业大学出版社，1999．

［6］ 马连福．现代市场调查与预测．北京：首都经济贸易大学出版社，2002．

［7］ 冯文权．经济预测与决策技术．4 版．武汉：武汉大学出版社，2002．

［8］ 张守一．市场经济与经济预测．北京：中国社会科学文献出版社，2000．

［9］ 笮大川，刘树成．经济周期与预警系统．北京：科学出版社，1990．

［10］ 张守一，葛新权．中国宏观经济理论、模型、预测．北京：中国社会科学文献出版社，1995．

［11］ 王振龙．时间序列分析．北京：中国统计出版社，2002．

［12］ 雷钦礼．经济管理多元统计分析．北京：中国统计出版社，2002．

［13］ 孙永波．市场调研（查）与预测．北京：中国物资出版社，2002．

［14］ 何晓群．现代统计分析与应用．北京：中国人民大学出版社，1998．

［15］ 何晓群．回归分析与经济数据建模．北京：中国人民大学出版社，1997．

［16］ 古扎拉蒂．计量经济学．林少宫，译．北京：中国人民大学出版社，2000．

［17］ 卢纹岱．SPSS for Windows 统计分析．北京：电子工业出版社，2000．

［18］ 冯章．市场调查和预测．北京：中国经济出版社，2006．

［19］ 柴庆春．市场调查与预测．北京：中国人民大学出版社，2006．

［20］ 李世杰，王峰．市场调查与预测．武汉：武汉理工大学出版社，2006．